神话与历史论稿

刘毓庆　著

商务印书馆
The Commercial Press
2017年·北京

图书在版编目（CIP）数据

神话与历史论稿 / 刘毓庆著. — 北京：商务印书馆，2017
ISBN 978-7-100-14663-0

I.①神… II.①刘… III.①神话－历史－研究－中国－古代－文集 IV.①B932.2-53

中国版本图书馆CIP数据核字（2017）第152505号

神话与历史论稿

刘毓庆　著

商 务 印 书 馆 出 版
（北京王府井大街36号　邮政编码 100710）
商 务 印 书 馆 发 行
三河市尚艺印装有限公司印刷
ISBN 978-7-100-14663-0

2017年7月第1版　　　开本 710×1000　1/16
2017年7月第1次印刷　　印张 22 1/2

定价：65.00元

总　序

　　2008年，为奉养老母，我在太原东山店坡村购置了一套带小院的小区住宅。此地距城区约四公里的路程，是现代城市的喧嚣声尚未波及之所。在村中听到久违的鸡鸣声，备觉亲切。空气也比闹市清新许多。远处，村民用方言交谈的声音，时而透过清静传入耳中，好像就在耳边。只有夜里的群狗乱吠，令人讨厌。不过这也无妨，总比听闹市噪音要好受得多。因为喜欢这个小院，于是做了精心布置。大门的左右两边，栽植了两棵树，一棵是椿树，一棵是楸树，先师姚奠中先生给题写了"椿楸园"三字，作为门匾。小院里布置了石径菜畦，小亭曲池，袁行霈先生给题写了"榆亭"二字。进屋的第一道门用磨砂玻璃装饰，玻璃上是姚先生的书法作品。门楣"复性堂"三字由我自己题写。自己想，经过了半生劳累，应该静下心来休息，好好思考人生的问题了。现代生活使人失去了自我，人只有在宁静中才能找回自己，故有了"复性"之思。此后，椿楸园便成了我读书、写字、种菜、思索的地方。自己曾写过一首小诗："读罢诗书艺菜田，此生难得此清闲。东山有室和云卧，鸟语声中好午眠。"可以看出当时的心境。本来想，已经出版的书和即将出版的书已有二十多种，这也可以交代此生了，不必再写。以前为功利而著书，实非人生之最佳选择；从现在开始，应该做自己愿意做、应该做的事情了。

　　但是，"树欲静而风不止"，自己已经很难停手了，多年思考的未曾有结果的问题在脑海里还不时泛起。不得已而为之，又出版了几本书。不过此时自己觉得很需要做的是"回真向俗"的工作。先师姚奠中先生曾为我题写过八个字"由博返约，回真向俗"。这是我当下的选择方向。转眼之间，在椿楸园中已度过了八个春秋。作为对椿楸园的纪念，想想如今已年过花甲，也该对自己半生学术生涯做个总结了，也算是对在椿楸园的时光做个纪念。这总结并不意味着结束，而是意味着更成熟，我觉得自己是 45 岁以后才渐渐走向成熟的。近十年的思考，很大部分是否定前几十年的想法的。由此想来，做学问真难！

现在我便把自己这几年没有发表的著作，连同以前发表和未发表的论文选编，整理成八本书，冠以"椿楸园著作系列"之目付梓。也算是对历史的纪念吧！这八本书列序如下。

《中国历史的三次大循环》

这是一部宏观中国史，是笔者思考了三十多年的问题，入住椿楸园后才动笔的。笔者参照人生童年（神性）、青年（诗性）、壮年（理性）思维变化的内在生命逻辑，将社会年龄分为神性、诗性、理性三个不同的思维时代。又发现了这三个时代不断循环的规律，从而揭示了中国历史的三次大循环，即从五帝至战国是第一次循环，秦汉至宋是第二次循环，元明至今是第三次循环。每一次循环周期都遵循着神性、诗性、理性变化的逻辑运行，周而复始，充满生机。五帝及夏商、秦汉魏晋、元明为神性思维时代，两周、晋唐、清代为诗性思维时代，战国、两宋、20 世纪为理性思维时代。相同的时代必有相同的历史趋向与特征。如社会转型、文化转型、技术革命、商业革命之类的重大历史变化，必然发生在理性时代。而文化人格的铸型、功业欲望的强烈追求、艺术人生的外在表现、影响世界秩序的大国气象等特征，则多出现在诗性时代。通过对三次循环相互对应的时间节点上的历史现象的综合分析、研究，补充或纠正了一些传统的、既定的历史结论。

《论语绎解》

此书初稿由讲义笔录整理。特点有三：一是突破了传统征引的范围，开启了东亚《论语》研究的新视野，不仅征引了众多很少为人关注的中国古代注本，如《论语通》、《论语学案》、《日讲四书解义》、《四书讲义困勉录》之类，而且大量采集了国内学者难以见到的如日本、朝鲜、越南前代学者关于《论语》的研究成果，其数量达数十种之多，这在此前的国内注本中是很少有的。二是于每则之前冠一小标目，标目之立灵活变化，不拘一格，目的在于帮助读者把握要义，领悟其中的意义。三是以阐发义理为重点，不做过多的文字考证。并于阐发之中渗入对当下的关怀，着力建立《论语》与当代人生之间的意义联系，使读者能亲身感受到其意义的存在。

《五经与中国传统价值观》

"五经与中国传统价值观"视频课，入选国家第八批精品课。本书是在精品课录音的基础上整理、补充、修改而成的。旨在阐明中国传统价值观的形态，以求在与西方价值观的比较中，体现其于当代的价值和意义。其中突出的有两点：第一，用通俗浅显的语言对五经价值核心及文化精神做了最简要的说明，不做烦琐的论证，要言不烦，但力求简而不空，字字有根。第二，对当下某些流行关键词，如竞争、自我价值实现等进行辩证分析，要唤醒人们，这些被欧美强行在世界推行的所谓"普世价值"，其中潜藏着威胁人类生存与永久和平的祸根。从而提出中国经典中以道义为核心的价值观念和以万世太平为终极目标的生存智慧，这是人类积累了数千年才得以形成的文明之果，对人类的继续生存有不可或缺的意义。

《汉字浅说》

此书是在讲义基础上形成的，其初是"小学"课程的一部分内容，后来独立成书，回真向俗，以使一般读者都能阅读。书中融入了《说文》百家及近现代古文字学诸名家研究的成果，以及笔者四十多年来对中国文字的理解。从汉字中蕴藏的远古人类秘密入手，论述了汉字对于民族历史与民族文化的创造性意义。并根据汉字的构成特征，分为《汉字的形符与部首》和《汉字的声符及其意义》两部分，对汉字进行解说。形符部分中，以《汉语大字典》两百个部首为基础，将部首分门别类，对其在字的构成中的意义进行解释，同时以常用字为例，进行说明。声符部分中，则将相同声符的字综合于一处，根据"右文说"提供的思路进行解释。在说解中，将文化知识贯穿其中。

《神话与历史论稿》

这是笔者三十多年来关于神话和历史研究的论文选集。有少部分文章未曾发表。关于神话研究，笔者经历了由西方理论为指向回归到中国传统学术体系的过程。从最初将神话作为初民观念形态的研究，到"神话是一种思维形态和叙事形态而非文化形态"结论的提出，反映了笔者舍弃概念回归事物本身的学术经历与研究思路。通过对论文的倒时序排列的方式，以反映学术历程，并诉说自己三十多年的研究体会：用西方概念规范中国学术，只能是死路一条；中国学术只有回归到中国文化的本位上，才能获得生机。关于历史研究，关注点主要在中国上古史上。强调上古史研究的独立性，不过度依赖考古。方法上的特点是：以先秦文献为基础，以秦汉以下文献为辅助，广泛参考考古资料、民俗资料和民间传说，即以文献为主体，以考古与民俗为两翼，多重证据，以证其成。

《诗骚论稿》

这是笔者三十多年来有关于《诗经》与《楚辞》研究的论文选，其中部分文章未曾发表过。笔者早年受闻一多先生的影响很深，《诗经》研究基本上是沿着闻一多的路子走。近十年来，则逐渐反思，发现了闻一多在研究方法上存在的问题，无论其所开创的文化人类学研究方法，还是所谓的新训诂学方法、回归文学本位的研究，都存在着严重缺陷。故而笔者对闻氏的研究，从方法论的角度，做了深刻的检讨，从而走出了自己的一条新路。论稿中对《诗经》学史上的诸多问题给予了特别关注，而其基点是文献，即在文献上超越了前人所把握的范围。对《诗经》中涉及水和鸟的诗篇的解读，基本上是在文化人类学研究方法和思路的启示下进行的。所不同的是，笔者不喜欢推衍，觉得用文化模式无限推衍是很难服众的，故而用归纳法，即先对文献中相关的记载做归纳、分析，探其机微，然后用文化形态比较的方法，呈现其原貌。关于《楚辞》，笔者更侧重把屈原作为一种文化现象研究，并且是放在历史文化大背景下来研究，充分尊重清以前学者的观点，摆脱20世纪文化思潮的影响。故见解多与主流观点相左。

《治学论稿》

这是笔者关于中国文学理论问题和两汉以降文学研究的论文选，也有部分是关于文化的。大多数文章体现着方法论意识。从研究主体，到研究方法、研究对象等几个方面，反映了笔者对中国文学及文化的认识和理解。其中较突出的是：第一，强调古代文学研究者不能只有职业角色，更应该有社会角色意识，故而其研究中每蕴有当代意识。第二，强调文学研究应该抛弃西方理论的制约，走近文学本身，走进文学的心灵世界。其中《汉赋作家的心态研究》，发表于20世纪80年代，是国内最早的一篇研究文人心态的文章。第三，对于问题研究，不满足于"具体问题具体分析"，更强调"具体问题整体分析"，从而在更广阔的视野下，分析和把握文学现象的来龙去脉。有两篇是关于姚奠中先生课堂教学和学术思想、实践的文章，使人们能从前辈学者的身上，看到当下学者学术研究的缺失。另外有一组是用中国传统价值观念与生存智慧对当下社会问题的思考，体现出的是忧患意识。

《诗经考评》

这是一部通俗性与学术性兼顾的《诗经》新注本。笔者研治《诗经》40年，早年曾对《诗经》做过全注，先后出版过《诗经图注》、《诗经讲读》、《诗经译注》等几种注本。中华书局"中华经典名著全注全译丛书"中的《诗经》，2011年3月至2014年9月连续九次印刷所用的译注本，均出自笔者之手。《诗经考评》即是在旧注本的基础上不断修改而成的。"考"主要体现在文字训诂与史实考据上，"评"主要体现在内容及艺术评说上。但笔者的原则是，充分尊重前人研究成果，尽可能择善而从。不得已处，则出己见。书中征引中国、日本、朝鲜《诗经》研究的成果多种，但都是采其精义，不做烦琐引证。从文字训诂、史实考据、经学意义、文学理解等多个角度，尽可能地发现其当代价值，让《诗经》走进现代人的生活。

"椿楸园著作系列"得以面世，赖有商务印书馆及丁波先生的大力支持，借此谨谢！

目　录

神话研究

上古史研究

宏观历史研究

山西地方文化研究

神话研究

中国神话的三次大变迁

　　"神话"概念来自西方。中国神话研究，启动于20世纪初的西学东渐大潮中。一个世纪以来，研究者所持有的观念、理论、分类方式、研究方法等，基本上是西式的。当下的研究路径，许多仍属西方各种理论的实践，真正从中国神话自身寻绎其理论的研究成果，还不够多。根据西方人的观念，中国学者普遍认定了这样的事实：神话是原始时代的产物。中国神话研究的开启者茅盾，给神话所下的定义是："一种流行于上古民间的故事。"① 中国人类学研究的开启者林惠祥，也认定"神话是原始心理的表现"②。半个多世纪来出版的各类中国文学史教材，几乎都遵循马克思主义经典作家所谈到的"随着这些自然力的实际被支配，神话也就消失了"③ 的原则，将神话作为远古先民的文学而置于书首，其后则不再提及。在这种观念支配下，汉代文献中的神话，如女娲补天、女娲造人、后羿射日、共工触山、盘古开天，等等，变成了远古神话的经典内容；汉以后的神话，如《搜神记》、《封神演义》之类明确署"神"字号的作品，则被改题为志怪、神魔之类的名目，以表示神话已不再存在。至于20世纪后半期以来，出现的大量外星来客、宇宙大战，以及死去几百年的人突然闯入现代生活或现代人闯入古代皇宫之类的神话电视、电影，则被命名为科幻影片或穿越剧。但要问这些形式上分明与神话没有什么两样的故事，为什么不能叫作神话时，人们的回答会很简单，因为它们不是产生在上古时期。2008年10月，在北京召开的"中国创世神话比较研究国际学术研讨会"上，与会

---

① 茅盾：《神话研究》，百花文艺出版社1981年版，第3页。
② 林惠祥：《文化人类学》，商务印书馆1996年版，第267页。
③ 《马克思恩格斯选集》第2卷，人民出版社1995年版，第29页。

代表遗憾地表示：中国文献关于"创世神话"的记载太晚了！但很少有人意识到：我们正在用西方人的概念来规范中国人的行为，在规范中发现了我们祖先行为的不规范性，于是有了深深的遗憾！为什么我们不能撇开西方理论的框架，从实际出发对中国神话的理论性问题做重新思考呢？将毕生精力倾注于中国神话研究的袁珂先生，晚年逐渐意识到西方理论导引下中国神话研究的缺陷，在 1982 年后提出了"广义神话"的概念[①]，认为"直到今天，旧的神话没有消失，新的神话还在产生"[②]，并撰写了《中国神话史》。但他的观念并没有引起研究者的关注，甚至由于他没有接受西方的新理论而被边缘化。这不能不说是一种遗憾！

我对于神话的思考已有三十余年。随着思考的不断深入，逐渐意识到：中国神话不是一个独立的文化形态，而是一种依附于历史文化思潮而存在的叙事形态和思维形态，是以神秘性思维方式为内核、叙事性表述为手段的表现艺术。因而即使在科学高度发达的今天，仍有大量神话电视剧产生。被学者们以不同名目标识的所谓志怪、神魔、科幻、穿越之类的艺术，其本质都是神话。神话创作在历史中，有可能会有盛衰变化，但不可能消失。就中国神话史而言，它曾有过三次创作高潮，第一次在五帝三王时期，第二次在秦汉魏晋时期，第三次在元明时期。而三次高潮又分别体现着神话内涵的三次变迁。以下分而述之，以求正于方家。

一、五帝三王时代历史的神话化

神话创作高潮的产生，无疑是以神秘性思维高扬为背景的。中国神话的第一个高潮，便出现在历史上神秘性思维最为高扬、神权思想最为膨胀的"五帝"、"三王"时代。这也是当代神话研究者最为关注的时代。因为这个时代的神话，最接近于西方神话学理论提供的观念。在权威性的《中国文学史》教材

---

① 参见袁珂：《从狭义的神话到广义的神话》，《社会科学战线》1982 年第 2 期；《再论广义神话》，《民间文学论坛》1984 年第 3 期。

② 袁珂：《中国神话史》，上海文艺出版社 1988 年版，序言第 2 页。

中所讲述的"上古神话",即产生于这个时代。关于这个时代的神秘性宗教思维与神权意识,几乎所有言及上古神话的文学史著作以及神话研究者都曾做过论述,且言之已详,故略而不论。^①而这里所要讨论的是这个时代神话的性质与功能问题。

我们需要厘清一个事实。20世纪疑古派及一些中国神话研究者,几乎异口同声地说:中国上古史是神话的历史化。不仅视黄帝、颛顼等五帝为子虚,甚至民族相传的治水英雄大禹,也变成了虫的化身。他们的依据便是西方的神话学理论。西方因为与上古神话平行的历史文献记载的缺失,无法将神话与历史参比研究,故而只能依据逻辑,对神话表象做出归纳、分类、分析和解释。其正确与否,也只能根据逻辑判断,很难得到实证。而中国则不同,大量的历史文献以及百余年来地下出土资料的不断发现,使得我们对神话能够做出多方面的分析。因而在当下对上古神话研究的反思中,我们发现:上古史非但不是神话的历史化,恰恰相反,上古神话更多是历史的神话化,在历史记叙不发达的时代,它承载着传承历史的功能。正如徐旭生先生所说:"无论如何,古时代的传说总有它历史方面的素质、核心,并不是向壁虚构的。"^②

我们现以《夸父追日》的神话为例来说明。《山海经》云:

> 大荒之中,有山名曰成都载天。有人珥两黄蛇,把两黄蛇,名曰夸父。后土生信,信生夸父。夸父不量力,欲追日景,逮之于禺谷,将饮河而不足也,将走大泽,未至,死于此。应龙已杀蚩尤,又杀夸父,乃去南

---

① 可以简略交代一下,所谓"五帝",便是神性实足的上古领袖。我们从先秦典籍中可以看到,所谓的"帝",往往具有天帝的神格。如在甲骨文中,"帝"字不是指上帝,就是指商人死去的先王。《诗经·大雅·文王》篇言:"文王陟降,在帝左右。"这是说文王常跟在上帝左右,这个"帝",也是指的上帝。《诗经·商颂·长发》篇说:"有娀方将,帝立子生商。"这是说有娀氏的女儿正当少壮的时候,上帝让她生下了商王。这商王便是上帝的儿子。这些都是三千年前人的观念。类似的观念又见于《山海经》、《左传》、《论语》、《楚辞》、《老子》、《荀子》、《礼记》等书中。《淮南子》中言"共工与颛顼争为帝",《山海经》言刑天与帝"争神",《世本》言廪君等五姓"争神"等,显然所谓"争帝"就是"争神",所争的其实都是宗教权力与政治权力。在"争帝"与"争神"的概念中,非常清晰地显露了那个时代对宗教权力的追求要大于其对政治权力的追求,宗教权力其实就是话语权,是代表上帝发言的权力。上古神话便是在这样的背景下产生。

② 徐旭生:《中国古史的传说时代》,广西师范大学出版社2003年版,第24页。

方处之，故南方多雨。[①]

　　夸父与日逐走，入日，渴，欲得饮，饮于河渭，河渭不足，北饮大泽，未至，道渴而死，弃其杖，化为邓林。[②]

这是一个典型的神话。无论是夸父追赶太阳的伟大举措，还是饮干河渭的巨大威力，都是在现实中不可能见到的。但从历史的角度分析，这个神话最少披露了三个方面的信息。

一是夸父的身份。夸父是这个神话的主角。"夸"字曾见于甲骨文与金文中，字从"大"从"于"，在甲骨文中是作为方国名存在的；青铜器中有以"夸"为标识的爵和戈。据此，"夸"当是族名。"父"，《说文》说是"家长率教者"[③]，自当是氏族首领。太公望又称尚父，就因为他是氏族首领。春秋时宋国有乐父、皇父、华父、孔父等，他们都是族长，故才有"父"之名的。[④] 这从神话关于夸父执杖的描述中也可以看到，杖在原始时代，有象征权力的意义。一般只有头人才能执杖。因而"夸父"即夸父族之长。据"后土生信，信生夸父"的记述，夸父族是从后土族的一支派生出来的。而《海内经》又说后土是炎帝之后，如此说来，夸父当是炎帝一族的人了。

二是黄帝、蚩尤之战的反映。《山海经》中披露了夸父反抗黄帝而最终失败的信息。应龙"已杀蚩尤，又杀夸父"的表述，即说明了夸父与蚩尤一样，是一位反抗黄帝的英雄，后被黄帝集团的应龙杀死。在苗族的传说中蚩尤有一位大将叫夸佛，显然就是夸父。传说首领蚩尤被轩辕黄帝打败并杀死，后来大将军夸佛带领苗族人民由北转南，途中夸佛又被轩辕大将应龙一箭射死，夸佛身边的壮士被超度死者的"路师"，歌颂蚩尤、夸佛的功绩。[⑤]

显然这些传说渊源甚古，皆与上古曾发生过的炎、黄大战有关，且与《山海经》记载相合。

①　袁珂：《山海经校注》，上海古籍出版社 1980 年版，第 427 页。
②　同上书，第 238 页。
③　许慎：《说文解字》，中华书局 1963 年版，第 64 页。
④　李玄伯：《中国古代社会新研》，上海文艺出版社 1988 年版，第 5—6 页。
⑤　潘定衡、杨朝文：《蚩尤的传说》，贵州民族出版社 1989 年版，第 99 页。

三是关于当时气候恶化的反映。所谓"饮于河渭，河渭不足"，其实是因大旱，黄河、渭河近于枯竭的神话表述。在关于黄帝的记载中，有三则与气候相关的传说特别值得注意。

一则是《庄子·在宥》篇的如下寓言：

> 黄帝立为天子十九年，令行天下。闻广成子在于空同之上，故往见之。曰："我闻吾子达于至道，敢问至道之精。吾欲取天地之精以佐五谷，以养民人。吾又欲官阴阳，以遂群生，为之奈何？"广成子曰："而所欲问者，物之质也；而所欲官者，物之残也。自而（尔）治天下，云气不待族而雨，草木不待黄而落，日月之光益以荒矣，而佞人之心翦翦者，又奚足以语至道！"[1]

《庄子》中多寓言，自不可当真，但其中多保存有远古传说，其寓言每在传说的基础上改制而成。庄子在这里言及黄帝时的气候反常现象。关于"云气不待族而雨，草木不待黄而落"二句，《经典释文》引司马彪曰："未聚而雨，言泽少；不待黄而落，言杀气。"成玄英以为此数句言"风雨不调，炎凉失节"，"三光晦暗，人心遭扰"。[2]庄子之言可能有所夸张，但不排除这确是一个源自远古自然灾害的传说。

另一则是关于旱魃的，见于《山海经·大荒北经》：

> 有人衣青衣，名曰黄帝女魃。蚩尤作兵伐黄帝，黄帝乃令应龙攻之冀州之野。应龙畜水，蚩尤请风伯雨师，纵大风雨。黄帝乃下天女曰魃，雨止，遂杀蚩尤，魃不得复上，所居不雨。[3]

吴任臣注引《玄览》说，旱魃所见之国，赤旱千里。《神异经》亦言魃见则大旱。

---

① 郭庆藩：《庄子集释》，中华书局1961年版，第379—380页。
② 同上书，第380页。
③ 袁珂：《山海经校注》，第430页。

　　第三则便是夸父的传说。将这三则结合起来看，可以推断出黄帝时期确实发生过一场大旱。夸父因渴而死，正是死于干旱的说明。这在河南灵宝市的传说中也有反映。河南灵宝南三十里的阳平乡有座山叫夸父山，还有一条峡谷叫夸父峪。夸父峪有八个村子，俗称"夸父峪八大社"。这里的人自称是夸父的后裔。他们每年要进行"赛社"活动，以纪念夸父。当地传说：黄帝、炎帝大战于阪泉。炎帝被应龙打败，其支系夸父族败退西逃。适逢大旱，夸父渴死后，躯体变成夸父山。夸父死前嘱咐子孙种植桃树，所以，这里东西百里之内，皆为桃林。此与《海外北经》所言略同。《海外北经》所言的"邓林"，也就是桃林，邓、桃一声之转。《山海经·中次六经》说："又西九十里曰夸父之山……其北有林焉，名曰桃林，是广员三百里。"① 这里所说的夸父之山，正是灵宝市的夸父山。桃林亦即此地之桃林。灵宝市古又叫桃林县，原因正在于此。

　　《山海经》记述的关于夸父的两种不同的死亡方式，在河南灵宝市的传说中，被巧妙地连接在一起。据张振犁先生考察所得，河南灵宝《夸父山》神话的主要情节有：（1）黄帝与炎帝作战，炎帝被打败，逃回陕西。（2）黄帝派大将应龙追赶。（3）炎帝向西退至豫、陕交界一带，炎帝族的支系夸父族路过河南灵宝，正值这里十年大旱的严重干旱天气。（4）夸父族头领夸父到了灵宝市南二十五里的秦岭山北麓，干渴而死。（5）夸父临死时，嘱其子孙要把桃树种下去，好好保护，不能砍伐。（6）夸父死后埋在夸父峪旁，这就是夸父山。② 这个传说出自自称为夸父后裔的人群中，因而在对夸父的态度上与《山海经》大相径庭。首先我们相信这传说是有历史影子的，这个传说拥有者的群体，是怀着对夸父的崇敬与怀念来讲述古老历史的。这个传说从大的方面来看，第一，承认夸父是炎帝族群中的成员；第二，承认夸父是战败西退；第三，承认夸父死于西退的路上。但在具体死亡方式的处理上，则说夸父不是死于应龙的箭下，而是死于干旱。这中间自然藏有永远无法解开的秘密。张振犁先生推论说，这是夸父族后裔不愿听到头领被黄帝诛杀的下场，乃编制出兵败渴死的结

---

　　① 袁珂：《山海经校注》，第139页。
　　② 张振犁：《夸父神话探原》，载张紫晨编：《民俗调查与研究》，河南人民出版1988年版，第435页。

局。① 这个推论确有其理。但我更相信，夸父追日的神话是以这一历史传说为酵母的。而所谓因渴而死，乃是与炎黄之战时期的气候变化联系在一起的。我在《上党神农氏传说与华夏文明起源》一书中曾论证：黄帝族乃是一草原民族，因草原干旱，草料匮缺，导致了草原民族南下，与代表农耕的炎帝族发生了冲突，最终以炎帝族失败告终。② 像《庄子·在宥》篇提到的黄帝时"云气不待族而雨，草木不待黄而落"，《山海经·大荒北经》中所提到的黄帝之女旱神魃"所居不雨"，以及夸父神话中所说的"河渭不足"的现象，其实都是对当时大旱的说明。正因如此，夸父死于战场的历史便被修正为死于干旱。而夸父族又是从东向西逃亡的，所以又有了追日的传说。当然"追日"的神话表达中，还有更深层的文化喻义 ③，在此姑不详论。

夸父族存在于相当长的一段历史空间中，因而夸父也不止一人。夸父被应龙杀死，并不意味着这个族的灭亡。《吕氏春秋·求人》篇有"犬戎之国，夸父之野"，《淮南子·地形训》言"夸父、耽耳在其北方"，《山海经·海外北经》有"博父国"，袁珂以为博父即夸父。这当是夸父族活动留下的痕迹。在炎黄战争中，战败逃往边鄙的炎族人群，有许多便成了今天一些少数民族的先人。像《吕氏春秋》、《淮南子》所说"夸父之野"以及与耽耳为邻的夸父，当是逃往边鄙者。留在中土的人群，则逐渐与黄帝族融合，构成了华夏族群体。因而我们在商周文字记载中仍可看到"夸"族的存在。

从以上例子中可以看出，夸父神话其实是夸父历史的神话化。因为在那个时代，"大家离开神话的方式就不容易思想"④，因而历史记述带上了浓郁的神话色彩。像神话中的主角黄帝、炎帝、蚩尤、颛顼、后羿、大禹，等等，其实皆为历史上对人类发展有过突出贡献的伟大人物。据此可以说，上古神话的主要功能，在于记叙历史。尽管神话中也有先民对于自然、社会、人生的哲学认识，但其主体则是历史的。

① 张振犁：《夸父神话探原》，载张紫晨编：《民俗调查与研究》，第436页。
② 刘毓庆：《上党神农氏传说与华夏文明起源》，人民出版社2008年版，第203页。
③ 刘毓庆：《图腾神话与中国传统人生》，人民出版社2002年版。
④ 徐旭生：《中国古史的传说时代》，第24页。

二、秦汉魏晋时代哲学的神话化

神话的第二个高潮，出现在秦汉魏晋时期。在学术界习惯于将秦汉与魏晋断开，而又喜将魏晋六朝合称。其实"魏晋"与"六朝"是两个不同的概念。章太炎先生于《五朝学》一文中曾说："魏晋者，俗本之汉，陂陀从迹以至，非能骤溃。济江而东，民有甘节，清邵中论，无曩时中原媮薄之德，乃度越汉时矣。"[①] 也就是说西晋以前，其俗乃汉末之余绪。晋室东迁后，东晋、宋、齐、梁、陈"五朝"其风大变，进入了另一个时代。

战国是一个理性思潮高涨的时代。战国后期，当理性思潮衰而未歇之时，一股以神仙方术为特征的神秘主义思潮悄然出现。至秦始皇并天下，其风大张。秦始皇数次派人入海求仙，表面上是受方士欺蒙，实则是在神秘主义思潮驱动下的行为表现，它标志着一个新的神秘性思维高潮时代的回归。众所周知，"帝"本是天神之号。指称人王，意味着上古帝王人与神的双重身份，它是神性思潮泛滥的标志。而"帝"号的消失，则标志着神性思维的衰落与消退。可是在"帝"号消失千余年后，在战国之末却突然又出现了。公元前288年，秦国与齐国先后称"帝"，分别称之曰"西帝"、"东帝"。尽管在很短的时间内又先后去掉了"帝"号，可这却披露了神秘性思潮回归的信息。公元前221年，秦始皇统一六国，打出"帝"号。公元前205年刘邦入关，听说秦人祠四帝，于是问："吾闻天有五帝，而有四，何也？"群臣无言以答。刘邦说："吾知之矣，乃待我而具五也。"[②] 于是立黑帝祠。显然刘邦也是自命为帝的。到西汉之末，"自天地六宗以下至诸小鬼神，凡千七百所。用三牲鸟兽三千余种。后不能备，乃以鸡当鹜雁，犬当麋鹿"[③]。不过，最令人关注的还是神秘性思维对时代的笼盖。侯外庐、赵纪彬等先生主编的《中国思想通史》的汉代部分，标目中频繁出现"中世纪神学正宗思想"、"中世纪神学的形成"、"两汉神学

---

① 傅杰编：《章太炎学术史论集》，中国社会科学出版社1997年版，第264页。
② 《史记》，中华书局1996年版，第1378页。
③ 《汉书》，中华书局1964年版，第1270页。

正宗"、"神学思想"、"神学的世界观"、"神学的历史观与伦理、政治观"等之类的语言。金春峰先生的《汉代思想》，标目中也出现有"天人感应思想"、"神仙方术思想"、"灾异思想"、"谶纬和宗教"、"两汉神学"、"神学经学的思维方式"等之类词语。林剑鸣等先生编写的《秦汉社会文明》，则以"具有浓厚迷信色彩的信仰"为题，专辟了一章。这都能反映出汉代思想的神学倾向及这个时代神性思维的高涨。

　　战国诸子的理性化思潮，使神话退出了人们的视野。而秦汉的神秘性思潮，则使神话再现异光。这个时代几乎所有的人都受到了神性思维的支配，像司马迁这样的大史学家，也无法不受其制约，故他记述汉代历史的第一篇传记《高祖本纪》，便以神话入题，开首便道："其先刘媪尝息大泽之陂，梦与神遇。是时雷电晦冥，太公往视，则见蛟龙于其上。已而有身，遂产高祖。"接着又说刘邦起事前，杀死了一条大白蛇，有个老太太哭丧着说：她的儿子本是白帝子，化成了白蛇，不料被"赤帝子"杀了。[1] 这种记载不仅出现在战国理性高潮之后，而且出自"历史之父"之手，如果不是神性思维回潮的驱动，这是非常难以想象的。即使在魏晋，诗歌中也充塞了神仙的内容，如曹操言："愿登泰华山，神人共远游"（《秋胡行》）；曹丕言："服药四五日，身体生羽翼"（《折杨柳行》）；曹植言："乘彼白鹿，手翳芝草……授我仙药，神皇所造"（《飞龙篇》）；嵇康言："飘飖戏玄圃，黄老路相逢"（《游仙诗》）；阮籍言："逍遥游荒裔，顾谢西王母"（《咏怀诗》）；陆机言："游仙聚灵族，高会曾城阿"（《前缓声歌行》）。看来神秘的神仙生活对他们充满了诱惑。刘勰说："正始明道，诗杂仙心。"（《文心雕龙·明诗》）其实何限于正始？入晋后仍在延续。郭璞因《游仙诗》而成诗名，足以说明问题。干宝《搜神记》、王嘉《拾遗记》的出现，可视作对已刚刚结束的神话时代的总结。现代学者关于研究汉代神话的著作频频出现，如黄震云先生有《汉代神话史》，李立先生有《文化嬗变与汉代自然神话研究》，冷德熙先生有《超越神话——纬书政治神话研究》，黄悦先生有《神话叙事与集体记忆——〈淮南子〉的文化阐释》，等等，说明了当代学者对这一现象的关注。

---

[1]　《史记》，第341页。

如果说上古神话是"历史的神话化",那么秦汉魏晋神话的突出倾向则是"哲学的神话化"。战国时代人们对人类生存所遇到的或涉及的种种问题,都做了理性的思考,阴阳五行学说成了解释宇宙间一切事物的基础理论。秦汉人则把这种理论广泛地运用于实践,并用神话对这种理论最大限度地进行图解,使神话具有了哲学的内涵。一个显著的例子,在先秦,诸神多为独立存在的个体,如女娲、后羿、西王母等。而秦汉人则根据"一阴一阳之谓道"的理论,将许多神话人物配成了夫妻。如以伏羲配女娲,以嫦娥配后羿,以东王公配西王母。连先秦时不大显赫的灶神,到汉代也有了配偶。许慎《五经异义》云:"颛顼氏有子曰黎,为祝融火正。祝融为灶,姓苏名吉利,妇姓王名抟颊。"①产生在汉代而在后世流传极广的"牛郎织女"神话和"天仙配"神话,更是体现了汉人对《周易》阴阳学说的图解。阴阳二元被汉代人认作事物构成的必然法则。阳为天、为男,阴为地、为女。阴阳交感,事则有成;阴阳剥离,事则无济。《周易》中有泰卦与否卦,即是对此道理的抽象表述。否卦是乾(天)在上,坤(地)在下,在常人看来,天在上地在下本是正常的,可是《周易》却用"否"来表示。否是闭塞不通的意思,自然不好。原因是阳气在上上行,阴气在下下降,二者背离,越行越远,不能交通,"天地不交而万物不通"②,故不好。而泰卦则是地在上天在下,即阴在上阳在下,阴气下行,阳气上升,"天地交而万物通"③,自然安泰。仙女在天上,凡夫在地下,阴阳交感而成就了美好的婚姻。这种表现形式可以说是对"阴阳交泰"最形象的说明。在先秦出现的一些哲学概念,经过战国末至秦汉的神话思潮运动,也变成了神灵。比如"太一",据《庄子·天下》"建之以常无有,主之以太一",本指宇宙万物的本原、本体。成玄英疏:"太者广大之名,一以不二为称。言大道旷荡,无不制围,括囊万有,通而为一,故谓之太一也。"④《吕氏春秋·大乐》云:"道也者,至精也,不可为形,不可为名,强为之(名),谓之太一。"⑤但在汉代,

① 郑玄:《驳五经异义》,文渊阁《四库全书》本,第182—305页。
② 李道平:《周易集解纂疏》,中华书局1998年版,第174页。
③ 同上书,第164页。
④ 郭庆藩:《庄子集释》,第1093页。
⑤ 陈奇猷:《吕氏春秋校释》,学林出版社1984年版,第256页。

太一却变成了皇天上帝的代称，连五帝都变成了太一的辅佐。故《史记·孝武本纪》说："天神贵者泰一，泰一佐曰五帝。"①

我们还可以看到一个突出的现象：先秦人无法弄清的一些问题，在汉代却有了神话式的解释。如屈原的《天问》说："遂古之初，谁传道之？上下未形，何由考之？冥昭瞢闇，谁能极之？冯翼惟像，何以识之？"②《庄子·天运》篇也说："天其运乎？地其处乎？日月其争于所乎？孰主张是？孰维纲是？孰居无事推而行是？意者其有机缄而不得已邪？意者其运转而不能自止邪？"③《庄子·天下》篇也提到南方奇人黄缭问"天地所以不坠不陷，风雨雷霆之故"④，这反映了战国人对天地开辟的关注与探讨，但是我们没有发现有创世神话出现。但到了汉代，创世神话出现了，而且都有浓郁的哲学图解意味。如《淮南子·精神训》说："古未有天地之时，惟像无形，窈窈冥冥，芒芠漠闵，澒蒙鸿洞，莫知其门。有二神混生，经天营地，孔乎莫知其所终极，滔乎莫知其所止息。于是乃别为阴阳，离为八极，刚柔相成，万物乃形。"⑤这里所说的"二神"就是阴阳二神，显然是以"一阴一阳之谓道"的原则创造的。三国时徐整的《三五历纪》中记录了更为具体的创世神话，其云：

> 天地浑沌如鸡子，盘古生其中。万八千岁，天地开辟，阳清为天，阴浊为地。盘古在其中，一日九变，神于天，圣于地。天日高一丈，地日厚一丈，盘古日长一丈。如此万八千岁，天数极高，地数极深，盘古极长，后乃有三皇。⑥

《五运历年记》记载虽不同，神话色彩却同样浓厚。其云：

---

① 《楚辞·九歌》中有《东皇太一》一篇，以"太一"为神名。有学者疑为汉代人所为，其说并非无理。

② 黄灵庚：《楚辞章句疏证》，中华书局2007年版，第999页。

③ 郭庆藩：《庄子集释》，第493页。

④ 同上书，第1112页。

⑤ 张双棣：《淮南子校释》，北京大学出版社1997年版，第719页。

⑥ 李昉等：《太平御览》，中华书局1985年版，第8页。

> 元气蒙鸿，萌芽兹始，遂分天地，肇立乾坤。启阴感阳，分布元气，乃孕中和，是为人也。首生盘古，垂死化身，气成风云，声为雷霆，左眼为日，右眼为月，四肢五体为四极五岳，血液为江河，筋脉为地里，肌肉为田土，髮髭为星辰，皮毛为草木，齿骨为金石，精髓为珠玉，汗流为雨泽，身之诸虫，因风所感化为黎甿。①

显然这也是对道家"道生一，一生二，二生三，三生万物"理论的图解。它的哲学意味要远大于它的神话意味。

更有意思的是汉代出现频率极高的玄武图及其所蕴有的哲学意义。玄武图是龟蛇合体的怪物，其神话内涵实为共工与颛顼争帝的故事。《淮南子·天文训》说：

> 昔者共工与颛顼争为帝，怒而触不周之山，天柱折，地维绝。天倾西北，故日月星辰移焉。地不满东南，故水潦尘埃归焉。②

这本是一个来自远古的传说，可是在汉代的记述中，其与"龟蛇合体"的"玄武图"融在了一起，具有了明确的象征意义。魏伯阳《周易参同契》卷中云："雄不独处，雌不孤居。玄武龟蛇，蟠虬相扶，以明牝牡，竟当相须。"这是说玄武的龟蛇合体是象征男女交合的。其实更确切地说是象征寿与性。在古籍中多以为共工是人面蛇身的怪物，《大荒西经》注引《归藏》即说："共工，人面蛇身，朱发。"③与此相对，颛顼在纬书中则被说成是龟。龟是长寿的象征，蛇是女色的象征。"龟蛇合体"，既有"颛顼共工争帝"的意义，也是寿与色关系的图解。长寿是人们共同的愿望，而性中所获得的快感又给人以极大的诱惑，这诱惑却会导致人生命的消亡。因此寿与性的冲突，便成为困扰人类思维的一大难题。共工头触不周山，使得"天柱折，地维绝"，这就是性的冲动导致生命毁灭的象征。汉代学者为解决这一难题做出了极大努力，因而出现了大量关

---

① 马骕撰，王利器整理：《绎史》，中华书局 2002 年版，第 2 页。
② 张双棣：《淮南子校释》，第 245 页。
③ 袁珂：《山海经校注》，第 388 页。

于房中术的著作，仅《汉书·艺文志》著录的性学著作，就有一百八十多卷。其结论是，如果能懂得男女交接之术，性不但不会伤生，还会养生，获得长寿。黄帝就曾与一千二百个女性交接而成仙得道。在这一理论的指导之下，共工与颛顼由"二神争帝"变成了"二神合一"（如《潜夫论·五德志》说颛顼"身号高阳，世号共工"①），在玄武"龟蛇合体"的生命形态中，性与寿获得了统一，也使后世玄武大帝成为颛顼的化身，活跃于神坛，成为以修炼不朽之躯为终极目标的道教信徒崇拜的主神。②

我们再看被众多的文学史著作作为典范讲述的两则著名神话："女娲补天"与"后羿射日"。这两则神话皆见于《淮南子》。而《淮南子》中明确指出，女娲补天旨在说明"阴阳之所壅沈不通者，窍理之；逆气戾物伤民厚积者，绝止之"。后羿射日旨在说明"振困穷，补不足，则名生；兴利除害，伐乱禁暴，则成功世"。③无一不是在阐释一种理论，这无疑昭示着这个时期神话的哲学性质。

三、元明时代宗教的神话化

元明时代，神秘性思维再次高扬，其标志便是新的造神运动的兴起。在元明之前，民间并不乏有关山川神灵的传说与祭拜，有些甚至是国家祭典中所列有的。而元明时人则在前人的基础上，又创造了大量的神祇偶像。我们从《封神演义》中可以看到，在姜子牙所封的三百六十五位正神中，大部分不见于前人典籍。就雷部二十四位正神而言，以前也只见有雷神之名，并没有具体的名号。《西游记》中也可以看到许多神先前是没有见到的。《明史·礼志》言："古无太岁、月将坛宇之制，明始重其祭。增云师于风师之次，亦自明始。"④即反映了新造神祇的情况。元明时期出现的《三教源流搜神大全》，收集儒、

---

①　王符著，汪继培笺，彭铎校正：《潜夫论笺校正》，中华书局 1997 年版，第 395 页。
②　关于玄武图的问题，请参见拙文：《玄武图的神话内涵及其文化意义》，《文艺研究》1995 年第 1 期。
③　张双棣：《淮南子校释》，第 678 页。
④　张廷玉等：《明史》，中华书局 1974 年版，第 1282 页。

释、道三教诸神祇多达一百八十余种，而且都载有姓名、字号、爵里、谥号、神异事迹，绝大多数还配有画像。像玉皇上帝、后土皇地祇、东华帝君、西灵王母之类尽收其中。儒家以往是不言怪力乱神的，可是此书竟然把儒家人物也列到了群神之列。这里所反映出的并不是一种学术观点，而是一种观念，一种以宗教神学为主导的神秘观念。

我们再看他们的造神过程，便会感到其随意性酷似原始人对自然的神秘感受。姚之骃《元明事类钞》卷二十有云：

《元史》：南海女神灵惠夫人，至元中以护海运有奇应，加封天妃，岁遣使致祭。袁凯《天妃庙诗》："百年祀事崇邦典，半夜神光出海涛。"[1]

《名臣录》：成祖起兵，问少师姚公师期，曰："未也，俟吾师。"及祭纛，见披发而旌旗者蔽天，问公何神，曰："向固言之，吾师北方之将玄武也。"于是成祖即披发仗剑相应焉。[2]

《涌幢小品》：金龙大王姓谢，名绪，隐居金龙山。闻元兵入临安，赴江死，尸僵不坏。明兵起，神示梦佑战，辄胜。后凿会通渠于吕梁洪，舟过者祷无不应，于是建祠洪上。潘季驯治河时，屡著灵应，祗事益虔。[3]

《觚剩》：明祖定天下，大封功臣。梦兵卒千万拜殿前，曰："我辈没于行阵，请加恩恤。"高皇曰："汝固多人，无从稽考姓氏，但五人为伍，处处血食足矣。"因命江南人家，立尺五小庙祀之。俗称五圣祠。[4]

《弇州史料》：邱文庄夫人尝过鄱阳湖，夜梦达官呵拥入舟，曰："吾编修戚澜也。昔与邱先生同官，谊不容绝，特报尔三日后有风涛，可亟迁于岸。"夫人惊觉，如其言移于寺中。未几，果有风涛，众舟尽溺。至京，夫人白其事于公，公以闻于朝，遣官谕祭。[5]

---

[1]　姚之骃：《元明事类钞》卷二十，文渊阁《四库全书》本。
[2]　同上书。
[3]　同上书。
[4]　同上书。
[5]　同上书。

又王世贞《弇州四部稿》卷一百七十四《说部》：

> 太宗尝梦二神人，言南处海滨，来辅家国。明日礼官言闽中灵济二真君事，遂遣使函香，请神像于宫城西南，作宫祀之。①

因为一场梦，就可以立一尊神，这在现代人的观念中是不可思议的。更有意思的是，与神道毫不相干的许多人物，此时也被列入了神籍。如明曹士龙《玉海诗记》言："天上灵真位业一十九位，太保万楚、中岳陶潜、南岳杜甫、西源大帝王羲之、巡王四大洲谢安、左馆玉书苏子瞻、西溟星君庄定山、太极殿大学士李于鳞……"②如此地造神，如果不是神性思维的支配，实在是不可想象的。

更有趣的是元明两朝国号的取名依据。元明以前，王朝立号每取爵号、地名，如"秦"因兴起于西部秦地而得名；"汉"因刘邦初封为汉王而得名，"晋"因司马昭初封"晋公"后晋爵晋王而得名，"隋"因隋文帝杨坚之父杨忠曾被封为"随国公"而得名，"唐"因李渊曾为"唐国公"而得名，"宋"因赵匡胤发迹于宋州而得名。可是"元"、"明"彻底改变了这种命名方式。元之所以取名"元"，据元人《经世大典》言："盖闻世祖皇帝初易大蒙古之号，而为大元也，以为昔之有国者，或以所起之地，或因所受之封，为不足法也，故谓之'元'焉。元也者，大也，大不足以尽之。而谓之元者，大之至也。"③但谁又敢肯定这个"元"字没有受到道教至高神"元始天尊"之"元"的启发呢？明之所以取名"明"，是因为明太祖朱元璋是依靠"光明教"起家的。从这种命名方式也可以看出其神秘的宗教意味。

正是在这样的神秘性思潮的驱动下，神话创作掀起了第三次高潮，出现了《西游记》、《西游补》、《封神演义》、《三宝太监西洋记》以及《平妖传》、《天妃济世出身传》、《五显灵官大帝华光天王传》（《南游记》）、《北方真武祖师玄天上帝出身传》（《北游记》）、《八仙出处东游记》（《东游记》）、《南海观音菩

---

① 王世贞：《弇州四部稿》，文渊阁《四库全书》本。
② 姚之骃：《元明事类钞》卷二十。
③ 苏天爵等：《元文类》，文渊阁《四库全书》本。

萨出身修行传》、《飞剑记》、《咒枣记》、《铁树记》、《二十四尊罗汉传》、《牛郎织女传》等大批神话小说（鲁迅称之为"神魔小说"），还有《吕洞宾桃柳升仙梦》、《太乙仙夜断桃符记》、《许真人拔宅飞升》、《孙真人南极登仙会》、《李云卿得道悟升真》等以神仙为内容的戏剧。据谭正璧《古本稀见小说汇考》及孙楷第《中国通俗小说书目》，此类小说多达三十余种；而据田同旭先生告我，元明戏剧中具有神话色彩的剧目近百余，这是一个非常惊人的数字。有些小说尽管不以写神话著称，却也染有神话色彩。就拿被称作明代"四大奇书"的其中三部（《西游记》外）小说来说，《三国演义》开首写道："建宁二年四月望日，帝御温德殿。方升座，殿角狂风骤起。只见一条大青蛇，从梁上飞将下来，蟠于椅上。帝惊倒，左右急救入宫，百官俱奔避。须臾，蛇不见了。忽然大雷大雨，加以冰雹，落到半夜方止，坏却房屋无数。建宁四年二月，洛阳地震；又海水泛溢，沿海居民，尽被大浪卷入海中。光和元年，雌鸡化雄。六月朔，黑气十余丈，飞入温德殿中。"① 《水浒传》开首第一回目便是："张天师祈禳瘟疫，洪太尉误走妖魔"。而在《引首》中开口便道"太祖武德皇帝"出生时"红光满天，异香经宿不散，乃是上界霹雳大仙下降"。② 就连以写男女两性而著名的《金瓶梅》，也是以一位"名列仙班，率领上八洞群仙，救拔四部洲沉苦"的仙长的诗开头。③ 这种情况无疑说明了神话高潮的到来。

上古神话讲述的是历史，秦汉神话讲述的是哲学，而元明神话讲述的则是宗教。《水浒传》第九十回记智真长老说："愿今国安民泰，岁稔年和，三教兴隆，四方宁静。"④ 《西游记》第四十七回孙悟空说："望你把三教归一，也敬僧，也敬道，也养育人才，我保你江山永固。"⑤ 《封神演义》第四十七回赵公明说："翠竹黄须白笋芽，儒冠道履白莲花。红花白藕青荷叶，三教元来总一家。"第六十五回广成子说："古语云：'金丹舍利同仁义，三教元来是一家。'"⑥ 《三宝太监西洋记》第二十八回金碧峰长老说："自古说得好：'三教元来是一

① 罗贯中：《三国演义》，人民文学出版社 1997 年版，第 1 页。
② 施耐庵：《水浒传》，人民文学出版社 1997 年版，第 1 页。
③ 兰陵笑笑生著，王汝梅等点校：《金瓶梅》，齐鲁书社 1987 年版，第 2 页。
④ 施耐庵：《水浒传》，第 675 页。
⑤ 吴承恩：《西游记》，人民文学出版社 1992 年版，第 605 页。
⑥ 许仲琳：《封神演义》，人民文学出版社 1992 年版，第 431 页。

家。'"① 这种情况说明了此时宗教观念十分浓郁，而此时产生的神话，在很大程度上则是对宗教理论和宗教神灵的图解。《封神演义》纯粹就是道教中两派的斗争故事，《西游记》演取佛经故事，降妖除魔，宣扬的是佛法。《西洋记》开首便讲三教来源，将儒佛道三家思想尽糅其中。像《五显灵官大帝华光天王传》、《北方真武祖师玄天上帝出身传》、《八仙出处东游记》等一望便知为道教神灵故事，而且是把道教中一些抽象的神灵名字，演义成了具体的故事，使其更容易为下层民众所接受。我们再看一下明杂剧中的部分剧目，如无名氏《吕洞宾桃柳升仙梦》（演吕洞宾度化桃树精、柳树精成仙故事）、无名氏《太乙仙夜断桃符记》（演洛阳阎英为鬼魅所缠，太乙仙施法降妖故事）、无名氏《广成子祝贺齐天寿》（演广成子施法为天子祝寿故事）、无名氏《庆丰年五鬼闹钟馗》（演钟馗任都领判官故事）、无名氏《释迦佛双林坐化》（演释迦如来双林坐化故事）、杨景贤《马丹阳度脱刘行首》（演王重阳度化鬼仙故事）、贾仲明《铁拐李度金童玉女》（演铁拐李度金童玉女还归仙界故事）、朱权《冲漠子独步大罗天》（演吕洞宾、张紫阳点化冲模子故事）、朱有燉《惠禅师三度小桃红》（演慧明禅师度化小桃红故事），等等，或宣扬佛法无边，或宣扬神仙不老思想，或宣扬修道成仙，或仙贺圣寿，无不带有十分浓厚的宗教气息与功利色彩，这是在上古及秦汉神话中绝对见不到的，反映了人们意识的变化。

总之，我们从中国神话这三次高潮的变迁中，可以清楚地看到，神话并没有消失，只是其功能、性质在历史中随着时代思潮的变迁而发生着变化。它作为一种思维形态，永远保持着其神秘性的内核；而作为叙事形态，则在不断变化着其叙述的主题。在"科技创新"作为时代关键词之一的今天，神话的叙述主题已由宗教变为"科幻"，通过对幻想的描述，表达着人类对未来新技术、新生活的期待与恐惧。然而神话的那种神秘性内核，并没有因科学的发展而消亡，相反却酝酿出了新的神秘性内容。由此说明，把神话作为一种独立的文化形态与人类原始时代相捆绑的思路，是有问题的，需要做出调整。神话研究要想向前推进，必须对百年来的神话理论做出反思。

（原载于《文艺研究》2014 年第 10 期）

---

① 罗懋登著，陆树崙等点校：《三宝太监西洋记》，上海古籍出版社 1985 年版，第 361 页。

中国古代北方民族狼祖神话
与中国文学中之狼意象

从魏晋到元代的一千余年间，先后近 20 个来自草原的民族活跃在中国北方的历史舞台上。这些民族后来在与农耕民族无数次的冲突、交汇中，大多逐渐融于汉族大家庭，有的则成为中国民族的一份子。而其原初的在特有的地理生态背景与文化背景下所创造出的各具特色的族源神话，则不仅丰富了中国民族文学的宝库，同时为我们研究民族融合历史及融合中的文化选择问题，提供了可靠的依据。本文旨在通过对古代北方民族狼祖神话的考察，研究中国文学中狼意象的变迁，从而对民族文化的审美趋向得出进一步的认识。

一、北方民族狼祖神话考察

族源神话，似乎是每一个原始民族所必备的知识。活跃于中国古代北方的少数民族，在他们的传说中，往往将自己民族的起源、兴起与某一神秘之兽联系在一起。如拓跋鲜卑族，相传他们的先祖遇难，有一形如马、声如牛的神兽引路，使他们度过了"九难八阻"，终而得以兴起。[1] 这一神兽，就是所谓的"鲜卑郭落"，即驯鹿。[2] 契丹族则传说他们的祖先是一位乘白马的男子和一个

---

[1] 《魏书》卷一《序纪》。
[2] 参见杜士铎主编：《北魏史》，山西高校联合出版社，第 50 页；拙著《图腾神话与中国传统人生》第九部分，人民出版社 2002 年版。

驾着青牛车的天女结合生下的。^①又说其先祖中有一号喎呵者，"戴野猪头，披猪皮，居穹庐中，有事则出，退复隐入穹庐如故。后因其妻窃其猪皮，遂失其夫，莫知所如"^②。党项族传说他们的祖先罗都生了马、黑牛等七个儿子，后来有了他们的族。^③而流传最广的则是关于狼图腾的神话。

古代北方对中国历史影响最大的先后有匈奴、突厥与蒙古三大少数民族集团。这三大集团同兴起于大漠，皆以狼为图腾神兽。匈奴从战国晚期即公元前3世纪始见于历史记载，直到公元5世纪才开始退出历史舞台，先后存在了七个世纪，并于公元4世纪与5世纪，先后在黄河流域建立了汉、赵（史称前赵）、大夏等政权，对中国历史的影响是不言而喻的。匈奴虽没有留下关于狼祖神话的直接记述，但与匈奴有渊源关系的诸民族传说，披露了这一信息。公元四五世纪活动于大漠的高车部落^④，《魏书》本传言："其先匈奴之甥也"，《新唐书》卷二一七《回鹘传》则曰："回纥，其先匈奴也，俗多乘高轮车，元魏时亦号高车部。"这个部落的祖先相传是一只老狼。《魏书》卷一〇三《高车传》曰：

　　俗语云匈奴单于生二女，姿容甚美，国人皆以为神。单于曰："吾有此二女，安可配人，将以配天。"乃于国北无人之地筑高台，置二女于上，曰："请天迎之。"经三年，其母欲迎之，单于曰："不可，未彻之间耳。"复一年，乃有一老狼，昼夜守台嗥呼，因穿台下为空穴，经时不去。其小女曰："吾父处我于此，欲以与天。而今狼来，或是神物，天使之然。"将下之。其姐大惊曰："此是畜生，无乃侮父母也！"妹不从，下为狼妻而产子，后遂滋繁成国。故其有好引声长歌，又似狼嗥。

①　叶隆礼：《契丹国志》卷首《契丹国初兴本末》云："古昔相传：有男子乘白马浮土河而下，复有一妇人乘小车驾灰色之牛浮潢河而下，遇于木叶之山，顾合流之水，与为夫妇，此其始祖也。"《辽史》卷三十七《地理志》则曰乘白马者为"神人"，驾青牛车者为"天女"。事又见范镇《东斋记事》卷五、王偁《东都事略》卷一二五、元城北遗民《烬余录》等。

②　《契丹国志》卷首《契丹国初兴本末》。

③　此条资料乃西夏学专家聂鸿音先生提供。

④　高车又有赤狄、狄历、敕勒、丁零等名，因其人习惯于"乘高车，逐水草"，故有高车之名。

汉代时与匈奴为邻的乌孙国，其国王相传为匈奴养子。《汉书》卷六一《张骞传》曰：

> 乌孙王号昆莫。昆莫父难兜靡，本与大月支俱在祁连敦煌间，小国也。大月支攻杀难兜靡，夺其地，人民亡走匈奴。子昆莫新生，傅父布就翎侯抱亡置草中，为求食，还，见狼乳之，又乌衔肉翔其旁，以为神，遂持归匈奴，单于爱养之。

这个传说，在《史记·大宛传》中也有简略记载。在《汉书·西域传》中，乌孙王有名"拊离"者，《北堂书钞》卷十三曹丕引《典论》论汉武帝亦云："刘单于之旗，探符离之窟。"拊离、符离显系一事。《通典》卷一九七《突厥上》曰："侍卫之士，谓之附离，夏言亦狼也。"匈奴、乌孙、突厥，同属阿尔泰语系民族，拊离、符离当即突厥语 buri 音译之异。以"狼窟"指匈奴之巢穴，或王以狼名，皆可披露其族与狼之关系。乌孙、高车，一为匈奴养子，一为匈奴之后，加之传为匈奴别部的突厥，皆有狼祖神话，以此推之，匈奴亦当有狼祖神话，只是消失于久远的历史之中而已。①

在隋唐之际，北方最强大的少数民族是突厥族。这是一个强悍的游牧民族集团，自公元 5 世纪出现于中国记载后，迅速"击茹茹（柔然）灭之，西破挹怛，东走契丹，北方戎狄悉归之"②。公元 6 世纪中叶，其疆域"东自辽海以西，西至西海（今里海）万里，南自沙漠以北，北至北海（贝加尔湖）五六千里，皆属焉"③。遂而建立了空前规模的游牧汗国，横行大漠四百年。这个民族，《周书》、《北史》、《通典》、《太平寰宇记》等皆谓其为"匈奴之别种"。最可注意者是其自认为是狼种。其族源神话云：

> 突厥者，盖匈奴之别种也，姓阿史那氏，别为部落。后为邻国所破，

---

① 据王承礼主编：《辽金契丹女真史译文集》所收蒲田大作《释契丹古传说》（吉林文史出版社1990 年版）一文言，大西正男有《匈奴社会的图腾》一著，谓匈奴亦有狼祖鹿祖传说，惜未得见。

② 《隋书》卷八四《突厥传》。

③ 《周书》卷五十《突厥传》。

尽灭其族。有一小儿年且十岁，兵人见其小，不忍杀之，乃刖其足，弃草
泽中。有牝狼以肉饲之。及长，与狼合，遂有孕焉。彼王闻此儿尚在，重
遣杀之。使者见狼在侧，并欲杀狼，狼遂逃高昌国之北山。山有洞穴，穴
内有平壤茂草，周回数百里，四面俱山，狼匿其中，遂生十男。十男长大，
外托妻孕，其后各有一姓，阿史那其一也。子孙蕃育，渐至数百家。①

《隋书》与《北史》记阿史那氏为君长，皆有"牙门建狼头纛，示不忘其本"
之言。狼无疑是突厥族神圣的图腾物，因而突厥诸部落中，对狼至为崇拜，每
于旗纛上图以金狼头。②突厥可汗亦每以狼头纛赐其臣。③在《周书·突厥传》
中记有突厥族源的另一则神话异说：

> 或云：突厥之先，出于索国，在匈奴之北，其部落大人曰阿谤步，兄
> 弟十七人（《北史》卷九九作"七十人"），其一曰伊质泥师都，狼所生也。
> 谤步等性并愚痴，国遂被灭。泥师都既别感异气，能征召风雨，娶二妻，
> 云是夏神、冬神之女也。一孕而生四男：其一变为白鸿；其一国于辅水、
> 剑水之间，号契骨；其一国于处折水；其一居践斯处折施山，即其大儿
> 也。山上仍有阿谤步种类，并多寒露，大儿为出火温养之，咸得全济，遂
> 共奉大儿为主，号突厥，即讷都六设也。讷都六有十妻，所生子皆以母族
> 为姓，阿史那是其小妻之子也。讷都六死，十母子内欲择立一人，乃相率
> 于大树下共为约曰："向树跳跃，能最高者即推立之。"阿史那年幼而跳最
> 高者，诸子遂奉以为主，号阿贤设。

显然这两个不同的族源神话，产生在两个不同时期和地区。前者是以封闭的草
原环境及部落战争为背景的，故有"刖足"、"重遣杀之"、"草泽"、"平壤茂
草"、"四面俱山"之类的描述，表现出的是一种自然状态的生存方式与原始意

---

　　① 见《周书》卷五十《突厥传》。又见于《隋书》卷八四《突厥传》、《北史》卷九九《突厥传》、
《通典》卷一九七《突厥上》、《太平寰宇记》卷一九四《突厥上》等。
　　② 《通典》卷一九七《突厥上》。
　　③ 见《旧唐书》卷五五《刘武周传》。

识。后者则是走出封闭、以草原地带与山林地带交接地区为生存背景的，同时出现了风雨、夏神、冬神、大树等与四季变化有关的意象，反映了他们对季节变化的关注。而且社会组织及权力机构开始形成，"以母族为姓"，反映了母系社会性质；以比赛方式共推新主，体现着原始民主制的确立。但正如《周书》作者所言："此说虽殊，然终狼种也。"这一点则是不变的。

突厥之后，相继有黠戛斯、回鹘、契丹等族活动于北鄙，随后有蒙古族称雄于大漠，并迅速建立跨越亚欧的大帝国政权。《元朝秘史》卷一记述了蒙古族的一则族源神话，其云：

> 当初元朝人的祖，是天生一个苍色的狼，与一个惨白色的鹿相配了，同渡过腾吉思名字的水，来到于斡难名字的河源头，不儿罕名字的山前住着，产了一个人，名字唤作巴塔赤罕……

《新元史》卷一用现代人的观念对此做了世俗化的解释："孛儿帖赤那译义为苍狼，其妻豁阿马兰勒，译义为惨白牝鹿，皆以物为名，世俗附会，乃谓狼妻牝鹿，诬莫甚矣！"道润梯步新译新注《蒙古秘史》，对苍狼白鹿生人之说亦极力否定，认为"其实这不过是传说中的两个人名罢了"①。但如果我们从人类学的角度，参之高车、乌孙、突厥之传说，就不难发现苍狼、白鹿不过是蒙古早期的图腾而已。在《多桑蒙古史》中，有如下一段记载："有蒙古人告窝阔台言，前夜伊斯兰教力士捕一狼，而此狼尽害其畜群。窝阔台命以千巴里失购此狼，以羊一群赏来告之蒙古人。人以狼至，命释之。曰：'俾其以所经危险往告同辈，离此他适。'狼甫被释，猎犬群起龁杀之。窝阔台见之忧甚，入帐默久之，然后语左右曰：'我疾日甚，欲放此狼生，冀天或增寿。孰知其难逃命，此事于我非吉兆也。'其后未久，此汗果死。"②成吉思汗的继承者窝阔台把自己的命运与狼的生死联系起来，无疑说明了其潜意识中对狼的认同与崇拜。在《蒙古源流》卷四中，有成吉思汗围猎时降旨不让伤害苍狼与草黄色母鹿的记

---

① 《蒙古秘史》，内蒙古人民出版社 1978 年版，第 4 页。
② 《多桑蒙古史》，中华书局 1963 年版，第 207—208 页。

载，此亦可证明《元朝秘史》对蒙古族图腾神话的记载，是有信仰与传说的根据的。值得注意的是蒙古神话于苍狼之外，多了一白鹿，这似乎是一个不小的变化，但考鹿之为神物，似乎在匈奴的时代就存在了。在匈奴人的神话中，我们虽然没有发现鹿的踪影，但从出土的匈奴族的大量遗物中，可以看到一种神秘的大角怪兽形象。这种怪兽显然是在鹿角与其他动物的结合中幻想出来的。齐东方先生在《唐代金银器研究》一书中，就言及在匈奴遗物图案中，"大角怪兽十分流行"的问题。此种怪兽虽不一定是匈奴人的图腾物，但作为一种流行图像，显然与匈奴人的宗教崇拜是有关系的。大西正男谓匈奴亦有狼祖鹿祖传说，似非无据。在突厥人的传说中则有如下的一则神话：

> 突厥之先曰射摩舍利海神，神在阿史德窟西。射摩有神异，海神女每日暮，以白鹿迎射摩入海，至明送出，经数十年，后部落将大猎，至夜中，海神女谓射摩曰："明日射猎，尔上代所生之窟，当有金角白鹿出。尔若射中此鹿，毕形与吾来往，或射不中，即缘绝矣。"至明入围，果所生窟中有金角鹿起，射摩遣其左右固其围，将跳出围，遂杀之。射摩怒，遂手斩呵咄首领，仍誓之曰："自杀此之后，须人祭天。"即取呵咄部子孙斩之以祭也。①

在这则神话中，鹿的神性是可想而知的。究其由，鹿的敏捷、善驰、温顺，鹿角的威武，皆可引起草原民族和狩猎民族对它的喜爱与崇敬。故而在匈奴与突厥的信仰与神话中，皆可找到对鹿的崇拜踪迹。所不同的是，鹿对于蒙古民族来说，不是一种单纯的崇拜物，而是图腾。苍狼白鹿的结合神话，可能孕育着狼图腾集团与鹿图腾集团联姻的历史。

---

① 段成式：《酉阳杂俎》前集卷之四《境异》。

二、民族文化融合中的"神狼"命运

族源神话大多带有图腾神话的意义。而图腾物不仅仅是一个原始群体的标志，同时也是一个原始群体的审美选择与文化认同，因而它具有象征一个原始群体内在文化精神的意义。草原民族的狼图腾神话，无疑是其勇猛、强悍的民族精神的说明。突厥族即视狼为战神[1]，在突厥民族英雄乌古斯可汗的传说中，是苍狼引导他们战无不胜，一路走向胜利。[2] 突厥可汗的侍卫之士，以狼为名，也正是取其勇猛之义。著名的突厥文《阙特勤碑》中，也以狼来形容其士兵之猛勇。[3] 在阿尔泰语系的哈萨克民族谚语中，狼代表着好汉、勇士。同时在其文物图案中，还有狼身上连着鹰头和鹰翅，扑向狮、虎的形象，以表示对凶悍、勇猛和刚烈的歌颂。[4] 在中国古代通俗文学中，少数民族君主往往被自己的拥护者称作"狼主"。《秦并六国平话》卷上"匈奴狼主大怒"云云，《说岳全传》第十回"狼主可将计就计"云云，皆是其例。自称是"土耳其之父"的穆斯塔法·基马尔，在他的拥护者中享有"灰狼"的称号。活动于北美大草原的诸民族，也以狼为英雄的象征。他们自豪地歌唱："我是一头孤独的狼，我东南西北到处闯荡。"[5] 草原民族飘游不定、逐水草而居的游牧生活方式，必然会导致部落之间爆发争夺水草的战争，这自然会使他们联想到作为草原之魂的狼的凶猛与不可战胜的力量，遂产生了对游荡的狼群的敬畏与崇拜，创造出狼图腾的神话。并寻求与图腾人格上的统一，模仿狼的凶猛、强悍与进攻性，创造着他们的生活。

在民族融合过程中，一个新的社会集团的形成，必然存在着对原有多种文化的选择问题。就中国北部民族间的文化融合情况而言，主要有两种选择态

---

[1] 《新唐书》卷二一七《回鹘传》。
[2] 耿世民译：《乌古斯可汗的传说》，新疆人民出版社1990年版。
[3] 见《阙特勤碑》，载岑仲勉：《突厥集史》下册，中华书局1958年版，第877页。
[4] 毕桪：《哈萨克民间文学概论》，中央民族学院出版社1992年版，第27页。
[5] 《世界文化象征辞典》，湖南文艺出版社1994年版，第495页。

度，一种是选择性继承，一种是选择性接纳。在两种不同的选择中，神话里作为北方民族始祖的神狼，便出现了两种不同的命运。草原游牧民族间的冲突融合，在文化上主要是选择性继承问题，故而神狼的地位一再地得到强化和加固。匈奴、突厥、蒙古三个游牧集团先后称霸草原，由于以相似的生活方式生活于相同的地理生态背景之下，尽管他们的族源神话故事情节各不相同，但作为其神话核心部分的神狼的地位则始终不变。并且神狼作为一种文化象征，传衍到了近代的北部广大地区的民族之中。如哈萨克族民间盛传《白狼》故事，大意言：一位青年男子与一只白狼相遇，在一座山洞共同生活了四十天，彼此相安无事。后来狼化为美女，做了年轻人的妻子，使年轻人有了许许多多的财富。类似的以狼为主角的故事与传说在哈萨克民间还有不少。[①] 在今蒙古族民间，流传着狼童的传说，言：一群猎人在克鲁伦河畔狩猎，发现一只母狼带着一个三四岁的男孩奔于荒野。猎人赶走了狼，带回了男孩。男孩懂得各种动物的语言，帮助成吉思汗避过洪水之灾。[②] 在维吾尔族的民间长诗《安哥南霍》中，神狼博坦友纳，引导维吾尔族的先民，走出大山。并在神狼的进劝下，维吾尔族一位铁匠先祖戴上了王冠，率十万大军，出山击败了仇敌。维吾尔族人至今视狼为勇敢无畏的象征，生了儿子，往往说生了一只狼。在柯尔克孜族的史诗《玛纳斯》中，也有狼保护玛纳斯及其后代战胜强敌的章节。柯尔克孜族至今还有许多关于狼的信仰，认为狼是圣物，它的肉可以保佑妇女生育，它的拐骨挂在孩子身上，作为护身符，可以保佑平安。塔塔尔族相信狼有非凡的超自然能力，至今乐于珍藏狼的后踝骨。

　　但在草原民族与农耕民族的冲突、融合中，情况则发生了变化。由于农耕民族文明程度明显高于草原民族，这种冲突融合，在很大程度上是农耕民族对草原民族的影响、接纳、消融问题，因此在文化的交汇中，更多地表现为选择性接纳，而不是继承。农耕民族对草原民族文化的影响痕迹，仍旧保留在草原民族的历史传说中。《史记》卷一百十《匈奴列传》开首即曰："匈奴，其先祖夏后氏之苗裔，曰淳维。"《周书》卷一《文帝纪上》鲜卑宇文氏述其世系说：

---

① 毕桪：《哈萨克民间文学概论》，第 27 页。
② 纳·赛西雅拉图主编：《蒙古文学史》，辽宁民族出版社 1995 年版，第 27 页。

"其先出自炎帝神农氏，为黄帝所灭，子孙遁居朔野。"在《辽史》卷六三《世表》中，又称库莫奚、契丹都是"炎帝之裔"。这是见于汉文典籍的早期记载。在后世的传说中，相类似的汉胡同源神话也不在少数。柯尔克孜族的《创世的传说》说：汉人、突厥人、蒙人，分别是努赫的三个儿子的子孙。^①在东蒙古神话传说中，蒙古人与汉人的女始祖乃是姐妹俩。内蒙古额尔古纳旗鄂温克人中传说，人和狐狸结合，生下了十个孩子，这就是汉、蒙古、鄂温克等族的祖先。^②这些传说虽非事实，但体现着中土文化对于四夷的影响，以及边裔民族与中土民族攀亲结好的心愿。顾颉刚先生在论及匈奴"二女在台"与狼交合的神话时，曾认为此乃商族"二女在台"吞卵生契神话之传衍。^③窃疑乌孙、突厥狼乳男婴的神话未必不是中土"虎乳男婴"传说^④之传衍。这种影响，当然也是文化交融的一种形式。

而文化的选择性接纳，则是指草原游牧民族大批南下，部分进入农耕民族生活圈后，农耕民族所持有的一种态度。草原民族进入中土之后，由于生活方式与地理生态环境的巨大变化，其原初所具有的那种凶悍、勇猛、刚烈的精神，也在渐渐丧失。据不完全统计，从汉武帝到唐懿宗不到一千年的时间内，边裔民族如匈奴、羌、氐、鲜卑、高丽、突厥等，迁入内地的人口，最少也有681.89万。^⑤这就意味着千年间有如此多的兄弟民族融入了汉族大家庭。唐贞观十三年全国人口是1235万，而在此前内迁的人口最少也有600万，如果把如此众多的人口千百年间的繁衍计算在内，纯粹的汉族血统的人实在所剩无几了，甚至可以说汉族是世界民族中血统最为复杂的民族。但草原民族一旦汉化，便极力忘却其原初的带有野蛮性的狼崇拜，视新生的来自草原的民族为狼。对图腾物情感的变化，即是文化变迁的标志。而农耕民族在接受草原民族融入的现实时，一方面包容、接纳，另一方面则对其文化进行着选择。在这种

① 马学良等主编：《中国少数民族文学史》上册，中央民族学院出版社1992年版，第81页。
② 富育光：《萨满教与神话》，辽宁大学出版社1990年版，第255、258页。
③ 顾颉刚：《史迹俗辨》"二女在台"一节，上海文艺出版社1997年版。
④ 《左传·宣公四年》："（斗伯比）淫于邧子之女，生子文焉。邧夫人使弃诸梦中。虎乳之……遂使收之。"
⑤ 此数字是根据葛剑雄主编的《中国移民史》的《大事年表》统计的。每户、每帐皆按五口人计。凡言"数千"、"数万"者，"数"皆以"3"代之。因此这是一个最保守的估计数字。

选择中，神狼遭到了厄运。因为农耕民族更需要的是和风细雨；是辛勤耕作，以诚实对待脚下的土地；是建立人与土地的相互依赖关系，建立人与人之间相安无事、和平相处的友好关系，而不是凶悍、勇猛和刚烈。从草原民族的族源神话中，我们知道他们中曾有过对牛、马、鹿、鹰等动物的图腾崇拜。这一切皆可为农耕民族所接受，唯独不能接受的是狼。这一点我们从中国文化最大的象征物龙的变化中看得非常清楚。学者们认为龙是古代多种图腾综合、多种文化交融的产物，它突出地体现着中华民族的包容精神与和谐精神。我们从商周青铜器中看到的龙是作匍匐爬行状的蛇身兽首怪物。而经过战国至唐的民族大融合，龙则变成了牛头、猪嘴、马鬃、鹿角、羊须、蛇身、鱼鳞、鹰爪……众多图腾物团结一体、彼此交融的形象。特别值得注意的是，草原民族的另一主要图腾——鹿，其角则高高地树在了龙头上，表现出威武不屈的样子。在秦汉时，龙的头上竖起的还是牛角，而经过"五胡乱华"走向统一的隋唐盛世，牛角却分了叉变成了鹿角，此间的意义自是不言而喻的。[①] 而狼则被彻底抛弃了。在传统的汉族人中，我们可以找到虎、豹、龙、蛟、雕、兔、鼠之类的名字或绰号，却很难发现以狼命名的。这里抛弃的绝不仅仅是一个名字，而是对一种文化，对带有野蛮性的原始生活方式与拼杀、掠夺行为，以及对崇尚凶悍、刚烈的精神的彻底抛弃。

　　当然，我们对于原始的草原居民的行为表现，不能以现代人的观念去理解。他们对凶悍、勇猛、刚烈的崇尚，以及他们带有掠夺性的行为，乃是出于生存的需要。而其对农耕民族的侵扰，在很大程度上更是生存欲望的驱动。根据学者们的研究，草原民族大规模南下，往往都与气候的变迁相联系着。由于气候的变冷变干，处于干旱地区的游牧民族，面临着草原枯竭、水源干涸、生态恶化的严重威胁。为了寻找新的牧区与生存环境，他们不得不向农耕民族发起进攻。[②] 日本人类学家梅棹忠夫曾这样描写过干旱对于生存欲的驱动："干旱地带是恶魔之巢……从很早以前起，就有可怖的狂乱的人群从这一干旱地带出发，风暴般地席卷文明世界……游牧民族是这一破坏力的主流，尽管历史提供

①　参见拙作：《图腾神话与中国传统人生·绪论》，人民出版社 2002 年版。
②　参见王会昌：《2000 年来中国北方游牧民族南迁与气候变化》，《地理科学》1996 年第 3 期。

了其典型，但表现出破坏力的并不仅仅是所谓游牧民。后来，从环绕干旱地带的文明社会本身，也有猛烈的暴力事件发生。北方的匈奴、蒙古、通古斯……都是暴力的源泉。"①可以说，没有草原民族的一次次内迁，就没有今天庞大的汉族。草原民族虽然对农耕民族有所伤害，但他们的加入，也给中国民族带来了生命的活力。故而中国古代两个最强盛的王朝——汉朝和唐朝，都出现在民族大融合的高潮之后。

三、中国文学中狼意象意义之变迁

与"狼祖"神话密切相关，狼作为一个神话意象，反复出现在中国文学中。与民族冲突、融合的历史变迁相联系，狼意象有一个由多元象征向单一象征变化的过程。其意义及故事形态的变化，大略可分为先秦至隋以前、隋唐宋元、明清以降三个不同时期。

第一个时期从先秦到隋以前。这是狼意象的多义并存阶段。在这个时期的文献典籍中，狼意象在更多的情况下是作为恶的象征出现的，但同时也存在着对正面的美好事物的比喻、象征意义。如《礼记·玉藻》云："君之右虎裘，厥左狼裘。"郑玄注："卫尊者宜猛也。"这里的狼显然是具有正面意义的，它象征着勇猛和力量。《太平御览》卷二百七十一引《太公六韬》亦曰："大人之兵，如狼如虎，如雨如风，如雷如电，天下尽惊，然后乃成。"在《诗经》的解释系统中，狼还具有象征圣德的意义。《诗经·狼跋》曰："狼跋其胡，载疐其尾。公孙硕肤，赤舄几几。"《诗序》曰："《狼跋》，美周公也。"《毛传》曰："老狼有胡，进则躐其胡，退则疐其尾，进退有难，而不失其猛。"意为狼喻周公遭流言中伤，"然犹不失其圣，能成就周道"②。《郑笺》说得更为明确，其云："喻周公进则躐其胡，犹始欲摄政，四国流言，辟之而居东都也；退则跲其尾，谓后复成王之位，而老，成王又留之，其如是，圣德无玷缺。"我们

---

① 见王子今译：《文明的生态史观》，生活·读书·新知三联书店1984年版。
② 孔颖达：《毛诗正义》卷八。

姑且不管其诗之本义如何，就汉儒对此诗的解释而言，起码说明了一个问题：在汉代及汉以前人的观念中，狼是可以作为正面象征出现的。

比较特殊的是白狼。《竹书纪年》曰：成汤时"有神牵白狼衔钩而入商朝"。郭璞《山海经图赞》曰："矫矫白狼，有道则游，应符变质，乃衔灵钩。惟德是适，出殷见周。"《艺文类聚》卷九九引《瑞应图》亦曰："白狼，王者仁德明哲则见。"《宋书》卷二十八《符瑞》云："白狼，宣王得之而犬戎服。"此皆是把白狼作为一种吉祥物对待的。《宋书》卷四十六《王懿传》言：王懿与兄睿同起义兵，与慕容垂战，失败后逃跑，路经大泽，会水潦暴涨，不知所往。有一白狼领路，始得免于大难。《魏书》卷二十七《穆崇传》中也说：穆崇为贼所困，匿于大泽，赖有白狼带路，始逃脱贼人的追赶。关于白狼祥瑞的信仰，在唐代史书中还残存着，但是像这样具体的"善行"故事，则不再能见到了。狼意象意义的多重性，正表明中国文化形成初始的多元形态。

第二个时期为隋唐宋元，这是狼意象意义的净化、稳定阶段。随着中国民族大融合的基本完成，民族文化基本趋于稳定。突厥等族在草原兴起后，开始改变原初对农耕民族的"向化"之心。他们已很难再集团性地融入汉族中，而是高扬着有狼头标志的旗帜，与农耕民族多次冲突。即如高适《部落曲》所言："雕戈蒙豹尾，红旆插狼头。"王涯《从军词》所云："燕颔多奇相，狼头敢犯边。"在此历史的持续中，狼的正面的喻义在汉文化中逐渐消失，而"凶狼贪婪"逐渐凝定为狼意象意义的基本内核。因而在唐宋诗人的笔下，"狼"成了野蛮凶残、灭绝人性之辈的象征，并且更多情况下是指斥"胡人"。如：

俯视洛阳川，茫茫走胡兵。流血涂野草，豺狼尽冠缨。（李白《古风》）

晋武轻后事，惠皇终已婚。豺狼塞瀍洛，胡羯争乾坤。（高适《登百丈峰》）

身辱家已无，身居豺狼窟。（刘湾《李陵别苏武》）

四海十年不解兵，犬戎也复临咸京……豺狼塞路人断绝，烽火照夜尸纵横。（杜甫《释闷》）

烽火惊戎塞，豺狼犯帝京。（皇甫冉《太常魏博士远出贼庭江外相逢》）

戎羯腥膻岂是人，豺狼喜怒难姑息。（刘商《胡笳十八拍》）

旌旆遍张林岭动，豺狼驱尽塞垣空。（武元衡《幕中诸公有观猎之作因继之》）

烽火连营家万里，漠漠黄沙吹雾。莽关塞，白狼玄兔。如此江山俱破碎，似输棋，局满枰无路。弹血泪，迸如雨。（吴泳《贺新凉·送游景仁赴夔漕》）

山之下，江流永；江之外，淮山暝。望中原何处，虎狼犹梗。（吴潜《满江红·齐山绣春台》）

狼吻不甘春哨衄，马蹄又踏寒滩入。向下洲，一鼓扫群胡，三军力。（李曾伯《满江红·得襄阳捷》）

赵魏胡尘千丈黄，遗民膏血饱豺狼。（陆游《题海首座侠客像》）

诗人们对胡人如此责骂，自然与胡人自认是狼种有些关系。胡人的崇拜与行为，无疑强化着人们的认识。在这个背景之下，汉语中产生了大量带有贬责意义的"胡"族词汇，如胡来、胡闹、胡说、胡干等。同时狼意象凶狠贪婪的意义内核，便成为一个颠扑不破的稳定结构，存在于中国文化之中。

值得注意的是，在胡人狼祖神话的影响之下，中国人的意识中出现了狼人可以互幻的观念。《抱朴子·对俗》曰："狐狸豺狼，皆寿八百岁。满五百岁，则善变为人形。"《白泽图》言："百岁狼化女人，名曰知女，状如人，坐道旁，告丈夫曰：我无父母兄弟。丈夫娶为妻，三年而食人。以其名呼之，则逃去。"① 这里所记还只是抽象的知识，而在唐宋志怪小说中则衍生出了人狼幻化的新"神话"。如《广异记》言：

唐冀州刺史子，传者忘其姓名。初，其父令之京，求改任。子往未出境，见贵人家宾从众盛。中有一女容色美丽，子悦而问之。其家甚愕，老婢怒云："汝是何人，辄此狂妄！我幽州卢长史家娘子，夫主近亡，还京。君非州县之吏，何诘问顿剧？"子乃称："父见任冀州，欲求姻好。"初甚惊骇，稍稍相许。后数日野合，中路却还。刺史夫妻深念其子，不复诘问，

---

① 陈耀文：《天中记》卷六十引。

然新妇对答有理，殊不疑之。其来人马且众，举家莫不忻悦。经三十余日，一夕，新妇马相蹋，连使婢等往视，遂自拒户。及晓，刺史家人至子房所，不见奴婢，至枥中，又不见马，心颇疑之，遂白刺史。刺史夫妻遂至房前，呼子不应。令人坏窗门开之，有大白狼冲人走去，其子遇食略尽矣。

在隋之前，我们看到的白狼是一种祥瑞之物。在有关唐代历史的记载中，也隐约可见白狼的祥瑞意味，如《册府元龟》卷二四记贞观盛世符瑞，屡言"白狼见"。而在此，狼却变成了可幻化成美女祸害良人的妖孽。这个巨大的变化，无疑是民族文化中对狼角色确定的反映。《广异记》又曰：绛州正平县有村间老翁化为老狼，每出伤人，后为其子所杀。又曰：绛州他村有小儿，年二十许，因病后，颇失精神，遂化为狼。窃食村中儿童。[1]无论是老狼还是小狼，只要它是以狼的面目出现，就必然是凶恶的，为害于人的。《宣室志》言：太原王含母金氏，本胡人女，老年后化为狼，生麋鹿置于前，立啖而尽。[2]这里特意强调其为胡女，以示胡人狼之本性的难以改变，反映了中原民族对胡人的深刻成见，以及对狼的本性的认识。《稽神录》言：晋州神山县民张某妻，梦与一黄褐衣人交，已而妊娠，生二狼子。[3]这里又把狼认作是一种淫荡之物，在"万恶淫为首"的文化意识中，自然是在本来已经十分丑恶的狼形象上，又涂了一层黑墨。《元史·五行志》言："至正十年，彰德境内狼狈为害，夜如人形，入人家哭，就人怀抱中取小儿食之。"这里的狼在凶残之外，又多了一层狡诈。这样，狼便以凶狠贪婪为内核，淫荡、狡诈、不讲道义为内容，构成了一个标志着罪恶的文化意象，反复出现于中国的诗歌、小说之中。

第三个时期为明清以降，狼意象意义已经完全稳定下来。如果说在唐宋诗词中，狼更多的指喻带有野蛮行为的"胡人"的话，在明清以降的大量的诗词曲作中，"狼"的这一意义指喻倾向则基本消失，如何景明《述怀》："豺狼满道无行路，戎马他乡有战尘"，郑世天《捉船行》："里正如狼吏如虎"，郑燮《悍吏》："豺狼到处无虚过，不断人喉抉人目"，王惟孙《征谷谣》："恶吏如

---

① 以上三则见《太平广记》卷四四二引《广异记》。
② 张读：《宣室志》卷八，中华书局 1983 年版，第 101 页。
③ 徐炫：《稽神录》，中华书局 1996 年版，第 133 页。

虎虎拥狼，踞坐上头索酒肉"等，其普遍性的意义是象征凶残暴烈之辈。明清小说对于狼的描写也较唐宋有了较大变化，在唐宋时，狼的故事还十分近于神话，似乎人们确信人狼可以互幻。而在明清以降，这种观念已明显消失，尽管我们在《西游记》、《济公全传》以及《阅微草堂笔记》等书中，还可以看到狼化为道人、化为蕃妇之类的故事，但显然这已无法代表人的观念，而只是一种资以消遣的离奇故事而已。更多的作品则是以描述的方式，揭露狼的凶狠贪婪本性，以及其狡诈、凶险的品格。

这里有两种倾向值得注意，一是在大量关于狼的故事中，寄寓了告诫世人的深刻用心。如著名的《中山狼传》，即以一个非常生动的故事，揭露了狼恩将仇报、凶险贪婪的本性，警告世人不可怜悯狼一样的恶人。《阅微草堂笔记》卷十四云："有富室偶得二小狼，与家犬杂畜，亦与犬相安。稍长，亦颇驯，竟忘其为狼。一日，主人昼寝厅事，闻群犬呜呜作怒声，惊起周视，无一人。再就枕将寐，犬又如前。乃伪睡以俟，则二狼伺其未觉，将啮其喉，犬阻之不使前也。乃杀而取其革。"作者讲完故事后，感叹道："狼子野心，信不诬哉！然野心不过遁逸耳，阳为亲昵，而阴怀不测，更不止于野心矣。兽不足道，此人何取而自贻患耶！"《聊斋志异》卷五言：有位叫谢中条的人，三十丧妻，遗有二子一女。路见一绝色女子，以言相挑，终娶以为妻。原来此女子乃狼所化，趁谢外出，尽食其子女。其最后评曰："士则无行，报亦惨矣。再娶者，皆引狼入室耳，况将于野合逃窜中求贤妇哉！"其警世之意甚明。二是出现了不少人与狼斗的故事。如《续子不语》卷一《狼军师》、《聊斋志异》卷六《狼》篇等记述的这类故事，表面上狼只是一种谈资，实则有代表着邪恶势力的意义。人与狼斗获胜的喜悦，则是民族圆满渴望的一种表现形态。在后世的童话作品中，则出现了狼伪装成羊或外婆以危害人类、终为人识破的故事。但无论故事情节怎么变化，狼都是一种罪恶的象征。其间虽然偶尔也有一两则狼知恩图报的故事，但终无法改变狼意象凶险残狠的基本意义。

当20世纪西方文化潮水般涌入中国大陆之后，根深蒂固的传统文化受到了前所未有的冲击。在带几分酒神精神的西方文化面前，人们发现中国人的精神中多了几分温柔，少了几许野性。面对富有进攻性的西方文化，中国人温柔敦厚的性格特点与中庸平和的行为规则，似乎无力参与世界性的大竞争。为了改变现状，于是在新潮人物中出现了对富有野性的狼的崇拜，产生了以狼头为图案的文化衫与"老狼"、"金狼书屋"之类的名字，在网上出现了"中国狼论坛"、"小狼的家"、"老狼的巢"、"野狼工作室"、"灰狼俱乐部"等形形色色的网站名，舞台上也公然唱起了"我是一匹来自北方的狼"之类的歌曲，童话中也出现了大灰狼与小白兔和平共处的故事。这种种迹象，有可能改变中国文化中狼意象的意义内涵，使之重新恢复其多元象征意义。然而凶狠贪婪作为狼意象的一个基本内核，将会永远封存于中国文化与文学之中。

（原载于《民族文学研究》2003 年第 1 期）

华夏日月神话文化意蕴之考察

太阳是照亮原始神话世界几乎唯一的光，太阳神话是一切神话的核心，太阳崇拜是原始宗教崇拜的发轫。——"太阳神话学"的理论家们曾如此说。肖兵先生《中国文化精英》与何新先生《诸神的起源》两部神话学大著，也不约而同地把太阳崇拜认作了中国神话与中国原始宗教的核心。虽说这可能受到了"太阳神话学"的影响，却也可以看出二位先生探幽发微的精神来。不过我对此有不同的理解与思考。第一，在中国，太阴神话与太阳神话有同等显赫的地位，日月神话反映着民族上古时代的历史与宗教。第二，在中国人的灵魂深处，太阳和月亮，并不是放在同一个天平上的。对太阳是"射日"、"逐日"，蕴含有仇恨的意识；而对于月亮则是"奔月"、"游月"，表达着深深的向往。即使在后世的文学作品中，对于月的讴歌，也大大多于对日的赞美。这种现象，从宗教意义上进行考究，并不能获得完满的解释，因为它涉及一个民族的历史、文化性质及文化动向的问题。这需要我们从文化意蕴上做出更进一步的思考。

一、"生日"、"生月"：两种文化的对撞与融合

从历史与宗教的角度考察，在中国先民的观念中，日月并不仅仅是两个空洞的发光体，而是与东西方两大文化系统的民族联为一体的。《山海经》用神话的方式饶有趣味地记载了这一历史的发端：

有女子名羲和，方浴日于甘渊。羲和者，帝俊之妻，生十日。（《大荒南经》）

有女子方浴月。帝俊之妻常羲，生月十有二，此始浴之。（《大荒西经》）

有不少学者认为，所谓"生十日"，就是指发明了甲乙丙丁十干；"生月十有二"是指创造了一年十二个月的历法。其实问题并不如此简单，我认为，这里的"日"、"月"所代表的乃是两种不同文化精神的部族。

在中国先民的意识中，太阳神与月亮神的象征物分别是鸟与兽。如《春秋元命苞》说："乌为阳精"；《灵宪》说："月者阴精之宗，积而成兽"。这是一个十分重要的信息。以此为管钥，我们便可以打开上古文化的神秘之门，进而彻底解开"生日"、"生月"之谜了。

为解此谜，我们需要对上古图腾做一初步考察与分析。如果把上古主要的氏族部落根据其图腾的不同分为两大类，便可自然地划为兽（虫鱼之类亦可姑归于此）与鸟两类（植物图腾因无显赫之迹，姑不与例）。伏羲、神农、黄帝、共工、颛顼、尧、鲧、禹、周等，属于前者；少昊、舜、伯益、皋陶、商等，属于后者。

从地理分布上看，兽类图腾的大本营在西方，波及北方。[1]如：

伏羲"人首蛇身"生于成纪（《帝王世纪》），在今甘肃天水。

神农"牛首"，在姜水流域（《国语·晋语》），即今陕西岐山西。

黄帝"人面蛇身"，在轩辕之丘（《海外西经》），即甘肃北部。或说在有熊（《竹书纪年》），即河南新郑。

颛顼"体为玄武"——龟（《河图》），生于若水（《吕氏春秋·古乐》），即今四川若水。后处濮阳（《竹书纪年》）。

尧为赤龙之子（《春秋合诚图》），都于平阳（《帝王世纪》），即今山西临汾。

共工"蛇身"（《归藏》），活动于甘肃、陕西、山西等地。

［1］参见拙著：《古朴的文学》，北岳文艺出版社1988年版，第47页注①。

鲧其初为白马（《海内经》），封于崇（《连山易》），即今河南嵩山。

禹为黄龙（《归藏》），活动于山西、河南一带，都于阳城（《竹书纪年》），在今河南登封。

周出之天鼋（《国语·周语》），活动于豳、岐等地（《史记·周本纪》），即今陕西境内。

飞鸟图腾的大本营在东方，波及南方。如：

少昊名挚（鸷），为鸟师而鸟名（《左传·昭公十七年》），活动于鲁（《史记·鲁世家》），即今山东曲阜。

驩兜"鸟喙"（《海外南经》），在南方。舜为凤鸟图腾（考《列女传》诸书可知），东夷之人（《孟子》）。

伯益为燕子图腾，"综声于鸟语"（《后汉书·蔡邕传》），在费（《汉书·古今人表》），即山东鱼台西南。

皋陶"鸟喙"（《白虎通·圣人》），生于曲阜（《帝王世纪》）。

商出于玄鸟（《商颂》），起源于东海之滨。

兽类图腾与飞鸟图腾，因图腾形态的差异与地域分布的不同，形成了东西对峙的文化格局。兴起于东方的鸟图腾部落，把太阳认作他们最大的崇拜物；在西方兴起的兽类图腾部落，则以月亮为他们的崇拜物。他们分别把日神和月神认作了他们的女始祖神。在东方，最大的鸟图腾群体是商，这个部族曾在中原建立过强大的王朝，因此影响最大，材料也较多。我们可通过对商的研究，看到东方民族太阳崇拜的盛况。

《山海经》说：羲和生十日。丁山先生认为，生十日的羲和，就是商之女始祖简狄①，此说甚是。所谓"十日"，就是甲乙丙丁十干。商人自认是太阳神的子孙，故其名号多以日名，如商之诸王号曰大乙、中丁、盘庚、武丁、小辛等。这无疑是在说明，他们就是太阳的化身。他们的高祖上甲微，卜辞中特

---

① 丁山：《中国古代宗教与神话考》，上海文艺出版社 1988 年版，第 73 页。

书为"田"。"口"是"日"之省，如"晶"之省作"品"。"十"即古文"甲"字。此字实即"日"、"甲"合文。在时间的表现上，也可以看出他们对日投入了更多关注。不仅将十日合为一旬，还将一天的时间根据日象的不同，划为旦、明、昃、昏、夕等时，并将时间漫长的历史运行，也用"日"来表示，"过去"称作"昔"，"未来"则称作"昱"。同时还对日举行祭祀的常典。连太阳的出、入都要祭祀。如：

> 丁巳卜王宾日不雨（卜 535）
> 御各（落）日王受又（粹 1278）
> 其正日（京 2483）
> 辛未又（侑）于出日（粹 597）
> 壬辰卜至日（乙 5399）
> 癸巳贞其又勺伐于伊其即日（佚 210）

所谓宾、御、正、又、至、即等，都是祭名，表示各种不同的祭祀形式。可见其对日崇拜之至了！

由于鸟图腾部落对于太阳的崇拜，在民族潜意识的运作中，创造出了日鸟合体的崇拜形象。《山海经》、《楚辞》、《淮南子》、《论衡》等，皆言"日中有鸟"、"日载于鸟"，汉画砖石刻以及帛画中，日中居鸟的形象，更是屡见不鲜。《说文》"日"字条下收古文"日"作"☉"，段注云："盖象中有鸟。"这就是说，"○"象日之轮廓。其中之"乙"，则是乌之象形。这种观念的凝定与深化，便使得鸟有了太阳生命化的象征意义，出现于民族的意识中。

值得注意的是，在正史中也出现了类似的记载，如：

> 《左传·哀公六年》："是岁也，有云如众赤鸟，夹日以飞三日。"
> 《史记·楚世家》："二十七年春……昭王病于军中，赤云如鸟，夹日而蜚。"
> 《后汉书·五行志》："（中平）五年正月，日色赤黄，有黑气如飞鹊，数月乃消。"

《晋书·天文志》："（元康）九年正月，日中有若飞燕者，数日乃消。""穆帝永和八年……日暴赤如火。中有三足鸟……"

《北史·周本纪》："（大象元年而曰）日出、将入时，其中并有乌色，大如鸡卵，经四日乃灭。"

这种记载，乃是民族群体幻觉的反映，而这种幻觉的形成，正证实着阳鸟文化的深刻影响。根据东方鸟图腾部落崇拜太阳的这个特点，我们可把这种文化命名为"太阳文化"。

与太阳文化相对照，在西方的兽类图腾部落文化，则可名为"太阴文化"。太阴文化集团以月亮为最高崇拜物，先后在中原地区建立过两个强大的王朝，这就是夏和周。夏之前因历史久远，史载不详。《遁甲开山图荣氏解》透露了一点信息："女狄暮汲石纽山下泉，水中得月精如鸡子，爱而含之……生夏禹。"[1] 此外《春秋元命苞》又言："颛顼骈干，上法月参。"注："水精主月。"[2] 唯周人建国久长，所存资料较多。周人对月之狂热崇拜，是在文王之前。文王之后由于接受了商人高度的奴隶制文明与政治文化，其固有的太阴文化大面积地受到冲击。拜月信息在其文化的表层所存已不甚多，但其蛛丝马迹仍可查寻。以下我们可以周为太阴文化代表，做一考查。

首先在时间表现上，周人与商人不同，他们更注目的是月象。他们根据月象的变化，将一月划为初吉、既生霸、既望、既死霸四个时段。这是东方的太阳文化中绝对没有的。吉、霸、望，既是月名，也是祭名，祭名当是由祭月演变而来的。"初吉"指月初，古有吉礼，指祈福或吉祥之祭礼。祭祀须择吉日进行，故祭祀之日称"吉日"、"吉旦"，如《九歌》云："吉日兮辰良，穆将愉兮上皇。"祭祀之服称"吉服"，如《周礼·司服》云："王之吉服。祀昊天上帝。"月初曰初吉、吉月、吉朔，自然是古人心目中最吉祥的日子，因此祭祀活动每于此进行，如《申鉴·俗嫌》云："祈请者诚以接神，自然应也。故精以底之，牺牲玉帛以昭祈请，吉朔以通之。"古人认为月是有生死的，月之

---

[1]《太平御览》卷四引。

[2] 黄奭编：《春秋纬》，上海古籍出版社1993年版，第59页。

复生是一件大可庆幸的事，故名之曰"吉"，又曰"朔"。《释名·释天》云："朔，苏也，月之复苏生也。"正如同佛罗里达的古代阿巴拉支人在太阳出山、落山的时候，唱颂歌向太阳致敬一样，周人在月吉时，也当对月亮举行祭礼。"霸"，《说文》："月始生魄然也。承大月二日，承小月三日。"经传又作"魄"。《法言·五百》："月未望则载魄于西，既望则终魄于东。"李轨注："魄，光也。"生魄即生光明之义。魄与白、伯通，《白虎通·性情》："魄者白也。"古白、伯同字。《尔雅·释天》："既伯既祷，马祭也。"郭注："伯，祭马祖也。"所谓祭马祖实与祭月有关。《国语·周语》云："昔武王伐殷，岁在鹑火，月在天驷……月之所在，辰马农祥也，我太祖后稷之所经纬也。"马祖即"月"之所在，是"天驷"，《春秋考异邮》云："月精为马"。虽神话亡佚过甚，但其拜月之迹仍隐约可见。"望"古作"朢"。《说文》："朢，月满也；与日相望，似朝君。从月从臣从壬，壬朝廷也。"以政教学说解释文字形义，不免误甚。此字从月，自与月有关。而《周礼·大宗伯》郑注云："四望日月星海。"《北堂书钞》引《五经异义》云："望祭河海太山星月也。"是祭河海星月，皆用望礼，窃以为望祭其初当是祭月的专典。

由此可知，周人每月对月神至少有四次大祭，所谓初吉、既生霸、既望、既死霸，既是一月的四个时段，也是祭月的四种不同方式或内容。《礼记·郊特牲》云："祭求诸阴阳之义也，殷人先求诸阳，周人求先求诸阴。"日为阳，月为阴，周人先求诸阴，自可证实"月"在其心中至上之地位。

更有意思的是，与商王以日命名相对，周之先王却是以月命名的。据《周本纪》所载，周先王的世系如下：

后稷弃 —— 不窋 —— 鞠（《世本》作鞠陶）—— 公刘 —— 庆节 —— 皇仆 —— 差弗 —— 毁隃（《世本》作伪隃）—— 公非（《世本》作公非辟方）—— 高圉（《世本》作侯侔）—— 亚圉（《世本》作亚圉云都）—— 公叔祖类（《世本》作太公组绀诸盩）—— 古公亶父 —— 季历

这些奇奇怪怪类似音译的名字，其真正的含义是什么呢？为什么同名曰"圉"，还要分高、亚呢？

　　幸好《尔雅·释天》中的一段文字，为我们提供了解密的管钥：

　　　　月在甲曰毕，在乙曰橘，在丙曰修，在戊曰厉，在己曰则，在庚曰
　　　　窒，在辛曰塞，在壬曰终，在癸曰极。

这段记载显然掺杂了太阳文化的因素，如甲乙丙丁之类，于旧传也难免有错误，但此等月名是商人绝对没有的，而与周先王的命名却暗暗相合。月名有围，而周先公则有高围、亚围，犹如商王之有大丁、中丁；月名有厉，而周先公则有公刘、祖类、季历。历、刘、类、历同为来母字，声皆易互转。所谓公、祖、季，乃是大小先后之别。公有尊意，祖有先意，季有少意，此正与商王之称大乙、祖乙、小乙同。月名有毕，而周先公则有皇仆、差弗、公非、亶父。仆、弗、非、父与毕同为唇音，古可相通。皇有大意，差有次意，此正与商王之称大甲、小甲、祖甲、河亶甲同。月名有则，而周先公则有庆节。节、则同属精母，古常通用。月名有橘，而周先公则有毁隃，犹商王之名康丁、雍己。

　　众所周知，周是上古的"农业强国"，其先祖后稷即五谷之神。而月神崇拜乃是原始农业氏族或部落中普遍存在的现象。大洋洲西里伯斯岛中部的土著民族，以为稻神居住在月中；在印度的传说中，月则是持有植物种子者；古波斯人以为，月灌浇草原，供给牲口食物；巴比伦人认为，月生产各种植物的生命；巴西的土著人称月为植物之母；在墨西哥，月则是土地神和植物神。[1] 周先公先王以月命名，自然是在表明他们是月神的子孙。而此种命名只限于先公先王，犹如蒙古人之称月为大皇帝一样，月乃是权威、地位的象征。《大荒西经》中所谓"生月十有二"的常羲，当就是周之女始祖姜原了。传说姜原为后稷之母，《大荒西经》说："帝俊妻常羲"，又说："帝俊生后稷"。由此言之，姜原、常羲当即一人之分化了。常羲古又写作尚仪（《吕氏春秋·勿躬》）、常仪（《系本》），姜、尚、常同在阳部，仪、原同为疑母，《说文》："仪，度也。"《广雅》："原，度也。"是原、仪音近意通之比。姜原、常羲当是一音之转。兽

_____

[1]　参见何星亮：《中国自然神与自然崇拜》，生活·读书·新知三联书店 1992 年版，第 185 页。

类图腾氏族、部落兽与月两种崇拜物的整合，形成了"兽月一体"的观念，使得爬行动物有了月之生命化的象征意义。如：

《灵宪》："月者阴之精，积而成兽，象兔蛤。"

《春秋演孔图》："蟾蜍月精。"

《春秋考异邮》："地主月，月精为马。"

《淮南子·地形训》："蛤蟹珠龟，与月盛衰。"

在汉画砖中主月之神则为人身蛇尾，月中之物则有白兔、蟾蜍。至今民间仍有月中有玉兔、蟾蜍的传说。

拜日族与拜月族，一生于东，一生于西，故而形成了"东阳也、西阴也"的观念。《礼记·祭义》云："日出于东，月生于西"，"祭日于东，祭月于西"。古时日月运行规律并非与今不同，古人并非不见日月同是由东向西运动的，为什么会说"月生于西"呢？其实这里所谓之日月，表面上是指太阳与月亮，实则指东西方两种不同宗教文化的民族。以商人为代表的拜日族兴起于东方，所以说"日出于东"，以周人为代表的拜月族兴起于西方，故曰"月生于西"。所谓祭日祭月，乃是祭其母神。在神话中西王母的传说流传甚广。《轩辕黄帝传》云："西王母，太阴之精。"《归藏》云："昔嫦娥以西王母不死之药服之，遂奔为月精。"《西王经》云西王母"司天之厉及五残"，郭注："主知灾历五刑残杀之气"，《淮南子·天文训》云："月为刑，月归而万物死"。显然西王母就是月神。但月神何以称王母呢？据《尔雅》，王母就是祖母。《周易·晋》有云："受兹介福，于其王母。"是王母为周人对女祖之称。所谓西王母，也就是周之女始祖姜原了。

太阴文化的老家在西方的昆仑。昆仑在神话中是一个极为神秘之所。《山海经》言：其下有弱水之渊环之，其外有炎火之山，投物辄燃。山上万物尽有，西王母就住在其上。这里还是天帝在下界的一座都城，是百神会聚之所。据徐旭生先生《读〈山海经〉札记》研究，昆仑实指青海高原。其说甚是。近年考古，在青海一带发现了较为密集的原始文化遗址，而且在青海柳湾马厂类型彩陶中还发现了太阴文化特有的八卦符号。① 郭璞《山海经赞》云："昆仑月精，水之灵府。惟帝下都，西羌之宇。嶻然中峙，号曰天柱。"这无疑是说昆仑就是月神之宅，天地之中。拜月族因兴起于昆仑之地，因此他们把昆仑认作天地的中心。如：

> 《龙鱼河图》："昆仑山天中柱也。"
> 《水经》卷一："昆仑墟在西北，去嵩高五万里，地之中也。"
> 《淮南子·地形训》："建木在都广（都广在昆仑范围内），群帝所自上下，日中无影，呼而无响，盖天地之中也。"

与太阴文化相对，太阳文化的老家则在东方。古称东方为齐州，所谓齐就是中的意思。《尔雅·释言》云："齐，中也。"《史记·封禅书》云："齐所以为齐，以天齐也。"《集解》云："苏林曰：当天中央齐。""齐"就是"脐"，肚脐在人体之中央，天脐也就是天地的中央。太阳文化氏族因兴起于东方，故把东方认作了天地的中心，名其地曰"齐州"，名其水曰"济水"，名其渊曰"天齐"（《史记·封禅书》），名其山则曰"泰山"。所谓泰山就是大山，是天下最大的山。《周易是谋类》郑玄注云："金鸡，泰山之精。"（《太平御览》卷三九引）而《通雅》引若谷曰："日者阳宗之精也，为鸡二足，为乌三足。鸡在日中，而乌之精为星，以司太阳之行度。"（见卷十二）这实际上是说泰山之精就是日神了！泰山可见日之始出，又主万物之生发。诸书云：

> （泰山）日观者，鸡一鸣时，见日始欲出，长三丈许。（马第伯《封禅仪记》）
> 王者易姓而起，必升封泰山，何？报告之义也。……所以必于泰山者何？万物之始交代之处也。（《白虎通·封禅》）
> 东方泰山……尊曰岱宗。岱者长也，万物之始……（《风俗通义·东泽》）

---

① 宋代出土的周初铜器铭文中，发现一种奇怪的符号，无人能解其谜。经张政、徐中舒诸先生研究，始知其即《周易》八卦之数占之法。史载八卦乃伏羲、文王相继完成，是西部太阴民族的创造。而在青海柳湾出土的马厂型彩陶中，也发现了同样的符号。更可证青海高原一带乃太阴文化氏族的老家了。

这里有两个问题特别值得思考：第一，为什么说泰山是万物之始？第二，王者报功告成为什么必于泰山？窃以为最直接的原因就是泰山地区是太阳文化的发祥地。从 20 世纪的考古发掘资料中获悉，泰山周围存有大量的原始文化遗址，著名的大汶口文化、龙山文化就是首先在这里发现的。而且在泰山脚下的大汶口文化遗址中，几次发现日、云、山三个形象构成的图案，学者们或以其为崇拜太阳的标志。因为拜日族起源于此，故而把泰山认作了万物的始发点，并以泰山为山岳之尊，故成功独封泰山。即如《五经通义》云："太山，五岳之长，故独封太山，告太平于天，报神功也。"[①]

古今民间恒言，人死后"魂归泰山"，或曰"归西天"、"回老家"，这也是极有意义的一个问题。如《博物志》卷一："泰山一名天孙，言为天帝孙也；主召人魂魄。"《后汉书·乌桓传》："……如中国人死者魂归岱山也。"泰山、岱山，皆指死言。而《博物志》卷一云："昆仑山北，地转下三千六百里，有八玄幽都方二十万里。"所谓"幽都"，就是地府，是昆仑，也是人死后所归之处。《京本通俗小说·菩萨蛮》云："今日是重午，归西何太速。"归西即指死亡。为什么称死亡为"归西"或"归西天"？有人以为此乃佛家之言，其实不然。

人死后灵魂要返回祖先居住的地方，这是世界各民族中普遍存在的观念。在我国西南的各少数民族，如苗族有所谓"开路"的丧葬仪规，死者在安葬前，巫师要为其开路，使之顺利到达祖先的发祥地；傈僳族丧葬仪式中有所谓的"玛申玛"，意即为死者灵魂开路。巫师射箭三支，边射边致辞，向死者灵魂指路，嘱咐其速去与祖先灵魂团聚；景颇族送葬，由巫师背诵死者家族的家谱及其祖先迁徙的路线，指引死者灵魂回到祖先发源的遥远的北方；普米族送葬，由巫师颂"开路经"，由白羊带路，引死者灵魂到祖先居住的北方；哈尼族送葬，有唱挽歌的仪式，挽歌的内容是要死者的灵魂"回到祖先那里去"；彝族送葬，要由祭司在死者遗体前诵"指路经"，并由祭司领唱"教路歌"，内容是要死者灵魂沿着祖先的路线，回到祖先的故地；永宁纳西族送葬，也有诵

---

① 《北堂书钞》卷九一引。

"送魂经"的仪式，劝死者灵魂安心上路，回到祖先故地。[①]"礼失而求诸野"，汉族之所谓"归太山"、"归西天"、"回老家"，其深层的意蕴正是指灵魂归回于先祖故居，即"叶落归根"之意。太阳文化系统者，则曰"归太山"；太阴文化系统者，则曰"归西天"。虽然由于文化的融合，两种文化系统的族类已合为一体，不复可分，类似西南少数民族的"开路"、"送魂"仪式，也早已不复存在，但那种古老的观念，在汉族语言的表层，却固化为"语言化石"，为我们的研究提供了极大的方便。

太阴文化与太阳文化，一自西向东运动，一自东向西运动。两种文化相互接触、撞击、渗透、融合，太阴文化中一部分氏族、部落走进了太阳文化圈，太阳文化中也有部分族群走进了太阴文化圈。故而出现了黄帝生于东方之寿丘、少昊居于西方之长留的复杂传说。这两种文化经过长期的对峙、冲撞、摩擦，终于融汇于中州，形成了阴阳二元结构的民族文化。这种文化结构，作为一种潜在的力量，支配着民族的思维，影响着民族对于世界的认识。"一分为二"、"合二为一"、"一阴一阳为之道"等无不发酵于这种潜在的文化意识（有人认为，阴阳观念起源于对男女两性之认识，非是。男女之分阴阳，只是借此一概念而已，并无必然之关系）。

当"阴"、"阳"两种文化交汇于中州，形成以中原地区为政治中心的形势之后，原有的观念中的空间中心——昆仑与泰山，并没有完全消失，而是以新的形式出现了。昆仑转化为神话中心，在民族的精神生活中仍起着作用。而滞留于边鄙的阴阳文化两系的族群，则逆方向运动，并保留了原始宗教崇拜的习俗。在中国大陆之东的日本所飘扬着的太阳旗，与大陆之西阿拉伯国家中所高挂着的月亮旗，可说是阴阳两系文化原始崇拜的残存。

同时，阴阳二元文化的融合，并不是平分秋色的。由于特定的历史条件，太阳文化所携带的政治文化主宰了社会的表层，而太阴文化则潜存于民族意识之中发挥作用。太阳文化是阳刚的，太阴文化是阴柔的。太阳文化依靠刑法维护社会秩序；太阴文化则依据生物在时空中的自然排列次序——辈分，以所谓"长幼有序"、"尊卑有别"的礼制，来调整社会。商、周两个王朝分别是文

[①]　参见杨知勇：《西南民族生死志》及郑传寅等编：《中国民俗辞典》。

化的产物。以太阳文化为主体的商，人殉之风甚烈，人祭一次有多达数百者。而以太阴文化为主导的周，其统治则表现出温柔敦厚的特色来。荀子说："刑名从商，爵名从周"，即表现了对两种文化的不同取舍。"射日"、"奔月"则反映了在民族意识深处对待两种文化的态度。

二、逐日：弑父情结与抗争意识

我们并不否认上古神话中，有对太阳的礼赞与颂美，然而经过历史与民族心理的过滤，汉族文献中存在于今的完整的太阳神话，却只有"射日"、"逐日"！这不能不引起我们的深刻思考。《淮南子·天文训》云：

> 尧之时，十日并出，焦禾稼，杀草木，而民无所食。猰貐、凿齿、九婴、大风、封豨、修蛇，皆为民害。尧乃使羿诛凿齿于畴华之野，杀九婴于凶水之上，缴大风于青丘之泽，上射十日而下杀猰貐，断修蛇于洞庭，擒封豨于桑林。万民皆喜。

《山海经·海外北经》云：

> 夸父与日逐走，入日。渴欲得饮，饮于河渭；河渭不足，北饮大泽。未至，道渴而死。弃其杖，化为邓（桃）林。

在汉族的民间传说中，还有二郎担山压太阳的故事。大多数研究者，都把射日、逐日、压日，与太阳强烈的光热联系起来，认为这类神话俱出自征服干旱的幻想，或解释自然的欲望，并与苗、瑶、壮、彝、纳西、布朗、高山、蒙古等族的射日神话相联系，来证实这一论点。我认为，中国周边地区少数民族的射日神话，乃是汉族后羿射日神话的翻版与衍化。"征服干旱"说与"解释自然"说，所注目的只是神话表层的色光，而忽略了神话所根植的文化土壤，也忽略了神话作为一种文化表征的意义。这里的"日"，绝不仅仅是指东起西落的太阳，而是作为一种文化表征而出现的。

还是让我们回到上古的文化氛围中，来认识这个问题吧。在太阴文化与太阳文化的对峙期，即殷商之前，日月之神皆为女性。西周之后，特别是春秋战国期间，固有的地方文化在大冲撞与大融汇中，开始了新的组建与整合。根据"一阴一阳"的原则，原有的日神性别发生了变化，成了月神的配偶神，与月神西王母之称相对应，被冠上了东君、东王父、东王公之雅号。《九歌·东君》所描写的太阳神，即是一英姿勃勃的男性形象。《吴越春秋·勾践阴谋外传》云："立东郊以祭阳，名曰东皇公；立西郊以祭阴，名曰西王母。"《史记·赵世家》索隐引周谯云："代俗以东西阴阳所出入，宗其神谓之王父母。"《淮南子·精神训》云："日中有踆乌"，注："踆犹蹲也，谓三足乌。踆读踆巍之踆。"乌即鸟，《诗经·商颂》云："天命玄鸟，降而生商。"或以为玄鸟即日中之乌。郭沫若、邢公畹诸先生，皆以鸟为男性生殖器之象征[1]，窃以为所谓日中之"乌"，则有比单纯象征雄性生殖器的"鸟"更特殊的意义。"踆"从足从夋，从"夋"得声之字，多有杰出之义。山之高拔陡峭曰"峻"，人之特出超群曰"俊"；马之杰出者曰"骏"，易于勃起的赤子之阴茎曰"朘"，农事之长者曰"畯"，兔之善奔者曰"毚"，地势高而险曰"陵"。这些字所表示的意义，都与雄性之伟壮健猛有力有微妙的关联。李邕《日赋》云："烛光照灼以首事，踆乌奋迅而演成。""奋迅"即对"踆乌"健猛有力形象的描写。《字汇补》云："踆，行走貌。"言日中有"踆乌"，自可认作是对太阳神不可遏止的健行奋进之貌的表现，但从"踆"与俊、峻、骏、朘、畯、毚、陵等音意上的联系，不难看出"踆乌"实有象征雄器勃发的意义。这从"踆乌"即"三足乌"之古训中也可以看出来。《春秋元命苞》云："日中有三足乌，乌为阳精。"为乌三足，实违常理。细思之，实是把原始图案中虚拟夸大的阳具也算作一足了！日本文政年间的著名画家英泉，在其《偶言三岁智惠》中，绘有一幅虚拟的日鸟图，日中之鸟乃是一变形人的轮廓，而鸟之第三足正是巨大的阳具！此非英泉别出心裁的创造，实乃所谓"三足"的原始意义！在原始岩画中，我们曾见到有类似三足人、五足兽之类的图

---

① 郭说见《青铜时代》，人民出版社 1954 年版，第 1 页。邢说见《语言论集》，商务印书馆 1983 年版，第 319 页。

案，只要仔细观察，便可发现，其间一足也是夸大的性具。可见以夸大性器以表现"性"，乃是原始人共有的野性思维方式。

就其原始意义而言，日鸟合体，乃是男女媾合的象征。《山海经》说帝俊之妻羲和生十日，羲者曦也，曦合者，温和光亮之日也；帝俊者犹乌也，甲骨文中有"高祖夋"，字或释为夔，其字上部像鸟首之状，吴其昌、袁珂诸先生以其为鸟首怪物，亦即帝俊。[①] 如此看来："日鸟合一"的艺术造型，也即帝俊羲和媾合之形象表征。日象鸟巢，如女阴；鸟居巢穴，如阳具；故原始之日神本体为女性。今民间口语中及《金瓶梅》等通俗小说中，皆将男子对女子的性行为称作"合"，字从入从日，似仍残存着极原始的意义。然而随着阴阳二元文化的融汇、重构与整合，以及日鸟一体化观念的形成（如以金乌名日），日神彻底转化成了男性神。《九歌》、《吴越春秋》诸书名日神曰"东君"、"王公"、"皇公"、"王父"，"王"、"皇"皆有大、君、尊之意，"公"、"父"皆男性尊长之称，方以智云："《前汉书·郊祀志》注：'天子为天下父，故曰钜公。'古人称父祖或曰公。孔融称先君孔子，安国称先公、先人之类，可证也。"[②] 李玄伯先生云："我国古代'父'字，亦用以称呼家长。所以《说文解字·又部》说：家长率教者。太公望称尚父，就因为他是族长。春秋时宋有乐父、皇父、华父、孔父，皆是族长。"[③] 因此所谓王公、王父，正昭示着日神由女性始祖神到男性始祖神的转变。

日神的男性化，也昭示着父权的确立与强化。随着社会政治机构的形成，"父"——宗族尊长的权威，为与之相对应的社会集团首领"君"所代替。当然君与父完全可以是重合的。

前已言之，太阳文化是以鸟图腾部落为主体的。在鸟图腾部落的传说中有一个显著的特点，就是他们有远高于兽图腾部落的社会政治形态。我们可以这样说，兽图腾部落文化有显著的氏族文化特色，而鸟图腾部落文化更多的则是政治文化色彩，他们大多都有了完备的政治组织。如鸷鸟图腾的少昊部落，有

---

① 袁珂：《中国神话传说》，中国民间文艺出版社 1984 年版，第 233 页。

② 方以智：《方以智全书》，上海古籍出版社 1988 年版，第 648 页。

③ 李玄伯：《中国古代社会新研》，上海文艺出版社 1988 年影印本，第 5 页。

司空、司徒、司事之类的行政官职①；凤鸟图腾的舜部落，不仅有典刑、教刑、官刑、赎刑、五刑等多种刑法，而且有了分管农、工、法、乐、水利、礼仪的官职②；虎鹰图腾的皋陶，相传则是最有法治观念的法官；玄鸟图腾的商，则更是一个有高度政治文化的王国，这个王国中有极严厉的专政工具与手段，史载其有炮烙之刑，有醢、脯生人之举。在甲骨文字中，更可见到其形形色色的用刑手段。这一文化系统中强有力的专政工具，最能表现政治权力的威严。故《尚书·康诰》说："殷罚有伦"，《荀子·正名》说："刑名从商"，《韩非子·内储说上》有："殷之法刑弃灰于街者"云云。在阴阳两种文化的融合中，太阳文化携带着政治文化特有的严酷与冷峻，构成了华夏文化的主体。这种文化强化了尊长—君主的绝对权威，使君主以强大的威慑力，高居于万民之上，如日之烈光，照临下土。圣君之惠，泽及万民；暴君之恶，殃及百姓。犹如日之可养生，使万物蓄息；也可焦烧百禾，给人类带来灾难。故而在民族的意念中，日与君重合了！

日神由女祖而男祖，由"父"、"公"而"君"、"天子"，这种内涵的变化，正是与社会由母系而父系、由氏族而邦国的发展双轨并行的。"日—父—君"的三位一体，"神权—父权—君权"的三位一体，铸成了中国人"天人合一"的哲学思想与家国同构的社会范式，确立了日、父、君权威的绝对性与恒定性。

所谓权威，就是使人信从的力量与威望。权威是霸道的，它从根本上否定了人们在本质上的相同和相互关系上的平等。权威者自己认为其智慧、潜能和力量，都超过了常人，"唯有他才有特权可以不遵从别的意旨行事、完全随心所欲；唯有他才不是一种手段，而自身就是一种目的；唯有他才创造别人而不被人创造……从属他的臣民只是一些达到他目的的工具，同时又是他财产的工具，他可以为了实现自己的目标而随心所欲地使用他们"③。而作为在权威的威势下蛰存的人，只能接受这种事实，认可权威的至高无上、唯我独尊。"在这种情形下的人的行为，完全是一种权宜之计，总被害怕惩罚和期待报偿所左右，总取决于这些权威的存在，取决于权威表面和实际上进行惩罚和报偿的能

① 《左传·昭公十八年》。
② 见《尚书·尧典》及《史记·五帝本纪》。
③ 弗罗姆：《寻找自我》，陈学明译，工人出版社1988年版，第192—193页。

力。"① 人们对于权威只有绝对服从的权力，而没有理论是非的权力。所谓"君叫臣死，臣不得不死；父叫子亡，子不得不亡"，即是对权威支配之下人的行为的最通俗说明。

社会现实往往如此：无论是父还是君，他们的权威大多并不是靠出类拔萃的智慧和能力获得，而是靠着历史给予预先安排好的位置。可以想象，一个平庸或者糊涂甚至罪恶的脑袋，来操纵一个家庭或者国家，那带来的将会是什么！就人而言，追求自由乃其天性。即使是原始的人类，受着强大自然力的胁迫与神权意识的控制，他们的内心深处，仍冲动着走向自由王国的欲望。而权威，与人追求幸福自由的天性，无疑是相冲突的。虽然权威可以庇护弱者，也可以保证氏族或者国家的统一与稳定，却极大地遏制了个体生命的自由，也破坏了个体对自我幸福的追求。这便使得每个蛰伏于权威之下的生命，在心灵深处埋下了强烈的反抗权威与取代权威的意识。

人依附于权威"日—父—君"存在，而又感受到权威的压抑，这便构成了对"日—父—君"的"依恋与仇恨"的矛盾心态。20 世纪最著名的精神分析学家弗洛伊德在其《图腾与禁忌》一书中，曾经论述过：弑父是人类的、也是个人的一种基本的原始罪恶。在原始部族中，施行高压的父亲，一定是兄弟群中每个人所嫉妒与畏惧的目标，因此弑食父亲。图腾大宴，便是重行纪念这种值得留念的犯罪行为。关于这种弑父情结，弗洛伊德不止一次地论述过。弗氏的理论可注意者有三：弑父是人类一种基本的原始罪恶；弑父者的负罪感导致自我惩罚；暴君与严父在意识中可相互替代。弗氏所论的这种潜意识，经过改装、凝缩、转移的工序，在中国的"射日"、"逐日"神话中，得到了充分展示。"日—父—君"三位一体的文化观念，与"宇宙—家族—国家"同构的结构范式，已向我们昭示：后羿所射之"日"、夸父所逐之"日"，实是严父、暴君的替代物。"日"——他的暴烈，具以发动全宇宙的罪恶。所谓"十日并出"，虽有自然天象的微弱根据②，而其真实内涵则在象征暴政之十倍于常。在后羿射日的神话中，我们看到了这样一个显著的特点：在天上十日并出的同时，地上也

---

① 弗罗姆：《寻找自我》，第 186 页。
② 参见拙作：《古朴的文学》，第 38 页。

出现了毒蛇猛兽。上下邪恶势力的这种关联，昭示着这个神话的社会内容远过于其阐释自然的意义。而且更可注意的是，这些所谓的猛兽，却是古之方国的改装。猰貐，《广韵》即明示其为"国名"；凿齿据《淮南子·地形训》，其为海外三十六国之一；九婴又名句婴，据《地形训》注，其为北方之国，《山海经》作"拘缨之国"；封豨即封豕，是后夔之后，见于《左传》；大风（凤）、修蛇，皆上古习见之图腾。因此我们更有理由说："射日"神话乃是一个以社会化的内容为主体、以阐释自然为外壳的政治神话。

暴君于上，祸乱横行，这便唤起了人们射日、逐日的欲望。《尚书·汤誓》言：夏桀无道，劳役百姓，于是万民发出了"时日曷丧，予及汝偕亡"的呼声。这里的"日"，显然指的就是暴君。当然《汤誓》所记载的具体事件的真实性是值得怀疑的，但它所表现的历史本质，所反映的民众对于暴君的情绪，却无疑是真实的。为了使毒日——暴君消失，人民甘愿以自己的生命为代价。正是基于这种情绪，后羿搭上了射日的箭，夸父迈开了逐日的腿。这是对权威、对既定事实的反抗与否定，是人生的一次巨大冲刺。从神话的角度考察，夸父、后羿俱是太阳神的子孙，兼有太阳神的神格。[1] 他们对太阳的仇恨，正蕴有成为权威、替代权威的意识。后羿"上射十日"（注意：是十日而不是九日，是把"并出"的十日统统干掉了！），夸父驱日入地，他们获得了胜利。然而胜利并没有给他们带来多少喜悦，相反，"弑父"、"弑君"的负罪感，使他们陷入于痛苦、恐惧、焦虑、烦躁之中。所谓"渴欲得饮"、"河渭不足"，当是对其痛苦、焦虑以及无法挽救的疯狂心绪的描写。而道渴而死，则是其接受的惩罚。《论语·宪问》言羿不得其死，也意味对取代权威的否定。

在这里，"弑父情结"已由血缘纠葛中的心理创伤而孵化为一种社会心理，"父"为"君"所代替了。新的掺着旧的，死的拖着活的，是中国历史发展的一个特点。原始氏族中弑父的欢乐与哀悼，像一份破旧的遗产，积淀于新的社会意识中。对于父的替身"君——权威"的爱憎交替，成了民族一种恒定的心理模式。在以伦理道德为核心的中国文化体系中，忠君孝亲被认作是最高的

---

① 唐愫：《我国上古的太阳神》，载《中国神话》第一集，中国民间文艺出版社1987年版。萧兵：《中国文化的精英》，上海文艺出版社1989年版。

人格标准。传说尧之禅位于舜，其根本的原因，就在于舜绝对地行孝于君的替身——父（尽管舜父为顽恶之徒，但舜仍不失为子之道）。周文王之令名，乃来自于"三分天下有其二，仍臣事于殷"的大忠行为。无疑"忠"、"孝"就是中国人的人生追求。而另一方面对于"君"、"父"权威的反抗，对于自由的向往，又引发着人心底推翻权威、取代权威的冲动。前者是社会伦理道德所规定，后者则发之于本能。用弗洛伊德的话说，前者遵从的是现实原则，后者遵从的则是快乐原则。在现实原则的严控之下，反抗权威、追求自由的欲望被压在了心里底层，而以性格表层的平静承认了权威——专制的合理性。个体生命的真正快乐和幸福，被扭曲为接受权威惩罚后的解脱。这在射日、逐日神话中都有暗示。

夸父逐日道渴而死，他的手杖变成了一片桃林；后羿上射十日，下除民害，却死在一根桃木大杖之下。桃在中国文化中有一种特殊的意义，它是先民心目中神圣的吉祥物，是美满、幸福、和谐、喜庆等理想的象征。故中国人佳果喜以桃称，如胡桃、樱桃、蒲桃、阳桃等；爱女喜以桃名，如春桃、桃香、红桃、桃桃等；美事喜以桃喻，如"面若桃花"、"桃花运"等。夸父之死杖化为桃林，后羿之死于桃杖，死使他们从弑父弑君的罪恶中获得了解脱，而"桃"正是他们获得解脱后的欣慰象征。春秋时，在秦晋韩之战中，庆郑怨晋惠公不听忠告，使惠公陷于重围而不救，卒被秦军所俘。当晋惠公被释归国时，庆郑闻讯非但不逃跑，反而期待着惠公的惩罚，并云："君虽弗刑，必自杀也。"[①]先前的行为，是对君主专制蛮横的仇恨；期待受刑，则是对自己负君罪过的惩罚。唯有受刑，才能使他负罪的心灵获得解脱。庆郑的故事，正是夸父杖化桃林、后羿死于桃棓神话在俗世的还原。

射日、逐日乃是能量大量积蓄后的突发行为。当"烈日"的毒光威胁到人类的生存、人们发出"时日曷丧"呼声的时候，便会有英雄出来射日、逐日。后羿、夸父就是如此。他们所进行的是反抗强暴、拯救人类的伟大事业。他们胜利了，同时又在自疚的痛苦中倒下了。事情就是如此矛盾：一方面必须射、逐罪恶之"日"，另一方面又必须忠君；一方面为安生灵而射日、逐日，另一

①　《国语·晋语三》。

方面又要负起弑父、弑君的罪责而接受惩罚。在对这种冲突的自我调整中，中国人表现出了天才的本领，将"忠君"之德浮在了性格表层，而将射日、逐日的反抗意识埋在内心的最深处。弑父弑君的罪恶感，不断强化着人们的忠孝意识，强化着人们对于权威的绝对崇拜，使得射日、逐日的壮举，虽为民族留下了美好的回忆，而在伦理化、道德化的文化体系中，却受到了"不量力"的讥笑和犯上作乱的贬斥：

> 夸父不量力，欲追日景，逮之于禺谷。将饮河而不足也，将走大泽。未至，渴死。（《大荒北经》）
>
> 昔有夏之方衰也，后羿自鉏迁于穷石，因夏民以代夏政。恃其射也，不修民事，而淫于原兽……将归自田，家众杀而亨之。（《左传·襄公四年》）

论者多以为《左传》之羿与射日之羿并非一人，其实这只是同一母题之分化，"代夏"、"射日"乃同一事物之不同表现方式。神话体现了原始的反抗意识，而所谓之历史，则纯粹将"代夏"作为罪恶处理了。

这样，拜日与射日，忠君与憎君，崇拜权威与仇视权威，由两个深浅不同的层面叠压、交织，构成中国人多重人格结构范式。在每个温良恭俭的躯体内，都深藏着一颗射日、逐日的勃勃之心。同时，"怨日—射日—遭惩"也构成了中国历史不断循环的怪圈。一次次的暴君暴政，一次次的射日运动，一次次的失败与成功。在这种循环中生存的民族，深深感到了"时日"带来的烦恼，感到了"日光"下的熙熙攘攘，感到了太阳文化——政治文化给人类带来的严酷、恐怖、疲怠与紧张，感到了阳光下"食人之兽"的狂猴，于是产生了走清虚之境的"奔月"幻想。

三、奔月：静态文明与中国文化走向

《淮南子·览冥训》云："羿请不死之药于西王母，恒娥窃以奔月。"高诱注："恒娥，羿妻。"《归藏》云："昔嫦娥以西王母不死之药服之，遂奔月为精。"①嫦娥、恒娥实即一人，唐愍先生认为：羿即帝俊之子，羿妻嫦娥就是其生母羲和。②如果此说成立，那羿就是杀父娶母的"俄狄浦斯"了。不过神话并不是对原始习俗的简单描述或再现，它是民族文化意识赖以表现的物质实体。尽管有人怀疑奔月神话的原始性，以其为仙话之佳品，而它所表现的民族文化性质及其趋向的真实性，却是无可非议的。

太阳文化构筑了中国数千年的专制政体，却不得不在意识深处、在精神领域，给太阴文化留下空旷的发展空间。正因如此，这里需要说明一点，太阴文化并非一种僵化的凝固的文化，而是一个在历史中发展、变化着的文化体系。因此"奔月"神话，所表现的也非民族固有的原始意识，而是在历史选择中形成的观念。这一观念概括了民族文化性质、习俗崇尚、生命哲学、性格表现四个层面的意义。

首先，在文化性质的层面上，"奔月"神话反映了民族追求清静、安和、闲适、自然、平缓的"静态文明"特点与文化趋向。

月，在国民的心中是一个美好的意象。它不像太阳的暴烈，洒向人间的都是柔和的清光。太阳带给人们的是白昼的繁忙，而月亮给人间的却是夜的宁静，是疲劳后的安息。在月亮光之下，白昼的熙熙攘攘消失了，黑暗的恐怖消失了，一切都那样甜美、安和、娴雅、自然。因而在民族潜意识运作中，创造了优美的月宫神话。嫦娥在偷吃了不死之药后，最理想的避难所就是月宫。《酉阳杂俎》说：月宫中有高五百丈的桂树，有琼楼金阙，七宝合成的楼台。《龙城录》说：月中有广寒清虚之府，有翩翩起舞的素娥。可闻到清香霭郁，下视若万里琉璃之田，云烟袅袅，仙鹤翩翩，仙人往来游戏，是一个极好的去处。美丽的仙女嫦娥就住在那里，唐明皇曾有幸畅游于此。在通俗小说《唐明皇游月宫》中，更把月宫描写成黄金铺地、白玉为梁、珠宝镶壁的好地方。③这种对月的特殊美感，正昭示着民族心底对"静文明"的向往与创造冲动。

大凡熟悉东西方文化的人，都有一个同样的感受与认识：西方人喜欢惊心

① 《北堂书钞》卷一五引。
② 唐愍：《我国上古的太阳神》，载《中国神话》第一集。
③ 此书不见各家书著目录，北京图书馆也未见藏本。我幸从苏野先生处借得，看似民国时印本。因书残缺，具体出版社与年月，皆无从考。

动魄的紧张美；中国人则喜欢温柔敦厚的恬静美。这种对于恬静美的追求，可以说就是"奔月"神话的实质。"射日"神话所反映的是民族对于热烈、紧张、恐怖、繁忙、疲奔生活的厌倦和冷酷无情的政治文化的厌恶，而"奔月"则是向往清虚、宁静、安和、自然、悠闲生活的暗示。五四时期，杜亚泉曾将东西方文明之不同，概括为"静的文明与动的文明"。他说："由动的社会发生动的文明，由静的社会发生静的文明。两种文明各现特殊之景趣与色彩，即动的文明具有都市的景趣，带繁复的色彩，而静的文明带田野的景趣，带恬淡的色彩。"① 东方与西方起居、什器、思想、哲学、宗教、政治上的诸多不同，无不表现出东方的"静文明"特色。这种文明的趋向，正是"奔月"意识的外在化表现。奔月的嫦娥，具有双重蕴涵：一方面是月亮的替代，另一方面又是民族的化身，代表着民族走向清虚、恬静、安和、无为之域的意愿。

其次，在习俗崇尚的层面上，"奔月"神话所表现的乃是民族寻求圆满、完美的渴望，是让生命在人生旅途的疲劳奔波中彻底解脱、在恬静中获得安息的意愿，因而在中国文化中，月亮最通俗的象征意义就是完满、和谐、幸福。

月是宇宙间的永恒存在，却又不断变化、循环。先民通过朴素的逻辑运算，将月之阴晴圆缺，与人之悲欢离合等同起来，使月神从原始的血族中走出来，升华为人类的团圆之神。男女白昼为生活各自奔忙，夜晚在月下则获得团聚。这种周而复始的循环，在人类心灵里留下了深深的痕迹。当傍晚或月亮升起的时候，便会有无数的人家期盼着未归的亲人。在圆月之下，人们更会感受到离合的痛苦与甜蜜。先民的夜生活是极贫乏的，而当家人团聚、明月高照之夜，他们便会在月下欢欣跳跃，庆贺这美好的时光。这种生活的无数次重复，便凝定为种种节日。正月十五元宵节，放花灯，吃汤圆，天上月团圆，地上人团圆，桌上食团圆，多少美好的心愿皆在不言之中。二月十五花朝节②，为百花生日，人们祝福花好月圆的美满。三月十五斋玄坛，玄坛神司财富，能致人富。③ 七月十五中元节，"农家祀田神，各具粉团、鸡黍、瓜果之属"④。八月

① 伧父：《静的文明与动的文明》，载陈崧编：《五四前后东西方文化问题论战文选》，中国社会科学出版社 1985 年版。

② 参见吴自牧：《梦粱录·二月望》。

③ 顾禄：《清嘉言》卷三。

④ 同上书，卷七。

十五中秋节，民间以月饼相赠，取团圆之义。[①] 十月十五下元节，祀先祖。[②] 而对着一轮皓月，人们充满了美好的幻想，把许多美好的事物与圆月联系起来。"花好月圆"、"月夕花朝"，此中寄寓了多少美好的希望与传说！月下老人，手持"婚牍"，促成了多少美满的婚姻！"月下花前，偷期窃会，共把衷肠分付"，这优美的环境，又触发了多少少男少女的情思！金榜题名，有"月中折桂"之称，身得高官，则有"月殿常游"之誉。也正是这美好渴望与寻求圆满的意识冲动，使民族创造出了大量大团圆结局的文学作品。

团圆意味着美满、幸福、和谐，同时在中国人的意识中，圆也是规律的展示。缺月必走向再圆，宇宙遵循着圆的规律而运动着、循环着。"日往则月来，月往则日来，日月相推而明生焉。寒往则暑来，暑往则寒来，寒暑相推则岁生焉。往者屈也，来者信也，屈信相感而利生焉。"[③] "始则终，终则始，若环之无端也。舍是而天下以衰矣。"[④] 这种循环就是一个硕大无比的"圆"。故刘长林先生说："中国文化的诸多品性，或者是循环观念的派生，或者与其有密切的关联。以致从思维方式上看，中国传统文化的最大特征可以用一个圆圈来表示，甚至在一定意义上，可以把中国文化称之为圆道文化。"[⑤]

对事物圆形运动规律的认识，形成了中国人以圆为美的审美趋向。完美无缺曰"圆满"，处事灵活曰"圆通"，大功告成曰"圆功"，理论周密曰"自圆其说"。礼尚往来是圆，说话留有余地是圆，温柔敦厚是圆，锋芒不露是圆，左右逢源是圆，作诗起承转合是圆，文章前后照应是圆，用幻想的大团圆故事，弥合现实的缺憾也是圆。圆支配了中国人的思维和行为，这乃是拜月文化为民族留下的一道印痕。

再次，在生命哲学的层面上，"奔月"神话表现的是民族对于生命永恒的认识与追寻。

嫦娥服食了不死之药，飘然而起，托身于月宫之中。这个美丽的传说已奠

---

① 《西湖游览志馀》卷二十。
② 胡朴安：《中华全国风俗志》下编，河北人民出版社1988年版，第108页。
③ 《易传·系辞下》。
④ 《荀子·王制》。
⑤ 刘长林：《中国系统思维》，中国社会科学出版社1990年版，第22页。

成了"拜月"文化的主色调。屈子《天问》说："夜光何德，死则复育？"月的清光在时空中盈虚消长，却永恒不灭。月中嫦娥又叫姮娥，嫦娥常也，姮者恒也。"恒"字甲骨文形如月在天地间，表示月乃是天地间的永恒存在。故《说文》云："恒，常也。""娥"则是美貌之意。《方言》二云："秦晋之间美貌谓之娥。"嫦娥之名，正意味着月亮美好的永恒性。

在神话中我们发现，凡是与月发生关系的地或物，似乎都有一种长生永存的神秘力量。月神所托身的昆仑，前已言之，它是拜月族的发祥地，同时也是一座不死的神山。《山海经》言：昆仑有不死之树、不死之药；《淮南子》言：昆仑丘有凉风山，登之可以不死；《易林》言：昆仑西王母，"生不知死，与天相保"。此外诸书所言不死山、不死民、不死之野等，皆在昆仑一带。而昆仑能使生命获得永恒的功能，正是与月之"死则复育"的再生功能相关联的。

月中之物有蟾蜍、桂树、白兔。而这些无一不是长寿之物。月中蟾蜍之说，见于《乾凿度》、《五经通义》、《演孔图》等书。而《抱朴子·对俗》云："蟾蜍寿三千岁。"《仙药》又说："肉芝者，谓万岁蟾蜍。"《玄中记》云："蟾蜍头生角，得而食之，寿千岁。"[1] 月桂之说，见于汉画及汉魏人著述中。在古载记中，桂也是一种具有神奇功效的延生仙药。《抱朴子·仙药》云："桂可与葱涕合蒸作水，可以竹沥合饵之，亦可以先知君脑（或云龟）和服之，七年能步行水上，长生不死也。"《神仙传》云："离娄公服竹汁，饵桂得仙。"[2]《说文》及《山海经图赞》等则言桂"百药之长"、"气王百药"，《本草纲目》则说，桂"久服，神仙不老"[3]。月中白兔捣药，汉画中即已见之。《抱朴子·对俗》曰："虎及鹿兔，皆寿千岁。寿满五百岁者，其毛色白。"《洞冥记》云：溃阳山兔，能飞，以脑和丹，食则不死。傅咸《拟天问》云："月中何有？白兔捣药，兴福降祉。"所谓福祉，也是指康寿而言的。

与月相关联的昆仑、蟾蜍、月桂、白兔等，其长生不死的神奇力量，虽出自幻想，却准确地表达了中国人崇拜月亮、追求恬静的终极目的。西方哲学认为：生命在于运动。而中国的先哲们则说："静"才是生命获得永恒的保证。

---

① 《太平御览》卷九四九引。
② 《艺文类聚》卷八九引。
③ 《本草纲目》卷三十四。

如《老子》十六章说："致虚极，守静笃，万物并作，吾以观其复。夫物芸芸，各复归其根。归根曰静，是谓复命。"《庄子·在宥》说："无视无听，抱神以静，形将自正，必静必清，无劳汝形，无摇汝精，乃可以长生。"神话于月宫之中，布置的诸多长寿之物，正蕴含了在恬静、清虚中。

最后，在文化性格的层面上，"奔月"神话所反映的则是民族尚柔、尚静的性格特点。

天下之至柔莫过于水，而《淮南子·天文训》云："积阴之寒气为水，水气之精者为月。"《抱朴子》、《范子》等书皆曰："月之精生水"、"月，水精"，这实为对水—月—体化的认定。中国人在宗教范围内对于月的崇拜，在实际的性格、行为方面则置换成了对于水的崇拜。《淮南子·原道训》中的一段描写最能说明问题了：

　　天下之物，莫柔于水。然而大不可极，深不可测，修极于无穷，无论于无涯，息耗减益，通于不訾。上天则为雨露，下地则为润泽。万物弗者不生，百事不得不成。大包群生，而无好憎；泽及蚑蛲，而不求报。富赡天下而不既，德施百姓而不费。行而不可得穷极也，微而不可得把握也。击之无创，刺之不伤，斩之不断，焚之不然。淖溺流遁，错缪相纷，而不可靡散。利贯金石，强济天下。

古之两大哲人老子与孔子，无不对水表现出极大崇拜来。老子说："上善若水，水善利万物，又不争。"[①] 孔子说："夫水，遍与诸生而无为也，似德；其流也埤下裾拘，必循其理，似义；其洸洸乎不淈尽，似道；若有决行之，其应佚若声响，其赴百仞之谷不惧，似勇。主量必平，似法；盈不求概，似正。绰约微达，似察。以出以入，以就鲜洁，似善化。其万折也必东，似志。是故君子见大水必观焉。"[②] 老子和孔子，是中国文化思想的两个最大的代表人物。他们对于水的崇尚，正是对太阴文化精神的认同。

---

① 《老子》第八章。
② 《荀子·宥坐》。

孔子之儒与老子之道，是中国传统文化中两个最基本的思想体系。在历史上，这两个思想流派多有碰撞、摩擦，但他们却都是阴柔的崇尚者。儒家之所以名"儒"，本身就寓有尚柔的意思，故《说文》云："儒，柔也。"道家则更强调："柔胜刚，弱胜强"；"天下之至柔，驰骋天下之至坚"；"人生之柔弱，其死坚强；万物草木，生之柔脆，其死枯槁。故坚强者死之徒，柔弱者生之徒"。[①]两种思想体现着同一种精神，这就是月文化精神。在这种精神的支配下，中国人表现出了厌恶战争、崇尚和平，厌恶物质贪欲、崇尚精神安和，厌恶无情之法治、崇尚温柔之感情，厌恶个人冒险、崇尚群体依赖，厌恶商旅生活、崇尚安土重迁，厌恶锋芒毕露、崇尚中庸之道，厌恶相互竞争、崇尚和平共处，厌恶大起大落、崇尚按部就班等性格特点。

总之，"奔月"神话是民族"静态文明"性质与文化趋向的反映。这种性质与趋向，规定了民族文化性质、习俗崇尚、生命哲学、性格表现的倾向性。"射日"、"奔月"是民族意识深处的文化选择。正是这种选择，形成了中国文化独特的色彩与精神风貌。尽管这种文化在现代世界性的大竞争中失去了光彩，但我们相信，它最终将会让疲于奔命的世界，获得真正的解脱。用英国著名史学家汤因比的话说：中国文化若不能最终主导世界，那将是人类的不幸。

（原载于《民间文学论坛》1996 年第 2 期）

---

① 俱见《老子》。

中国文学中"水"之神话意象考察

毫无疑问，在中国古典文学中，水是一个出现频率极高而且有丰富蕴涵的意象。这个意象包括两个方面的意义：一是由水之属性生发与体现出的意义，如历史的变迁、时间的流逝、荣华的消失、青春的失落、宇宙间的衰变、事物之不可复返，以及纯洁、清美、柔韧、德行等，这可说是水之"基本意象"；二是由远古人类经验的无数次重复而凝定的意义，这可说是水之"神话意象"。关于前者，当代已有不少学者进行过研究①，故此略而不谈。这里所要讨论的只是水之神话意象的源起及其在中国文学中的意义。

《红楼梦》中宝二爷有句名言："女儿是水做的骨肉，男子是泥做的骨肉。"这话听起来轻飘飘，掂起来沉甸甸。因为它涉及一个文化问题。在中国人心灵的字典里，"水"有两个特殊的意义。一是指女性，如古戏剧小说中，称妓院为"水户"，妓女荐寝叫"水上"，女色之害曰"祸水"，性自由的女性曰"水性"，女色之美者曰"水灵"。二是在诗歌中作为一种反复出现的意象，表达男女一种缠绵的情思与情缘障碍，如"思君如流水"、"阳台隔楚水"、"忆君心似西江水，日夜东流无歇时"、"洞房昨夜春风起，故人尚隔湘江水"等。在这里，水带有显明的象征性、超验性倾向，作为一个神话意象，它凝定着民族的群体意识与本能情绪。探讨这一意象的生成历史，是一个饶有趣味的课题。

神话意象又称作"原始意象"，是指在人类早期形成的带有一定文化含量的意象。用荣格的话说，它是人类祖先重复了无数次的同一类型经验的心理残

---

① 参见陈瑞昌《漫谈古诗词中的"水"》（《佳木斯教育学院学报》1992 年第 3 期）、张澂《杜甫诗的山水意象》（《杜甫研究学刊》1992 年第 4 期）、吴化杰《试论〈红楼梦〉中的水意象》（《辽宁师范大学学报》1993 年第 4 期）、王立《中国古典文学中的流水意象》（《中国社会科学》1994 第 4 期）。

迹。"每一个原始意象中都有着人类精神和人类命运的一块碎片，都有着我们
祖先在历史中重复了无数次的欢乐和悲哀的一点残余，并且总的说来始终遵循
同样的路线。它就像心理中的一道深深开凿过的河床，生命之流在这条河床中
突然奔涌成一条大江，而不是像先前那样在宽阔然而清浅的溪流中漫淌。"[1] 在
水这一原始意象的背后，我们看到了埋葬在历史年代中的远古世界。我认为，
水与女性、性爱的微妙联系，乃是远古人类性禁忌与性隔离制度在民族心理留
下的残痕，是由民族早期的群体经验而形成的一种情结。为做深入考察，我们
不得不回到洪荒的神话时代做漫长的历史追踪。

一、水与原始的女性隔离

水与女性情缘的绾结，早在神话时代就已开始。《山海经·海外西经》中
有一段至为重要的记载：

> 女子国在巫咸北，两女子居，水周之（郭璞注：有黄池，妇人入浴，
> 出即怀妊矣。若生男子，三岁辄死）。

类似的记载还见于《后汉书·东夷列传》、《南史·东夷传》、周致中《异域
志》、陆次云《八纮荒史》等。女子国——这是一个神秘的地方，它有两点
与众不同：一是国中只有女人没有男人；二是其国在水中，有神水能让这里
的公民暗结珠胎。长期以来，神话研究者将此认作是纯神话的幻想，历史学
家则将此认作母系氏族部落。然而我们却从中看到了原始的性禁忌与性隔离
制度的投影。

据现代文化人类学的研究，在人类社会的初期，各民族都实行过两性禁忌
与隔离制度。这种制度主要是为避免狩猎集团内部为争夺女性而发生纠纷产生
的。因为原始人类在极端低下的生产力条件下，是靠着自然群体的团结合作获

---

① 荣格：《心理学与文学》，冯川、苏克译，生活·读书·新知三联书店 1987 年版，第 121 页。

取猎物而生存的。而争夺女性的纠纷却涣散着生产过程中人们精神的专注与协作，严重地影响到狩猎生产，并导致集团食物紧缺，以致威胁到集团的生存。于是产生了生产季节的性禁忌制度，即在生产过程中，禁止发生任何两性间的交往与接触。遂而出现了两性隔离制度。这种男女隔离制度，并没有随着狩猎时代的结束而消失，相反由于这一原始群体经验的无数次重复，凝定成了一种顽固的礼俗，给原始氏族，即进入农业时代的民族，留下了一份古老的"遗产"。从而使之遵循着一定的原始生活节律，重复着两性隔离的古俗，而且处处是女人们抱成一团，同时与男人隔开。① 这在近世的许多原始部落中，也还大量残存着。中非地区有一种女子育肥房的风俗，即性成熟期的女孩被隔离开来，有时长达数年之久。在不列颠哥伦比亚的凯利尔印第安人中，性成熟期的女孩要被隔离三四年，人称为"活埋"。在太平洋南部的萨摩群岛，女孩在幼儿时期的头几年，就生活在完全没有男孩子的同性同龄伙伴之中。她们在村子的一角，被人严加守护。② 在阿拉佩什人中，女孩月经初潮即被隔离，听从告诫进行一系列的仪式。经过一段时间，仪式完结，方许与丈夫圆房。③ 据苏联学者谢苗诺夫的研究，人类从前存在过女人住宅，在大洋洲、澳大利亚、亚洲、非洲、美洲都存在过姑娘住宅（营地），而在欧洲一些民族中也可以看到这种住宅的明显遗迹。"在高加索的一些民族那里，曾记载有专门的'女人住宅'和'姑娘住宅'，相应的女人集团和姑娘集团都会到那里消磨时光。在西非，在吉尔伯群岛和加罗林群岛（密克罗尼西亚），也都发现有专门的供女人们集会的住宅，并且那是禁止男子进入的。总之，几乎在前阶级社会的所有民族中都存在一些专门的建筑（住宅、窝棚等），妇女在向成年状态转变的时期、在月经来潮时期和分娩时期，都必须住在这种建筑物里，与男人们严格隔离开。"④ 虽然目前人类学家对现存原始部落中的隔离制度以及原始人对其自身习俗的解释，相互间存在着很大分歧，但这种事实的存在是无可怀疑的。

---

① 参见谢苗诺夫《婚姻和家庭的起源》（中国社会科学出版社 1983 年版）、蔡俊生《人类社会的形成和原始社会形态》（中国社会科学出版社 1988 年版）。

② 露丝·本尼迪克特：《文化模式》，生活·读书·新知三联书店 1988 年版，第 29—32 页。

③ 参见玛格丽特·米德：《三个原始部落的性别与气质》，浙江人民出版社 1988 年版，第 4—8 页。

④ 谢苗诺夫：《婚姻和家庭的起源》，第 216 页。

　　我国古代典籍中也有关于性隔离的残缺信息。《礼记·郊特牲》云："男女有别"，《礼记·内则》云："男不言内，女不言外"，"外内不共井"，"内言不出，外言不入"，"道路男子由右，女子由左"，"女子十年不出"等，都是性隔离制度残存的证明。于此我们再看关于女子国的神话，一切便涣然冰释了。

　　所谓女子国，显然就是被隔离的女性群体，而"水周之"，则是一种隔离方式。隔离方式各地有所不同，凯利尔印第安人是在荒野之中建茅舍隔离，萨摩群岛的土著是于村子的一角隔离，这大概取决于环境条件。据著名史学家胡厚宣先生的研究，中国文化的发祥地黄河流域，在上古时代川流湖泊遍布，地势卑洳，人皆丘居。[①]《墨子》所谓"就陵阜而居"，《孟子》所谓"丘民"，《周礼》所谓"四邑为丘"，《庄子》所谓"丘里"，《禹贡》所谓"九州"，皆反映了上古中国大陆的生态环境条件。因而性隔离也利用这一自然条件，于水中择一高地筑起茅舍。水既是一道安全居住的屏障，也达到了男女隔离的目的。《山海经·中山经》说：天帝的两个女儿，居住在四水环绕的洞庭之山，出入必大风雨。《海内北经》说：舜的两个女儿宵明和烛光，都居住在黄河之滨的大泽中。值得注意的是，为什么天帝及舜的女儿要住在有水环绕的地方呢？为什么不提及这里有男人呢？不难看出，这些传说都是对原始性隔离的神话表述。

　　关于性隔离制度的问题，《尧典》中还有一段极为重要的记载，可惜被人误解、忽略了！尧欣赏舜的为人，决定把两个女儿嫁给他，舜则"釐降于二女于妫汭，嫔于虞"。古之经师几乎是众口一词地将这个"釐"字释为整齐之意。以为此言舜"整齐二女以义理"。这实在是一个大大的误会，作为圣王的女儿，何必要一个野民去教育呢？其实这个"釐"字就是"嫠"的借字。二字古音相通。《左传·襄公二十五年》云："嫠也何害"，《释文》云："嫠本作釐"。"嫠"即寡居，"妫汭"即妫水隈曲处——水环绕之地。这是说尧物色舜为接班人，想测试舜各个方面的知识与才能。妻以二女主要是测试舜关于"礼"的知识，而舜首先将二女隔离于汭水之曲，然后再以妇礼迎于虞。这里表演的正是婚前性隔离仪式，它表现了舜的"洞晓礼仪"，所以尧非常赞赏。而自然物"水"，在这里充当的则是隔离物的角色。它与女子国的环水体现着同一种价值意义。

---

① 胡厚宣：《甲骨学商史论丛续集·气候变迁与殷代气候之检讨》，台北大通书局有限公司 1983 年版。

它截断了青年男女交往的通途，使之把美好的愿望推向了彼岸。

二、水与原始的性放荡

　　神话说，女子国里有神秘的水池，只要在那里洗一下澡，肚子就会大起来。水的这种神奇的力量，实际上是源自水滨泽畔的原始性放荡。这与神母之孕的传说出于同一文化模式。

　　水把男人和女人分成了两个世界，也把怀春的少男少女们残酷地分开。青春生命的欲火被压抑了！像地下奔腾的岩浆，随时都在寻觅发泄的突破口。基里维纳岛南部和瓦库他岛的妇女们，在从事集体锄草工作的时候，只要看到一个男人（非本村男人），便立即上前脱光他的衣服，疯狂地向他施行暴力，并在他身上做些淫秽的动作。谢苗诺夫认为，这种放荡进犯，不是别的，"它乃是从前发生过的，异乎寻常地猛烈的性本能行为所采取的最粗野形式的遗迹。这种性本能行为是这样像急风暴雨一样的激烈，以致只能用长期得不到性本能满足来解释"[1]。而性发泄最为突出、集中的表现，则是在被人类学家与民俗学家称作"放荡节日"的日子里。这些放荡节日出现于长时期性隔离之后。经过一段时间的性压抑而突然获得释放，其情势犹如火山爆发，一发难收。因此"这些节日的特征就是疯狂的，毫无拘束的性交，即真正的放荡"，"在北美洲、中美洲、南美洲、大洋洲和澳大利亚、非洲、亚洲及欧洲的民族中，这种放荡的节日都曾广泛地流行过"。[2]在我国古代典籍中也有明确的记载。《周礼·媒氏》云：

　　　　中春之月，令会男女，于是时也，奔者不禁。若无故而不用令者，罚之，司男女之无夫家者而会之。

这种大会男女、不禁淫奔的节日，表面上是为了生育，实则是专为性满足而设的。

---

　　① 谢苗诺夫：《婚姻和家庭的起源》，第153—154页。
　　② 同上书，第139、89页。

值得注意的是，中国上古的这种性放荡节日与水的联系。水把青年男女分裂为两个世界，性放荡而燃起的欲火，最有可能在水边燃烧。因而产生了许多人神水边艳遇的传说。如《世本·氏姓篇》云：廪君乘土船至盐阳，盐水女神强与为欢；《列仙传》卷上云：郑交甫在江汉之湄遇江妃二女，遂赠物结好；《水经·江水注》引《玄中记》云：阳新有一男子，于水边得衣羽女仙（女鸟），遂与共居；《敦煌变文集·句道兴〈搜神记〉》云：田昆仑见三女浴于池，匿其一衣，挟以为夫妻；明彭大翼《山堂肆考》宫集卷二四云：南昌有少年见美女七人，脱彩衣浴于池中，遂戏藏其一衣。失衣少女不能去，与少年结为夫妻；《警世通言·白娘子永镇雷峰塔》云：青年商人许宣于西湖上遇白娘子，结为夫妻；清梁绍壬《两般秋雨庵随笔》卷六云：广东龙门县有赌妇潭，相传有二童男女于此掷竹片戏赌，竹片合即为夫妻。其他如民间传说中的牛郎与织女（汉族）、格拉斯青与七仙女（蒙古族）、召树屯与喃诺娜（傣族）等，都是在水边疯狂相爱的。在这些记载与传说的背后，我们看到了远古人类生活的幻影。这些故事的一个共同倾向是，男子都是凡人，而女子多是难得一遇的神人或仙人。不难看出，这些女神女仙，乃是远古由长期性隔离而获得开放的女性的化身。中国上古众多的水生神话，更是在默默地证实这一点：

> 有华胥之洲，神母游其上，有青虹绕神母，久而方灭，即觉有娠，历十二年而生庖牺。（《拾遗记》卷一）

> 昔少典取于有蟜氏，生黄帝、炎帝。黄帝以姬水成，炎帝以姜水成。（《国语·晋语》）

> 少昊以金德王。母曰皇娥，处璇宫而夜织，或乘桴木而昼游，经历穷桑沧茫之浦。时有神童，容貌绝俗，称为白帝子，即太白之精，降乎水际，与皇娥宴戏……及皇娥生少昊，号穷桑氏，亦曰桑丘氏。（《拾遗记》卷一）

> 帝颛顼生自若水，实处空桑，乃登为帝。（《吕氏春秋·古乐》）

> 契母简狄者，有娀氏之长女也。当尧之时，与其妹娣浴于玄丘之水。有玄鸟衔卵过而坠之……简狄得面含之，误而吞之，遂生契焉。（《列女传》卷一）

> 尧母庆都，有名于世，盖帝之女，生于斗维之野，常在三河之南……

年二十，寄伊长孺家，出观三河之首，常若有神随之者。有赤龙负图出……赤龙与庆都合婚，有娠。(《太平御览》卷八十引《春秋合诚图》)

女狄暮汲石纽山下泉，水中得月精如鸡子，爱而舍之，不觉吞之，遂有娠。十四月，生夏禹。(《太平御览》卷四引《遁甲开山图荣氏解》)

为什么这些传说中圣人的受孕与诞生，都与水有如此紧密的联系呢？而且为何皆知其母，不知其父？最合理的解释，只能是男女水畔的狂欢。这显然是男女水畔疯狂性交、受胎的原始群婚现象的折光反映。女子国浴水而孕的奥秘也正在这里。《搜神记》卷十一说："汉末零阳郡太守史满有女，悦门下书佐。乃密使侍婢，取书佐盥手残水饮之，遂有娠，已而生子。"这个文明时代的水孕神话，暗暗证实着"水—性放荡"这一文化酵母的力量。

前已言之，性禁忌源自远古狩猎生产的需要，因此性放荡也必在狩猎生产的间隙期。《左传·隐公五年》将古之狩猎生活概括为"春蒐、夏苗、秋狝、冬狩"。蒐即搜，春天是鸟兽孕育繁殖期，曰蒐者，指搜捕其不孕者。夏苗是为苗稼除害，不做大规模狩猎。狝即杀，指较大规模的田猎。狩是围猎。这就是说，秋冬两季是狩猎旺季，春夏出生的鸟兽，已开始长成。特别是冬天，草枯兽肥，故《诗经·七月》说："一之日（十一月）于貉，取彼狐狸，为公子裘。二之日（十二月）其同，载缵武功，言私其豵，献豜于公。"春天是禁猎期，《国语·鲁语》："鸟兽孕，水虫成（指春天），兽虞于是乎禁罝罗，矠鱼鳖以为夏犒（注：夏不得取，故于时搋刺以为犒储也），助生阜也。鸟兽成，水虫孕（指夏天），水虞于是禁罝䍤，设穽鄂，以实庙庖，畜功用也。"春天禁捕鸟兽，可以捞鱼；夏天则可以开始猎兽。这种原始的狩猎规律，支配着原始人群的生活，故而形成了周期性"性禁忌与性放荡"的生活节律。不难想象：性禁忌是在夏秋冬三季，而主要是在冬天；性放荡则是在春天。《周礼》所谓中春之月大会男女，与原始人的狩猎生活规律是完全相合的。我们也不难想象，男人们结束了冬季紧张而繁重的狩猎生活之后，疯狂地扑向水边泽畔"女子国"的情景，更不难想象在疯狂地交媾之后，不少妇女受孕、生育的情景。性放荡纯粹是性的发泄，故情不必专，爱不必一。中国神话传说中的女性水神，如高唐神女于云梦泽畔，初会于怀王，再幸于襄王，且为朝云，暮为行雨，朝朝暮暮，神交于来往过客；洛水女神，呈艳于过往行人。《北梦琐言》卷十二说，西江女神大姑，私悦于少年才子杨镳；《古今说海·辽阳海神传》云：辽海女神，自荐于商人程某。这些与中国传统道德相背离的放荡女神，竟然受到世俗的膜拜与祭祀，难道不值得深思吗？毫无疑问，这些女神的行事乃是原始性放荡生活在神话中的投射。

原始季节性性放荡的生活节律，逐渐凝定为一种节日。随着人类文明的进化，稳固的家庭关系的建立，野蛮的性风俗被文明的幕纱一层层覆盖。人们的道德观念已不能接受乱婚的史实，故而原始的性放荡节日流变为一种带宗教意义的赛神、祓禊、求子、娱乐的活动。《艺文类聚》卷四引《韩诗》云："三月桃花水之时，郑国之俗，三月上巳，于溱洧两水之上，执兰招魂续魄，拂除不祥。"《后汉书·礼仪志》云："是月（三月）上巳，官民皆洁于东流之水。"《太平寰宇记》卷七六云：四川简州有玉华池，每三月上巳，人乞子于此。《岁华纪丽谱》云：成都学射山有小池，每年三月三日，士女于此探石求子。据孙作云先生研究，所谓"上巳"就是"尚子"，三月上巳，乃是求子的节日。[①]这是很对的。但孙先生以为此俗源自高禖祭祀以及简狄行浴而孕的传说，却不知"行浴"而孕仍有所自，春水之畔的原始性解禁才是这一习俗的根源。

正是由于远古春水之畔的性放荡生活与文化背景，故产生了民族女始祖水边结胎、泽畔生子的传说。古代所谓的高禖神，其实就是这些女始祖。原始性习俗与这种经验的无数次重复，使水与女性、情思、求子、生子在人们的意念中发生了微妙的联系。

三、水上学宫与女性性隔离教育

由神话传说推进到三代历史，在文明制度确立的扉页，仍可看到性隔离制度的深深痕迹。然而它变了，变成了具有文明意义的性隔离教育。《礼记·王制》云：

---

① 孙作云：《诗经与周代社会研究·关于上巳节（三月三日）二三事》，中华书局 1966 年版。

> 天子命之教，然后为学，小学在公宫南之左，大学在郊。天子曰辟
> 雍，诸侯曰泮宫。

这是一则关于周代学校的记载。杨宽先生在《古史新探·我国古代大学的特征及其起源》中，对此做了详尽的考证。值得注意的是，辟雍乃是一个四面环水的高地，高地上建有厅堂式草屋。诸侯的泮宫形式相似。《大雅·灵台》传云："水旋如璧曰辟雍。"《说文》说："浮，诸侯乡射之宫，西南为水，东北为墙。"《鲁颂·泮宫》郑笺云："泮之言半也，半水者，盖东西门以南通水，北无也。"问题在于：为什么作为学宫的辟雍、泮宫要环之以水呢？而且这样的学宫，究竟只是男校，还是也有女校呢？吕思勉先生云：

> 盖我国古者，亦尝湖居，如欧洲之瑞士然，故称人所居之处曰州，与
> 洲殊文，实一语也（洲岛同音，后来又造岛字）。以四面环水言之则曰辟，
> 以中央积高言之则曰雍。斯时自卫之力尚微，非日方中及初晨犹明朗时，
> 不敢出湖外，故其门必西南入。[1]

这是说，环水建构的学宫形式，乃是古老模式的沿袭。只是既然"自卫之力尚微"，为何周时唯学宫独然？我怀疑这种模式，其前身如果不是女性住宅或所存在过的女校，亦当是与此同构的。而且据《白虎通·辟雍》云：子弟之所以要入辟雍而不在家就教，其原因是因"当极阴阳夫妇变化之事，父子不可相教"。这实际上是说性教育乃是辟雍中的一项主要课程。从这里也可以看出辟雍与原始性隔离的关系。

根据现代文化人类学的调查，女性成年期的性隔离，往往是伴随着女性性教育进行的。中非地区性成熟期的女孩，在隔离期间，就有人教她们将来该干什么。[2]里比利亚的尼格罗人，在结婚之前的少男少女们要分离为两个"咒森"，这可以看作一种准备结婚的寄宿塾。少女的咒森设在部落附近的森林中，

---

① 吕思勉：《吕思勉读史札记》，上海古籍出版社 1982 年版，第 447 页。
② 露丝·本尼迪克特：《文化模式》，第 30 页。

女塾中的教师由年老妇女担任。少女十岁入塾，在里面寄宿直到结婚，绝对不许男子入内。少女在这里学习唱歌、游戏、舞蹈、咏诗等。[①]新几内亚的基米人，凡满婚龄的姑娘，往往被聚集到一间圆形茅屋内，接受婚恋教育，由已婚的中老年妇女任教。[②]《礼记·内则》也记载了我国古代女性教育的情况：

> 女子十年不出，姆教，婉娩听从，执麻枲，治丝茧，织纴组紃，学女事，以共衣服。观于祭祀，纳酒浆笾豆菹醢，礼相助奠。十有五年而笄，二十而嫁。

这是说，女子十岁就要学习妇德、妇功及礼仪之事。女师被称作"姆"，又写作"㛲"。《说文》云："姆，女师也。"《仪礼·士昏礼》注云："姆，妇人年五十无子，出而不复嫁，能以妇道教人者。"女师又称娎，《说文》云："娎，女师也。"又称师氏，《诗经·葛覃》："言告师氏。"《毛传》："师氏，女师也，古者女师教以妇德、妇容、妇功。祖庙未毁，教于公宫三月，祖庙既毁，教于宗室。"孔疏总结经传之说云：天子、诸侯、宗子都有女宫，贵族女子出嫁前，要在女宫接受三个月的教育，学习妇女之道。这种女性教育自然是与男性隔离的。

虽然史书上没有记载原始女校的名称（孔颖达以"女宫"名之），但辟雍、泮宫实在有女校的嫌疑，否则便是男女学校之共名。"辟"有"别"的意思，"泮"有"分"的意思。"雍"本字作"廱"，从"广"，意为宫舍；"宫"指宫室。辟雍、泮宫皆蕴有隔离的意思。而那四水环绕的模式，实在与神话中的"女子国"没有什么两样。在古文字资料中，我们也发现了这一女性生活的信息。第一，原始女校接受的都是豆蔻年华的少女，正当人生最美丽的时期，接受教育是对她们野性的改造，遵从"婉娩听从"的妇德，故而从女的字，如安、妥、娴、姽、㜝、嫺、妍等，既有好之意，也有安静之意，将美好（由华年美貌引出）与安静（由隔离教育引出）联系了起来。卜辞中有"嬖"字，常见于祭祀之卜辞。"嬖"显然是作为一种牺牲物向神或祖先敬献的。陈梦家

---

①　朱云影：《人类性生活》引蒲谛科菲说，上海文艺出版社 1989 年影印本，第 8—90 页。
②　刘玉学：《世界礼俗手册》"亚太地区"，对外贸易教育出版社 1988 年版，第 122 页。

先生《殷虚卜辞综述》认为，嬖可能指一种可为牺牲的女奴。我怀疑其指华年少女。卜辞有云："丁巳卜于河牢沈嬖。"（后土2.3.4）这是一条祭河的卜辞，"沈嬖"当与《史记·滑稽列传》所述的河伯娶妇之俗有关。"嬖"字从女从辟，辟正是辟雍之辟，其原始意义当与豆蔻年华被隔离的女性有关。《墨子·尚贤》所谓"不嬖颜色"，《说文》所谓"嬖，爱也"，也都证明嬖乃华年美貌、讨人喜爱之女色。第二，在古文字中，留存着妇女群居生活的阴影。如：姦，从三女，三言其多。《说文》说："姦，私也。"即私通、淫乱之意。奸，从二女从干，《玉篇》云同姦。姣从二女，意同姣。《玉篇》："姣，淫也。"窃疑此与性隔离之女性群体中的同性恋有关。否则三女无男、二女无男，何以能淫？第三，由于水为女性性隔离之屏障，故而许多从女之字都和水发生了关系。如：女水，见于《水经注》；妫水，见于《尧典》；姜水、姬水，见于《国语》；汝水，见于《说文》。卜辞中有姗字，从女从川，《字汇补》中有嬿字，从女从淼，也都暗示着女性与水的关系。

由于女性的性隔离、性教育、性放荡都在水边进行，这一原始经验的无数次重复，在民族心理留下了深深的痕迹，故而形成了一种情结，在观念形态中，赋予了"水"这一形象以特定的"意"——水与女性完全一体化了！《春秋感神符》云："后妃恣则泽为海"；《淮南子·地形训》云："泽气多女"；《搜神后记》卷一说：临城县有姑舒泉，因舒姑坐于此地，化为清泉而得名。《赤雅》卷中云：白州双角山下有绿珠井，井有七孔，在这井里吃水的人，生下的姑娘都很漂亮。如果用巨石塞其一孔，绝丽美女的七窍便必伤其一了。《思无邪小记》说：盱眙有美女山，宛如女形，两腿半开，有一道山泉从这里流出。饮了这水，就会变得淫乱起来。有人将山泉用石杵塞了起来，结果满城的女人都开始腹胀，小便不下来。《方舆览胜》说："昔有僧夜坐，见一女子投地化为清泉。"[①] 这些传说有力地证明：在民族的心灵深处，水已非意义单一的自然物，而是有了社会性的文化内涵——它作为一种带有文化含量的意象而凝定于民族的观念形态之中了。

---

① 《渊鉴类函》卷三十一引。

四、《诗经》之水与男女情思

　　神母水畔之孕的传说，只是水滨泽畔性放荡的原始性生活的暗示。而《诗经》中的大量爱情诗作，则真实地展示了先民们水滨泽畔的欢乐与悲哀。《诗经·国风》中写到水的诗作共四十二篇，其中有关婚恋者就有二十七篇。在这二十七篇中，水与男女的相思、相爱、相怨、相亲联系在一起。它把神话中虚幻的传说，做了真实的演示。

　　我们可以将其中最典型的诗作分为两组，一组以《蒹葭》为代表，主要表达相离、相思之苦。《蒹葭》篇云：

　　　　蒹葭苍苍，白露为霜，所谓伊人，在水一方。溯洄从之，道阻且长；溯游从之，宛在水中央。

时间是"白露为霜"的秋天，这正是原始狩猎时代的性禁忌季节。所思的"伊人"，"宛在水中央"，无论"溯洄"还是"溯游"，都无法达到。显然这描写的是被水隔开的青年男女的悲伤。"伊人"所在的"水中央"，当是由神话中的"女子国"演化而来的女性学宫、辟雍、泮宫之类。"伊人"当即性成熟期被隔离的女性。在深秋季节，男子站在蒹葭苍苍的水畔，遥望着水的一方，心中无限惆怅。水阻挡了他与情人的相见，一种美好的理想被推到了彼岸。《汉广》篇云：

　　　　南有乔木，不可休思；汉有游女，不可求思。汉之广矣，不可泳思；江之永矣，不可方思。

"游女"古有两种解释。《毛诗》以为出游之女，如郑笺所云："贤女虽出游流水之上，人无欲求犯礼者。"《韩诗》以为指汉水女神。《文选·嵇叔夜琴赋》云："游女飘焉而来萃"，李善注引《韩诗薛君章句》云："游女，汉神也，言汉神时见，不可求而得之。"今人多弃韩而从毛，其实韩诗之说，触及到了一个深邃的问题。宋玉《高唐赋》言：楚王游云梦之泽，梦神女愿荐枕席。这位神女乃是未行而卒的帝女。曹植《洛神赋》言：洛水女神，风流多情，恨人神之道殊，不能与之相合。《楚辞·九歌》中的《湘君》、《湘夫人》言：湘水女神"水周兮堂下"，"筑室兮水中"，被相思的孤独所困扰。不难看出，这些水上女神，其实都是原始性隔离女性的幻影。性压抑而造成的性饥饿感，使她们有可能在有机会接触到的每一个男人的身上发泄情欲。犹如基里维纳岛从事劳动的妇女对过路男子施行性虐待一样。因而在传说中，她们是多情的，可又是可望而不可即的。所谓汉水女神，也正是指汉水中性隔离的女性。尽管汉水可以"泳"，可以"方"（以方舟渡之，或说以筏渡之），可现在不能，因为这是违犯禁忌之礼的。《毛诗序》所谓"无思犯礼"，也算切中了要害。今人不明此义，于是遂觉诗中"不可方思"不合情理，于是另辟新解。如余冠英先生《诗经选》，就将"方"字训为周匝，以为指江水不可环绕而渡。

《关雎》、《匏有苦叶》、《竹竿》、《泽陂》等篇，所表达的也是性的苦闷。《关雎》云：

> 关关雎鸠，在河之洲。窈窕淑女，君子好逑。……求之不得，寤寐思服。悠哉悠哉，辗转反侧。

河洲为淑女隔离之地，遥望之而不能近求之，所以有"寤寐思服"之忧。《匏有苦叶》云：

> 匏有苦叶，济有深涉。深则厉，浅则揭。有弥济盈，有鷕雉鸣。济盈不濡轨，雉鸣求其牡。

这位女子很勇敢，她声明自己是像雌雉求偶一样地等待着男子，可是他们却隔着一条济水。她希望男子能勇敢地渡过水，所以说"深则厉，浅则揭"。这是因长期的性隔离造成的性饥饿的呼唤。《竹竿》云：

> 籊籊竹竿，以钓于淇。岂不尔思，远莫致之。……淇水在右，岂不尔思，泉源在左，巧笑之瑳，佩玉之傩。

女子所在之地"淇水在右，泉水在左"，显然是一个有水环绕的地方。男子可以看见女子的笑容和佩饰，可是"远莫致之"。《泽陂》云：

> 彼泽之陂，有蒲与荷。有美一人，伤如之何？寤寐无为，涕泗滂沱。

泽畔有美人，她像水中的荷花。想得到她，可是却隔着茫茫泽水，因此只有"涕泗滂沱"了。

在这里，水带给人们的是痛苦，是遗憾，是青春之火的燃烧与幻灭。另一组以《溱洧》为代表，记录了青春男女的相见、相识、相得、相爱的欢乐。《溱洧》云：

> 溱与洧，方涣涣兮；士与女，方秉蕑兮。女曰："观乎？"士曰："既且。""且往观乎？洧之外，洵讦且乐！"维士与女，伊其相谑，赠之以芍药。

《韩诗》说："《溱洧》，说人也。郑国之俗，三月上巳之辰，于两水上，招魂续魄，拂除不祥，故诗人与所说者俱往观也。"《汉书·地理志》注则云："谓仲春之月，二水流盛，而士与女执芳草于其间，以相赠遗，信大乐矣，惟以戏谑也。"在以性的放荡为主旋律的节日里，男女大会于水畔，他们相互结伴，相赠、相悦，呈现出一片欢乐的气氛。《褰裳》云：

> 子惠思我，褰裳涉溱。子不我思，岂无他人？狂童之狂也且！

这带有很强的挑逗性和随意性。虽是男女谑词，但也可以看出一种习俗。这不是女子个性坦率的表现，而是群体观念和节日生活的反映。在这个节日里，任何男人都有可能和任何女人结合，他们都有极大的选择自由。因而也会出现种种不同情况。《扬之水》写男女在扬水之畔相见云："既见君子，云何不乐"，

"既见君子，云何其忧"。这里的"乐"，便是旧日情人相见的乐，这个"忧"字，披露了长时间隔离的痛苦。《桑中》说："云谁之思，美孟姜矣。期我乎桑中，要我乎上宫，送我乎淇之上。"这是对淇水之滨艳遇的回忆，这所交的则像是新欢。《汾沮洳》云：

> 彼汾沮洳，言采其莫。彼其之子，美无度。美无度，殊异乎公路！

这是对在汾水之滨所交男子的赞美。这位参与性放荡活动的女子，完全获得了心灵上的满足，因为她所交的乃是一位风度翩翩的有特殊魅力的青年。《山有扶苏》则不同了：

> 山有扶苏，隰有荷花。不见子都，乃见狂且。

在泽畔的大会中，姑娘本想找个标致的美男子（子都是古之美男子），结果却遇了个傻小子。虽不称心，亦可苟且乐之。

当然参与狂欢的女性并不一定都是性隔离者。东周时期性隔离制度只是在贵族社会中残存着，也只有贵族女子才有条件不折不扣地履行原始古礼，进行隔离教育。孔颖达依据经书，而说天子、诸侯、宗子皆有"女宫"，是很有道理的。在平民社会中，性隔离大概只能象征性地进行，而原始开禁后的性放荡则完全凝固成了一种节日，使青春勃发的男女，享受一年一度的性狂欢。

20世纪40年代，闻一多先生撰写过一篇题为《说鱼》的精彩论文。他列举了《诗经》与现代民歌中的大量例子，论述了鱼、打鱼、钓鱼、吃鱼以及吃鱼的鸟兽等与婚恋的关系。他认为"鱼"是一个隐语，它代替"匹偶"或"情侣"。至于"为什么用鱼来象征配偶呢？这除了它的繁殖功能，似乎没有更好的解释"。拙见鱼之这种象征意义，恐怕还是离不开水畔男女狂欢之俗。女子被隔离于水洲，男女在水畔求爱，要委婉地表达出自己的心情，鱼便成了绝好的象征物。他们可以此为导体，相互对歌、沟通。如《候人》云：

维鹈在梁，不濡其咮。彼其之子，不遂其媾。

鹈即鹈鹕，是一种水鸟，也是捕鱼的好手。可是它嘴都不肯湿，自然难以捞到鱼了。这里的鱼就是象征女性的，男子不肯下手，自然得不到姑娘。女子通过鹈鹕食鱼的暗示，对男子发出了挑逗、求爱的信号。如其他婚恋诗作中的食鱼、钓鱼等意象，其象征意大多如此。

总之，神话的传说、《诗经》的咏唱，都在证明着这样一个事实：水凝定着先民两性生活中重复了无数次的欢乐与悲哀。

五、"水死"与女性之性焦虑

水是生命的发源地，水凝定着先民的欢乐与悲哀 —— 神话、《诗经》如此向历史诉说。水诱惑着生命的死亡意识 —— 哲学历史如此说。

原始经验是人类祖先的共同参与，经验的无数次重复，铸成了人类意识深层共同的文化心理结构模式。因此远离中国文化圈的古希腊哲学家赫拉克利特也说："灵魂是从水而来的。"[1] 印度《梨俱吠陀》中的《水胎歌》说："水最初确实怀着胚胎，其中聚着宇宙间的一切天神。"[2] 埃及新王国时期的《尼罗河颂》说：尼罗河"给一切动物以生命"。[3] 我国哈尼族的史诗《哈尼阿培聪坡坡》说："先祖的人种种在大水里"，在水中生长。[4] 彝族典籍《六祖史诗》说："人祖来自水，我祖水中生。"[5] 在神话、古诗及先哲名言中，我们看到了人类共同的生命历程，以及水在人类心灵撒下的温爱。

然而水又像情人的媚眼，诱使着人类灵魂的回归。古希腊哲学家泰勒斯认为，万物来源于水，最后又复归于水。赫拉克利特说得更干脆："对灵魂

---

① 赫拉克利特：《古希腊罗马哲学》，商务印书馆 1982 年版，第 22 页。
② 黄川心：《印度哲学史》，商务印书馆 1989 年版，第 44 页。
③ 朱维之等主编：《外国文学简编》"亚非部分"，中国人民大学出版社 1983 年版，第 17 页。
④ 朱小和等：《哈尼阿培聪坡坡（哈尼族迁徙史诗节选）》，《山茶》1983 年第 4 期。
⑤ 刘尧汉：《中国文明源头初探》，云南人民出版社 1985 年版，第 37 页。

来说，死就是变成水。"在中国古典文学中，我们发现了这样一个极为普遍的现象：那些因坠入爱河而痛苦的灵魂，为了彻底解脱，他们想到的大多是投水自尽。如：《孔雀东南飞》中的刘兰芝，在婚姻纠纷中，她完全失去了自主，为了表示对故夫的钟情，投池自尽。《定情人》中的江蕊珠钟情于四川才子双星，可偏又被朝廷点选进宫，在进退两难之际，投河自沉。《快心编》中的裘翠翘钟情于少年英雄石琼，却被堂兄骗卖于娼门，发现受骗后，她做出的第一个反应是投江自尽。《白圭志》中的才女杨菊英与才子张庭瑞私订终身，遭到父亲的极力反对，在万般无奈之下，她想到的是投井自尽。《铁花仙史》中的蔡若兰钟情于才子王儒珍，为逃避父亲逼婚，男装外逃，却谎称投湖自尽。他们在走投无路时，所想到的都是以投水的方式来结束痛苦的人生。

　　特别值得注意的是，一些在历史著作中明确记载非"水死"者，在文学作品中却变换了死的方式。如关于王昭君的故事，在《汉书·匈奴传》、《后汉书·南匈奴传》中都说她曾为匈奴生儿育女，并在其匈奴丈夫呼韩邪死后，又从匈奴之俗，嫁给了呼韩邪前妻之子。相传为蔡邕所作的《琴操》说，昭君的儿子世达，在前任单于死后，要娶他的母亲为妻，由于文化观念的冲突，昭君吞药自尽。可是在元明以降的小说戏剧中，这个故事则大大变样了。马致远《汉宫秋》说：王昭君被迫离开汉庭，行至汉番交界处的黑河。她想念元帝，深情地为汉主祭了一杯酒，便投身于滔滔黑河。无名氏的《和戎记》则说昭君为元帝殉情于乌江，尤侗《吊琵琶》说王昭君投交河身亡，"生为汉妃，死为汉鬼"。雪樵主人《双凤奇缘》小说又将昭君的死安排在白洋河。总之，他们都把昭君投水殉情认作是最好的处理方式。再如关于朱买臣夫妻的故事，《汉书·朱买臣传》说：朱买臣早年贫穷，卖柴为生。其妻不堪其苦，改嫁他人。后来买臣发迹，做了会稽太守，于杂役之中发现了故妻与她的后夫。于是"呼后车载其夫妻，到太守舍，置园中，给食之。居一月，妻自尽死"。可是小说《国色天香》之《买臣记》、《燕居笔记》之《羞墓亭记》，以及《喻世明言》之《金玉奴棒打薄情郎》，京剧《马前泼水》等，都将朱买巨的妻子改编为投水自尽。万历《秀水县志》还附会有羞墓，云：买臣即贵还乡，妻羞死于亭湾，故名羞墓。

　　或许有人认为，这不过是通俗文学家习惯套用的一种死亡模式。然而我们却发现了这一模式内在的奥秘，它是一种文化、一种集体无意识的外化形式，一种古老的死亡模式在人类意识中的重复。请看以下记载：

　　（炎帝少女）女娃游于东海，溺而不返，故为精卫……（《山海经·北次三经》）

　　赤帝女曰瑶姬，未行而卒，葬于巫山之阳，故曰巫山神女，楚怀王游于高唐，梦见与神遇。（《文选·高唐赋》注引《襄阳耆旧传》）

　　宓妃，宓羲氏之女，溺洛水死，为神。（《文选·洛神赋》注引《汉书音义》）

　　大舜之陟方也，二妃从征，溺于湘江，神游洞庭之渊，出入潇湘之浦。（《水经·湘水注》）

　　《蜀梼杌》曰：古史云：震蒙氏之女窃黄帝玄珠，沉江而死，化为奇相，即今江渎神是也。（《蜀典》卷二）

　　王孝廉先生认为："因为上古时代交通不便，水是阻隔和断绝两地的界限，又因为古代人生活在水边，时有水难，所以在神话中往往以洪水或水死作为原有秩序破坏和断绝的象征。"[①] 其实这只是皮相之论。由于神话散佚过甚，我们已无法确切知道这些神女"水死"的原因，但在古典小说戏剧中却看得至为明显，"水死"大多是对爱情婚姻纠纷带来的烦恼的解脱，是解除性焦虑的一种无可奈何的手段。而且多是女性的选择。王昭君、买臣妻、刘兰芝、江蕊珠、裴翠翘、杨菊英等，无不是如此。她们心中有一个理想的爱情模式，而现实偏偏剥夺了她们的选择自由。她们无法爱，也无法恨。爱不能实现的焦虑，丧失贞操的恐恨，心灵无所依归的痛苦，使她们陷入了绝望之中。于此，一种原始的声音向她们发出了呼唤：归回生命的本源！归回爱情的圣地！这里会使你获得解脱和再生！

　　神话学家泰勒在其《原始文化》一书中说："对古代人而言，死亡不是

---

① 王孝廉：《中国的神话世界》，作家出版社 1991 年版，第 107 页引。

生命的终结，而是到达再生的过渡。"卡西勒《国家的神话》亦云："神话教导人们死亡并非生命的结束，它仅意味生命形式的改变。"① 对于现代人来说，死是对旧有生存方式的否定。人们在痛不欲生的时候，同时也是在召唤新生的时候。只有旧有生存方式的消失，才能带走痛苦；也只有旧我的死亡，才有新我的再生。生与死是绾结在一起的，人类的生命从水中生来，水会慷慨地接受人的死亡，也会给人以再生。再生的生命才是幸福的、顽强的。《博物志》卷二云：

> 荆州极西南界至蜀，诸民曰獠子，妇人妊娠七月而产。临水生儿，便置水中。浮则取养之，沉则弃之，然千百多浮。

窃疑此种仪式有两重意义，一是测探神意，一是做"再生"的模拟。神话中所谓"黄帝以姬水成"、"炎帝以姜水成"、"祝融降处江水"、"昌意降居若水"等，当都是此种仪式的神话表述。而女娃之为精卫、瑶姬之为云梦泽女神、宓妃之为洛神、娥皇女英之为湘神，表现的无不是由死亡而获得再生的力量，无不是命运的彻底改变。在爱情小说中，江蕊珠、裘翠翘、杨菊英、蔡若兰等，她们投水 —— 或谎称投水，随后命运好转，获得新的人生。这实是"初生—死亡—再生"这一神话模式在俗世的演习。

欲望的满足是以"死亡"为转机的，"再生"后的生存形式是对"死亡"前生命缺憾的补偿。由小说中江蕊珠、裘翠翘等"死亡"前后的情势，我们不难推测神话中云梦女神、洛神、湘神以及汉水女神，她们都是为情而死的原始女神。但由生而自觉地走向死的过程，也是生之痛苦发展走向极限的过程。"水死"完成了她们生命的转机，使之获得了永恒的满足。生前的情感纠纷与烦恼，便随着死亡淹没于滔滔之中了！因此在这个意义上讲，"水死"是生命痛苦到达极限的标志，水容纳了人类最深刻的悲伤和苦痛，它是生命的终点，也是生命的始点，它永远观照着苦闷中的灵魂。

---

① 王孝廉：《中国的神话世界》，第 110、116 页引。

六、牛女河汉与水之神话意象

当水携带着原始文化意义进入艺术作品的时候，它完全摆脱了自然物的单一性，发挥着它情感上的特有潜能。即如荣格所云："一个用原始意象说话的人，是在同时用千万个人的声音说话。他吸引、压倒并且同时提升了他寻找表现的观念，使这些观念超出了偶然的暂时的意义，进入永恒的王国。"在《诗经》的时代，由于原始习俗的遗存，水的文化意义被搅入了对自然实物与两性生活的描写之中。只有摆脱了客观存在的困扰完全进入艺术欣赏的境界，才能真正领悟到它的妙谛。"秋水伊人"固然是写实，但那种缥缥缈缈、朦朦胧胧、可望而不可即的艺术意境，又何尝不是象征呢？在两汉时代，随着水畔媾精的原始云雾的消退，水作为神话意象的意义，在文学作品中才充分地表现出来。最为典型的是产生于两汉时期的牛郎织女故事。

牛郎织女故事最早见于《淮南子》佚文（《岁时广记》引）及崔寔《四民月令》（《艺文类聚》引）。一对情人，被一条无情的天水残酷地隔开。他们隔河相望，日日夜夜经受着相思的痛苦煎熬。这既是远古性隔离生活在天国的投影，也是人间无数悲欢离合现实的神话表述。在这里水完全摆脱了写实嫌疑，而成为一种艺术象征。"天河"的彼岸是美好的，那里存放着理想，存放着圆满，存放着幸福，也存放着生命的价值意义。然而却无法超越，无法实现圆满的渴望。上天为不使人完全失望，他应诺一对情人在"七七"之夕相会。为了这一丝希望，生命甘愿接受命运之神的摆布，面对茫茫之"水"，努力生存着，期待着，到老、到死……

这个传说，投射着民族群体的心影。在这个巨大的心灵中，有一道深粗而苍老的伤痕，它记录着过去的风风雨雨，而又认定着这样一个事实：现实与理想之间，总隔着一条天河，"希望"是人生的力量和安慰。在文人的笔下，"牛女河汉"又成为个性心灵的诉说，天河之水以更明确的象征，发挥着神话意象的情感潜能，拨动着千万个心弦。《古诗十九首》云：

　　迢迢牵牛星，皎皎河汉女。纤纤擢素手，札札弄机杼。终日不成章，泣涕零如雨。河汉清且浅，相去复几许？盈盈一水间，脉脉不得语。

专家们基本上共认这是一首爱情离别诗，因而象征意也至为明显。题材虽是神话的，悲剧情感却是人间的。"河汉"作为一种达成理想的障碍物，它带给人们的只有哀怨。织女的织锦妙手，织不出通往彼岸的桥梁。她脉脉含情地凝视着天河那边，期待着、向往着圆满，然而萦绕心头的却是离别的苦痛，是理想不能实现的悲哀。作者诉说的无疑是个性心灵的哀伤，然而由于是用原始意象说话，把个人的命运转变为了人类的命运，因而唤起了人们心底的悲伤，引动了千万个心的颤抖。并成为一种恨别模式，在中国文学史上产生了深广的影响。如杜甫《牵牛织女》云："牵牛出河西，织女处其东；万古永相望，七夕谁见同？"杜牧《七夕》云："云阶月地一相过，未抵经年别恨多。最恨明朝洗车雨，不教回脚渡天河。"权德舆《七夕》云："东西一水隔，迢递两年愁。"晏几道《蝶恋花》词云："路隔银河犹可借，世间离恨何年罢？"这些诗作无不寄寓着人世的离情别恨，无不是借助牛女神话和水之神话意象，向全人类诉述天地间的悲哀。

　　当然借助牛女河汉而表达别离的悲伤，只是男女情思的一种表现方式。在更多的诗作中，水则是作为独立的神话意象震发着人们的心灵。被闻一多视作可与司马迁相提并论的焦延寿，他的《易林》一书，就曾多次运用这一神话意象来表达情侣隔离之悲：

　　夹河为婚，期至无船，摇心失望，不见所欢。(《屯》之《小畜》)
　　夹河为婚，水长无船，遥心失望，不见欢君。(《临》之《小过》)
　　为季求妇，家在东海，水长无船，不见所欢。(《涣》之《履》)

这里的河海，显然并非实际存在的自然物，而是男女间无法获得圆满的障碍象征。而这里的男女婚约，又何尝不是一种象征呢？

　　男女之爱是人类最基本也是最深沉最热烈的情感，对异性之爱的追求是人性最基本也是最深沉最热烈的需求，因性爱而带来的悲伤则是人类最深沉最激烈的痛苦。因而水——这一给原始人带来极大的欢乐与痛苦的自然物，便有了象征和包容一切愁思、哀伤与痛苦的力量。它最为基本和最为习见的意义便是作为"理想中梗"的象征物而出现的。在古诗人中，李白是一个最善于用神话意象说话的人，请看他的诗作：

美人如花在云端。上有青冥之长天，下有绿水之波澜。天长路远魂飞苦，梦魂不到关山难。长相思，摧心肝！（《长相思》）

我浮黄河去京阙，挂席欲进波连山。天长水阔厌远涉，访古始及平台间……洪波浩荡迷旧国，路远西归安可得？（《梁园吟》）

别后空愁我，相思一水遥。（《寄王汉阳》）

何言一水浅，似隔九重天。（《赠宣州宇文太守兼寄崔侍御》）

海水直下万里深，谁人不言此离苦！（《远别离》）

横江欲渡风波恶，一水牵愁万里长。（《横江词》之二）

白浪如山那可渡？狂风愁杀峭帆人。（《横江词》之三）

郎今欲渡缘何事？如此风波不可行。（《横江词》之五）

阳台隔楚水，春草生黄河。相思无日夜，浩荡若流波。（《寄远》之六）

妾在春陵东，君居汉江岛。一日望花光，往来成白道。（《寄远》之七）

渺然一水隔，何由税归鞅。（《酬裴侍御对雨感时见赠》）

我思仙人乃在碧海之东隅……长鲸喷涌不可涉，抚心茫茫泪如珠。（《有所思》）

若有人兮思鸣皋，阻积雪兮心烦劳。洪波凌竞不可以径渡，冰水鳞兮难容刀。（《鸣皋歌送岑征君》）

欲渡黄河冰塞川，将登太行雪满山。（《行路难》之一）

显然这些诗作大部分已超越了"男女之情"的樊围，其所抒发的大多乃是人生旅途的感叹，是一种希望、一种理想无法达成的苦闷与悲哀。所谓"如花"的美人，也不过是美好理想的象征，而"波澜"、"洪波"、"一水"、"海水"、"风波"、"白浪"、"江汉"、"黄河"等，所象征的则是人生旅途中的艰险和一种难以逾越的障碍。有人以为水在离别主题中承担的角色，乃源自六朝以来文人对山水自然美的体察与认同，或酵母于楚辞的"登山临水"、"美人南浦"，却忽略了"所谓伊人，在水一方"那来自远古的苍老声音。这"水"把现实与理想分隔为两个世界，使之永远可望而不可即，可羡而不可得。使一颗颗"爱"之心，永远悬挂着、企盼着，死不得，活不能，经受着诱惑、相思的煎熬。人生的无限坎坷、悲痛、苦闷、压抑、失望、沮丧、哀伤、悲愤、无奈……皆被储入了水的意象中。我们可以从男女热烈之爱中感受到其追求生命意义的如狂如痴，更可以从男女失恋的体验中感受到其痛苦的摧心裂肝。他的悲伤，通过那水之神话意象，变成了全人类的声音，唤起了无数灵魂的哀鸣。他如古乐府之"欲渡河无船"、曹植之"欲济川无梁"、孟浩然之"欲渡无舟楫"、顾况之"我欲渡水水无桥"等，所表现的无不是理想无法实现的无可奈何的悲哀。水作为神话意象的另一个极为普通的意义，就是象征情思与悲愁。如：

> 思君意无穷，长如流水注。（何逊《野夕答孙郎擢诗》）
> 请君试问东流水，别意与之谁长短？（李白《金陵酒肆留别》）
> 抽刀断水水更流，举杯消愁愁更愁。（李白《陪侍御叔华登楼歌》）
> 送尔长江万里心，他年来访南山老。（李白《金陵歌送别范宣》）
> 宝刀截流水，无有断绝时；妾意遂君行，缠绵亦如之。（李白《自代内作》）
> 淡淡长江水，悠悠远客情。（崔道融《寄人》）
> 问君能有几多愁，恰似一江春水向东流。（李煜《虞美人》）
> 离思迢迢远，一似长江水，去不断，来无际。（欧阳修《千秋岁》）

用水来象征愁思的无穷无尽、无法排遣、不可言喻，实在是再好不过了！此种象征，表面上是源自个体或文人阶层对作为自然物的水的体认，而其深层则蕴涵着人类无数次的痛苦体验。它的文化根底，深深地埋植在原始的两性生活之中。当原始怀春的男女，被那无情之水活生生地割裂为两个世界的时候，他们经受着"盈盈一水间，脉脉不得语"的痛苦。面对浩茫烟波，心中无限悲伤。水悠悠，愁悠悠，缱绻之思，缠绵之恨，便全部化入了茫茫烟水之中。在愁思纷纭的烟波江上，水与内心情感完全一体化了！神话中瑶姬、宓妃、舜之二妃的"水死",以及历史上"水死"的文化现象,正暗示着:水中凝固着人类情感历程中最痛苦、最伤心的一页。水就是情思!就是悲伤!就是哀怨!就是剪不断、理还乱的愁绪!全人类最深沉、最激烈、最无法消解的痛苦,通过水这一意象,获得了最完满的表现。

始自远古的一代又一代人在水边泽畔的痛苦体验,使水凝定为一种文化代码。因而水作为愁思的象征,深深地注入到了汉字的形意与中国最早的诗歌总集《诗经》中。《诗经》中描写悲愁感伤最常用的一个词语是"悠悠"。如《关雎》写君子思淑女曰"悠哉悠哉",《终风》写思情人曰"悠悠我思",《泉水》曰"我心悠悠",《子衿》曰"悠悠我心"等。历代注家皆曰:"悠,思也","悠,忧貌"。至于"悠"何以为思,何以是忧貌,则不能明。其实这是一个特意用水的绵长来表现愁思的汉字。"悠"字从"心",表示是一种心理状态;从"攸",攸亦声,《说文》云:"攸,行水也,从攴从人,水省。汝,秦刻石峄山石文攸字如此。""攸攸"为水流之貌,如《诗经·竹竿》云"淇水攸攸",字亦作浟浟、滺滺、悠悠,《毛传》曰"流貌"。①"悠"字本意则表示愁思如流水一样绵长不断。张舜徽《说文解字约注》云:"悠从攸声,声亦兼义,谓忧思之长也。""悠悠"时或写作"攸攸",如《子衿》"悠悠我思",一本则作"攸攸我思",则其以水象征愁思之意更明。《诗经·二子乘舟》云:"中心养养","养养"为"洋洋"的假借字,《尔雅·释训》云:"洋洋,思也。"邢疏引诗云:"养养犹洋洋矣。""洋洋"本为水盛之貌,用之形容内心忧思无疑也是一种象征。《诗经·氓》中女主人公诉述无限忧伤,以水反比曰:"淇则有岸,隰则有泮";《泉水》喻卫女日夜思归,曰:"毖彼泉水,亦流于淇";《小牟》写心之失落,曰:"譬彼舟流,不知所届"。这无不证实水为愁思之象征的代码意义。

以上我们所论的只是水作神话意象在文学作品中的意义,因这个问题长期鲜有问津者,故撰文以求教于方家。

---

① 今本《诗经》作"滺滺",《五经文字》及马瑞辰《毛诗传笺通释》、陈奂《诗毛氏传疏》等考,字原作"攸攸"。《释文》:滺出作浟。《太平御览》卷六十四引作"悠悠"。

太行太岳神话系统与中国文化及文学中之精神

顾颉刚先生在一篇文章中，将中国神话分为昆仑神话与蓬莱神话两大系统，并认为蓬莱神话是由昆仑神话东传与苍莽窈冥的大海这一自然条件结合产生的。[①] 这一划分尽管有相当的根据，但并不十分合理。因为所谓"蓬莱神话"，实际上是仙话，是与生命永恒的追求联系在一起的，与带有浓郁的原始朴野气息的昆仑神话完全属于两个不同时代、不同性质的产物。更为重要的是，这一划分忽略了在上古神话中占有绝对优势的太行、太岳神话系统。而恰恰是这一神话系统所具有的文化精神，活跃在民族的血脉之中，直接影响了中国民族文化品格与艺术精神的形成。

一、太行太岳及其周边地区神话传说考察

所谓"太行、太岳神话"，主要指太行、太岳之野及其周边的上古神话。《史记·货殖列传》说："昔唐人都河东（即晋南临汾、运城一带），殷人都河内（即今河南安阳、新乡一带），周人都河南（即今河南洛阳一带）。夫三河在天下之中，若鼎足，王者所更居也。"这一居于"天下之中"的三河地区，正是以太行、太岳之野的上党为中心的，中国上古英雄神话及以"灾难"为母题的神话，便集中在这一地带。如：

1. 炎帝神话。《国语·晋语》说："昔少典取于有蟜氏，生黄帝、炎帝。黄

---

① 顾颉刚：《〈庄子〉和〈楚辞〉中昆仑和蓬莱两个神话系统的融合》，《中华文史论丛》1979 年第 2 辑。

帝以姬水成，炎帝以姜水成，成而异德，故黄帝为姬，炎帝为姜。"因陕西岐山附近有姜水，说者遂以炎帝起源地在陕西。如《水经·渭水注》曰："岐水又东经姜氏城南，为姜水。按《世本》，炎帝姜姓。《帝王世纪》曰：炎帝神农氏姜姓，母女登，游华阳，感神而生炎帝，长于姜水，是其地也。"但《左传·庄公二十二年》说："姜，大岳之后也。"在先秦山称太岳的唯有山西的霍太山。《禹贡》："壶口雷首，至于太岳。"伪《孔传》曰："太岳，上党西。"《史记·夏本纪》索隐注"太岳"曰："即霍太山也。"我们知道，从史料的可靠性来说，《左传》是要远高于《帝王世纪》的。而且《国语》所说的"姜水"是否就是陕西之姜水，也还值得推敲。在《山海经·北次三经》以"太行之山"为"之首"的群山中，有陆山，"郔水出焉，而东流注于河"。这与同在一经中、发源于"发鸠之山"的漳水的流向是完全相同的。《北次三经》说："发鸠之山……漳水出焉，东流注于河。"看来上古时代在太行、太岳之间亦有水曰姜水。所谓"炎帝以姜水成"，当指此。《管子·轻重戊》说："神农作，树五谷淇山之阳，九州之民，乃知谷食。"淇山即在今晋城市的陵川东南，淇水发源地。《路史》卷十三《禅通纪》言黄帝封炎帝之后于潞，即今长治市的黎城、潞城之间，恐怕也是有传说根据的。更值得注意的是，在太岳山的周围与太行、太岳之间的长治、晋城一带，不仅分布着与炎帝族有关的村落地名，同时还有大量有关炎帝活动的传说。如高平市羊头山上分布着神农城、神农泉、神农得嘉谷处、炎帝庙。立于长治市黎城县的隋代《宝泰寺碑记》就称此地为"炎帝获嘉禾之地"，唐天授二年所立的《高平县羊头山清化寺碑》亦言："此山炎帝之所居也。"古以羊头山所产黍子以定律历，无疑也是因为此地为炎帝得嘉谷之所。流传于湖北神农架的汉族神话史诗《黑暗传》中也提到了炎帝离开羊头山的事。我们将这些传说与古史记载相互印证，不难发现晋东南地区关于炎帝的神话传说，乃是有历史根据。程瑶田在《释虫小记·螟蛉蜾蠃异闻记》中曾说："夫简策之陈言，固有存人口中之所亡者也，而其在人口中，云虽经数千百年，有非兵燹所能劫、易姓改物所能变，则其能存简策中之所亡者亦固不少。"傅斯年在《周颂说》一文中也提出了类似的观点，认为凡是一种可以流传于民间的文学，每每可以长期保存；不能在民间流传、藏于政府的文学，一经政治巨变，便会丧失。① 这一观点特别值得注意。因而我们对于晋东南炎帝的神话传说，绝不可等闲视之。

2. 精卫填海神话。精卫填海神话最早见于《山海经·北次三经》，其曰："又北二百里曰发鸠之山，其上多柘木。有鸟焉，其状如乌，文首、白喙、赤足，名曰精卫，其鸣自詨，是炎帝之少女，名曰女娃。女娃游于东海，溺而不返，故为精卫，常衔西山之木石，以堙于东海。漳水出焉，东流注于河。"郭璞注曰："山今在上党郡长子县西。"今长子县仍盛精卫神话。明朱载堉《乐律全书》卷二十三附录《羊头山新记》曰："又西北三十里曰发鸠山，山下有泉，泉上有庙，宋政和间祷雨辄应，赐额曰灵湫，盖浊漳水之源也。庙中塑如神女者三人，旁有女侍，手擎白鸠，俗称三圣公主，乃羊头山神之女，为漳水之神。漳水欲涨，则白鸠先见，使民觉而防之，不致暴溺。羊头山神指神农也。然白鸠事诸志未载，以其近怪，故不语耳。"值得注意的是《山海经》以精卫为炎帝少女所化，此亦可作为炎帝活动于晋东南一带的佐证。

3. 蚩尤神话。据《路史》卷十三载《蚩尤传》说："蚩尤姜姓，炎帝之裔也。"《战国策·秦策一》："黄帝伐涿鹿而禽蚩尤。"高诱注："蚩尤，九黎氏之君子也。"《经典释文》卷四《吕刑》篇释文引马融曰："蚩尤，少昊之末，九黎君名。"《逸周书·尝麦》篇说："昔天之初，□作二后。乃设建典，命赤帝分正二卿，命蚩尤于宇少昊，以临四方。"徐旭生先生据此以为蚩尤是东夷集团的一位首领，因为少昊即山东曲阜之地。② 考黎本在今晋东南黎城附近。《尚书》有《西伯戡黎》篇，《孔传》曰："近王圻之诸侯，在上党东北。"孔颖达疏曰："黎国，汉之上党郡壶关所治黎亭也。"所谓"九黎"，当是黎人的九个氏族部落。蚩尤即其部落联盟的首领。在贵州西族的苗族传说中，说其远祖蚩尤原来住在黄河边的蚩尤坝里，兄弟八十一人，一起种庄稼、冶炼铜。后被攻击才渡过黄河迁往西南的。西部苗族的古歌中，也说到蚩尤原住在大河边，战败后渡过黄河到了长江流域，再败后始迁往西南。③ 从苗族的传说中可以知道，蚩尤原住在黄河之北，而号称少昊之墟的曲阜，上古时则在黄河之南，因此蚩

① 傅斯年：《周颂说》，《中央研究院历史语言研究所集刊》1本1分，1928年。
② 徐旭生：《中国古史的传说时代·我国古代部族三集团考》，广西师范大学出版社2003年版。
③ 刘范弟：《善卷、蚩尤与武陵》，湖南大学出版社2003年版，第54—55页。

尤活动地不可能在山东，更不可能是东夷集团的首领。关于蚩尤与黄帝之战的地点，或说在涿鹿，或说在阪泉。据钱穆先生考证，二地皆在山西南部运城的解州。[①] 解州盐池边有蚩尤村，村里人传为蚩尤的后裔。解州之所以名"解"，据《路史》卷二十八《国名纪》说，是因为蚩尤肢解于此而得名。今父老传言也是如此。《梦溪笔谈》卷三说："解州盐泽，方百二十里，久雨，四山之水悉注其中，未尝溢；大旱，未尝涸。卤色正赤，在版泉之下，俚俗谓之蚩尤血。"雍正《山西通志》卷六十亦曰："蚩尤城，盐池东南二里。《黄帝经序》：黄帝杀蚩尤，其血化为卤，今之解池是也。"盐于人类生活至为重要，蚩尤黄帝之战发生在盐池之畔，即披露了此次战争乃是原始群体间为争夺盐池而发生的流血事件。同时蚩尤黄帝之战也是游牧部落与农耕民族之间的战争。蚩尤是炎帝族中的成员，从事农耕。黄帝则属于游牧部落，故《史记·五帝本纪》说黄帝"迁徙往来无常处"。而黄帝命应龙、旱魃战胜蚩尤的传说，也反映了水灾、旱灾给农耕民族带来的灾难。

4. 夸父神话。《山海经·大荒北经》云："大荒之中，有山名曰成都载天。有人珥两黄蛇，把两黄蛇，名曰夸父。后土生信，信生夸父。夸父不量力，欲追日景，逮之于禺谷，将饮河而不足也，将走大泽，未至，死于此。应龙已杀蚩尤，又杀夸父，乃去南方处之，故南方多雨。"《海外北经》亦曰："夸父与日逐走，入日，渴，欲得饮，饮于河渭，河渭不足，北饮大泽，未至，道渴而死，弃其杖，化为邓林。"这里提供的是一段上古时代人类逃避干旱的信息。"追日"、"逐日"，就是要赶走给人类带来巨大旱灾的太阳，这自然是想象中的事或一种巫术行为。而"应龙已杀蚩尤，又杀夸父"，则又把夸父的死亡与黄帝蚩尤之战联系了起来。看来蚩尤、夸父神话产生在同一背景之下。"饮河"、"饮河渭"、"走大泽"、"北饮大泽"，反映的是夸父族向西逃窜的路线。《山海经·中次六经》记有"夸父之山"，吴任臣注说："案：《寰宇记》：夸父山一名秦山，在阌乡县东南二十五里。"其地在今河南灵宝市，与风陵渡一河之隔，属古三河之地。据张振犁先生考察，在河南夸父山中有夸父峪，峪"八大社"，皆自称是夸父族的后代。[②]

① 钱穆：《史记地名考》，商务印书馆 2001 年版，第 43—44 页。
② 张紫晨选编：《民俗调查与研究·夸父神话探原》，河北人民出版社 1988 年版。

5. 女娲神话。女娲神话遍布全国各地，这可能与她生殖神的神格有关。而在山西南部即晋南、晋东南一带，传说非常密集。在临汾市的吉县，盛行女娲传说，并在中石器时代遗址旁发现生殖女神岩画，我曾撰文认为与女娲有关。① 临汾市北的赵城镇有女娲陵、霍州有女娲行宫，运城风陵相传为女娲墓，闻喜相传为女娲出生地，晋城有娲皇窟，长治有天台无影山，传为补天处。太行山下的平定有浮化山，亦传为女娲补天处。据宋人崔伯易《感山赋序》言，太行山一名女娲山。据山西南部各地方志载，旧时这里各地都立有女娲庙。这些当然有可能是附会，但值得注意的是，在《淮南子·览冥训》那一段"女娲补天神话"最为完整的记载中，女娲所平治的主要是"冀州"的灾难。《尚书·五子之歌》曰："惟彼陶唐，有此冀方。"《孔传》："陶唐帝尧都冀州，统天下四方。"知冀州原指河东一带，此当为女娲氏族早期活动之地，也当是女娲神话的原生地。

6. 后羿神话。后羿射日神话见于《淮南子·本经训》，神话中涉及地名较多，如说"尧乃使羿诛凿齿于畴华之野，杀九婴于凶水之上，缴大风于青邱之泽，上射十日，而下杀猰貐，断修蛇于洞庭，擒封豨于桑林。"高诱注说："畴华，南方泽名；北狄之地有凶水；青邱，东方之泽名；洞庭，南方泽名；桑林，汤所祷旱桑山之林。"但射日于何处，这个神话最关键的地方，书中却没有说。而在古上党地区则盛传有后羿射日的神话，旧时晋东南各县甚至不少村落都有三嵕庙，所祭的就是后羿。传说后羿是在屯留三嵕山上射的日。这里有后羿出生的村，有后羿跌跤的地方。传说后羿本名叫张三嵕，担着砂锅到了神居村，因太阳晒化了的石浆滑了一跤，顿生射日念头。于是用桑木扁担为弓，射下了十个太阳（共十二个），第十一个射偏了暗淡下来变成了月亮。《明一统志》卷二十一说："三嵕山在屯留县西北三十五里，一名麟山，有三峰高峻。《书》：汤伐三朡。又有后羿射九乌之所。"史称后羿为有穷国君，但有穷在何处，史书失载。阎若璩《四书释地》"羿有穷之君"条说："金仁山《前编》：晋魏绛曰：昔有夏方衰，后羿自鉏迁于穷石。注云：鉏在今澶州卫南县。即《元和郡县志》故鉏城，在滑州卫南县东十五里。《左

① 刘毓庆：《吉县女娲岩画考》，《民间文学论坛》1997 年第 1 期。

氏》后羿本国是也。又云：穷石不知所在，阙疑最是。盖时夏都安邑，钼去夏都仅千里，计穷石又近于安邑，方能因夏民以代夏政。若如朱子注《骚经》'夕归次于穷石兮'，云穷石山名，在张掖，即后羿之国。则去夏都三千里，远在西北天一隅，纵恃其射，岂能及夏？"其说有理。《四库全书》本《尚书注疏》卷六《考证》亦曰："按：《左传》言羿自钼迁于穷石，因夏民以代夏政。《虞箴》之称羿曰帝夷羿，则羿既距太康，即据河北旧都僭号自立矣。太康虽失河北，尚有河南。传仲康至后相，而始见灭于浞。然则羿但距河，亦不能遂越河南而废太康以立仲康也。"据此知后羿为黄河以北之国，当在河东与旧上党一带。《山海经·北次三经》"沮洳之山"，"灌水出焉，南流注于河"。淇水发源于太行山系之大号山，又名淇山，所谓沮洳山当即此。此地旧属上党郡，在今晋城陵川县东。疑后羿所之钼，当即沮洳之山。所谓有穷，疑在今之三嵕附近。三嵕附近有绛水。《汉书·地理志》于上党郡"屯留"下注曰："桑钦言：绛水出西南，东入海。"《后汉书·郡国志》"上党郡"下曰："屯留，绛水出。"绛、穷古同在冬部，皆为牙音，例可相通。故后羿三嵕山射日的传说，并非无根之言。今在三嵕山侧发现新石器时代遗址，看来事非偶然。

7. 愚公神话。"愚公移山"见于《列子》，或以为是道家的寓言，袁珂先生以其为经哲学家改造、利用的上古神话。[1] 其说有理。愚公所移的太行、王屋二山，一在古上党之东，一在上党南。只有生活在上党地区的人，才能感受到二山带来的艰难。现在王屋山一带，有"愚公村"、"愚公洞"遗迹，还流传有《愚公盘山》的故事。

8. 共工神话。共工头触不周山的神话，见《淮南子·天文训》中。徐旭生先生以为共工为炎帝之后，并从古籍中检索出以"共"命名的水名与地名五处，以为此五处皆有可能是共工氏的旧居。其中三处在三河地区。徐氏以为《汉书·地理志·河内郡》的共县，即今河南的辉县，与颛顼所在的濮阳为邻，颛顼、共工之战最有可能发生在此地。[2] 这是很有道理的。

---

① 袁珂：《古神话选释》，人民文学出版社 1997 年版，第 154 页。
② 徐旭生：《中国古史的传说时代》，第 53—55 页。

9. 尧神话。纬书言，尧母庆都于三河地感神龙而孕，生尧于丹陵，即长子县的丹朱岭。关于尧的神话传说，主要分布在太岳山周围，即临汾与晋东南地区，而以临汾地区最为集中。这里有不少与尧、舜有关的民俗，至今不衰。

10. 舜神话。舜神话主要流传于晋南与晋东南，而以晋南的运城地区最为集中。在晋东南与晋南，古时许多地方都有舜庙，其数量远多于尧庙。而且有不少村落地名皆与舜的传说有关。盛传于晋东南的二仙神话，实即舜之二妃的演变。

11. 丹朱神话。关于丹朱的传说，主要流传于晋东南地区。长子县相传为丹朱封地。这里有丹朱陵，又叫丹朱岭，《山海经·北次三经》叫"丹林"，林、陵古通。如《庄子·齐物论》"山林之畏佳"，一读即作"山陵"。有熨斗台，传为丹朱所筑。据调查确为人工堆积。

12. 鲧禹神话。大禹治水神话是属于全国性的，但在三河之地分布最为密集。史载夏都安邑，其地即在今河东永济。夏县传即为夏人的故居。

13. 商神话。关于商的神话，晋南、晋东南两地都有，如传商祖契是其母有娀氏之女简狄含燕卵而生的，而《史记·殷本纪》正义云："按记云桀败于有娀之墟，有娀当在蒲州也。"在晋东南关于商的传说特别多，特别是关于商汤的传说，成汤祷雨于桑林，这里有桑林河、桑林村、伊侯岭（传说伊尹从汤于此），朱子编《二程外书》卷十言："泽州北望有桑林村，盖汤自为牺牲处。"父老又传言汤王曾在析城山祷雨。据说析城中有一老人，能将汤王的故事唱几天。旧时晋东南各村都有汤王庙，总计怕不下数百。史学界曾有学者认为商人发祥于漳水流域，商、漳古通，商因漳而得名。而漳水即是古上党北的一条水流。由此看来，晋东南关于商的神话传说，并非无因了。

14. 周神话。在河东稷山，盛传姜嫄后稷神话传说。父老言：稷王山即因后稷植谷于此而得名。这里有些地名与风俗祭祀，即与后稷传说有关。钱穆及王玉哲先生，皆有周人起源于山西晋南的文章。其说十分值得思考。

以上我们只是对以太行太岳地区为中心的上古神话分布，做了粗略的考察。此外还有不少，因影响不大，故暂忽略。总之，太行太岳及其周边神话已经包括了中国上古神话最精粹的内容。

二、太行太岳神话产生的地理生态背景

如果我们把太行太岳及其周边神话与昆仑系统神话做一比较，便可以发现，昆仑神话带有极原始古拙的色彩，所谓烛龙、西王母、帝之下都、不周之山等，皆不成故事，且带有自然崇拜的性质。而太行太岳及其周边神话，明显带有英雄传奇色彩。这些英雄传奇神话，有共同的特点：1. 它们歌颂的是带领群体抗拒灾难的英雄，也就是说，这些神话英雄都具有氏族或部落联盟首领的性质，体现着较大的生活共同体的形成；2. 所抗拒的主要是水灾与旱灾，这正是农耕社会最恐惧的两大灾难，体现着这些群体的农耕生活性质。这说明，昆仑神话与太行太岳神话乃是两个不同时期的产物。上古英雄神话所依托的地方，就是人类文明发生的地方。因而可以说，太行太岳英雄神话乃是文明初始的曙光。对此我们可从其产生的地理生态背景上做出进一步的分析与说明。

太行太岳之野即今所谓的晋东南，旧名上党，因其地极高，与天为党，故名。朱子编《二程外书》卷十曰："天下独高处，无如河东上党者，言上与天为党也。"《朱子语类》卷二亦曰："上党即今潞州，春秋赤狄潞氏，即其地也。以其地极高，与天为党，故曰上党。上党，太行山之极高处。"又说："太行山一千里，河北诸州，皆旋其趾。潞州上党，在山脊最高处，过河便见太行在半天，如黑云然。"这就是说"上党"是因太行之高而得名的。但我们所说的上党地区，并非指山，而是指山间之地。其地，东边太行山，作为中国陆地地形第二阶梯的东部边缘，南北纵贯于河北与山西间，成为一道割断山地与平原联系的天然屏障，由海拔1200米以上的山地，直下落到海拔50米以下的河北平原。西边太岳山，太岳山脉北端在榆社、左权一带与太行相连，向南绵延四百里与中条山相接。南边中条山，东西横亘数百里，东与太行主脉相接。在三条山脉交汇之间，形成了一个东西约一百余里、南北约三百余里的封闭型盆地。

上党盆地北高南低，周围高山最高处达海拔2500米以上，盆地边壁是丘陵，一般在500米—1000米间，盆底部分从海拔300米—950米不等。有三条主要河流纵横其间，西部沁水，发源于沁源二郎沟，由北向南流经沁源、安

泽、沁水、阳城、沁阳，南入黄河，途中汇集了十几条小的河流。北部有浊漳水，发源于长子县发鸠山东麓，由西曲折向东，中汇绛水、涅水、清漳水，流经长治、襄垣、潞城、黎城、林县、安阳等地，东流入海。中部有丹水[①]，发源于高平市丹朱岭，由北向南，汇绝水、泫水，流经晋城，南入黄河。这三条水，皆见于《山海经·北次三经》与《水经注》中。晋城古又名泽州，阳城古又名濩泽，太岳有地名安泽，从这许多泽字中，可以测知古代这里应当是有不少湖泽的。《元和郡县志》卷十九"阳城县"下引："墨子曰：舜渔于濩泽。"说明这里水资源比较丰富，利于渔耕。

可以说，农业革命是"文明之母"。因此就人类文明的发生而言，其首要条件，就是必须具备良好的植物生长并可供农耕的环境。有学者提出：生态过渡带是人类文明的"孵化场"[②]，这是非常有道理的。因为生态过渡带，提供了生物的多样性。不同的地貌，形成了不同的生物群落，而过渡带不同生物群落的交错共生，加大了生物种群的密度，有一种边缘效应。只有在这样的地带，人类才有可能从众多的野生植物中发现优种进行驯化、培育，从而建造稳定的家园，改变"迁徙往来无常处"的生活方式。同时，人类早期低下的生产力量，单一的农业生产方式，很难维持生计，必须依靠多元的经济生产方式，才能保证正常的生活。而太行太岳地区的景观生态格局，无疑成了人类早期最理想的家园。这里有山陵，有丘阜，有平原，有湖泽，有森林，有草地，有水域，可猎、可采、可耕、可牧、可渔，为人类的生存提供了优越的条件。而且这里正是一个生态过渡地带，不同景观生态的交错，形成了极为丰富的物种资源。据山西大学黄土高原研究所的张峰教授说：在华北地区，植物种类分布最多的地区就是太行太岳地区。据茹文明教授调查，仅晋东南山地，就有种子植物125科，512属，1090种。其中油脂植物147种，淀粉植物98种，果类植物136种，蜜源植物136种，药用植物426种，野菜植物68种。同时就丘陵与平地农作物而言，晋东南现拥有全国品种最多的小杂粮。据20世纪考古学、地理学家、气象学的研究成果，新石器时代的北方气候要比现在温暖湿润，由

---

① 丹水，今本《山海经·北次三经》作"丹林之水"，《水经·沁水注》引则作"丹水"。
② 宋豫秦等：《中国文明起源的人地关系简论》，科学出版社2002年版，第15页。

此推断，那个时代晋东南的植物种类比现在会更多。由此我们就不难想象，为什么在晋东南地区有如此集中的炎帝发现嘉谷、发明农业、口尝百草、遇毒而死的神话传说了。更值得注意的是，这里还有纤维植物98种，有可供纺织用的植物如榆、麻、藤、芦苇等，还有大面积的桑林。这里有桑林山、桑林河，前不久人们还在这一地区发现了800年前的桑树，《山西通志》卷二十三说："桑林河，在（阳城）县南四十里……地多桑，名曰桑林。相传成汤祷雨于桑林，即此。今汤庙前潏水澄泓不竭。"纺织品是人类文明的载体，而蚕桑业的出现，更是人类文明的标志性成果。像晋东南这样的生态环境，也非常有利于蚕桑业的发展，因而此地自古蚕桑业就很发达，到目前其丝绸的生产在华北地区仍居前茅。新近又有人提出中国古代丝绸之路的起点，就在晋东南。在晋东南由于考古发掘十分有限，因而我们还找不到蚕桑业起源于此的直接证据。但在与其接壤的晋南地区，如芮城西王村仰韶文化遗址中，曾发现一件蚕蛹形陶饰；夏县西阴村仰韶文化遗址中，发现半个经过人工割裂过的蚕茧。这似乎可以作为晋东南蚕桑业古老的旁证。

其次，一个非常值得重视的问题是，文明的发生、培育，必须在稳定的环境中进行。中国近代地理学与气候学的奠基者竺可桢先生，在20世纪30年代发表了一篇题为《气候与人生及其他生物之关系》的文章①，文中指出："在文化酝酿时期，若有邻近野蛮民族侵入，则一线希望即被熄灭。所以世界古代文化的摇篮统在和邻国隔绝的地方。"这一观点对我们有很大的启发。人类文明的发生，犹如人之怀孕，鸟之孵雏，是绝对经不起折腾的。比如在没有任何天然屏障作保护的开放型阔野下，一个原始人群刚从野生植物中发现优良品种进行栽植培育，可能等不到收获，就被寻求食物的游牧或狩猎集团赶走了。或者虽驯化出了谷种，也没有稳定的环境条件允许他们守候土地到收获季节。或者等不到积累够文明发生的物质基础，便会被游牧集团或其他相邻狩猎集团所摧毁。从逻辑上说，人类文明的发生不应该只有一个点，而应该是多发性的，然而受环境条件限制，有相当多文明的星火，皆熄灭于人为的灾难之中。

我们可以举两个最典型的例子。1973年至1978年，考古工作者在浙江余

---

① 此文收入《竺可桢文集》，科学出版社1979年版。

姚县河姆渡两次发掘了距今约 7000 余年的古文化遗址，遗址总面积约 4 万平方米，文化堆积厚度达 4 米。出土大量生产工具、生活器具、原始艺术品，如玉璜、骨珠、石珠、石管、牙饰等玉、石、骨制品，文物多达 6700 件，还发现丰富的栽培稻谷、大面积木建筑遗迹以及驯养的猪、狗、水牛和捕猎的野生动物骨骸、采集的植物果实等遗存。专家们根据稻谷、稻壳等遗物推算，大约有稻谷 10 万公斤。[①] 大多学者认为，这一发现为研究中国文明的起源提供了珍贵的实物资料，证明长江流域和黄河流域一样都是中华民族远古文化的摇篮。1976 年至 1978 年，考古工作者在位于河北武安县的磁山村发掘了比仰韶文化还要早千余年、距今约 7300 年的磁山文化遗址。遗址面积达 8 万平方米，出土了陶器、石器、骨角器等近两千件。有带足的石磨盘、石磨棒、石铲、石镰等农业生产工具，有猪、狗、牛、鸡的动物骨骸，有陶盂和陶支架为代表的陶器群。还发现了大量堆积的粮食。据佟伟华先生估计，这些粮食堆积不属于一个时期，一期堆积约 9 万余斤，二期约 4.6 万余斤，总量达到 13.82 万斤。[②] 学术界兴奋地认为，在六七千年以前，人类就在河北这一带劳动、生息、繁衍，过着半渔猎半农牧的生活，创造了丰富的古代文化。这为寻找中国更早的农业、畜牧业和制陶业文明的起源，提供了可贵的线索。然而更值得思考的是，这两处作为重大发现而存在的遗址，为什么都有大量的粮食被弃？这几十万斤粟米、稻谷，对原始人群来说需要付出多大的劳动？怎么竟然会被弃而不顾？而且一再地任其腐烂？还有大量精美的器物，对原始人而言是多么的珍贵，何以竟被委弃？这里的主人哪里去了？一个合理的解释，恐怕就是突发性灾难！因而我认为，这两处遗址可能都是被毁的古文明的残骸。像这样的突发性灾难，不知道毁掉了多少古老文明的星火，如此也就很难完成文明发展所必需的物质积累。

　　因而文明的萌芽只有在稳定的环境中才能生长。上党盆地，则像一个鸟巢，可谓是中华文明最理想的孵化场。外围大山像高大无比的城墙，将这里保护起来，一方面使生活在这里的先民，免除了游牧民族及其他狩猎集团的侵

---

① 严文明：《中国稻作农业的起源》，《农业考古》1982 年第 1 期。
② 佟伟华：《磁山遗址的原始农业遗存及其相关问题》，《农业考古》1984 年第 1 期。

扰；另一方面丰富的自然资源，又为这里的先民准备了必要的生活资料，使他们获得了安定发展的物质条件。1984 年山西考古研究所曾在武乡县石门乡征集到磁山文化期的石磨盘、石磨棒。武乡位于晋东南的北部、漳河上游的浊漳河流域，而磁山则在此下的漳河流域，二者相距不过 100 余公里。这说明在太行山东的磁山文化人群从事农耕的同时，在太行山西也有同样生活方式的人群在生养、蕃息，他们正做着文明诞生前的准备工作。

最后，文明的启动是靠食物做支撑的，上古三代华北地区先民最主要的食物就是黍、稷，即黄米与小米。故在《诗经》中，黍稷频繁地出现。如：

> 《王风·黍离》："彼黍离离，彼稷之苗。"
> 《唐风·鸨羽》："王事靡盬，不能蓺稷黍。"
> 《小雅·出车》："昔我往矣，黍稷方华。"
> 《小雅·楚茨》："自昔何为，我蓺黍稷。"
> 《小雅·信南山》："疆场翼翼，黍稷或或。"
> 《小雅·甫田》："或耘或籽，黍稷薿薿。"

在《尚书》与甲骨文中也见有黍稷的记载。前所言及的磁山文化遗址中朽烂的谷物，就是谷子。仰韶文化居民所食也是以谷米为主。1984 年出版的《新中国考古发现与研究》即言："仰韶文化居民种植的农作物主要是粟"，"大汶口文化以农业经济为主，同黄河流域其他原始文化一样，主要种植的是粟"。[①] 而晋东南地区，则以盛产小米闻名全国。其所谓"沁州黄"、"泽州香"，皆为旧时宫廷贡品。高平羊头山所产黍子，更是载于煌煌史册。如《隋书·律历志上》即载以其定律之事。明朱载堉《乐律全书》卷十说："旧说上党之黍有异他乡，其色至乌，其形圆重，用之为量，定不徒然。"这说明，上党一带自古就适宜黍稷生长。在黍稷尚未从野生植物中分化出来之前，也必然能从百草中显示出它们的优势来，所以炎帝才有可能在此发现

---

① 中国社会科学院考古研究所编：《新中国考古发现与研究》，文物出版社 1984 年版，第 69、91 页。

它们。也正因为它们丰产，先民才能于此完成启动文明之车的物质积累。

"孵化"需要封闭与安定，而发展则需要开放。文明之鸟破壳而出，一旦羽翼丰满，必然要弃巢远飞，寻求新的发展空间。而在上党这一巨大的"文明之巢"周围，便有适宜文明之鸟结巢而生的丰茂之林。走出上党盆缘的大山，向西不到一百公里，便是尧都平阳—临汾；向西南不到一百公里，便是舜所都之蒲坂与禹所都之安邑，即永济；向南不到一百公里，便是夏后氏所都之阳城与周之东都洛阳；向东不到一百公里，便是殷人之都城安阳。如果以上党为中心，以百余公里为半径，由西向南向东画一个半圆，这便是司马迁所谓的"天下之中"了。尧、舜、禹、夏、商、周等古都，皆围绕上党地区旋转，并相去不过百余公里，这绝对不是巧合，而只能说明上党作为"文明之巢"对于先民情感牵系的意义。

文明虽说是群体的创造，但作为人类进步的巨大成果，必然要有英雄的介入。因为文明的出现是以国家的形成为标志的，作为文明载体的"国家"，无论其形态多么原始，都必然是以统领众庶的"君"的存在为前提的。《白虎通》卷八《三纲六纪》说："君，群也，群下之所归心。"这所谓的"君"其实就是原始人心目中的英雄，是领导野蛮群体走向文明的圣王，是抗御灾难、倍受民族尊重的精魂。开创文明是英雄的事情，英雄时代的出现本身就意味着创造文明的运作。因而作为在华夏文明史上有特殊意义的上党盆地及其周边地区，成为上古英雄神话与传说丛生的地方，也必然是情理之中的事情。

三、太行太岳神话传说与中国文化精神

文化地理学与文化人类学的研究，都在证实着人与地不可分割而且相互依赖的关系。近代地理学大师拉采尔在其大著《人类地理学》中，将环境对于人类的制约性分为四大类：直接给予生理上的影响；心理上的影响；物产的丰歉或一般物质的盈缺，决定了一个民族的经济和社会的发展或停滞、进化或退化；支配人类迁移及其最后分布的影响。总之，无论个人的或社会的，生理的或精神的，社会的静态或动态，均不能逃脱环境的制约。他认为土地总是盲目地、残暴地控制着人类的命运，人类也只能安于其所居的土地给予的命运，他们生死于此，并屈服于这个法则。[1] 有人把拉采尔的理论归纳为"地理决定论"而进行批判，其实这是一个不小的误会。美国人类学家 R. H. 威说："和一些人的说法相反，拉采尔没有夸大过自然环境的力量，实际上他曾反复地告诫人们要提防这个陷阱。"[2] 重视环境的作用，并不等于肯定环境可以决定一切，像时间的因素、人类的意志、人的创造力等，都是决定人类命运的力量。但对于生产力不发达的原始人群来说，自然环境对他们的制约作用几乎是带有决定性的，环境不仅制约着他们的生产方式，而且也影响着他们的行为特征、文化表现、性格形成等。故有学者认为："环境现象对所研究的文化行为的起源和发展在一定程度上起主导作用。"[3] 而这种民族童年的经验，可能会影响到一个民族永久的历史。神话作为民族精神的闪光，也不得不受制于这个法则。

作为上古英雄神话与传说丛生之地的上党，其最特殊之处就在于，它处在中原地区的一个最高点上。顺治《潞安府志》卷一说："上党形胜……居太行之巅，据天下之脊。自河内观之，则山高万仞；自朝歌望之，则如黑云在半天。即太原、河东，亦环趾而处于山之外也。乃其势东南绝险，一夫当关，万军难越；西并绝要，我去则易，彼来则难，夫非最胜之地哉！"这样的生存环境，使这里的生民把自己的命运与大山绾结了一起。大山铸就了他们的灵魂，将山的厚重、坚强、质实、壮伟、执着化作自强不息、厚德载物的精神，融注在了民族的血脉之中。太行、太岳的雄伟与挺拔，成就了他们的刚毅与豪壮；丘陵纵横、土地硗薄的耕作条件，养就了他们的敦厚与朴直；狭长盘屈的山道，历练了他们的坚韧与勤苦。因而我们翻开此地的方志，便会看到大量所谓"性尤朴直，少轻诈"、"山川高险，人俗劲悍"、"慷慨毅武，奇节之士多出其间"、"淳朴而力田，节俭而尚礼"、"其俗悲歌慷慨而尚气"、"其人勤俭，习于程法"之类的记载。而上古神话中那种射日、补天、填海、移山的行为，无不体现着根植于山岳之中的文化所特有的品格。雍正《山西通志》卷

[1]　参见盛叙功：《西洋地理学史》，西南师范大学出版社 1992 年版，第 332 页。
[2]　罗伯特·迪金森：《近代地理学创建人》引，商务印书馆 1980 年版，第 85 页。
[3]　欧·奥尔特曼、马·切默斯：《文化与环境》引维达说，东方出版社 1991 年版，第 9 页。

二百十四《艺文》部，录有明人周云凤、刘龙的两篇《贞烈倡和诗序》与《后序》，是为潞州的四位烈女子而写的。明正德间，齐鲁之间盗贼蜂起，鼓行而西，沿途抢掠数百妇女，反抗者寥寥无几。可是到了晋东南的潞城，在一个不大的村子里，就遇上了四位烈女子。据周云凤的记载：

> 有赵氏女，贼拥致上马，女曰：我良家子，死则死，誓不受辱。则投地，如是者三。贼见其美，不肯杀，胁之刃。女举止自若，骂贼求死。贼怒，矢落其一目。骂愈厉，断其左臂而死。程氏者焦相妻，贼牵之曰：从我则生，否则死。程曰：吾有夫，宁就死，不汝从也。遂仆地不起，贼强拽之，程仰面臂着地，曳半里许，肤肉绽裂，血流满道，骂贼不从，贼杀之。袁氏女年十六岁，与程同为贼获，见程氏死，亦不肯行，贼好言慰诱之，骂而不从被杀。平氏者王川妻，贼迫之行，见路傍一井，谓同行妇女曰：吾志得以遂矣！抱幼女投井而死。

面对几位弱女子如此刚烈的行为，文人墨客震撼了！故而相互唱和，歌咏其事。作为太行山中的平民女子，他们不可能接受过像样的妇德教育，为什么在特殊时刻能表现得如此刚毅？刘龙在《贞烈倡和诗后序》中分析了其中的原因：

> 死为人所甚恶，四女就戮如饴。所恶有甚于死者，以见则定，以守则坚，其贞烈诚可嘉已。潞女所以有是德者，何关乎？地也！太行雄亘千古，与天为党，峻拔奇伟，有俯瞰海宇之势，人生其间者，尚气节，重名检，不为依阿委靡态，而帷薄之严无间贵贱，其风俗之厚旧矣。四女之贞烈不亦宜乎！

是的，是大山给了这里的居民"尚气节，重名检"的性格趋向。然而，如果我们回顾一下太行太岳及其周边上古神话与传说，四女子的贞烈之行及上党地区人的文化性格，不正是神话中的那种精神在俗世的落实吗？

大山是不会欺诈的，它向人们展示的是贞诚，是坚实，是顽强，是广博，是奉献。作为大山之子的上古神话中的中华先圣与英雄们，他们都是大山品格的体现者，是贞诚、坚实、顽强、广博与奉献的化身。尽管他们的行为表现各异，但从大山底部所生发出的"自强不息，厚德载物"的文化精神，使他们具有了共同的特质。所谓"厚德载物"，指的是巨大的涵养与包容，展示着民族的大气度、大胸襟。所谓"自强不息"，指的是巨大的意志力，不懈地追求与努力，展示着民族顽强、坚韧的文化个性。这种文化精神使这里的人群共同遵从着一个原则，那就是对大德的崇尚。"仁者乐山"，山就是仁，就是崇高道德的体现。山文化的本质就是崇德、务实、自强、宽仁。在这种文化力量的支配下，人们打破了狭隘的区域与血缘观念，将道德放到了绝高的位置。唯有德者可成为天下之主。神话中的圣王炎帝、黄帝、尧、舜、禹、汤等，他们来自不同的族属，有着不同的血缘背景，却能够为天下人所拥戴，并不是由于他们的武力使人臣服，而是由于他们都是德泽万民的一代明君。在"德"的面前，华夏先民们淡化了种属的区分与观念。他们很早就具备了大天下的观念。他们是在日月所及的范围内选择明君，因而所谓"明君"，就不只是一族一家的明君，而是天下人的明君。这种文化精神直接影响了中国历史。夏与商是两个不同的部族，当汤伐夏时，夏人不是共同起来保护自己的国家，而是说："时日何丧，予乃汝偕亡！"恨不得昏君早点完蛋。当以周武王为代表的周部族向以纣王为代表的商部族发起进攻时，商人不是卫国保君，而是"心欲武王亟入"，并"倒兵以战，以开武王"。武王入商国，商国的百姓没有一点亡国之痛，反而"咸待于郊"，欢迎武王。① 《周书》说："皇天无亲，惟德是辅。"《离骚》说："皇天无私阿兮，览民德焉措辅。"在他们看来，上帝并不偏一族一家一姓，而是辅助有德之人。中国历史上少数民族能几次入主中原，很大程度上是这种文化潜意识在发挥着作用。由金而入元的大文豪郝经，说得很干脆："能行中国之道，则中国之主也。"② 他认为："天无必与，惟善是与；民无必从，惟德之从。中国而既亡矣，岂必中国之人而后善治哉？圣人有云：夷而进于中国，则中国之。苟有善者，与之可也，从之可也，何有于中国于夷？故苻秦三十年而

————————

① 见《史记·殷本纪》、《史记·周本纪》，中华书局1959年版。
② 郝经撰：《陵川集》卷三十七《与宋国两淮制置使书》。

天下称治，元魏数世而四海几平，晋能取吴而不能遂守，隋能混一而不能再世。以是知天之所与，不在于地而在于人，不在于人而在于道，不在于道而在于必行力为之而已矣。"① 正是由于这个文化传统，使得汉族政权几次失落；也正是由于这个文化传统，使得汉族不断融入新的血液，成了世界血统最杂、人口最多的民族。

"自强不息，厚德载物"的文化精神随历史的流变分裂为"圣贤文化"与"世俗文化"两个系统。它们从两个不同的方面，展示出中国民众不同的精神表现形态。

圣贤文化以炎帝、尧、舜、禹、汤等圣王的神话传说为内核，形成了以博施、仁慈、奉献、包容、和谐、孝悌、忠信、宽恕、务实、自强、勤俭等为主要内容的文化道德体系。炎帝最大的人文贡献是一个"慈"字，他是一位忙碌于人间生命健康的慈父，他发现谷种，丰富了人类的饮食内容，推广火种，结束了民族茹毛饮血的历史。为了人类摆脱疾病的纠扰，亲尝百草，日遇百毒而不顾。他用生命探索着人类健康发展的道路，用牺牲换取人类肉体的平安。尧最大的人文贡献是一个"仁"字。《五帝本纪》说他"其仁如天，其知如神，就之如日，望之如云"。这似乎带有几分空洞的赞许，体现着尧的涵养、智慧、博大与威望。他的博大，让人感觉有点神秘。故孔子曰："大哉尧之为君也！巍巍乎，唯天为大，唯尧则之；荡荡乎，民无能名焉。巍巍乎，其有成功也；焕乎，其有文章。"② 《说苑·君道》说："尧存心于天下，加志于穷民，痛万姓之罹罪，忧众生之不遂也。有一民饥，则曰：此我饥之也；有一人寒，则曰：此我寒之也；一民有罪，则曰：此我陷之也。仁昭而义立，德博而化广，故不赏而民劝，不罚而民治，先恕而后教，是尧道也。"尧最为惊人之举，就是把天下让给了一位贤能的年轻人，而把自己的爱子晾到了一边。这就是他"其仁如天"最具体的体现。舜最大的人文贡献是一个"孝"字。神话传说把他的生存安排在了一个环境非常恶劣的家庭中。父是个瞎子，而且顽劣不化；后母与恶弟一次次设陷阱，想致舜于死地。舜却孝行不辍，用极大的宽容

---

① 郝经撰：《陵川集》卷十九《时务》。
② 《论语·泰伯》，载《十三经注疏》，中华书局 1980 年版，第 2487 页。

与善良，改造了这个家庭，最终登上了一代圣王的宝座。禹最大的人文贡献是一个"勤"字。他的不幸是遇到了滔天大水，万民皆处于茫茫之中，而禹为了天下苍生，辛苦奔走，"身执耒耜，以为民先。股无胈，胫不生毛"。为了治理洪水，三过家门而不入。故《韩非子·五蠹》说："虽臣虏之劳，不苦于此矣。"《淮南子·氾论训》说："禹之时，以五音听治，悬钟、鼓、磬、铎，置鼗，以待四方之士。为号曰：教寡人以道者，击鼓；谕寡人以义者，击钟；告寡人以事者，振铎；语寡人以忧者，击磬；有狱讼者，摇鼗。当此之时，一馈而十起，一沐而三捉发，以劳天下之民。"汤的人文贡献是一个"善"字，他的最佳传说是"网开三面"与"祷雨桑林"的故事。他不忍心让生命伤于人所设置的圈套中，而是让所有的生灵都有机会、有权利选择自己的道路，因而要"网开三面"，只留一面网罗，以作为选择的一个条件。在五年大旱之中，他不忍心让天下生灵遭受苦难，而把大灾难的根源归咎于自己。《吕氏春秋·顺民》说："昔者汤克夏而正天下，天大旱五年不收，汤乃以身祷于桑林，曰：'余一人有罪，无及万夫；万夫有罪，在余一人。无以一人之不敏，使上帝鬼神伤民之命。'于是剪其发，枥其手，以身为牺牲，用祈福于上帝。民乃甚说，雨乃大至。"他要用自己的生命换回天下生灵的安定。

神话传说中的圣王，他们一个个都达到了人生境界的最高层次。他们的高尚行为，透发着他们内心深处对人生、对人类生存的深深忧患。他们的人生理念与道德坚持，代表了民族圣贤文化中所崇尚的最高人格典范。他们都有一颗伟大的心灵，他们的理想，是人类终极的安定、和平和幸福，是全人类的和谐。他们无论是献身于人类的健康事业，还是以广博的胸襟缅怀天下，以宽容与善行化解因自私而驱动的仇恨，或是为消除天下苍生的灾难与不安，奔走呼号，牺牲自我，其所追求的终极目标都是为了达到全人类的高度和谐，在包容、宽恕与自我牺牲中，让每个个体平稳地完成生命的历程。可以说，"和谐"是圣王精神追求的最高原则。孔子所谓的"君子中庸"，其实就是和谐一词的哲学表述。

先王这一追求和谐、中庸的文化精神为中国的先哲们所继承，并总结出了一整套的道德范畴。最有代表性的是儒家，他们所提倡的仁、义、礼、智、孝悌、忠恕等，一切带有温情的道德观念，无不是以和谐为基本精神的。所谓

"仁"，实际上强调的是人内在心性的和谐；"义"强调平等关系的和谐；"礼"强调上下关系的和谐；"智"强调自我与外物的和谐；"信"强调彼此心里联系上的和谐；"孝悌"强调血缘内部关系的和谐；"忠恕"强调集团内部关系的和谐。孟子所谓"老吾老，以及人之老；幼吾幼，以及人之幼"，所谓"与民同乐"（《孟子·梁惠王上》），实际上是和谐精神的具体化。而《中庸》所谓"致中和，天地位焉，万物育焉"，荀子所谓"阴阳大化，风雨博施，万物各得其和以生，各得其养以成"（《荀子·天论》），则是从哲学上把和谐精神认作了宇宙的最高法则。

与儒家并称为战国显学的墨家，其持论虽与儒家不同，但其基本精神则是相同的。墨家最主要的主张是尚贤、尚同、兼爱、非攻。尚贤、尚同，是强调政治上的和谐；兼爱、非攻则是强调社会整体的和谐。拼命攻击儒、墨的道家，虽否定儒、墨为恢复社会秩序、建立相互间的和谐关系所做的努力，但他们自己却在不知疲倦地追求着人格内在的和谐和人与自然的和谐。他们认为和谐是自然的本貌，"人为"是宇宙和谐的破坏力。顺其自然，废除人为，宇宙才能保持和谐。法家则是要通过人为达到社会的稳定和谐。"黄帝之治天下，置法而不变，使民安乐其法也"（《艺文类聚》卷五十五引申不害语）。儒墨道法，殊途同归，都是以追求人类社会的和谐为旨归的。

中国文化的和谐精神，体现在了文化的各个领域。中医强调阴阳平衡，诗歌强调温柔敦厚，音乐强调和阴阳，绘画强调神与物化，书法强调纤粗有方，行为强调圆通无碍。这一切无不是以和谐为旨归的。

与圣贤文化不同，世俗文化则以"灾难"神话为核心，形成了以抗争、拼斗、义勇、刚烈、顽强、坚韧、偏执等为主要内容的文化思想体系。在这里保持了生命初始的亢奋状态，一种对于灾难的极不冷静的反抗手段，一种绝不宽容、"一饭之德必偿，睚眦之怨必报"的做人原则，一种"宁为玉碎，不为瓦全"的人格追求，一种奋力拼搏、死不瞑目的斗争精神，这些在这个世界里得到了充分展示。当愚公被大山阻挡了向外发展的道路时，他想到的不是搬家，而是移山！用极端的方式，铲除眼前的障碍。当后羿目睹烈日燃烧大地时，不是逃避灾难，也不是与上帝协商解决他十个儿子为乱的问题，而是射日！用仇恨根除灾难之源。当精卫肉体被大海吞噬后，胸中燃起的是复仇之火！她并不考虑大海能否填平，而只强调行为对自我发泄的意义。刑天并不为身首分离而结束战斗，相反却以乳为目、以脐为口，继续着抗争行为。共工怒触不周山，他采取的是鱼死网破的反击手段，并不考虑天塌地陷后自身的存在。这种种极端的行为表现，是他们对待仇恨与罪恶的态度。在这个文化体系中，没有和谐，没有中庸，也不存在对生命价值意义的思考，而是只知道反抗、斗争。他们强调的是一种动机，而不是行为的结果。为了消除罪恶，他们会在情感的驱动下，将自己的生命如同手榴弹一样，随时抛出。

神话中的这种野性力量，在世俗中乃是鲜活的存在，这一文化传统的核心就是"反抗、斗争"，是对恶势力的彻底否决，是用极端的方式解决矛盾，是意志力的展现。它作为一种顽强的世俗文化传统，在历史的长河中不断泛起洪波。死是可怕的，但在这个文化系统中，无论大夫还是武士，学者还是屠户，渔父还是村妇，都表现出了一种慷慨悲歌的精神。孔子有"杀身成仁"的豪壮，孟子有"舍生取义"的慷慨，墨者有"死不旋踵"的义勇，曹沫有一怒安邦的壮为，叔詹有杀身赎国的义举，荆轲有"易水风寒"的悲壮。豫让为给智伯报仇，不惜用自己的生命换取赵襄子的一件外衣，以满足复仇之剑的需求。聂政为报严仲子知遇之恩，不惜于军卫之中刺杀韩傀，自己则毁面剖腹而死。武松血溅鸳鸯楼，将仇家一个不留地统统干掉。中国忠奸斗争小说中，动辄"满门抄斩"，这一切无不是这种文化精神的体现。这种文化精神，也影响着中国历史的形态表现。中国历史上一个个王朝的崩溃，无不是在一次次民众的反抗斗争中完成的。而且往往旧的宫室，一处不留地会统统被烧掉。曹植《毁鄄城故殿令》说得很干脆：

> 昔汤之隆也，则夏馆无余迹；武之兴也，则殷台无遗基；周之亡也，则伊洛无只椽；秦之灭也，则阿房无尺椽；汉道衰则建章撤，灵帝崩则两宫燔。

在世俗看来，不如此不足以泄心头之恨。故而谚曰："斩草除根"、"食其肉，寝其皮"、"无毒不丈夫"。

从某种意义上说，不是一个民族的历史规定着其神话，而是它的神话规定着它的历史。[①] 虽说神话是在历史中形成，但具以表现一个民族独立品格的历史，无疑发轫于其民族神话的故土。神话孕育着一个民族的文化基型，正是在这个意义上，太行太岳神话在中国历史上具有了特殊的地位。太行太岳神话像巍巍昆仑，而圣贤文化与世俗文化两个文化系统，如同发源于昆仑的黄河与长江，分别代表着理性与非理性、伦理与非伦理、和谐与抗争、中庸与偏执等两种不同的文化力量。如果没有世俗文化的反抗、斗争，中国的政权除非有外来的冲击，否则即使再腐朽不堪，也不可能出现兴替变化；如果没有圣贤文化的宽容、和谐，中国社会将会处于永远的动荡之中。这两种文化在历史中互渗、互补，此消彼长，绘出了中国历史的发展曲线。

四、太行太岳神话传说与中国文学

任何一个民族的神话，对于其民族历史的影响，都会是全方位的。太行太岳神话不只是中国文明史起点上的一片光亮，同时也是民族心灵的一片灵明。它照彻的不只是民族脚下的路，同时也影响着民族的精神创造。马克思曾经说过，希腊神话是希腊文学的宝库和土壤，同样中国神话也是中国文学发展的基础，它对于中国文学发展的影响是多重的。

关于上古神话与中国文学的关系，国内有不少学者及文学史著作都曾论及过。综各家之说，主要可归纳为以下四点：

1. 神话思维对文学艺术手法的影响。如其浪漫的表现手法对屈原、李白、李贺、郭沫若等人创作的影响，这是众所周知的。

2. 神话题材对文学素材的影响。如《诗经》的《生民》、《玄鸟》，《楚辞》中的女娲、鲧、禹、后稷、舜等，李白笔下的"女娲戏黄土"、"精卫费木石"、"羿昔落九乌"等，明人周游的《开辟衍绎通俗志传》，鲁迅的《理水》、《补天》，郭沫若的《女神》等，皆取材于神话。

---

① 　参见卡西尔：《神话思维》，中国社会科学出版社 1992 年版，第 6 页。

3. 神话原型和母题对文学情感表达的影响。关于这个问题，胡邦炜、冈崎由美《古老心灵的回音》有较多的论述。该著将中国神话原型主要归纳为五种，即女娲原型、炎帝与夸父原型、黄帝和蚩尤原型、刑天原型、羿嫦娥和雒嫔原型。[①] 其实远不止此，如二妃原型、石头原型、卵生母题、感生母题、灾难母题、圣人历劫母题，等等，亦在中国文学中反复出现。

4. 神话的艺术精神对艺术观的影响。这一观点主要是曲德来先生提出的[②]，认为神话为人生的艺术观，直接影响了儒文艺观的形成。

这些总结归纳都是很有道理的。因为太行太岳及其周边神话是上古神话中最精粹的部分，因此学者们的这些归纳，完全可以借用来说明太行太岳神话传说对中国文学的影响。但我认为太行太岳及其周边神话对于中国文学最深刻的意义，并不在于手法、题材、原型等形式的表现上，而在于它对中国文学内在精神的影响。

在前文中，我们分析了神话对中国文化精神形成的积极意义，重点所指的是现实生活中的民族精神形态。文学可以表现现实生活中鲜活的民族精神，同时它更大的功能在于填补现实生活中的缺憾。因而我们先前所说的"中国文化精神"是指的"现实表现"，此处则重在指仅存在于文学世界的意识表现。文学是神话的嫡传，神话中的那种精神，更容易在文学中得到延续。就民族的文化精神来说，其虽受精于"民族神话"，但在历史的发展过程中，还会随着历史的变化衍生出新的生命形态来。在文学中则不然，未经历史处理的民族精神的原始形态，始终保存在文学之中，因为文学给予了文明社会人与其神话时代的先祖们同样的想象空间以及精神自由活动的空间。在现实世界中，人的行为必须接受"现实原则"的制约，"越轨"必然导致种种"灾难"与"惩罚"。而"文学世界"，则给了创作主体更多的自由。心灵可以依据"快乐原则"对历史进行重构，对生活进行塑造，并把根据自己意志虚拟出来的世界在文学中展示出来。这必然会导致文学中的精神展示与现实生活中的精神表现存在差异。不过这种差异也正好反映了民族品格的另一面，也是对现实中缺席事物的一种特

---

① 胡邦炜、冈崎由美：《古老心灵的回音》，四川文艺出版社 1990 年版。
② 赵明主编：《先秦大文学史》第一编，吉林大学出版社 1993 年版。

殊填补方式。

如果我们对中国文学进行过滤，将现实中作为鲜活存在而折射于文学中的虚幻影子过滤掉，只保留活跃于文学中的民族精神与意识，我们就可将神话对中国文学内在精神的影响归纳为三点：

1. 崇尚英雄。太行太岳及其周边神话的主旋律就是对英雄的歌颂与赞扬。女娲、大禹、后羿、夸父、刑天……无一不是一身英雄气，大有"三军可夺帅，匹夫不可夺志"的气势。而且在这里，价值判断标准也与世俗不同，神话中更看重的是不朽的精神，而不是功业。无论成败，都无损于英雄的光彩。夸父、蚩尤、刑天、夏耕，都是失败的英雄。夸父倒下的同时，"弃其杖化为邓林"，演出了壮烈的最后一幕。蚩尤虽被肢解，但其滚滚热血化成了方百余里的盐池，更体现出了英雄本色。刑天、夏耕，身首分离而战斗不休，把不屈的英雄精神表现得淋漓尽致。

在现实生活中，我们看到是脚踏实地、安分守己、寻求在平安中度过人生的民族群体表现。所谓"好铁不打钉，好男不当兵"、"宁为太平犬，不做乱离人"、"多一事不好少一事"，等等，即表现了中国民众的现实人生态度。其原因很简单，任何英雄都必须屈从于"现实原则"才能生存。中国长期的专制统治，扭曲了国民性格，英雄梦只能保存在幻想与文学中。因而神话中的英雄主义精神，在中国文学中得到了最大限度的展示。我在《图腾神话与中国传统人生》中，曾经谈及中国人的英雄梦。中国的士大夫，未出茅庐前，几乎个个会以英雄自许，故而文献中保存了不少洋溢着英雄主义精神的诗篇。最典型的是李白。李白一辈子非诗即酒，非酒即仙，没有干过一件正经事。"自有两少妾，双骑骏马行"、"千金骏马换小妾，笑坐雕鞍歌《落梅》"、"百年三万六千日，一日须倾三百杯"，这就是他的生活，这哪里像个安邦定国的英雄？可是他在《留别于十一兄逖、裴十三游塞垣》中说："太公渭川水，李斯上蔡门。钓周猎秦安黎元，小鱼獂兔何足言！"一般小功他还不放在眼里，而是要像姜太公、李斯那样，建立大功业。[1] 古代有相当多的文人学士都写过歌咏宝剑的诗，屈原："佩长铗之陆离兮，冠切云之崔嵬。"曹植："美玉出盘石，宝剑出

---

① 刘毓庆：《图腾神话与中国传统人生》，人民出版社 2001 年版，第 279 页。

龙渊。帝王临朝服，秉此威百蛮。"陶渊明："少时壮且厉，抚剑独行游。"杜甫："虎气必腾趠，龙身宁久藏？风尘苦未息，持汝奉明王。"贾岛："十年磨一剑，霜刃未曾试。今日把示君，谁为不平事！"欧阳修："宝剑匣中藏，暗室夜常明。欲知天将雨，铮尔剑有声。"这些文质彬彬的儒生，好端端地对武士手中的剑感了兴趣，这无疑表达的是他们的英雄情怀。

在中国通俗文学中更是始终高扬着英雄主题。尽管文人墨客不乏才子佳人的故事讲述，但在构栏瓦舍中，最能吸引民众的还是《三国演义》、《水浒传》、《封神榜》、《反唐演义传》、《杨家将演义》、《说岳全传》、《大明英烈传》等一系列英雄传奇故事，还有大量"路见不平，拔刀而起"的侠义英雄故事。可能在现实中，中国最缺少的就是侠义英雄，文学中这些传奇故事最能唤起民众被"现实原则"压抑的激情。洪文科《语窥古今·传奇之盛》说得很干脆：

> 往昔英雄豪侠，秘计奇谋，可喜可惊，真是照耀千古。太史公记之详矣。然天下岂皆操觚染翰之士？按籍而睹者宁几何人？匹夫，茫乎未知也。我朝骚人墨客，作《浣纱》、《红拂》、《窃符》、《投笔》等记，其间慷慨悲歌、风流豪迈、树盖世洪勋之奇男子，俱超尘伟识之侠。妇人编之词曲，演之坛场，俾当年行事，历历如在目前。凡有血气者，咸知奋发，诚感激人心之一助，可谓盛矣。

洪文科虽然没有认识到这些英雄故事乃是作者对于历史的重构，所谓"俾当年行事，历历如在目前"，只不过是一种虚拟的"历史"，但是他却认识到了这些英雄故事对世俗"英雄情怀"唤起的意义，以及世俗在这种虚拟的历史讲述中所获得的心理满足。

为了张扬英雄主义精神，在通俗文学中还出现了一种特殊现象，即在现实生活中对任何人都不能容忍的事情，在文学作品中，则用欣赏的笔触来表现着。如《水浒传》中的梁山好汉，几乎人人头上都有人命案。梁山上还立下规矩，上山入伙的人，必须提着人头去报名。十字坡上的孙二娘，饭店里出售的是人肉包子。石秀、鲁智深、武松等杀人动辄如"砍瓜切菜一般"。这分明是一伙杀人犯，然而在民众心中，他们才称得上是男子汉，是英雄。因为只有英雄才能见血不手软，手提人头、浑身血迹才能现出英雄的胆量与气魄。但在现实生活中，真要出现孙二娘、鲁智深，无疑是会被认作十恶不赦之徒的，有几人敢跟他们交朋友？明成化间流行的词话《花关索传》，写刘备、关羽、张飞三人在子牙庙里对天发誓，结义为兄弟，有难同担，只求同时死，不求同日生。刘备说："我独身一人，你二人有老小挂心，恐有回心。"关公说："我坏了老小，共哥哥同去。"张飞说："你怎下得了手杀自家老小？哥哥杀了我家老小，我杀了哥哥家底老小。"刘备道："也说得是。"就这样张飞到了关羽家，一口气杀了关家老小十八口。这显然在现实生活中是根本不可能的事情，即使有，也会被认作没有人性的野蛮行为，然而在小说中，这却成了英雄之举！因为只有英雄才能斩断儿女情思，将一个"义"字横梗在胸中。在这些描写中，作者已忘记了情节的合理性与生活的真实性，而重在体现一种精神、情绪与情怀。

2. 张扬意志。中国英雄神话中最具民族个性的就是意志力的张扬。精卫凭着自己拳头大的身躯，不可能填平浩茫的大海；夸父以一血肉之躯，也不可能追上横空而过的太阳；刑天失去了头颅，即是再猛，也不可能取得战斗的胜利；愚公凭着一家、一村之力，也不可能搬走方八百里高万仞的两座大山。然而他们都这样做了，他们所追求的是一种行为的动机，而不是结果，是坚忍不拔的意志力的展示与顽强不屈的人格精神的体现，而不是实际的物质利益。这种张扬意志而淡漠结果的行为表现，是一个务实、功利的民族在实际生活中所排斥的。然而在民族的思想观念中，在文学中，这种精神则得到了极充分的肯定。陶渊明的《读山海经》，即高度赞扬了精卫、夸父、刑天的"宏志"、"猛志"与意志力。张耒《山海》诗云："愚公移山宁不智，精卫填海未必痴。深谷为陵岸为谷，海水亦有扬尘时。"这虽是用一种可能性为愚公、精卫开脱，实则是对其坚韧不拔的意志的歌咏。刘基《杂诗》就说得很干脆："愚公志移山，精卫思填海。山高海茫茫，心事金石在。"山仍然是高山，海仍然是大海，愚公与精卫的行为，所体现的只是"金石"般的意志。

"精诚所至，金石为开"，在中国文学中，意志力被放大为一种可以超越一切物质障碍的力量。《西游记》是一部表现意志力的典型之作。唐僧在取经路上，所遇到的是一个个想吃他肉的妖魔。从常理而言，这种障碍是无法超越的。

九九八十一难，几乎每一难都有其高徒孙悟空自身不能战胜的法宝，但唐僧凭着对佛的虔诚与顽强不屈的意志力，获得了多方的援助，最终取得了成功。在《聊斋志异》，蒲松龄塑造了一批以"痴"的表现形态出现的意志坚持者，他们在自己所追求的事物面前，一个个都进入了一种迷狂状态，然而这种迷狂却使他们的意志力得到了最大的体现，并超越了种种障碍，取得了成功。《葛巾》篇中的主人公常大用，是一个癖好牡丹的书生。听说曹州牡丹甲齐鲁，便跑到曹州。但牡丹花还没有开，他每日只有徘徊于园中，观察牡丹，并写下了《怀牡丹》诗百绝。为了看牡丹，住的时间久了，钱也花光了，还是不想回家。赤诚感动了牡丹仙子，与他结为夫妻。《阿宝》篇中的孙子楚，生性迂讷，常被人戏弄，可偏偏爱上了如花似玉的大家闺秀阿宝。从常理论，这根本就是癞蛤蟆想吃天鹅肉。但他如痴如醉的追求，竟使灵魂脱壳，化为鹦鹉，飞到阿宝的住所，终于感动了阿宝。《书痴》中的书呆子郎玉柱，也因顽强的意志力而感动了书神颜如玉，并得其指点，获得了成功。"贵人多遭难"，可以说是中国通俗文学中反复出现的一个母题，所谓的"贵人"，就是小说中有顽强的意志力的主人公，所遭的"难"，就是对其意志的考验与磨炼。

3. 追求圆满。其实追求圆满与张扬意志是相联系着的，圆满是对意志力的肯定。愚公凭自身的力量，是不可能移山的，然而他顽强的意志与坚韧不拔的精神可以感动上帝，由上帝帮助他实现圆满的渴望。精卫在山西发鸠山下的传说中，也是一位胜利者。传说精卫的母亲与姐姐帮助精卫挖石子，为此双手鲜血淋淋。精卫于心不忍，亲自飞进坑内啄石子，啄出了一股清泉，泉水越流越大，把坑内的石子、泥沙冲出来，一直冲向东边的大海，将太行山东的一片汪洋变成了如今的华北平原。神话中的圆满追求，为中国文学创造了满足心灵饥渴的典范，并作为一个恒定的结构模式，反复出现于通俗文学之中。

所谓圆满，主要是以善的事物的美好结局与恶的事物的消亡为结果的。现实生活是残缺的，善行未必有善果。所谓"君子与小人斗，小人必胜"、"牛力出尽刀尖死，保国忠良无下场"、"杀人放火吃饱饭，行善积德遭磨难"，等等，都是现实给人心灵留下的创伤。关汉卿在《窦娥冤》中写道："为善的受贫穷更命短，造恶的享富贵又寿延。"这就是现实。而文学作品中永远存在着圆满，因为它可以超越现实的障碍，依据美的法则与意识的要求，重构一个完全合乎自己理想的世界。对于善良的中国国民来说，善的事物就应该有善的结局。因而在残缺的现实存在之上，创造了大量生活中根本不可能出现的大团圆故事，使更多对现实失望、沮丧的灵魂，在文学中获得安慰。为了满足圆满的渴望，作者可以调动一切手段。故某贵人落难，命处危急，某神显灵，出手相救之类，在中国古代通俗小说中比比皆是。像薛刚反唐除奸、呼守信引番兵为家报仇为国除害、佘太君龙头拐杖上打君下打臣等情节，也纷纷出现了。而且有些为现实道德所排斥的，在小说中则被肯定和赞许。

　　总之，崇尚英雄、张扬意志、追求圆满，是中国文学承自于上古神话的三种精神，也是在现实生活的开销中最为吝啬、文学的消费中最为奢侈的三种精神产品。文学中的这种精神与现实中精英、世俗两种文化精神的结合，构成了中国文化精神最基本的内容。它们共同以"厚德载物、自强不息"为精神内核，展示着中国文化的姿彩。

（原载于《中国文化研究》2007 年第 2 期，发表时做了大幅度删减）

"女娲补天"与生殖崇拜

在中国上古神话与文化史上，没有任何一位女神之地位可与中华之母女娲相提并论。女娲业绩主要在"补天"、"造人"两端，然造人与补天之间有何意义联系？女娲神话之奥义何在？就此问题言及者虽众，但探得骊珠者并不多。我想就此略述拙见于下。

一、"女娲"原貌考证

国内外有部分学者曾怀疑女娲是女阴的象征。这个结论并不算错，只是在论述上推测者多，实证者少；民俗资料多，文献根据少。因此在一般学者看来，那只是一种猜测或可能，而不能成为科学的论断。这确是一个不小的遗憾。本文则想从名义考释、功能分析、神格考察、形态比较四个方面，对女娲的原始形态做出分析和考证。

从某种意义上讲，语言要素与神话要素有不可分割的联系。从诸神的命名及其名称的历史理解诸神的本质，是乌斯纳的《神名论》所提供的一条思路。我们不妨首先顺着这条思路，从女娲的名义入手，考察一下女娲的本质。

《说文·女部》云："娲，古之神圣女，化万物者也。从女，呙声。"这是文字学家对娲之本义做出的最早解释。"古之神圣女"是对女娲地位的确定；"化万物"意即化育万物，是指女娲无限的生殖功能，表示女娲之所以为"神圣女"，乃因其为天地万物之母。"从女，呙声"是指娲字的构成，表示娲是形声字。宋以前治文字学者，多把形声字的声符认作简单的表音符号。自宋人王子韶倡"右文说"后，人们开始认识到一组同一声母的形声字与其声母在训诂上的关系。沈括《梦溪笔谈》卷十四云："王圣美治字学，演其意为右文。古之字书，皆从左文。凡字其类在左，其义在右。如木类其左皆从木。所谓右文者，如戋，小也。水之小者曰浅，金之小者曰钱，歹之小者曰残，贝之小者曰贱。如此之类，皆以戋为义也。"其后治文字学者，在此基础上多有所发明。特别是清代学者段玉裁、王念孙、郝懿行、焦循、阮元、黄承吉、钱绎以及章太炎、刘师培、梁启超等，他们或对此做理论上的总结，或将"以声为义"的"右文"理论，贯彻于其对《说文》、《尔雅》、《方言》的注释之中，将训诂学理论大大向前推进了一步。黄承吉非常干脆地说："凡字之以某为声者，皆起源于右旁之声义以制字。"[①] 章太炎先生云："同一声类，其义往往相似。"[②] 刘师培云："造字之始，既以声寄义，故两字所从之声同，则字义亦同。"[③] 梁启超云："凡形声字，不惟其形有义，即其声亦有义。"[④] 著名学者沈兼士先生撰《右文说在训诂学上之沿革及其推阐》一书，更对此做了全面总结，使此理论得以完善。陈寅恪先生盛称沈著"极精确"，并认为"中国语言文字之学以后只有此一条路可走也"。[⑤] 以此理论将"娲"字做一分析，我们便会发现，娲字之中的确蕴藏着女娲为女生殖器的秘密。这一点我们可以从一系列的从"呙"（咼）得声的字中得到解答。如：

　　锅从金，《一切经音义》："烧器也。"即用金属制成的圆形凹器，可以容纳饭食之物。

　　楇从木，《说文》："盛膏器。"即车上盛油的器皿，呈圆形。

　　輠从车，《广韵》："车盛膏器。"意与楇同。

　　磆从石，《玉篇》："碾轮石。"即可旋转的碾轮，呈圆形。

　　崅从山，《集韵》："山形似磆者。"即碾轮状的圆形山。

　　埚从土，《玉篇》："甘埚，所以烹炼金银。"即用土制成的冶金圆器

---

① 黄承吉：《梦陔堂文集》卷二《字义起于右旁之声说》。
② 章太炎：《国故论衡·语言缘起》。
③ 刘师培：《左庵集》卷四《字义起于字音说》。
④ 梁启超：《饮冰室文集》卷六七《从发音上研究中国文字之源》。
⑤ 沈兼士：《沈兼士学术论文集》，中华书局 1986 年版，第 183 页。

（土壶）。

涡从水，《文选·江赋注》："水旋流也。"即水旋转形成的中间低洼的水流。

窝从穴，《字汇》："窟也。"即穴窟。又《新方言》："凡鸟巢曰窝。"

腡从肉，《玉篇》："手理也。"即手指上的文理，指上文理多呈旋转的圆形。

蜗从虫，《说文》："蠃也。"即螺类，呈圆形。

不难看出，从"呙"（咼）得声的字，多与圆形或容器有关。

"娲"字本意所指，是与女性有关的呈圆状之物或容具，这是汉字形声字声兼义的一般规律提供给我们的信息。那么"娲"之所指除了女生殖器（包括外阴和子宫）外，是否还会有第二种可能呢？为了使问题明晰化，我们再从女娲的功能上做出进一步分析。

女娲之所以名娲，我认为当与娲所指物的功能有关。在女娲的传说中，其神力最著者是一个"化"字。段玉裁《说文解字注》从语音上分析云："娲化叠韵。"意即娲者化也。张舜徽先生《说文解字约注》伸之云："古之神圣能化万物者谓之娲，犹蚕化飞虫谓之蛾也。娲、娥声义并受于匕，匕者变也，今通作化。吪、铧并从化声，而五禾切，是匕之古读，与娲、蛾近矣。娲本化之通名，乃谓妇女之多才善作，用智广而创物多也。丝麻可以为布帛，腥臊可以成肴膳，黍稷稻粱以之酿酒，桃李杏梅储为干，刺绣则采丽成文，剪裁则衣裳备服。凡所营为，多出女工，技巧变多，民赖其用。先民叹化物之功，故造娲字以名之。好事者必为神异之说，目为太古女皇，加以附会，妄矣。"张氏将娲与化联系起来认识，确属卓见。但我认为娲与化之联系重在义而不在音。化非娲的本义，而是引申义，是由对娲的功能的阐释而产生的意义。当然这种字义的延伸也不能排除语音上有某种联系的字义的催化或转嫁作用。《说文》以女娲为"化万物者"，《山海经·大荒西经》云："有神十人，名曰女娲之肠（一作腹），化为神，处栗广之野，横道而处。"《淮南子·说林训》云："黄帝生阴阳，上骈生耳目，桑林生臂手，此女娲所七十化也。"王逸《楚辞·天问注》云："传言女娲人头蛇身，一日七十化。"《路史·后纪·女皇氏》云："道标万物，神化七十。"袁珂先生释此诸"化"字为"化育"、"化生",甚为得之。《周礼·秋官·柞氏》:"若欲其化也。"注:"化犹生也。"《礼记·乐记》:"和故万物皆化。"注:"化犹生也。"《素问·天元气大论》云:"人有五脏,化五气。"王冰注:"化谓生化。"《吕氏春秋·过理》:"剖孕妇而观其化。"注:"化,育也。""化"古文做人一正一倒形,朱芳圃《甲骨文字释丛》云:"按化像人一正一倒之形,即今俗谓翻跟头。《国语·晋语》:'胜败若化',韦注:'化言转化无常也。'《荀子·正名篇》:'状变而实无别而为异者谓之化。'杨注:'化者改旧称之名。'皆引申之义也。""化"字又作"匕",《说文》:"匕,变也,从到(倒)人。"《玉篇》:"匕,变也。今作化。"其实无论是从倒人,还是做一正一倒人形之状,其立意皆与"化育"、"化生"密切相关。所谓倒人,乃是取婴儿出生时之状,婴儿出生时,头向下先出,脚向上后出,如民俗中剪纸所示。即如徐灏《说文解字注笺》云:"从倒人者,人之初生倒垂下也……胎孕不可见,故像其初生也。因之化训为生。"而"化"字原初之一正一倒人形,其立意则与古文字中"毓"字同,乃生子之状。正人代表的是生母,倒人代表婴儿。窃疑"毓"字所指乃是具体的生育情状,故倒子及羊水流出之状粲然,而"化"字所示则带有抽象性,即指世间万物之化育,故以抽象正倒二人之形以表其意。即如《周礼·大宗伯》注所云:"能生非类曰化。"《韵会》亦云:"天地阴阳运行,自有而无,自无而有,万物生息,则为化。"后世表喜庆之意的正倒童子图案,当即由此衍化而来。娲字所蕴有的"化生"、"化育"之意,从功能上体现出了其与生命之门 ——牝器的密切关系。

再者,从女娲的神格考察,其与生殖关系也极密切。《太平御览》卷七八引《风俗通义》云:"俗说天地开辟,未有人民。女娲抟黄土做人。剧务,力不暇供,乃引绳于絙泥中,举以为人。故富贵者,黄土人也;贫贱凡庸者,絙人也。"这是一则歌颂女娲无限生殖力的神话,它以"造人"这一有天地以来

正倒童子图案

最伟大、最神圣的事业，来诠释女娲不可替代的生殖神格。在《路史·余论》中，又有"高禖古祀女娲"之说。《路史·后纪》卷二引《风俗通义》说："女娲祷祈而为女媒，因置昏姻，行媒始行明矣。"所谓"高禖"，就是主宰婚姻的神祇，也即生育之神，亦作"郊禖"。《毛诗·生民》传说："去无子，求有子，古者必立郊焉。"《玉烛宝典》引蔡邕《月令章句》说："高禖，祀名，高犹尊也。禖犹媒也。吉事先见之象也。盖谓之人先，所以祈子孙之祀也。"《后汉书·礼仪志》注引卢植云："玄鸟至时，阴阳中，万物生，故于是以三牲请子于高禖之神。居明显之处，故谓之高；因其求子，故谓之禖。"《赵城县志》卷二十七云："女娲圣母，庙曰娘娘庙……妇女求嗣者穴陵上土，得小石以帛裹之，石方者为男，圆者为女。"女娲化育万物，创造人类，为人类生殖繁衍而置媒，送子息于人间，显然是一个充满无限生殖力的生育神。在最原始的神灵中，许多都是自然物的人格化。那么最能表现生殖力的自然物——更确切地说，表现人类生育的自然物，除了女性器外还有什么呢？顺着这条线索去考察，女娲的原形也就不言而喻了。

　　第四，我们还可以从文化形态比较的角度，来进一步分析。原始先民出于对女性生育的神秘与人类繁衍的渴望，往往将生命之门——产门人格化而加以崇拜。这从大量的世界民族神话资料中可以得到证明。如我国东北地区满族所祭的始祖女神佛托，据一位大萨满说，其意就是女性生殖器，供这个神，表示人是从哪儿来的，它是后代子孙的老根。鄂温克族及西伯利诸民族所崇拜的生育女神乌麦（或称奥米、乌米），其本意是子宫或巢穴。[1] 希腊神话中众神之母库柏勒，她的名字有洞穴之意，象征大自然的子宫。[2] 波罗的语民族神话中的婚姻之神皮济奥，其意是阴部。[3] 古埃及神话中的女神伊西丝，她的象征物有时是一巨大的女阴。[4] 据方纪《民俗学概论》言，古罗马爱神维纳斯，其原本为一大女阴。古闪美特神话中的众神与人类之母阿西拉特，在献祭她的物品中，生殖器崇拜的物

[1] 张晨紫编：《民俗调查与研究》，河北人民出版社1988年版，第252页；富育光：《萨满教与神话》，辽宁大学出版社1990年版，第80页。
[2] 魏勒：《性崇拜》，中国文联出版公司1988年版，第279页。
[3] 谢·亚·托卡列夫等编：《世界各民族神话大观》，国际文化出版公司1993年版，第192页。
[4] 魏勒：《性崇拜》，第251页。

体居于重要地位，其意自是不言而喻的。墨西哥的带辫女神——宇宙之主，她的雕像端坐于洞穴的宝座之上，而此洞穴相传乃是印第安人各部落源出之所，其象征义也是显而易见的了。苏联学者李福清先生在越南采集的女娲神话资料中披露，越南一些地方也有女娲庙，女娲造像的主要特点就是阴门巨大，传说女娲阴器有三亩地大。在今所见到的大量远古时代的雕塑及绘画艺术中，女神造像大多阴器硕大、乳房丰满，形象地表达着先民的生殖欲望。

值得注意的是，新近我们在距黄河壶口瀑布约三四公里的山西省吉县大山里柿子滩中石器文化遗址处，发现了万年左右的女神岩画肖像。此岩画《考古学报》1989 年第 3 期及靳之林先生的大著《抓髻娃娃》一书中，都曾披露过，并有摹本。画像胸部两硕大乳房下垂，腰部有一圆孔代表肚脐，下部腿所在的部位是两片花瓣状物，显然是夸大的女阴，占去了身体的一半。此与智利复活节岛上的女阴岩画、宁夏贺兰山贺兰口岩画上阴唇垂地的女像、云南元江它克崖画中的女阴，立意是相同的。在硕大的阴器下边及两旁有六个小圆点，象征人类的繁衍。我们认为这是与女娲同等神格的原始生殖女神，甚至很可能就是女娲！[①] 而这一肖像最突出的部分就是阴器。阴器宏大，是生殖力旺盛的象征。这一画像可说是生殖器人格化的表现形式。人们对于女娲的崇拜，实际上就是对于生殖的崇拜。

总之，从"娲"字所蕴有的女性与容器（或圆形物）复合的原初意义，从女娲的化育功能，从其造人、主婚的生育神格，从世界民族将女生殖器人格化为生育神或祖先神的普遍规律上，我们可以得出这样的结论，女娲乃女性器的人格化！

二、始母神、"蛇"、"石"与生殖

女娲作为女性器的生命化，其无限的生殖力不只体现在神话中的"造人"上，而且还体现在民族女始祖的人格上。中国人素来自称是炎黄子孙，但在司马贞《三皇本纪》中我们却见到了这样的记载：

---

① 参见拙文：《吉县女娲岩画考》，《民间文学论坛》1997 年第 2 期。

炎帝神农氏，姜姓，母女登，有娲氏之女，为少典妃（原注：按《国语》：炎帝、黄帝，皆少典之子，其母又皆有娲氏之女……皇甫谧以为少典有娲氏，诸侯国号。然则姜姬二帝，同出少典氏……）。

今本《国语·晋语》"有娲"作"有（蟜）"，学者们多以有娲为有（蟜）之误。然世传《国语》为宋后刻本。叶梦得《石林燕语》卷八云："唐以前，凡书籍皆写本，未有模印之法，人以藏书为贵。不多有，而藏者精于雠对，故往往皆善本。学者以传录之艰，故其诵读亦精详。五代时，冯道奏请，始官镂六经板印行。国朝淳化中，复以《史记》、前后《汉》付有司摹印。自是书籍刊镂者益多，士大夫不复以藏书为意。学者易于得书，其诵读亦因灭裂，然版本初不校正，不无讹误。世既一以版本为正，其讹谬者，遂不可正，甚可惜也……余在许昌，得宋景文用监本手校《西汉》一部，末题用十三本校，中间有脱两行者，惜乎今亡之矣。"持同说者还有苏轼《李氏山房藏书记》、陆游《跋历代陵名》、陆深《金台纪闻》、张萱《疑耀》等。司马贞所据为唐前精校之本，因此《三皇本纪》之说当是有根据的。

"有娲氏之女"当系女娲神话的历史化。有娲氏之女生炎帝、黄帝，无疑说明了她就是炎黄族的女始祖。

在夏人的传说中，女娲则是夏族之女祖。《史记·夏本纪》索隐引《世本》说："涂山氏名女娲。"《正义》引《帝系》说："涂山氏之子，谓之女娲，是生启。"有人认为此处之女娲当是女娇之讹，《吴越春秋》言涂山氏名女娇。其实不然。闻一多先生《天问疏证》辨之甚详。其略云：《天问》之"闵妃"即涂山氏，闵声与余声字义或相通。且闵、阌音近，阌乡县有女娲墓。女娲亦治洪水，或为禹治水说之分化。阌乡县正为古禹迹地。此处我们可以再补充一条证据。涂山旧以为在安徽当涂，顾颉刚以为即《左传·昭公四年》所说的三涂。其说可从。《释文》云："三涂，山名，服云：大行、（辕）辕、崤渑也。"大行即今之太行山，清厉荃《事物异名录·坤舆·山》云："《十道山川考》：太行山为天下之脊，一名王母，一名女娲。"《山西通志》引崔伯易《感山赋序》云："太行，一名皇母，一名女娲。"此名虽不见于秦汉文献，但必有传说上的根据。辕辕山在河南偃师县东南，距传说中禹之都城甚近，《天问》补注引

《淮南子》云：涂山氏曾与禹送饭于此。崤渑即崤山、渑池，地在古阌乡县，即今河南灵宝市。此地之女娲陵，见载于《旧唐书·五行志》及《河南府志》。尽管此三地"涂山"之名旧已失传，但其与女娲的联系仍有迹可寻。这种联系也正好证明了女娲即涂山氏。涂山氏生夏启，明其为夏人的女祖。

女娲生炎帝、生黄帝、生夏人，正是其无限生殖力的说明，同时也在证实着其华夏女始祖的人格。这些传说，实际上是把对生殖器人格化的神祇的崇拜，落实到了对民族女始祖的祭拜之中。而女娲此人格的获得，正在于"娲"字所蕴有的"生命之门"的原始内涵。

为了进一步说明女娲神话的生殖意义，有两个问题还需略做考察。一是关于蛇身的问题。《天问》注云："传言女娲人首蛇身。"王文考《鲁灵光殿赋》云："女娲蛇躯。"《山海经·大荒西经》注："女娲，古神女而帝者，人面蛇身。"汉画中女娲形象皆做人首蛇尾状。研究者以为蛇乃女娲氏的图腾，这种可能自然存在。但图腾说到底也是生殖器的象征物。杨堃先生在《女娲考》一文中做过这样的结论："我认为，图腾乃是女生殖器的象征；图腾主义，包括图腾崇拜，乃是母性崇拜的象征。"[①]我认为这是有一定道理的。尽管图腾不一定只是象征女阴，但其与生殖器的联系则是不难明白的。女娲之蛇身，其实质就是女生殖器的象征物。这种象征物的出现自然要晚于对女阴实体的崇拜。也就是说，图腾崇拜实际上是原始性器崇拜的嬗变与替代。《诗经·小雅·斯干》云："惟虺惟蛇，女子之祥。"即以虺蛇为女性的象征。英国学者卡纳《人类的性崇拜》及美国学者魏勒的《性崇拜》两部专著，都曾用专节论述过蛇作为性器或性激情的象征意义。如果我们检讨一下世界其他民族的原始神话，便会发现把蛇作为生殖神或创始神的象征，乃是一种普遍的文化现象。它既可以象征男性，也可以象征女性。

在中美洲古阿兹特克人的神话中，大地女神科阿特利库埃，被称作"蛇裙之妇"。玛雅人的神话中，有一位创始神为"绿羽之蛇"。南美洲契布恰—穆伊斯卡人神话中的女始祖芭丘埃，其化身乃是一条大蟒蛇。澳大利亚北部地区被称作"老婆婆"的始祖母（或地母）库纳皮皮，其所象征的便是与繁殖力密

---

① 杨堃：《女娲考》，《民间文学论坛》1986 年第 6 期。

切相关的虹蛇形象。澳洲穆林巴塔人称虹蛇为"昆曼古尔"，意即始祖。[1] 美索不达米亚的丰育之神宁吉兹达，其象征物也是蛇。另一位丰育神塔穆兹，被称作"天上的雌性巨蛇"。[2] 非洲贝宁和几内亚湾沿岸地区的大神"达"，既是蛇和彩虹神，也是繁殖神。地中海地区古老的创世神阿图姆，他的化身也是蛇。在希腊，"大自然的所有的大女神，这些女神之母在基督教里就以上帝母亲的化身——圣母玛丽亚的形象继承了下来，她们都是以蛇作为象征的"，"众神之母库柏勒和地母神得墨忒耳也载蛇冠"，"雅典娜尽管完全来源于上天，也把蛇作为象征"。[3] 曾有学者做过这样的论述：

> 尽管几世纪的正统教育都极大地歪曲了蛇的多种价值，人们仍看到蛇是生命辩证法的主人，是神话中的始祖……在众多传说中，蛇都是女人的主宰，因为蛇是繁殖的主宰……
>
> 我们曾谈过蛇兼有两性。这在性象征意义方面，表现为既是子宫又是男性生殖器，大量图画资料，无论是亚洲新石器时代的，还是美洲印第安人文化中都已证明在这些资料里，蛇的身体（整个男性生殖器）是以菱形（女性外阴的象征）来装饰的。埃利亚德转述了一则尼格里陀人的神话，这则神话清楚地使子宫的象征表现了出来：在去塔佩尔恩的宫殿的路上居住着一条大蛇，大蛇就躲在它为塔佩尔恩制作的地毯下面。在蛇的肚子里，有三十个美女，和一些首饰、梳子等。一个叫作萨满武器的奇诺伊，是这些财宝的卫士，就生活在蛇背上。奇诺伊想进入蛇腹必须经受成丁礼的考验，要通过两道魔门。如果成功，他就可以挑选一个美女为妻。[4]

蛇无论作为生殖神还是创始神，或是性器的象征，无疑都与人类的生殖器崇拜与生育欲望相关联。

二是关于石头的问题。《淮南子·览冥训》说："女娲炼五色石以补苍天"，

---

[1] 以上资料见：《外国神话传说大辞典》（中国国际广播公司出版社）、《世界各民族神话大观》。
[2] 芮传明、余太山：《中西纹饰比较》，上海古籍出版社 1995 年版，第 184、188 页。
[3] 让·谢瓦利埃、阿兰·海尔布兰特：《世界文化象征辞典》，湖南出版社 1994 年版，第 797 页。
[4] 让·谢瓦利埃、阿兰·海尔布兰特：《世界文化象征辞典》，第 800 页。

《天问》补注引《淮南子》说：涂山氏（女娲）化为山石，《搜神记》、《通典》及《文献通考》等都说，高禖祀女娲所立之物是石。这几乎可以说女娲与石是同体的。徐华龙先生在《中国神话文化》中，曾列"女娲神话新考"专章，用大量篇幅论述女娲与石头的关系，其结论是："女娲的最初形象，是一块石头。"其实女娲与石头的联系，说到底还是与生殖器的联系。同蛇的象征一样，石也兼有男女两性。徐华龙先生列举了大量关于"女子化石"的资料，对我们分析女娲神话很有帮助。同样男子化为石的传说也不少见，如《太平寰宇记》就记有儋州地方兄弟化为石的传说。在山西吉县有一地名人球沟，在山沟的两边悬崖上，一边有约一米粗的山石横向突出约两米，而另一边的悬崖上则有山洞相对。当地传言，突出的是男根，凹进的是女阴，每夜两崖交媾，相合为一。这一传说清楚地表明了山石象征的双重性。因为山石千姿百态，人们自然会依据怪石的形态，创造出种种传说来。但排除具体的怪石不论，就其抽象意义而言，在东亚文化圈里，石更多的是作为"母体"（或女性生殖器）的象征而出现的。在汉族典籍中有如下传说：

> 尧母庆都，有名于世。盖大帝之女，生于斗维之野。常在三河之东南，天大雷雨，有血流润大石之中，生庆都。（《春秋合诚图》）
>
> 禹生于石。（《淮南子·修务训》）
>
> 禹产于昆石。（《艺文类聚》卷八引《随巢子》）
>
> 伯禹夏后氏，姒姓也，生于石坳。（《艺文类聚》卷十一引《帝王世纪》）
>
> 禹娶涂山，治鸿水，通辕辕山，化为熊。涂山氏见之，惭而去，至嵩山下，化为石。禹曰："归我子！"石破北方而生启。（《绎史》卷十二引《随巢子》）

中国四部古典名著，其中就有三部以"石"开头。《水浒传》说，梁山一百零八将，是三十六天罡星、七十二地煞星的化身，他们乃出自龙虎山的青石板下。《西游记》中的主角孙悟空是由东海神州花果山上的一块石头中生出来的。《红楼梦》中的男主角贾宝玉，乃出自青埂峰下女娲补天时遗留下的一块顽石。

我们再看看其他民族的传说。云南中甸县三坝纳西族传说：在天地初时没有人类。天上下了霜，地上变成海。海中有个岛，岛上有一圆石。石头崩裂，生出了一对猴子。公猴母猴相配生下了人类。傣族创世神话《变扎贡帕》说：天神混散造了天地，又用了一万年的时间造了三十三个宝石蛋。从宝石蛋中孵出八个神人。混散命令他们创造了人类。布依族神话《造万物》说：布依族的始祖布灵，是从绿扁石与红圆砣相碰撞的火花中生出来的。四川凉山彝族有谚云："滇池之内，白石是我母。"四川甘洛县羌语支耳苏人口传《创世纪》说：人类是大海里一块白石破裂而产生的。高山族泰雅人始祖神话说：太古时，大霸尖山有一巨石迸裂，生出一男一女。随后配为夫妻，传宗接代。又说：西勒湖鸟将南湖山巨石推落入海，石破，生一男一女，这便是泰雅人的始祖。又说：宾斯巴干巨石崩裂，生男女二人。比勒雅克鸟衔二人于地，长成后相婚，繁衍泰雅族。高山族雅美人始祖神话说：太古时，石与竹各生一人。二人膝盖相触而生一对子女，令其婚配，繁衍子孙。高山族卑南人始祖神话说：巴那巴扬一巨石迸裂生一女，与人婚配，才有了南卑人。高山族排湾人神话说：古时一巨石迸裂，生一女神。女神膝生一女子，与人婚配，有了排湾人。青苗神话说：太古之时，岩石破裂，生出一对男女。神人命令他们配为夫妻。满族《天宫大战》神话说：多阔霍女神住在石头里，宇宙神只要得到她，就有了生育能力。同样的传说，也见于印度、南太平洋群岛及朝鲜半岛等地。印度神话说，主宰万物生长的大地之神与其配偶住在巨石之中。班克斯群岛神话中的创世神克瓦特，兄弟十二人都是石母所生，他们创造了人类、动物、植物及岛屿等。[①]《三国史记·高丽本纪》云："始祖东明圣王，姓高氏，讳朱蒙。先时，扶余王解夫娄老无子，祭山川求嗣。其所御马至鲲渊，见大石相对而流泪。王怪之，使人转石，有小儿金色蛙形。王喜曰：'此乃天赍我令胤乎？'乃收养之，名曰金蛙。"

不难看出，石与生殖是密切相连的。可以说，在女娲神话中，女娲、蛇、石都是女性器的化名和象征。

---

① 以上据和钟华、杨世光主编《纳西族文学史》（四川民族出版社 1992 年版）、马学良等编《中国少数民族文学史》（中央民族学院出版社 1992 年版）、王孝廉《中国的神话世界》（作家出版社 1991年版）、《中国各民族宗教与神话大辞典》编审委员会编《中国各民族宗教与神话大辞典》（学苑出版社1990 年版）、刘尧汉《中国文明源头新探》（云南人民出版社 1985 年版）等。

三、"天裂"神话的天文根据

女娲造人神话与远古生殖崇拜的联系，学者们似乎没有多少歧说。而对其"补天"神话，则有见仁见智之别了。这里首先须指出一点，女娲之所以要"补天"，是因为天体破裂。现代科学告诉我们，天是不会裂的，也无从谈"补"。可是古人却非常认真地告诉我们，上古曾有过"天不兼覆"的时代，他们也亲眼见到了天的崩裂。请看古人的记述：

> 孝惠二年，天开东北，广十余丈。地动，阴有余；天裂，阴不足，皆下盛强将害上之变也。（《汉书·天文志》）
>
> 惠帝元康二年二月，天西北大裂。（《晋书·天文志》）
>
> 太安二年八月庚午，天中裂为二，有声如雷者三。（同上）
>
> 穆帝升平五年八月己卯夜，天中裂，广三四丈，有声如雷。（同上）
>
> （咸和四年）天裂西北。（《晋书·成帝纪》）
>
> （太清二年）十月戊申，天西北中裂，有光如火。（《梁书·武帝纪》）
>
> （太清二年）六月，天裂于西北，长十丈，阔二丈，光出如电，其声若雷。（《南史·梁武帝纪》）

这是见于正史的记载。严肃的史学家们，为之屡屡秉笔，显见所言非虚。只是其言过于简略，难得知其详情，这只有借助于小说家之言了：

> 元光壬午六月二十四日，崔振之任咸宁令，聚村民豁村口，计会科敛。此地在灞桥六七里，日在辰巳间。忽见天裂，从东南至西北，青气分折数丈。其中有光，盘曲如电，令人震荡，不敢仰视。吏民数百人皆见。（元好问《续夷坚志》四）
>
> 馀千广文姚桐寿，早行至嘉兴，时晓星犹在树杪。忽然西南角天裂数丈，光焰如猛火，闪烁原野间。一时村犬皆吠，宿鸟惊飞。谛观其裂处，

有如数万金入炉冶铸，融融欲泄者。逾时乃合。问舟人，曰：此天开眼也，见者必大富贵。（魏坤《漫游小草》）

马浩澜洪……尝言少时夜行，忽闻空中有声。举头观之，青天中如瓜皮船一条，其色苍黄，随开随合。明发，闻人言：昨夕天开眼。（郎瑛《七修类稿》四）

余师赵懿公尝谓余言：丁卯岁在斋屋，忽见天门开，上有金甲神人现形数刻。（张萱《疑耀》七）

仇益泰云：己酉二月中旬，从兄读书其邑大宁秀碧峰房。粥后依北窗了夜课，忽闻寺僧聚喧。急出南轩，见四壁照耀流动。众曰：天开眼。仰见南隅一窍，首尾狭而中阔，如万斛舟，亦如人目，内光明闪闪不定。似有物，而目眩不能辨。（冯梦祯《快雪堂漫录》）

《南史·陈宣帝后主纪》、《曲洧旧闻》、《西樵野记》、《明斋小识》、《玉芝堂谈荟》等，也皆有"天裂"、"天门开"、"天开眼"的记载。我们相信，古人并不是有意造说，而确确实实是在记述他们曾经目击到的奇异天象。我认为这种奇异现象，就是"补天"神话产生的自然根据。隋唐以后的正史中，"天裂"二字突然锐减，代之而起的是对奇异之光的记述，而且多见于西北。如梁武帝天监十年（511），"天西北隆隆有声，赤气下至地"[1]；北齐后主天统三年（567），"西北有赤气竟天"[2]；唐宝应元年（762），"西北方有赤光见，炎赫亘天"，"照耀数十里"[3]；宋端拱元年（988），"西北方有赤气如日脚"[4]；宋宣和元年（1119），"西北赤气数十道亘天"，"拆裂有声"[5]；清乾隆三十五年（1770），有气如火，"横蔽西北"[6]。对于历史记述，我们首先认为其非无稽。其次认为它是一种天文现象，也是一种光学现象。我们需要把它放在天文学与光学的领域进行考虑。那么"天裂"到底是怎样一种天文或光学现象呢？参之今日天文、

[1]《隋书·天文志》。
[2]《隋书·天文志》。
[3]《旧唐书·天文志》。
[4]《宋史·五行志》。
[5]《宋史·五行志》。
[6]《清史稿·灾异志二》。

光学研究的成果，我认为最有可能是极光的神话表述。

极光是太阳辐射出的带电粒子受到地磁影响而形成的一种光学现象。由于地磁作用，带电微粒子的运行轨道偏向地球两极，因此常在南北两极附近的高纬度高空出现。在北者叫北极光，在南者叫南极光。我国地处北半球中纬度地区，因此所见到的都是北极光。因地球上北极的实际位置，对我国大多地区而言，比地理上的北极略偏西，故极光出现于西北方向的情况较多。当太阳以极高的速度抛出特别强大的粒子时，极光就可能不发生在极地。所以在世界大多数地区都曾发生过极光现象。苏联弗·梅津采夫《世界奇迹之谜》中引述前人关于 1242 年发生在楚德湖上的极光现象说：

> 阴暗的北部天宇上开始突然明亮起来，好像在地平线后的什么地方燃起了火炬……后来一道长长的绿光划破了天空，霎时间就消失了。[1]

Ferderick Campbell《通俗天文学》云：

> （1903 年 8 月 21 日，地方约为北纬 44°12′ 和西经 74°45′）两道明显的光弧横贯天空，在天顶附近以大角度相交叉，其中一道就是我们熟悉的银河，由于没有月亮而显得很亮，另一道是很明显的光弧，与银河宽相近，但亮得多，看来也是从一端地平线到另一端地平线。[2]

Anonymous《美国气象学杂志》1891 年 8 卷云：

> 昨夜在此地附近，由休斯敦—德克萨斯中央干线北行列车上的旅客，在晨 2 时 25 分路经这里时目睹一桩奇特现象。它是一条亮弧，可能是带电的……旅客们被惊醒了，和乘务员一起聚集到车窗前或平台货车上，去观察这种巨大的横越天空的虹。它的淡白色光与天空之间界限明显，就像

---

[1]　弗·梅津采夫：《世界奇迹之谜》，华山、宇真译，陕西人民出版社 1989 年版，第 54 页。
[2]　转引自 W.R. 柯尔利斯：《奇异的自然现象》上册，地质出版社 1983 年版，第 8—10 页。

用一支饱蘸了白热火焰的毛笔画上似的……它好像逐渐变大。[①]

所谓"划破天空"、"横贯天空"、"横越天空",此与中国古人所谓的"天裂"当同指一物。苏联沃尤涅什省的一个农妇看到了极光,以为是世界末日的征兆,同孩子在恐惧中熬过了整整一夜。[②] 对于没有科学知识的先民,就更不免有"天裂"之想了。而且有时极光出现时伴随着噼啪声,即古籍所言"其声若雷",亦易使古人产生苍天破裂声的错觉。

更有趣的是,《淮南子·览冥训》在记述"补天"神话时,"天不兼覆"之下,还有"地不周载"一句,学者们都认为这是对地震的描写。而地震与极光之间确实有一种微妙的联系。1750 年 4 月 2 日在英国西部的瓦令顿发生了一次地震。当地的大主教舍顿在地震发生时这样记录:发自天空中各个角落的无数条光束,一齐射向距离天穹之顶不远的地方,这些光束最初是黄色的,而后又变成了血红色,总共持续了二十分钟。北普敦 Doddridge 博士叙述 1750 年 9 月 30 日发生于当地的地震说:清晨四点钟,有人看到了大火球。每天晚上整个天空被染成血红色。W. 汉密尔顿描述 1779 年在意大利维苏威火山一次大爆发后数小时内所见的奇景说:那天天空里布满了流星,宛如人们常说的流星雨。在长空中划出一道道明亮夺目的光线。[③] 虽然我们还未能解释地震与极光之间的联系,但此种事实的存在则是无可怀疑的。

古籍言:"雨不霁,祭女娲。"似乎"天裂"与淫雨也有些联系,而且神话也曾言"水浩洋而不息"。古诗有云:"女娲炼石补天处,石破天惊逗秋雨。"据专家们研究,极光与雷暴也确有些关系。F. N. Riley《海洋观察者》曾有这样的记述:1952 年 6 月 27 日格林威治时间 21 点 30 分,继澳大利亚极光现象之后,在 1500 英尺的高度范围内,整个天空变得异常阴暗,而在地平纬度 10 度的高空中,一条条闪光划过天顶,接着雷声大作,暴风雨随之而来。当一次闪电在方位角 160 度,地平纬度大约 8 度的空中出现时,可看到一道蓝色闪光

---

① 转引自 W.R. 柯尔利斯:《奇异的自然现象》上册,第 8—10 页。
② 弗·梅津采夫:《世界奇迹之谜》,华山、宇真译,第 54 页。
③ 上俱见《奇异的自然现象》上册。

划破长空，并留下了一道深红色曳光在空中大约持续了 6 秒钟。①

　　由此看来，"天裂"神话根植于极光并非无据了，所谓"女娲补天"，乃是在这奇异的光学现象的启示下产生的神话。当然我们并不坚持中国先民就一定有过一场极光、地震、火山、淫雨同时出现的经验。但神话是有集锦、拼合功能的，即使没有那样的经验，他们也完全可能将自然材料拼合而作为巨大灾难的象征，通过潜意识的运作创造神话。不过自然现象一旦经过神话的改制，就摆脱了自然的单一性，而有了深厚的意义。何以女娲补天？天何以能补？顺着这条神秘之路叩询下去，我们便走进了一个广阔的意识形态世界。

四、"补天"神话的底蕴

　　罗壁《识遗》、胡宏《五峰集》、罗泌《路史》、陈叔方《颖川小语》、赵翼《陔馀丛考》、俞正燮《癸巳存稿》、田同之《西圃丛辨》、褚人获《坚瓠广集》、钱永《履园丛话》等，都曾大谈补天，揣其事理。今之学者也或言女娲补天为抗地震，或言补天的女娲与造人的女娲非一人，但他们忽略了一个事实：女娲之所以能"补天"，关键正在于"造人"，女娲神话的意义，就蕴藏在这里。

　　在女娲崇拜以及其所演化出的种种传说与礼俗中，都可以清楚地看到，女阴崇拜并不在于女阴的实体对生命个体带来的快感，而在于其创造生命的功能。这种崇拜乃是极强烈的生殖欲望的体现。补天神话乃是对巨大生殖意义的阐释与颂扬。

　　前已言之，天裂乃是极光的神话表述，伴随着它出现的可能有地震、暴雨等。故有"九州裂"、"水浩洋"的传说。这对于生产力低下的原始人类会造成毁灭性的灾难。灾难的体验，给民族心灵留下了深深的创伤，以至千百年之后，也难以消除内心的恐惧。《列子·天瑞》中讲，有个杞国人忧愁天崩地裂，

---

① 上俱见《奇异的自然现象》上册。

自己身无所寄，而惶惶不可终日。杞国是夏人之后，天裂地陷的传说正是产生在夏人中。杞人的忧虑正是历史的伤口隐隐作痛的反映。

　　在人类早期，最可怕的灾难来自自然。而随着生产力的提高，氏族部落的形成，部落战争频繁的兴起，毁灭性灾难更多的则是来自于人类自己了。如黄帝与炎帝之战，"血流漂杵"；黄帝战蚩尤，"积血成渊，聚骨如岳"；大禹战三苗，"雨血三朝"。战争俘虏大量用于祭祀，甲骨文中则有一次祭祀用"三百羌"、"千人"作牺牲者，其残酷性和野蛮性可想而知。他们对待战俘的手段也很残酷，或黥面（墨），或割鼻子（劓），或割耳朵（聝），或割生殖器（宫），或断足（刖），或砍头，或火燎，真是令人不寒而栗。而且远古人类不仅繁殖力低下，死亡率还很高。据学者瓦洛的研究，从187具史前时代的遗骸来判断，其三分之一以上在20岁前死亡，其余大半在20至40岁间死亡。因此，部落一般都不大，一次大的战争就足以使一个氏族或部落彻底灭亡。《战国策·齐策四》说："古大禹之时，诸侯万国……及汤之时，诸侯三千。"《吕氏春秋·用民篇》也说："大禹之时，天下万国，至于汤而三千余国。"周初剩千八百国，而到春秋时，仅存一百四十八国了。[①]据此推算，夏商两代九百余年间，有八千多个方国亡于战争，平均每年就有九百多个国家或部落灭亡。周初到春秋三百多年间，就有一千六百多个国家灭亡。战争之残酷可想而知！

　　"天崩地裂"人们难以目睹，毁灭性的灾难却时有发生。于是人们的经验转化了。伴随"天崩地裂"的原始传说，便成了巨大灾难或变故的象征。如《战国策·赵策三》云："天崩地坼，天子下席"，以言周王之死。徐陵《与王僧辩书》说："未有膺龙图以建国，御凤邸以承家，二后钦明，三灵交泰，而天崩地坼，妖寇横行者也。"陆游《望永阜陵诗》云："宁知齿豁头童后，更遇天崩地裂时。"皆以"天崩地裂"象征巨大的灾难。对于原始氏族部落而言，氏族灭亡何异于"天崩地陷"！在频繁的氏族部落战争中，灭族之事又是那样习见。这对每一个氏族整体来说，都是巨大威胁。因此"天裂"虽属自然的神话，但"补天"却有了社会的意义。甚至"天崩地陷"的神话本身，

---

① 详见顾栋高：《春秋大事表·列国爵姓及存灭表》。

也弥散着部族战争的烟云。所谓"共工与颛顼争帝","天柱折，地维绝"，其最表层、最直接的意义，就是战争灾难。罗泌在《路史·发挥》中说：所谓共工触不周，地维为绝，天柱为折，是言大乱之甚。所谓女娲补天，乃指平共工之乱，功犹"补天立极"。此虽把问题过于简单化了，忽略了神话由自然内容向社会内容的转化，也忽略了神话的浓缩、集锦、象征的特征以及其意义的多层次性，但看到了"天柱折，地维绝"与原始部落战争之间的联系。这是很值得注意的。

我认为，所谓"补天"，乃是平息灾难、拯救氏族灭亡的寓言。辛弃疾词云："袖里珍奇光五彩，他年可补天西北。"就是以"补天"象征平息民族灾难的。《红楼梦》中"补天"的典故更明确地表达了挽救衰亡的意义。这并非辛弃疾、曹雪芹之流的别出心裁，实是神话自具的文化意义在历史中的传递。神话之所以要让女娲"补天"，最根本的原因还在于女娲的生殖功能。在原始战争中，武器不过弓箭棍棒之类，没有谁比谁先进的问题。在这样的战争中，决定胜负的因素多半在人数之多寡。在这样的社会环境中，女性的生殖功能就显得十分重要。只有大量繁殖人口，人丁旺盛，才能使氏族强盛、发展，避免"天崩地陷"的命运。因此只有无限生殖力的"女娲"才能"补天立极"。春秋时，越国被吴国战败，为了复仇，越王勾践就曾令其国民"壮者无娶老妇，令老者无娶壮妻。女子十七不嫁，其父母有罪"。其目的就是要大力繁殖人口，为伐吴做准备。可以说，补越国之天的就是那些具有生殖力的女性，是她们为越国补充了战斗力量，使越国人口大增，最终灭吴，称霸一方。因而神话中对女娲的颂扬，实质乃是对于旺盛的生殖力的赞扬。

正是由于氏族部落生存、延续的需要，中国上古文化充满了对于生殖的崇拜和歌颂。上古帝王，无一不是生有一大群儿子者。黄帝有二十五子，颛顼也有二十多个儿子，帝俊十八九个儿子，尧有十子，舜有九子，周文王更多，传说有百子。在金文中，像"百子千孙"之类的嘏辞，屡见不鲜。《诗经·螽斯》篇，《诗序》说："后妃子孙众多也。"《椒聊》篇以花椒多子，美誉生殖。《芣苢》篇则是对生殖欲冲动的讴歌。《假乐》篇曰："千禄百福，子孙千亿。"《既醉》篇曰："太姒嗣徽音，则百斯男！"《庄子·天地篇》言华山封人祝尧，其三即曰："使圣人多男子"。这无一不是崇拜生殖的证明。

生殖！无限地生殖！只有生殖，才能强大征服自然与社会的力量；只有生殖，才能使氏族表现出旺盛、强大的气象。多生者多德，多子者多福。连"天地之大德"都在一个"生"字，何况是人？原始的社会存在，使先民把对于社会的认识凝固为一种观念，把认定的真理凝固为一种信仰。生殖崇拜变成一种潜在的力量，支配着民族的行为。"女娲补天"神话潜在的意义，便是把生殖作为一项最神圣、最伟大的事业而颂扬的。古代礼法也无不为生殖做着种种考虑，周礼禁止同姓结婚，原因便在于其有碍生殖繁衍。《左传·僖公二十五年》云："男女同姓，其生不繁。"《国语·晋语》亦云："同姓不昏，惧不殖也。"《周礼·媒氏》云："媒氏掌万民之判……中春之月，令会男女，于是时也，奔者不禁；若无故而不用令者罚之，司男女之无夫家者而会之。"《管子·入国》云："凡国都皆有掌媒。丈夫无妻曰鳏，妇人无夫曰寡；取鳏寡而合之，予田宅而家室之，三年然后事之，此之谓合独。"所谓"合男女"、"合独"，都是为繁衍人口、补充社会劳动力而采取的措施。战国诸侯及历代帝王，为国势强盛，多有提倡早婚之令。越王勾践将女子的婚龄上限定为十七，这在古代并不稀罕，北周建德年间下令，女子过了十三岁就要出嫁。至古迄清，男女婚龄多在十三至二十之间。

古人还把人口的增减认作是一个王朝盛衰的标志。如《文献通考》卷十《户口考》言周成王"致理刑措"，天下安定，人口增长达一千三百七十万余，"此周之极盛也"。"秦兼诸侯，所杀三分居一"，"三十年间，百姓死没相踵于路"。到汉初人口所剩，不及六国之十分之三。"汉自高祖讫于孝平"，人口上涨，达五千九百多万，"汉极盛矣"。这种认识，自然也会影响到统治者对生殖的鼓励。在国，为增殖有早婚、合独之令；在家，为血统之扩大，则有一夫多妻、多子多福之俗。《大戴礼记·本命》篇有七出之条，专为妇人而设。其中之一就是"无子去"。原因是妇人没有生殖能力，会影响血统的发展。

这种文化信仰，导致了中国人强烈的生殖欲望，使他们的人生也带上了浓郁的生殖目的。所谓"不孝有三，无后为大"、"神其顾歆，永锡多子"等，都把生子当作人生第一要义。古人帐中绣（或画）"百子图"，现代人墙上挂"童男抱石榴"，无不是祈求多子之意。夫妇结合，其使命便在于生殖。唯有具备旺盛的生殖能力的女性，才能受到氏族的尊重；女性也唯有生育一业，才是最神圣的。在中国传统婚姻中，爱情几乎被压缩得没有立锥之地。正是这种文化，给现代中国带来了人口危机之患。

需要指出的是，生殖崇拜是一种极原始的文化形态，它是以农业文明及落后的生产方式为存在根据的。尽管它在现代中国还有一种潜在力，但随着社会的发展和文明对愚昧的化解，终有一天它会在国民心灵中彻底消失。

（原载于《文艺研究》1998 年第 6 期，发表时略有改动）

玄武图的神话内涵及其文化意义

在汉代画像与民间的石雕艺术中，我们频繁地见到一"龟蛇合体"的怪物形象，世俗谓之曰"玄武"。《文选·思玄赋》李善注说："龟与蛇交曰玄武。"《后汉书·王梁传》李贤注说："玄武，北方之神，龟蛇合体。"《楚辞·远游》洪兴祖补注说："玄武谓龟蛇，位在北方，故曰玄；身有鳞甲，故曰武。"可是玄武为什么是北方之神？它的形象为什么是龟蛇合体？它合体的依据是什么？它的内涵何在？意义何在？这个形象给我们留下了一串谜！

不过，这个谜并非不可解。只要我们认真思考一下，便会发现其丰富的意蕴。我认为这奇怪的形象，乃是将生物的、神话的、哲学的三个世界重叠在一起，凝定成一种文化"生命体"，它蕴含着中国人对于生命最深刻、最高明的认识。为了彻底解开这个谜，这里需要首先声明三个问题：1. 玄武图是不见于先秦而突兴于秦汉的一种虚拟的"生命形象"；2. 玄武图与其同时出现的共工颛顼神话以及大量的房中术著作，乃是同一文化意识的产物；3. 中国道教崇拜玄武大帝，民间盛行以玄武为吉祥长寿之物，证明玄武乃是植根于中国文化土壤的一棵树，它的花果正展示着中国文化一个方面的特色。

这里我们不妨先从对旧说的检讨入手，对这一形象做出分析与研究。

一、论旧说之非

古今不少学者，曾对玄武形象进行过研究。略言之，主要有两种意见，一是男女交媾说，一是天象星光说。前说首见于后汉魏伯阳的《周易参同契》，孙作云、何定杰、赵国华等遵之。魏伯阳云：

> "关关雎鸠，在河之洲，窈窕淑女，君子好逑。"雄无独处，雌无孤居，元（玄）武龟蛇，蟠虬相扶，以明牝牡，意当相须。[1]

意思是说，世界万物，有雌有雄。玄武的龟蛇相绕，就是要表明雌雄应该交合。何定杰则伸之说：玄武的龟蛇相绕形象，乃是男女拥抱的化装。[2]赵国华解之曰：

> 所谓"玄武"，自汉代起人们一般认为是龟蛇合体的一种灵物。龟蛇为什么合体？没有人能够解释清楚。其实，它不是龟蛇合体，而是蛙蛇合体，原是男女性结合的象征。[3]

他们共同认定了玄武与男女、雌雄结合的关系，却找不到龟蛇与男女雌雄文化意义上的联系。因此赵国华先生不得不将龟置换为蛙，然后用他所认定的原始文化中蛇象征男根、蛙象征女性子宫的观念，对玄武进行解释。遗憾的是，第一，赵先生无法找到龟、蛙转变的契机。作为一种文化观念的表现物，它的变化牵涉到了观念形态的变化，并不会因单纯表面形态的相似，而使一种司空见惯的形象发生根本性改变。第二，蛇在中国文化中，非如赵国华先生所言是象征男根，恰恰相反，它象征的是女性。如《诗经》云："惟虺惟蛇，女子之祥。"对此我们下文将会做出详细的论述。第三，更无法解释玄武为"北方之神"的神界地位。

孙作云也认为玄武之龟蛇为男女二性，所不同者是他把玄武形象与远古的伯鲧、修己的传说联系在了一起。其论略云：

> 玄武即玄冥，玄冥即鲧，鲧的图腾是鳖，龟鳖性近，原先大概是一

---

[1] 《周易参同契》卷中。
[2] 何定杰：《鬼神信念的三个来源》，湖北人民出版社 1964 年版。
[3] 赵国华：《生殖崇拜文化论》，中国社会科学出版社 1990 年版，第 289 页。

个氏族的分支。鲧妻修己，修己就是长蛇，己字象蛇形。玄武图之龟蛇合体，就是鲧夫妻的交尾图。[①]

孙氏之说有较大随意性。姑不说以龟代鳖是否允当，就其所解修己，实是把"己"误作"巳"去解释了。"巳"古作𢀳，《说文》云："故巳为蛇，象形。"而"己"则作𢀩，为十干之一，其意难明，古人多用于人名，如殷帝有雍己，纣妃有妲己，春秋鲁大夫有师己，殷王子有孝己，殷臣有祖己。鲧妻之名曰修己，诸书同。如《竹书纪年》卷上云："帝禹夏后氏母曰修己。"《三国志·蜀志·秦宓传》注引《帝王世纪》云："鲧纳有莘氏女曰志，是为修己。"《世本》亦云："禹母修己。"未见有作"修巳"者。

天象星光说，始于《尚书考灵曜》。其云：

> 二十八宿，天元气万物之精也。北方斗牛女虚危室壁七宿，其形如龟蛇，曰后玄武。[②]

《古今图书集成·神异典》卷二一六引朱熹说亦云：

> 玄，龟也；武，蛇也。此本虚危星似之，古因而名北方为玄武七星。

许道龄《玄武之起源及其蜕变考》云：

> 北方七宿：斗牛女虚危室壁，总称曰玄武。二十八宿的被发现和利用，至晚在战国之世，而玄武和四灵之名，又并见于《楚辞》与《曲礼》。上面所说的玄武的起源，是属于天文方面的，但玄武自黄老之术盛行以后，被羽士们利用，就渐演进而为道教的贵神。[③]

---

① 孙作云：《敦煌画中的神怪画》，《考古》1960 年第 6 期。
② 《重修纬书集成》卷二。
③ 孙作云：《中国民间诸神》，河北人民出版社 1986 年版，第 72 页引。

此就天文学上所寻找的根据。但由数点星光的分布，而意想其形象，毕竟带有很大的虚幻性。斗牛女虚危室壁七星宿分布可见右图。如果没有龟蛇合体的形象产生于前，很难想象此与龟蛇缠绕之玄武蛇有何联系。

总之，旧说失之简单、草率，而且缺乏对玄武文化意义的思考，未能从神话的角度，从民族意识的深层进行探讨，因此缺少说服力，也缺乏实在的意义。

斗牛女虚危室壁七星宿分布图

二、玄武"龟蛇合体"的生物学根据

欲勘破玄武之谜，起码要从三个层次上进行探讨，即生物学的、神话学的、哲学的。它的形态是生物的，它的性质是神话的，而它的意义则属于文化的、哲学的。

玄武神这一"龟蛇合体"的生命形态，虽非源自天文，也非凭虚造作。在生物界我们惊奇地发现了这一神话生命形态的原型！请看以下几条记载：

> 宣和四年，北方用兵，雄州地大震。玄武见于州之正寝。有龟大如钱，蛇若朱漆箸，相逐而行。(《宋史·五行志》五)
> 沈仲霄之子竹林中见蛇缠一龟，将锄击杀之。其家数人口，旬日相次而卒。有识者曰："玄武神也。"(《古今图书集成·神异典》引《灵应录》)
> 醴泉观，《东京记》日本拱圣营。天禧元年，营卒有见龟蛇者，军士因建真武（即玄武）堂。(《事物纪原》卷七)

以上的引述，完全可以证明两个问题：第一，生物界确实存在着龟蛇纠绕的现象；第二，世俗把这种龟蛇相绕形象，认定为玄武神。然而这被认定为

"玄武"的龟蛇，是否一体化的生命呢？我认为这所谓的"玄武"，实在是生物界龟蛇恶斗的表现形态。《宋史》所谓龟蛇"相逐而行"，《灵应录》所谓"蛇缠一龟"，即是对龟蛇斗不同形式的描写。

关于龟蛇斗，《新唐书·五行志》中有一段记载：

> 建中二年夏，赵州宁晋县沙河北有棠树甚茂，民祠之为神。有蛇数百千自西来，趋北岸者聚棠树下为二积，留南岸者为一积。俄有径寸龟二，绕行，积蛇尽死。

《太平广记》卷四七二引《录异记》亦云：

> 唐明皇帝有方士献一小龟，径寸而金色可爱。云：此龟神明而不食，可置之枕笥之中，辟巨蛇之毒。上常贮巾箱中。有小黄门思渥方深，而坐亲累，将窜南徼，不欲屈法免之，密授此龟……投宿于旅馆。是夜月明如昼，而有风雨之声，其势渐近。因出此龟，置于阶上……及明……行人渐至，云当道有巨蛇十数，皆已糜烂。

这虽有夸张之嫌，但故事的内核还是颇值得注意的。这里没有直接描写龟蛇恶斗的情节，但所谓"蛇尽死"、"巨蛇十数皆已糜烂"，说明是经过了一场恶战的。汉画像中的玄武图，明显就是龟蛇相斗图。如河南邓州市发现的汉画像砖上所刻的玄武，蛇身（变形蛇）紧紧缠绕着玄龟，蛇头高举，巨口大张，向下猛攻龟头。玄龟则伸项举头，呈反击之势。龟蛇那神情活现的姿态，足使人回味不已。

不过，我认为这被认定为玄武的龟，绝不是一般习见的龟，而是世俗少见的一种叫摄龟的奇龟。这种龟形体短小，故《新唐书》说其大只有"径寸"，《录异记》说其"径寸而金色"，《宋史》说玄武"龟大如钱"。它的头部呈金黄色，上下有两块坚硬的甲骨，可以将肉体包裹无余，也可以将蛇躯夹断。它以蛇为食物，故又名呷蛇龟。请看古人的记述：

　　（摄龟）小龟也，腹甲曲折解，能自张开，好食蛇，江东呼为陵龟。（《尔雅·释鱼》"摄龟"注）

　　摄龟腹小，中心横折，能自开阖，好食蛇也。（《本草纲目·介部》引保昇说）

　　鸷龟腹折，见蛇则呷而食之，故楚人呼呷蛇龟。江东呼陵龟，居丘陵也。（《本草纲目·介部》引苏恭说）

所谓"呷"，就是吸饮。四川卢县出土的玄武画，龟蛇口相接，就颇有一种"呷"的情味。《本草纲目》中摄龟的插图，则呈龟蛇连体状。摄龟呷蛇或夹蛇而行，骤观之如龟蛇合体。玄武神的龟蛇合体形态，当就是以此种生物现象为原型的。

　　当然，单纯摄龟食蛇的生物现象，并不能引起古人创造玄武神话的冲动，而且也无法规定玄武"北方之神"的神格。取象自然，只是玄武表面结构形态形成的一个直观因素，而其被纳入中国神的系统，则有着更深一层的神话的原因。

三、玄武"龟蛇合体"的神话内涵

　　玄武图的玄妙，在于生物学与神话学的接轨。它于生物界龟蛇相斗的形态里，巧妙装入了神话的内容，使之具有了丰富的文化意义。直截了当地说，就神话的层次言，玄武图实是"共工颛顼争帝"的形象表述。

　　共工颛顼争帝的神话，最早见于西汉的《淮南子·天文训》中，其云：

　　昔者共工与颛顼争为帝，怒而触不周之山。天柱折，地维绝。天倾西北，故日月星辰移焉；地不满东南，故水潦尘埃归焉。

这个神话，不见于《山海经》等早期记载中，先秦文献只《天问》中略露鳞爪。大约形成于战国，略先于玄武图。关于这个神话与玄武图的关系，我们可以从两个方面来论证。

（一）龟蛇合体即共工颛顼相争之形态：共工即蛇，颛顼即龟

1. 颛顼—龟。

在古史系列中，颛顼为五帝之一。在神话中，他是北方大帝。而在图腾世界，他乃是一龟。他那奇怪的名字，就已暗含着龟头的模样：

> 颛，头颛颛谨貌。从页，耑声。项，头项项谨貌。从页，玉声。（《说文·页部》）
>
> 冬……其帝颛顼，颛顼者，寒缩也。（《白虎通·五行篇》）

《本草纲目》中的摄龟

所谓"谨貌"，就是小的样子，"寒缩"是寒冷抽缩。这寒冷时能够抽缩的小脑袋，非龟头而何？

关于颛顼的形象，《河图握矩记》说他是长脖子，并且是"并干"（《古微书》卷三十三）；《春秋元命苞》亦云："颛顼并干"（《太平御览》七九引）；《潜夫论·五德志》则说："其相骈干。""骈干"，也就是"并干"，说明这是颛顼的形象特征。并干指躯干连成一片，这不分明是龟甲的形象吗？

更值得注意的是关于颛顼感生的神话。如：

摇光如月正白，感女枢幽防之宫，生黑帝颛顼。(《潜夫论·五德志》)

瑶光之星，贯月如虹，感女枢幽房之宫，生颛顼于若水。(《初学记》卷九引《帝王世纪》)

瑶光如蜺贯月，正白，感女枢于幽房之宫，生颛顼。(《五帝本纪·正义》引《河图》)

瑶光星，就是北斗第七星。而《运斗枢》说："瑶光星散为龟"(《初学记》卷三十引)，这无疑是说颛顼就是龟了！

颛顼古有"黑帝"之号，在《七纬》、《重修纬书集成》、《古微书》等所辑的大量纬书中，有关于黑帝为玄武的记载，如：

北宫黑帝，其体玄武。(《春秋文曜铭》)

其北黑帝座，神名协光纪，其精为玄武之类。(《诗含神雾》)

北方黑帝，体为玄武。(《河图》)

"协光纪"这个奇怪的名字，乃是汉代经生所创造，其本质与颛顼无别。这里需要补充说明的是，玄武内涵有两种，一指龟蛇合体的灵物，即本文所讨论的中心。一指乌龟，如《礼记·曲礼疏》云："玄武，龟也。"《楚辞·九怀》注玄武为"天龟"。张衡《思玄赋》云："玄武缩于壳中兮，螣蛇蜿而自纠。"分说玄武与螣蛇，玄武显系指龟。玄武这两种不同的含义，其间有个发展变化的过程，下文将要论及。以上所引纬书的玄武，则是指龟而言的。所谓黑帝颛顼"其体玄武"、"体为玄武"，分明是说颛顼就是玄武 —— 龟！

到此，颛顼为龟之化名，已昭然若揭。下面再看共工。

2. 共工—蛇。

共工在神话中是一水神，曾被舜流放于北方的幽州。其形象据诸书言，乃一蛇身人面怪物。如：

共工，人面蛇身，朱发。(《大荒西经》注引《归藏》)

共工，天神也，人面蛇身。(《淮南子·地形训》注)

西北荒有人焉，人面，朱发，蛇身，人首足……名曰共工。(《神异
经·西北荒经》)

其实，说白了共工就是长蛇。所谓"人面"，只不过要说明其与人类社会的联
系而已。闻一多、朱芳圃二位先贤，根据共工的别名"庸回"，认为共工就是
虺蛇。[①]《山海经·海外北经》说：共工的臣子相柳是九头蛇，"共工之台"四
周，"隅有一蛇"。共工与蛇这种剪不断、理还乱的联系，使我们想到了远古的
蛇图腾。共工当是一个以蛇为图腾的部落。

在甲骨文中，有地名作龚。如：

辛未卜在龚，贞，王今夕亡祸（前2、13、6）
……勿于龚师（丙3）
……丑，出于五后，至于龚𠂤（前1、30、5）
……至龚（佚670）

龚原作𧊒，这是一个携带先民图腾崇拜信息的"文字化石"。其上部是个修长
蛇躯的龙形，下面是两只手，做拜龙之状。这当是一个崇拜龙蛇（古龙蛇混
称）的部落所在之地。《括地志》云："古龚城在檀州县界。故老传云：舜流
共工幽州，居此城。"（《史记·五帝本纪》正义引）此可进一步证明共工与
龙蛇的关系。

历史是神话的素材。图腾形象进入神话创作的领域，便摆脱了历史存在
的实在性与固定性。图腾间原有的关系，在新的分解与组合中失去了意义。因
此我们看到了这样的事实：在可信性较大的先秦记载中，与共工发生冲突的是
尧舜禹等，如《逸周书·史记解》云："唐氏伐之，共工以亡。"《尚书·尧典》
云："流共工于幽州。"《荀子·议兵》云："禹伐共工。"但在神话中却置换成
了颛顼！"共工—蛇"与"颛顼—龟"的纠葛的发生，自然有文化上的意义，
而其故事则形成了玄武"龟蛇合体"的神话内涵。

---

① 见闻一多《闻一多全集·伏羲考》、朱芳圃《中国古代神话与史实·共工句龙》。

（二）玄武"北方之神"的神格源自颛顼共工的神界位置

在早期的神话序列中，共工与颛顼都是北方的大神。如《国语·周语》云：北方星与日辰之位，皆"颛顼之所建"。《左传》屡言"颛顼之虚"，《尔雅·释天》注解之曰："虚，在正北，北方黑色。颛顼水德，位在北方。"《尧典》言"流共工于幽州"，幽州即在北方。《左传·昭公十七年》又云："共工氏以水纪，故为水师而水名。"是颛顼、共工同在北方，同为水神。

古籍又有颛顼、玄冥同司北方之说。如：

> 北方之极……颛顼、玄冥之所司者万二千里。（《淮南子·时则训》）
> 北方玄武之所生也。其帝颛顼，其佐玄冥。（《河南帝览嬉》）

杨宽先生在《中国上古史导论》中，对共工与玄冥的关系，做了细致的研究，认为玄冥即共工。其论略云：1. 共工、玄冥古音相近，而且都死于水。2.《淮南子·地形篇》注说："玄冥将始用事，顺阴而聚，故曰幽都之门。"而共工则被流于幽都。3.《左传》说玄冥"世不失职，遂济穷桑"，而《淮南子》则说："共工振滔洪水，以薄空桑。"空桑即穷桑。因此共工、玄冥当是一个传说之分化（《古史辨》卷七上）。此说甚佳。因此，共工、颛顼之争，乃是北方神君臣的争权神话。龟蛇合体的玄武，乃是君臣原形相纠的形象表述。故而玄武之神格只能是"北方之神"。

玄武最早当就是指龟，即《曲礼疏》所云："玄武，龟也。"先秦有玄武之名，但没有见到龟蛇合体之形。纬书所谓黑帝其体玄武、其精玄武，也是指龟。据纬书所言，颛顼就是玄武；据先秦典籍言，颛顼与共工为两人。可是到汉代出现了一种奇妙的变化，玄武不仅有了龟蛇合体的内涵，而且在画像中出现了大量龟蛇相绕的所谓玄武的图案。更奇怪的是：颛顼与共工，不仅有了"斗"，而且有了"合"。《潜夫论·五德志》云：

> 黑帝颛顼……身号高阳，世号共工。代少暤氏。其德水行，以水纪，

故为水师而水名。

《潜夫论》的作者王符，是一位博学多识之士。他的记述中，有许多异说传闻，不见于他书。此条记载当是根据当时的传说记述的，绝不会是杜撰。可是为什么颛顼、共工会"合二为一"呢？就其神话意义言，它与玄武神话反映的实是同一主题。蛇作为龟的附庸，而被融入了玄武体中，共工作为颛顼的附庸，也为颛顼所替代了！共工、颛顼的斗争与重合，也就是龟蛇合体的神话依据。《淮南子·天文训》云："北方水也，其帝颛顼，其佐玄冥……其兽玄武"，"玄武"——龟蛇合体——就是北方神的物质表现形态！

四、龟与蛇的象征意义

自然界的龟蛇相斗，与神话中的龟（颛顼）蛇（共工）争帝，二者的媾合，产生了玄武神龟蛇合体的生命形态。但这两种冲突的生命——一长一短，一坚一柔的组合，到底意味着什么呢？欲破此谜，必须先破译两个符号：龟、蛇。为了不使读者产生不必要的思维混乱，我们这里先撇开玄武不谈，而就龟、蛇在中国文化中的象征意义做出分析。

（一）蛇：性的象征

象征有多向性，甲可以象征乙，也可以象征丙、丁。但作为文化意义上的象征，则是有相对固定性的。因为它摆脱了一般象征的随意取象性，而是以民族共同的文化心理趋向为基础的。这种象征大多是带有文化含量的"神话意象"。龟、蛇即是如此。蛇在世俗生活中可以象征狠毒、修长、腰肢柔弱等，而作为文化意义上的蛇，则是以性的象征出现的。这是一个不容辩驳的事实，只要我们翻翻古代典籍，考察一下民间关于蛇的传说故事，事情便昭然若揭了。

在中国文化体系中，蛇与女性有不解之缘。神话中既补天又造人的大名鼎鼎的女娲，诸书说她的外部特征是"人首蛇身"。而我们研究的结果发现，这

"蛇身"怪,她的名字就是女性生殖器的化名![1]在《诗经》中更是明明白白地写着:"惟虺惟蛇,女子之祥。"(《小雅·斯干》)在后世志怪小说中,蛇化美女、美女化蛇的传闻更是屡见不鲜:

> 《太平广记》引《闻奇录》:僧令因见一竹舆,有女仆相从。引帘窥之,乃一妇人,人首而蛇身。
>
> 又引《原化记》云:卫中丞有姊,为人性刚戾恶毒,后变为一大蛇。
>
> 又引《玉堂闲话》云:李孤竹妻,先患沉疴,历年不愈,后化为一大蟒蛇。
>
> 《博物志》云:李黄见一白衣女子,绰约有绝代之色。设法与之同居。原来此女子为大白蛇所化,致李黄中邪毙命。
>
> 《独异记》云:蜀主李势宫人张氏,有妖容,一朝化为大班蛇。
>
> 《夷坚志》云:孙知县妻颜色绝艳,后因孙偷窥妻沐浴,始知其为大白蛇所化。
>
> 《螗阶外史》云:朱某至一宅,有美妇二人,更番与之交媾,朱日见羸瘠。后家人请术士伏妖,二女始现蛇形。
>
> 《履园丛话》云:湖州归安县一后生,纳一妻甚美。端午日辄病而拒人入其房中。其子偶至,见母化为大青蛇。

民间盛传的《白蛇传》,也是讲蛇化美女以悦后生的。《诗经类考》云:"淫莫如蛇",《潜确类书》云:"蚺蛇性淫"。[2]"淫",自然是指"性激情"而言的。众所周知,在文学作品中,对于性感的表现,女性比男性有力得多。因此在中国文化观念中,蛇与女性的一体化,实际上是蛇与性的一体化。美女只是性激情的物象化而已。

如果说美女蛇的引述,还不足以证实蛇—性一体,那么与蛇关系致密的虹,它的传说,无疑是蛇—性一体最好的旁证了。在国民的观念中,虹是天

---

[1] 详见刘毓庆:《女娲即女阴考》,《晋阳学刊》1989年第3期。
[2] 俱见《渊鉴类函》卷四三九引。

上的两头蛇。《说文》云："虹，螮蝀也，状似虫，从虫，工声。"段注："虫者它（蛇）也，虹似它，故字从虫。"古帝伏羲，《宝椟记》说他是"感蛇而孕"的，而《拾遗记》则说是感"青虹"而生的。《说文》云："霓，屈虹，青赤或白色。"而《太平御览》卷十四引"屈虹"则作"屈蛇"。《小雅·斯干》郑笺云："虺蛇穴处，阴之祥也。"而《后汉书·杨赐传》注引宋均云："虹蜺，阴气也。"《说文》云："霓，阴气也。"《太平御览》引蔡邕说又云："虹霓，小女子之祥。"于此，虹蛇关系，不言自明了。

与美女蛇的传说一样，虹也有美人之称。《释名·释天》云："虹……又曰美人。"《尔雅》注亦有"美人虹"之名。《异苑》云：古有一对夫妻，因饥荒而死，化为彩虹，俗称美人虹。《八朝穷怪录》又有晚虹化为女子之说。在传说中，虹比蛇有更明显的"性激情"的表示。闻一多《高唐神女传说之分析》一文，曾有《虹与美人》一节，专论虹与性，引征颇详。他将材料分了三类，一是以虹为阴阳二气交换之象，此即淫邪之象；二是以虹为阴性；三是以虹为阴淫于阳的象征。但不管哪一类，都与性有关。《释名·释天》云："虹，阴气之动也，虹，攻也，纯阳攻阴气也……阴阳不和，婚姻错乱，淫风盛行，男美于女，女美于男，互相奔随之时，则此气盛。"《诗经·修炼》云："朝陕于西，崇朝其雨。女子有行，远兄弟父母。"陕即虹，古人以为早晨见到西虹，当天就要下雨，这是不可阻挡的。怀春女子远父母而嫁，也与此同。似乎这里虹象征的是一种不可遏止的性冲动。《诗经·候人》云："荟兮蔚兮，南山朝陕。婉兮娈兮，季女斯饥。"所谓"饥"，乃是指性饥饿（闻一多说），这也是以虹象征性激情的。

需要补充的是，蛇及其替身——虹，作为性激情的象征，虽以女性为主，但也不排除化身多情男子。如《潇湘录》云：华阴县令王真有美妻，大蛇化为美少年与之通。《集异记》云：邓全宾有女姿容端丽，一白蛇化为白衣少年与之相欢。《神异录》云：巴丘陈济妻，与一丈夫通而生子，后始知丈夫为虹所化。《婆罗岸》写一蛇妖，先化为男，淫人妻女。后又转生为女，受人奸淫。但不管怎样，蛇在中国文化中，都是以"淫"的角色出现的。

以蛇作为性的象征，不独中国，似乎这是带有世界性的一种文化观念。美国学者魏勒在《性崇拜》一书中曾写道："几千年来，蛇一直是性激情的象征。"①他列举了古埃及、印度、北美、新墨西哥、西印度群岛和南美等地的蛇崇拜习俗，以阐明其性的象征意义。英国学者卡纳在《人类的性崇拜》一书中也说："总之，蛇的崇事（拜）和象征，简直是罄竹难书的。人之所以拿蛇作性的象征，据学者说，是因为狡猾的蛇，象征色情、性欲及性姿等。据说人体的健康，及两性的自然相吸引，都是蛇的作用所致。《创世纪》的蛇字，本义为'舌的主宰'，意即意识里的'色心'及色心的表现。所以蛇 —— 色情 —— 就是'原罪'。在各种蛇的性象征之中，盘蛇自啮其尾，是最普通的一种。这盘蛇所围成的圆圈，代表女性生殖器，恰如圆环或椭圆之象征玄牝，同时亦象征两性媾精。"②

（二）龟：寿的象征

与蛇不同，龟在中国文化中地位尊贵，是四灵之一。四灵者，"龙是事业，凤是爱情，麟是德行"，而龟则是长寿的象征。③

关于龟之长寿，在中国几乎是妇孺皆知的。龟之长寿神话，也比见于典籍。《洞冥记》卷二云："黄安，代郡人也……坐一神龟，广二尺。人问：子坐此龟几年矣？对曰：昔伏羲始造网罟，获此龟以授吾。吾坐龟背已平矣。此虫畏日月之光，二千岁即一出头，吾坐此龟已见五出头矣。"《玉策记》云："千岁之龟，五色具焉，其额上两骨起似角，解人之言。浮于莲叶之上，或在丛蓍之下，其上时有白云蟠蛇。"（《抱朴子·对俗》引）《洪范五行》云："龟之言久也。千岁而灵，此禽兽而知吉凶者也。"《逸礼》云："龟者，阴虫之老也。龟三千岁，上游于卷耳之上。老而先知，故君子举事必考之。"（上二条引自《初学记》卷三十）所谓"知吉凶"，所谓有事"必考之"，实际上都是由龟之长寿而产生的观念。老人可据经验判断事物之吉凶，千年之龟更当明晓事理，故古有龟卜之法。所谓"龟之言久也"，乃是从声训上对龟之长寿的解释。殷墟出土的大批龟甲说明，商人的一切大的行动，皆是听断于龟的。周之先公古公亶父率族迁徙，由豳而至于岐，也是听断于龟而大建岐周的。战国时的楚

---

① O. A. 魏勒：《性崇拜》，史频译，中国文联出版公司1988年版，第304页。
② 卡纳：《人类的性崇拜》，方智弘译，海南人民出版社1988年版，第161页。
③ 黄永武：《中国诗学·中国人眼中的动物世界》，巨流图书公司1982年版。

国仍把龟作为神物对待。《庄子·秋水》云："吾闻楚有神龟，死已三千岁矣，王以巾笥藏之庙堂之上。"《汉书·艺文志》著录有《龟书》、《夏书》、《南龟书》、《巨龟》、《杂龟》等，共计 158 卷。对于龟的崇拜和龟卜权威性的肯定，蕴含着对于龟在历经沧桑的时间运动中所获得的无数经验的肯定，无疑也深藏着民族崇拜长寿的意识。龟就是寿，在这里"龟—寿"完全一体化了！

　　"人间五福寿为先"，因此龟作为一种吉祥物，作为长寿的象征，广泛地出现在了民俗与古代诗文中。如郭璞《游仙诗》云："借问浮游辈，宁知龟鹤年？"鲍照《松柏篇》云："龟龄安可获，岱宗限已迫。""龟鹤年"、"龟龄"，实际上都是指长寿的。如今在福建、台湾等地，人们还把为老人做寿，称作"作龟"，并且还要做红龟粿、面线龟，以为祝贺。人们似乎相信，龟的生命能够转化为人的生命，只要吃了龟，就可与龟同登寿域。故《广异记》云：食老龟可"寿一千岁"（《太平广记》卷四七二引）。甚至以为神龟在侧，亦可保得吉祥。故古人常将龟的图案铸于铜镜或灯座等物之上，以取吉祥长寿之意。如江苏连云港市博物馆即珍藏有一对宋代的铜质龟鹤蜡烛台，其取意自在"龟鹤延年"。1978 年陕西永寿出土的隋代铜镜，上有东王公、西王母，更有神龟、花瓣为饰。其铭有云："仁寿传名"、"千载为贞"、"宜君大吉"。

　　到此，龟与蛇在中国文化系统中的象征意义已经昭然，"龟蛇合体"的玄武，其意义自可解了。

五、"玄武"的文化意义

　　有个问题在前面我们始终没有涉及，那就是玄武神的性质问题。众所周知，玄武本是与青龙、白虎、朱雀并列的四方神之一，可是后来却脱颖而出，成为道教的尊神，并且遍地出现了玄武庙，甚至最高统治者还定时致祭。这到底是什么原因呢？

　　我认为这与玄武的性质密切相关。玄武有两个属性，其一他的原形为龟，龟是寿的象征，前已言之。其二他占据北方水位，为水神。而在人类的潜意识中，水是生命的起始，也是生命的归宿。古希腊哲学家赫拉克利特说："对灵魂来说，死就是变成水……灵魂是从水而来的。"① 先秦哲学家管子也说："水者何也？万物之本源也"，"人，水也"（《管子·水地》）。《山海经·大荒西经》云："风道北来，天乃大水泉……颛顼死即复苏。"显然水蕴有死亡与再生的意义。颛顼在这"大水泉"之中"死即复苏"，生命获得了永恒。这里虽有可能是对龟（颛顼）冬蛰春苏的神话说明，却由此诱发了人们对于生命永恒的追寻。由此言之，玄武实是生命永恒的象征。玄武七宿之第一宿为斗宿，俗谓之南斗。《搜神记》卷三云："南斗主生"，可以助人增寿。玄武之第四宿为虚宿，《史记·天官书》云："虚为哭泣之事。"《正义》云："虚主死丧哭泣事。"不难测知，人对于玄武的崇拜，实际上是对于个我生命之关切。在汉铜镜中，常见有"左龙右虎辟不羊（祥），朱鸟玄武顺阴阳"的铭文。这是说，四方神兽、青龙、白虎主辟外邪之侵入，朱雀、玄武主调内在之阴阳。其目的则在于"寿如金石为侯王"。不过前者是保护神，后者才是关于生命本体的。

翻开中国的典籍，可以发现古人对寿的狂热崇拜。《尚书·洪范》所列五福，第一便是一个"寿"字；在两周金文中，"以祈眉寿"、"万年无疆"之类的嘏辞，更是随处可见。《庄子》中所记华山封人向尧祝福，第一祝便是"使圣人寿"。神话中圣帝古王如伏羲、神农、黄帝等，无一不是百岁之上的寿考老人。《山海经》中不死树、不死药、不死山、不死民之类的传说，遍布全书。秦汉以来，神仙的永恒，乃是帝王贵族的最高愿望。汉魏以降的道教方士，更是把生命的永恒认作毕生追求的目标。而这种神仙长寿意识，最为浓烈者莫过于汉人，在我所目及的元代前一百三十多件铜镜中，共有十五件有"仙人"、"寿"、"永命"之类的字样，而汉镜就占了八面。在罗根泽先生《七言诗之起源及其成熟》一文中所引的四十五篇镜铭中，有同类字样者就有二十三篇。由此不难见汉代人神仙思想之浓烈了。

但人们在追求生命永恒的过程中，却感受到了来自"性"的巨大诱惑和恐惧，而且这种诱惑和恐惧几千年来始终困扰着人们的心灵。这便是玄武图中蛇的意义，也是神话中共工作为凶神恶煞出现的意义。性——美女蛇，它诱惑人们偏离自己所追求的目标，而走向了反面。因而从玄武图中，我们首先看到

---

① 赫拉克利特：《古希腊罗马哲学》，商务印书馆1982年版，第22页。

的是"龟与蛇"——"寿与性"的极大冲突。

在先秦两汉古籍中，出现了一个关于生命的重要哲学概念，那就是"精"。古代的哲人们认为，精是一种生命力。《素问·金匮真言论》云："精者，身之本也。"《管子·内业》云："凡物之精，比则为生。"在茫茫宇宙间，有所谓"天地之精"，它可以"以佐五谷，以养民人"（《庄子·在宥》）。《淮南子·天文训》云："天地之袭精为阴阳，阴阳之专精为四时，四时之散精为万物。"这实际上是说精气就是生命之源。《易传》所谓"男女构精，万物化生"，意亦在此。在人体则有所谓"先天元生之精"，"水谷日生之精"，只要"形精不亏"，就能保持旺盛的生命力。乌龟之所以长寿，就是因为能守元保精。即所谓"精气充溢，不饥不渴，龟龙胎息，绵绵长存"（《云笈七签》卷五八）。人体精液是携带生命的物质，施之则生人，留之则生身。精液的丧失，就意味着生命力的削减。而诱惑精液丧失的最可怕的力量就是"色"。相传三代的老寿星彭祖就曾说过："美色妖丽，嫔妾盈房，以致虚损之祸。"（《养性延命录》引）孔子也曾告诫："少之时，血气未定，戒之在色。"（《论语·季氏》）枚乘《七发》亦云："皓齿娥眉，命曰伐性之斧。"后世更有人把女性的诱惑与毒蛇联系在了一起。如龙遵叙《男女绅言》云："凡夫颠倒，为欲所醉，耽荒迷乱，不知其过。如捉花茎，不悟毒蛇。知人观之，毒蛇之口……宁近毒蛇，不亲女色。"更深刻地反映了对性的恐惧。神话中共工进攻颛顼，撞倒顶天的大柱，拉断拴地的大绳，那种恐怖气氛，实有点像性恐惧心理的改装。

虽然更多的人都认识到了"色为伐性之斧"，然而本能的性冲动，却难以抑制。这种发之本能深处的原始野蛮力量，实在不亚于共工之触不周。弗洛伊德认为，梦中出现的凹处、洞穴等具有容纳空间的东西，都象征女阴。不周山，《大荒西经》说："山而不合"，这虽有可能取材于火山形象，而在神话中，实有点像女阴的象征，犹如与之相关联的昆仑象征子宫（当今主此说者甚多）、岐山象征乳房（《艺文类聚》卷七引《河图》）一样。不周山崩则是性疯狂与性冲动的象征。越是追求生命永恒，越能感受到性的恐惧。因此在神仙思想兴起并盛行的战国秦汉期间，共工颛顼争帝神话也开始流传了。性诱惑与性恐惧的冲突，长生欲与性享乐的冲突，构成了这个神话的真实内核。只有让性冲动从服于长生欲，"性"与"寿"二者获得统一，才能获得生命的真实意义。于是龟蛇合体的玄武出现了！大量研究性、寿统一的房中术著作出现了！

　　在先秦，人们就已开始探讨性与寿的问题了。但他们的基本认识是节制，认为性与寿是冲突的。只有"节欲"，才能获得长寿。《左传》中记载：晋侯有病，求医于秦，秦医说，病是因贪淫女色造成的。并说：女色并非不可近，而是要节制。先王制乐，就是为了"节百事"。《吕氏春秋·情欲篇》也说："欲有情，情有节，圣人修节以止欲。"我国最早的医学专著《黄帝内经》，更是对性节制做了详细的论述。而到秦汉时期，随着神仙方术学说的盛行，出现了大量性学专著，仅《汉书·艺文志》著录者就有一百八十多卷。近年又在长沙马王堆汉墓中出土了房中著作数种。这些著作与以往的"节欲"论不同，它们强调的是性的技术，是怎样既能获得性快感，又能达到衍生目的的学问，即所谓"采阴补阳"、"还精补脑"之术。像马王堆出土的《合阴阳》，则完全是关于性交动作、姿势、节奏、方法的。认为只要能掌握这种技术，就能"吾精以养女（汝）精"，"发闭通塞，中府受输而盈"。在此类著作中有一位核心人物，就是黄帝。这些著作中有相当多的一部分内容，都是托黄帝与天师、大成、容成、玄女、素女等性学专家的讨论，来阐述性交可以衍生的理论的。据说黄帝与一千二百个女人性交过，因其得法，故而飞升成仙（《抱朴子·微旨》）。这些理论和传说，实际上是在说明，只要懂得阴阳交接之道，性交非但不会损生，而且是多多益善。即如《素女经》所云："能知其道，乐而且强，寿即增延，色如华英。"在这里，性与寿则完全统一了！

　　由共工、颛顼争帝，到凝固即物化为龟蛇合体的生命形态，这既是一个认识衍化的过程，也意味着生命意识中性与寿的冲突乃是持续的、永恒的，同时又是可统一的。性与寿的统一、重合，是共工、颛顼重合的哲学依据，即由"共、颛争帝"到"颛顼身号高阳、世号共工"变化的依据，也是龟蛇合体的文化意义之所在。

　　龟蛇合体，在这个生命形态中，无论龟与蛇——寿与性，是冲突还是调停统一，龟—寿都是主体。因此在神话中，胜利者是颛顼。黑帝颛顼，"其体玄武"——龟，其意义在于长寿崇拜。玄武由龟衍化为龟蛇合体，使蛇从服于龟，性从服于寿，其意义仍在于长寿崇拜。由此而蜕化出的披发按剑、脚踏龟蛇的玄武大帝，仍留存着增寿赐福的职能，故而享尽人间富贵。而恐惧于死亡的最高统治者，频频致祭于真武之神（真武即玄武，宋时为避圣祖讳改为真武）。明刘效祖万历八年《重修真武庙碑记》云：重修庙宇是为了"祈皇图于巩固，祝圣寿于万年"。清顺治中定致祭真武大帝之礼，于每年万寿圣节，遣官致祭。其祝词曰："兹朕诞辰，惟神永远默佑。"（许道龄《玄武之起源及其蜕变考》引）正是要玄武神保佑他们长生永存的。

总之，玄武图的意义分为三个层次。其表面的结构形态，取象于生物界的龟蛇相斗；其故事内涵，乃在于共工、颛顼争帝的神话；其文化意义，则在于表现生命意识深处的冲突。这三层意义的重叠，增加了玄武扑朔迷离的色彩，使之既出现于尊贵的神坛，又时见于草泽荒野；既为四方神兽之一，又有玄天上帝之雅号。虽然他的司职不甚鲜明，但他却是人类经验外象化的形象，这形象中封存着人类灵魂的秘密，他能为那些虔诚的心灵所理解。因而对他的崇拜日益兴隆，甚至被列入国家祀典。深深植根于中国文化土壤、以追求生命永存为目的的道教，之所以特别崇拜玄武神，或正在于他们对生命意识深处冲突的体认。

（原载于《文艺研究》1995 年第 1 期）

鲧禹神话考

　　说起鲧禹，人们自然会想到他们治水的悲壮故事，想到由禹所建立的夏王朝以及由此而产生的历史大裂变。不过我们感兴趣的并非历史或治水神话曲曲折折的传说，而是这个神话的底蕴和其反映的夏人对世界及其自身发展的认识。

　　《尧典》说：洪水泛滥成灾，尧急于求治水贤才，四岳都一直推举鲧，结果鲧治水失败了。屈原《天问》曾对此发出疑问说：鲧既然不能胜任治水，大家为什么要推举他呢？这正是问题的要害所在。在《尧典》中，"帝"让益——燕子（杨宽、袁珂、朱芳圃等皆有此说）掌管草木鸟兽，因燕子春来秋去，其来则万物回春，其去则天地萧条，古人认为它最了解鸟兽草木；让夔掌管歌舞，因为夔是一足怪兽，跳跃而行，最善于"舞蹈"。那么为什么要让鲧治水呢？鲧的原形是什么呢？这是首先需要探讨的。

　　其实从鲧字的"鱼"旁中，我们已可晓得它属鱼类动物了。《说文》云："鲧，鱼也，从鱼，系声。"《玉篇》云："鲧，大鱼。"《拾遗记》卷二云：

　　　　尧命夏鲧治水，九载无绩，鲧自沉于羽渊，化为玄鱼。时扬鬐振鳞，横修波之上，见者谓为"河精"。羽渊与河海通源也。海民于羽山之中，修立鲧庙，四时以致祭祀。常见玄鱼与蛟龙跳跃而出，观者惊而畏矣。

论者以为"玄鱼"乃由鲧之别体"鲧"附会而成，其说甚是。谓其原形为鱼，与理则不大谬。这还可以从河神的传说中得到证明：

　　禹理洪水，观于河。见白面长人鱼身出曰："吾河精也。"授禹《河图》而还于渊。(《太平御览》卷八二引《尚书中侯》)

　　齐人有谓齐王曰："河伯，大神也，王何不试与之遇乎？臣请使王遇之。"乃为坛场大水之上，而与王立之焉。有间，大鱼动，因曰："此河伯。"(《韩非子·内储说上》)

　　河伯是水神，其形为鱼，鲧也是水神，理当为鱼了。在古人的观念中，鱼无疑是最习水性的动物，犹如以一足跂"踔而行"的夔为歌舞之神一样，故将水神的神格附给水中的自由神——鱼。

　　《说文》段注云："禹父古多作鮌，作骸，《礼记》及《释文》作鲧。"按鮌、鲧相通，而作"鲧"似乎更近于神话的原形。《孔丛子·抗志》云："卫人钓于河，得鰥鱼焉，其大盈车。"鰥亦作"鲲"，《庄子·逍遥游》云："北冥有鱼，其名为鲲，鲲之大，不知其几千里也。"《列子·汤问》云："终北之北，有溟海者，天池也。有鱼焉，其广数千里，其长称焉，其名为鲲。"这显然是神话的夸张。值得注意的是，此大鱼所在的"终北之北"的溟海、北冥，也正是神话中鲧所处之地。

　　《帝王世纪》云："鲧，帝颛顼子，字熙。"而《左传·昭公二十九年》则云："熙为玄冥"。玄冥即水神，见于《左传》、《鲁语》、《祭法》等。《越绝书》说"玄冥治北方"。《淮南子·地形训》注云："玄冥将始用事，顺阴而聚，故曰幽都之门。"幽都为北方之地。《海内经》云："北海之内，有山名曰幽都之山。"溟海即北海，幽都在北海之中，而玄冥——鲧用事于幽都之门，此与鲲处北冥相合（冥、幽皆黑暗之义）。此其一。其二，《国语》、《左传》、《山海经》、《楚辞》等，皆言鲧被杀于羽郊、羽野、羽渊。《墨子·尚贤中》云：鲧"既乃刑之于羽之郊，乃热照无有及也"。羽郊、羽野，当即委羽之野，因飞鸟解羽而得名。《山海经·海内西经》云："大泽方百里，群鸟所生及所解，在雁门北。"郭注："百鸟于此生乳，解之毛羽。"《地形训》云："北方曰积冰，曰委羽。"高注："委羽山在北极之阴，不见日也。"《地形训》又云："烛龙在雁门北，蔽于委羽之山，不见日。"是羽山、羽渊，乃日照不及之地。此于鲲所在的"终北之北"、"穷发之北"(《庄子》)相合。所谓"北冥"疑亦是因日照不及、幽暗无光而得名的。或云《庄子》、《列子》所言皆寓言，多违于常理，不可为据。但我认为庄、列所言，当有神话的影子在内，否则不会如此巧合。

鲧、鳏、鲲相通，疑鲧、鲲之神话当都是以鳏为原型的。《本草纲目·鳏鱼》云，鳏鱼"食而无厌也，健而难取，吞陷同类，其性独行，故曰鳏"。而《离骚》云："鲧婞直以亡身兮，终然夭乎羽之野。"王注："言尧使鲧治水，婞很自用，不顺帝命，乃殛之羽山，死于中野。"《吕氏春秋·行论》、《韩非子·外储说右上》、《论衡·率性》等，皆言鲧耿直抗上，《海内经》言鲧"不待帝命"窃帝息壤，此皆与鳏之"独行"相合。鳏古被列入四凶，杜预谓其即《左传·文公十八年》所说的"不可教训，不知语言，告之则顽，舍之则嚚"的梼杌。如此则与鳏鱼之恶行就更相似了。

《天问》云："鸱龟曳衔，鲧何听焉？"正因为龟、鱼同类，所以有鲧听鱼之法治水的神话。夏大霖以为"长堤联之，有如鸱龟之曳尾相衔"，鲧所听之法即此。此说近之。神话中言鲧障洪水、用息石壤堙洪水，《淮南子》、《吕氏春秋》、《世本》等又言鲧作城郭，其实都是指作堤防水而言。毛奇龄言清河、广宗等界，所在皆有鲧堤。今晋南则称河边防水坝叫鲧垅，此当是鲧筑堤说之遗存。

堤防不能阻挡大水，"大鱼"的神气只在于兴风作浪，并无治水动机，这就决定了神话中鲧失败并有恶名的命运。在"失败"中，人们的视野转到了一种"能平水土"的奇特动物身上，这就是"禹"。

学术界基本上公认夏人的图腾是龙，因而认为禹是一条龙。但上古龙无定形，禹究竟为何种动物呢？此则歧说纷纭了，或以为鳄，或以为蛇，或以为双蛇。我以为禹之原形，实为鲮鲤，即俗谓之穿山甲。

《说文》云："禹，虫也，从厹，象形"。段玉裁根据从厹之字的特点，以为禹为四足动物甚是。《国语》、《左传》、《天问》等，皆言鲧死化为黄熊，沉于羽渊，《山海经·海内经》注引《开筮》云："鲧死三岁不腐，剖之以吴刀，化为黄龙。"龙、熊古体形近易伪。《初学记》引《归藏》则曰："大副之吴刀，是用出禹"，《天问》亦云"伯禹愎（腹）鲧，夫何以变化"。可知诸书所谓鲧化之熊、龙，实即禹。《天问》注引《淮南子》云：

禹治鸿水，通辕辕山，化为熊。谓涂山氏曰："欲饷，闻鼓声乃来。"禹跳（挑）石，误中鼓，涂山氏往，见禹方作熊，惭而去。

《绎史》引《随巢子》略同。《左传·昭公七年》释文说熊亦作能，《论衡·是应篇》、《尔雅·释鱼》等皆云："鳖三足曰能。"任昉《述异记》卷上云："江淮中有鲅名熊。""鲅"，字书无，疑是"鲮"之坏字。《海外西经》云：

龙鱼陵居在其北，状如狸（鲤），一曰鰕。即有神圣乘此以行九野。一曰鳖鱼，在沃野北，其为鱼也如鲤。

龙鱼即鲮鱼，龙、鲮一声之转，与龙门之亦称凌门同，《海内北经》则作"陵鱼"。因其形状与鲤鱼相似，故称鲮鲤。又似鳖（《本草》："陵鱼一名龙鲤，一名穿山甲，形似鳖"），故又称鳖鱼。《天问》云："鲮鱼何所"，注："鲮鱼，鲮鲤也，有四足，出南方。"《文选·吴都赋》云："陵鲤若兽"，刘注："陵鲤有四足，状如獭，鳞甲似鲤，居土穴中。"《尔雅翼》云："鲮鲤四足，似鼍而短小，状如獭，遍身鳞甲，居土穴中，盖兽之类，非鱼属也。特其鳞色若鲤，故谓之鲮鲤，又谓之鲮豸，野人又谓之穿山甲，以其尾大能穿穴故也。能陆能水。"《本草纲目·鳞部》云："郭璞赋谓之龙鲤，《临海记》云：尾刺如三角菱，故谓之石鲮。"

鲮鲤，从其"穿山甲"的俗名中，亦可晓得它是穿山通穴的能手。而其别名"鳖鱼"亦暗示了其与鳖的相似性，鲧、禹所化的"三足鳖"理当即这种"鳖鱼"。神话中说禹通辕辕、凿龙门、疏河道，此与穿山甲的挖陵穿山，绝相吻合。所谓"三足"可能是"三趾"传说之误。张衡《东京赋》即云："能鳖三趾。"趾有二解，一即足，一为足指。穿山甲四足，足五趾，而前足的中三趾之爪最为强大，挖土穿穴最为有力，"三趾"或指此。此与禹化为熊挑石中鼓的传说，也暗暗相合。

我们还可以从大禹神话的演变式——鳖灵神话中得到证明。《蜀王本纪》、《水经·若水注》、《竹书纪年》、《华阳国志》、《帝王世纪》等，都说禹生于四川，《海内南经》则说夏后启的臣子孟涂"司神于巴"。四川境内还有许多禹的传说。此虽未必可靠，却也反映了夏人传说在四川的影响。《太平广记》卷三七四引《蜀记》云：

> 鳖灵于楚死，尸乃溯流上，至汶山下忽复更生。乃见望帝。望帝立以为相。时巫山瓮江蜀民多遭洪水，灵乃凿巫山，开三峡口，蜀江陆处。后令鳖灵为刺史，号曰西州皇帝。以功高，禅位与灵，号开明氏。

事又见于《蜀王本纪》、《华阳国志》、《禽经》、《蜀中广记》、《十三州志》等。这里值得注意者有四，鳖灵复生的汶山，正是传说中禹的故乡（《蜀王本纪》云"禹本汶山郡广柔县人"），此其一；所谓鳖灵，正与禹所化之熊——三足鳖同属，此其二；鳖灵之凿巫山、开三峡，与禹治水凿龙门、通镮辕同，此其三；凿灵之死而复生，也与穿山甲之冬蛰夏生同，此其四。此外《蜀王本纪》云："鳖灵即位，号曰开明帝，帝生卢保，亦号开明"，此与禹传位于其子及禹子之名启（开），也十分相似。鳖灵神话无疑是大禹神话的翻版，而其命名为鳖灵，且开山凿陵，此不正是别名"鳖鱼"的穿山甲的化身吗？

由禹化为三足鳖开山，再变为鳖灵开山，后来又演出了巨灵开山的神话。张衡《西京赋》云："巨灵赑屃，高掌远跖，以流河曲，厥迹犹存。"薛综注曰：巨灵，河神也。古语云华山当河，水过之而曲行，河之神以手擘开其上，足踏离其下，中分为二，以通河流。可以说这是大禹开山神话的异化。左思《吴都赋》云："巨鳖赑屃，首冠灵山。"此改《西京赋》之巨灵为巨鳖，看来巨灵即巨鳖了。鳖、赑屃、鼋同类之物，巨灵当即鳖鱼的神化。

因穿山甲常在地下活动，人不易见，其形状与鳄鱼相类，而且他们都是"能陆能水"的动物，所以古人有时便将二者混而为一了。郭璞注《海外西经》"龙鱼"条云："鳖音恶，横也"，意即"鳖鱼"当读为恶鱼，即鳄鱼。《太平御览》卷九三八引《山海经》曰："鲮鱼背腹皆有刺，如三角菱"，此则有点像鳄鱼了。故闻一多《天问疏证》认为"鲮鱼"就是鳄鱼。正是由于古人的误混，在古彩陶中便出现了鲮、鳄合一的复杂形象。如襄汾陶寺夏文化遗址中的"蟠龙"，其方头、巨口、两排利齿，很像鳄鱼（其体则是蛇躯）。可是它那伸出口外老长的舌头，又很像穿山甲。穿山甲一般体长约一公尺，其厚而长的舌头，就有 25 厘米。因此说"禹"为"鳄鱼"也是有其合理性的。

禹有个奇怪的名字叫文命，见于《夏本纪》、《大戴礼》、《帝王世纪》等。前人或以为是禹的谥号，实未必然。似乎此名亦与穿山甲有些关系。《稽瑞录》中言有陵居之文鱼，《九歌·河伯》"乘白鼋兮逐文鱼"，王注文鱼为鲤鱼，洪氏补注引陶隐居曰：鲤鱼形既可爱，又能神变，乃至飞越山湖。《本草图经》鲤鱼注云："山上水中有此，不可食。"所谓"陵居"，所谓"飞越山湖"，所谓"不可食"（古北方人不食穿山甲），都极像鲮鲤。《山海经》言"其为鱼也如鲤"，言"神圣乘此行九野"，《淮南·地形训》注言"鯥鱼如鲤鱼，有神圣者乘行九野"，与此地所谓之"文鱼"实不大殊，当为一物。而禹文命之名，疑即由鲮鲤"文鱼"之名而演出。

必须指出，鲧、禹治水传说，实是神话与历史的混合体，犹如水乳交融在一起，它既有历史的阴影，也有人类的思考。所谓鲧、禹，当是氏族的图腾或徽帜，伯鲧、伯禹，则是对其首领的称谓。鲧、禹父子关系，暗示着图腾的变化，也反映了夏人对世界的观察和认识。从"大鱼"治水，到"穿山甲"治水，从筑堤防水，到疏河治水，从失败到成功，这里蕴含着最朴素的哲学思想。而这种哲学思想，也正是中国古代道家顺其自然思想及古人"失败乃成功之母"思想的发轫。《国语》邵公谏厉王弭谤曰："防民之口，甚于防川。川壅而溃，伤人必多，民亦如之。是故为川者决之使导，为民者宣之使言。"这无疑是"防乱疏治"思想在政治上的体现。这里蕴有人类历史的创伤和深刻的教训。这创伤，这教训，便是未能认识规律而遭受挫折和失败的痛苦。鲧是水神，同时又是"不可教训，不知语言"的混沌神，也是用事于"日照不及"之地的黑暗神，他的这些属性，就是痛苦、灾难的象征。混沌是开化的前提，黑暗是新生命的母胎，故《黄庭内景经》云："肾神（肾属水，即人体水神）玄冥，字育婴。"玄冥即黑暗之意，而字曰"育婴"，正可见黑暗与新生命之关系。正同混沌一团的鸟蛋破裂，使新生命脱胎而出一样，黑暗之神鲧也孕育出了一个顽强的生命 —— 禹，"伯禹愎鲧"，便是黑暗中获得新生命的寓言。禹显然是辟地大神，也是夏人的创始神，所以《夏本纪》从禹开始。

在神话与历史杂糅的传说中，我们发现了这样一个规律：在氏族的创始神后面，紧跟着的往往是光明神。如：

唐之开辟神是尧，尧子丹朱，或写作朱启明、丹朱开明，又变为朱明，《广雅·释天》云："朱明，日也。"

虞之开辟神是舜，舜子商均。均字不见于西周前金铭、甲骨中，《诗》、《易》中多以"旬"字代之。均其初亦当写作旬，旬从日，字通昀，《玉篇》云："昀，日光也。"《金娄子》云商均名章鹬，即益鸟，也即燕子，燕子乃太阳神之早期形象，后则演变为乌。

商之开辟神是契，契子昭明。昭明即光明之意。

夏之开辟神是禹，禹子名启，启者开也，其与开明、昭明之意实相一致，启当即夏人的光明神。神话中多言夏启乘龙。在二里头、夏家店两处夏文化遗址中，都发现有一首二身的肥遗龙。《北山经》云："有蛇两身，名曰肥遗。"水一源分为二流叫作"肥"，"遗"有离意。两身蛇二体分离，所以叫肥遗。而其二体分开，也正是"启"的意思，《夏小正》云："启，别也。"《广雅·释诂》："启，开也。"《山海经》言夏启乘两龙舞于"大乐之野"，又叫"大遗之野"，《文选·东方朔画赞》注曰："肥，乐也。"名"乐"名"遗"，是否与肥遗有关呢？窃有疑焉。肥遗之两体分开，或有象征开明之意。

黑暗神、开辟神、光明神的这种排列，反映了夏人对世界、对事物发展、对社会进化的认识。其意义是多层次的，可表示如下：

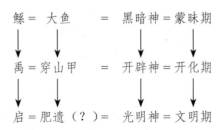

而那种严格的血统关系，无疑是民族重生殖、重血缘的封闭性文化特质的反映。

（原载于《中州学刊》1990 年第 1 期）

上古史研究

太行山地区神农氏传说之研究

　　史学界基本上有一个共识，认为农业是文明之母。因而探讨中国文明的起源，自当从传说中的神农时代开始。正因如此，关于炎帝神农氏的研究，成了上古史研究中的一个热点。近年在山西省高平市发现了立于明代的"炎帝陵"碑，以及密集的炎帝神农氏的传说，还有立于北齐天保二年（551）的碑刻。我们对此地做了深入考察与研究，结果发现，民间口传与文献记载、方志碑刻以及考古发现惊人地一致，这便引起了我们对太行山地区与传说中神农氏关系的思考。这里有一个问题需要首先做一交代：古史上有两个神农氏，一个是代表着农业发生时代的神农氏，一个是走向宗教神权时代的炎帝神农氏。这两个神农氏的资料被历代史学家混在一起，难以区别。本文所说的神农氏，包括了农业发生时代的神农氏与炎帝神农氏。这两个神农氏是同一个群体的两个不同阶段，还是神农氏与炎帝族融合而出现炎帝神农氏，今已不好确定。但不管怎样，即使炎帝确属另一支进入了神农氏集团，他们间也仍然有一种继承关系，而且重叠在同一地区。以下的论述便是建立在这样一个基本认识的基础之上的。

一、先秦文献关于神农氏活动方位的记载

　　先秦文献中涉及神农炎帝活动方位的记载非常少见。除去重复者，共有六则。大约有两种情况，一是直接言及其活动地域者，二是间接反映其活动地域者。

直接言及神农氏活动方位者有三则，分别见于《国语》、《管子》、《山海经》。这三则均与太行、太岳之野有关。其中《国语》有关"姜水"的一则最为重要，惜长期以来被人误解，需要首先澄清。《国语·晋语四》说：

> 昔少典取于有蟜氏，生黄帝、炎帝。黄帝以姬水成，炎帝以姜水成。成而异德，故黄帝为姬，炎帝为姜。二帝用师以相济也，异德之故也（韦昭注："济"当为"挤"。挤，灭也。传曰"黄帝战于阪泉"是也）。

《世本·氏姓篇》也说："姜氏，炎帝生于姜水，因氏焉。"姜水何在？《国语》中没有说明。郦道元《水经·渭水注》则曰：

> 岐水又东迳姜氏城南，为姜水。按《世本》，炎帝姜姓。《帝王世纪》曰：炎帝神农氏姜姓，母女登，游华阳，感神而生炎帝，长于姜水。是其地也。①

这是目前所见到的最早对姜水做出解释的文字。郦氏是一位优秀的地理学家，他的观点具有很高的权威性，故而在史学界一直占据统治地位，像《明一统志》、顾炎武《肇域志》、《清一统志》、雍正《陕西通志》、顾祖禹《读史方舆纪要》等皆从其说。但是，据郦氏所言，姜水本作岐水，因东流经过姜氏城才有了姜水之名。而《国语》的意思是：先有姜水名，后有姜氏姓。《水经注》与《国语》之间存在着明显分歧，同时郦氏所记地理方位也与其地地理不合，姜氏城并不在岐水岸边，故民国《宝鸡县志》卷十三于"姜氏城"下注说："郦氏不考，以岐水蒙姜水之名，而并移姜氏城以就之。误矣！"众多学者受郦道元的影响，虽不以其说为然，却把姜水定位在宝鸡周边地区。如宋乐史《太平寰宇记》卷三十，以姜水为岐山县南三十里的姜泉；乾隆《重修凤翔府志》卷一，以姜水为宝鸡县之清江水；嘉庆《扶风县志》卷八，以姜水为扶风县之美阳河。今

---

① 郦道元：《水经注》卷十八。末句诸本无，此据四部丛刊本。

人李仲操撰《姜水辨》，以为即扶风县的時沟河①；刘宏斌撰《岐水、姜水与姜氏城》，以为即今岐山徐家河以东的后河或漳河②；刘起釪则认为，羌、姜二字古同，姜水即陇西之羌水③。章太炎先生《检论·序种姓》受文化西来说的影响，提出了姜水即蒲昌海（即今罗布泊）说。

就目前所知，所有的关于姜水的考证，几乎都指向了西部，而且都没有直接的证明，所用资料全见于西汉以降。但他们忽略了古上党地区太行山中的一条更为古老的姜水，而且是见于先秦文献的唯一一条姜水。《山海经·北次三经》曰：

> 又北三百里，曰陆山，多美玉。郣水出焉，而东流注于河（郭璞注：或作郟水）。

这是最早见于记载的郣水，比《水经注》的记载至少早了七八百年。而且从郭璞"或作郟水"的注释中，可以明显地看到它与炎帝族的联系。字从"姜"、从"炎"，正照应着"姜姓"、"炎帝"，而旁加"阝"，正是古氏族活动遗留地名的说明。基本上可以肯定，《国语》中的"炎帝以姜水成"的姜水，不在陕西宝鸡，而正是《山海经》中的郣水。《山海经》中明确记载，郣水是在以"太行之山"为"之首"的群山中，它的发源地是陆山，东流入黄河。这与同处一经、发源于发鸠之山的漳水相同。虽然我们不能确指其为今之何山何水，但它在太行山的周围却是可以肯定的。

其次是《管子》中的一则记载。《管子·轻重戊》曰：

> 神农作，树五谷淇山之阳，九州之民，乃知谷食，而天下化之。

这条资料殊为可贵，是目前发现的先秦文献中唯一一条明确记载神农发明五谷之地的资料。关于淇山，吕思勉先生认为即许由隐居的箕山，是姜姓由东

① 宝鸡社科联编：《姜炎文化论》，三秦出版社 2001 年版。
② 宝鸡社科联编：《姜炎文化论》。
③ 刘起釪：《炎黄二帝时代地望考》，载《炎黄汇典·文论卷》，吉林文史出版社 2002 年版，第 519 页。

迁往西方后才产生的传说。① 吕先生没有举出任何证据，此说也看不出有任何道理，故不可从。考古籍中淇山约有二处：一在山东。嘉庆《山东通志》卷六曰："淇山，在安丘县南六十里，近淇河。"《读史方舆纪要》卷三十五下也曾言及此山，谓"旁有淇河"。显然是因在淇河之畔而被称为淇山的。其见于记载也甚晚。一在太行山中，即淇水发源之山。《清一统志》卷一百五十八云："淇山，在辉县西北，淇水所出。一名沮洳山，亦名大号山……按：淇水之源，《水经》云出淇山，《汉志》云出共山，《地形志》又云王莽岭源河东流为淇。大约诸山相近，故各指而言之也。"考淇水发源于今陵川县境东北冶头乡附近的群山中，东北横穿壶关县，从河南林县注入卫河。淇山、沮洳山、大号山当指这里的群山。因为其地在共县（今河南辉县）的北面，所以《汉书·地理志》说出共北山。又地处林州西，故《淮南子·地形训》高诱说在临虑西。隆虑、临虑一声之转，即今之林州市。这一带山峰以王莽岭最著，为太行山主峰，所以《魏书·地形志》又说王莽岭源河东流为淇。有一点需要说明，古代地广人稀，因此在地理概念上没有今天精确，往往一个地名，其所指范围甚广。就《管子》所说的"淇山之阳"的概念而言，应该是指包括陵川、高平、辉县、林州等地在内的太行之野的广大地区，甚至更广，而不能局限在一个点上。

与《国语》和《管子》中的两则不同，《山海经》中的一则，是记载炎帝少女活动的。《山海经》及先秦其他典籍中都有关于炎帝后裔活动的记载，但因去炎帝世代已久，不能反映早期炎帝族的生活地域，故暂不论及。《山海经·北三经》云：

> 发鸠之山，其上多柘木。有鸟焉，其状如乌，文首、白喙、赤足，名曰精卫。其鸣自詨，是炎帝之少女，名曰女娃。

一般说来，凡言"孙"或"后"者，去其世皆远；凡言子或女者，则去其世近。所谓"炎帝之少女"，显然去炎帝世甚近。她未嫁而卒的传说，更说明了

---

① 吕思勉：《吕思勉读史札记》，上海古籍出版社 1982 年版，第 39 页。

她尝为炎帝族中的成员，并未分离出来，因此她的活动地域，应当就是炎帝族的活动地域。而这则记载明确指出其活动的地理方位就在发鸠山。郭璞在注中也明确地说："今在上党郡长子县西。"《元和郡县志》、《太平寰宇记》皆言："发鸠山，在县（长子）西南六十五里，浊漳水出焉。"《山海经》所记载的诸山，因年代久远，地理变迁，往往在方位的落实上各家都有不同程度的分歧，但在对发鸠山的指认上则不见异说。其地属太岳山支脉，在太行、太岳之间。

此外还有一则资料见于《左传》。《左传·庄公二十二年》说："姜，大岳之后也。""大岳"即太岳。这一条记载，把太岳山与炎帝联系在了一起。众所周知，姜姓出自炎帝，而此言姜为太岳之后，显然是说炎帝与太岳本来就是一体的。知其所指地域仍不出太行、太岳之野。关于这一点，在下文还要论及，此不赘述。

在先秦文献中，间接反映炎帝族活动方位的记载也有三则，包括两种情况，一是与炎帝有婚姻关系的方国，二是与炎帝族相邻的方国。前者的记载有一则，见于《山海经·海内经》，其云：

> 炎帝之妻，赤水之子听沃生炎居，炎居生节并，节并生戏器，戏器生祝融。祝融降处于江水，生共工。

这一则记载，问题较多。主要是文字的讹误。《太平御览》卷一三五引《帝王世纪》谓炎帝娶"莽水氏之女"。司马贞《补三皇本纪》谓："神农纳奔水氏之女"。郑樵《通志》卷一作"莽水氏之女"。《路史》卷十三《禅通纪》则曰："神农取承桑氏，一曰桑水。陕之灵宝有桑里亭（注：晋桑田，今郎陵有桑里）。"所言各异，但有一点可以肯定，无论是皇甫谧，还是司马贞、郑樵、罗泌，他们都当有所依据，不可能随意编造。赤、莽、奔、莽、桑字形略相近。就一般规律而言，人们有可能把一种陌生的名称根据自己的理解转易为自己熟悉的名称，而不可能把熟悉的名称误转成陌生的名称。"赤水"一名频见于古籍，为人所共知，因此赤水误为桑水、莽水、奔水的可能性不大。值得考虑的是桑水、莽水之说。特别是莽水，不见于古籍，人最感陌生。"莽"字又或书作"莽"，即艸（廿）下"奔"字，最易误为"奔"。罗泌父子以为"莽水氏"

当作"桑水氏",指定其在河南省灵宝市。这只是一种可能,而我感到,从字形分析,莽、奔、赤更相近,奔水、赤水当是莽水之误。"桑水"之说,只见于罗氏父子的著作中,而诸家则多作奔水、莽水或莽水。

关于莽水所在,不见于古籍。在山西阳城县城南约四十里有一条河叫莽河,有山叫莽山。雍正《山西通志》卷二十三《山川》云:"莽山,在(阳城)县东南四十里。"莽河在莽山下,见《阳城县志》。我在阳城考察时发现,这里保存的古地名相当多,如山有析城、砥柱、嶕峣、崦山等,水有濩泽、桑林等,村有高阳、阳陵、演礼、阳邑等。有些名字传说尚存,如桑林,相传即成汤祷雨之地;天子嶂,传说周穆天子曾驻于此;驾岭,周穆王驾过此岭;董封,相传晋国董安于此食邑;屯城,战国白起屯粮于此。有些则见于古书记载,如析城、砥柱,见于《禹贡》;濩泽见于《竹书纪年》、《汉书·地理志》等。有些则传说已佚,记载无存,如上甲、下甲、侯甲、武甲之类名,不下几十处,为什么要叫甲,已不得而知。像高阳、阳陵等,虽当地人也有解释,但显然附会为多。根据这种情况,我们认为莽河也当是保存的一个古老名字,从其书无定字(莽或书作濛)的情况,也可以看出人们为解释这个古老的名字所做的努力。它是否与神农氏所娶莽水氏之女的传说有关呢?我们不敢说定。但值得注意的是,莽河边有一座古老的黄龙庙,父老传言庙中所祭祀的是轩辕,至于轩辕是谁则不知。对此我感到非常惊奇。因为轩辕即黄帝,在汉族活动的地区,他是一位远古的圣王,也是祖先。至于提及黄帝是黄龙的传说,除了有关天文学的著作中有"轩辕黄龙体"类记述外,在历史记载与汉族传说中已很难找到痕迹。只有在苗族传说中,黄帝被称为黄龙公。这样一段长期被汉族人所忘记的古老历史,竟然在这个极为偏僻的山谷中保存了下来。从文献记载看,炎、黄两族长期存在着婚姻关系,"莽水氏之女"有无可能属黄帝族呢?若真如此,则莽水当是莽河了。

关于炎帝邻国的记载有两则,即:

　　夙沙之民自攻其君,而归神农;密须之民自缚其主,而与文王。(《吕氏春秋·用民》)

　　昔者神农伐补遂,黄帝伐涿鹿而禽蚩尤,尧伐驩兜,舜伐三苗,禹伐

共工……由此观之，恶有不战者乎？（《战国策·秦策一》）

夙沙，《路史·禅通纪》作质沙，云："帝魁之立，祗修自勤。质沙氏始叛……质沙之民自攻其主以归。"罗苹注曰："质沙，炎帝时侯者也。《世本》、《世纪》皆作夙沙……《世本》、《唐韵》等言夙沙氏煮海为盐，以为炎帝之诸侯。今安邑东南十里有盐宗庙，吕枕云：宿沙氏煮盐之神，谓之盐宗，尊之也。"夙沙其地当在今山西南部运城盐池附近。看来这是运城附近一个以盐业为生的族群。

补遂，是指补与遂二国。关于补，《路史·国名记》云："补，炎帝伐补遂，史伯云：邬、蔽、丹是也。《姓苑》有补氏，《通典》作辅遂，非。""史伯云"者，是指《国语·郑语》记史伯对郑桓公的一段话。郑桓公为周司徒，在周室多故之秋，他请教史伯选择什么地方，才能使灾难不及于自己。史伯告诉他最好是选择济、洛、河、颍之间。因为此地当时最大的国是虢和郐，这两个国的国君皆恃地势之利，不修其德。若果到这里，借故把虢、郐拿下，像邬、蔽、补、丹等八个小国，就全属于你了。由此看来，补当是春秋时郑国的地盘了。此地今虽无考，但大略可知在今郑州附近，是太行八陉之一的太行陉通向的地方，距太行山百余里。

关于遂，《路史·国名记》曰："遂，炎帝伐之，易之遂城，古武遂也。妫姬皆有遂。"所谓"易之遂城"是指易州的遂城，战国时的武遂。《元和郡县志》卷二十二易州下有遂城县，《清一统志》卷十一云："遂城故城，在安肃县西，战国时燕之武遂也。《史记》赵悼襄王二年，'李牧攻燕，拔武遂方城'。"按，其地在今河北徐水附近，在太行之东，是太行第七陉所通向的地方，距太行山约百余里。

通过以上的考证，我们发现，在先秦文献中无论是神农氏，还是与神农氏发生过关系的方国，基本都在太行山内及其周边地区。这说明，太行山地区应当就是神农氏的老家。长期以来，史学界一直认为炎帝族发祥于陕西。但是在先秦文献中，却找不到一点线索。即便有人通过考证，获取一些有关炎帝在陕西的信息，那也只是一种推测，明确的记载则一条也找不到。甚至关于羌人最早活动于西部而后向东迁徙的理论，也是一种假说。历史学界大多认为，炎帝姜姓，是羌人的一支，最早活动于西北，后来才迁往中土的，其根据是：先秦及秦汉以降的文献中，关于羌人活动最集中的就在西北甘、青地区。于是西北便被认定为羌人的大本营。但是对于这一说法我们在先秦文献中找不到任何根据，只看到炎帝之裔在公元前两千多年被迁往西北的记载。《左传·襄公十四年》中有来自西北的姜戎，他们自称是四岳之裔。四岳，《左传》又书作太岳，而太岳山就在山西中部，为太行支脉。《后汉书·西羌传》说："西羌之本，出自三苗，姜姓之别也。"曹学佺《蜀中广记》卷三十一引《四夷传》亦云："西羌之本，出自三苗。其先为伯夷甫，炎帝之裔。"而《尚书·舜典》又明确提到，三苗是被舜放逐于三危的，三危就在现在的甘肃北部。一些历史学家不相信《尚书》的记载，认为它不合逻辑。可是要知道，历史是靠记载传播的，而不是靠逻辑推导出来的，我们不应该因为用今人的观念无法解释就予以否定。

二、汉唐以降文献记载对"神农氏太行说"的支持

在对先秦文献的检索中，我们已经清楚地看到了神农氏活动区域之所在。为了进一步弄清楚这个问题，我们不妨再从汉唐以降的文献中取证。需要说明一点，汉唐以降文献中关于上古史的信息，相当多是对早期民间口传史的记述。特别是有一部分得自道书，而道家者流，据《汉书·艺文志》所言，出自古之史官，故有一部分上古史的信息在他们的著述中保存了下来。像庄子在《胠箧》篇中一口气就列举了一长串古氏族的名字，这些名字由何而来，很难知晓，有可能得自学派内部的师传，也有一部分是学者们的"研究成果"。虽然其可信度与先秦文献相比大打折扣，但毕竟不失参考价值。在宋代，不止一人对上古史做综合工作，把来自各方面的古史资料综合分析、归纳、串联，构制出了新的古史系统。由于他们缺乏科学精神，自然在现代人看来大多为无稽之谈，但他们的综合却为我们保存了珍贵的上古史信息。使我们有机会面对这些资料做进一步分析。

在汉唐以降的文献中，关于炎帝神农氏的记载最受人关注的是他的一连串别号：伊耆氏、烈山氏（或作列山氏）、连山氏、大庭氏、魁隗氏等。我们认

为，这些别号绝非向壁臆造，而是有史料作为根据的，可以看作神农氏集团中成员之名。

首先看伊耆氏。《路史·禅通纪》言："炎帝神农氏，姓伊耆。"刘恕、郑樵等又说神农一曰伊耆氏，或书伊祁氏。这个名称可能尧时还存在，故古史有"伊耆之国尧之母家"的传说。伊耆氏之名，曾见于《周礼》、《礼记》。在《周礼·秋官》中，是作为职官名出现的。郑玄注说："伊耆，古王者号，始为蜡，以息老物。此主王者之齿杖，后王识伊耆氏之旧德，而以名官与？"[1]《礼记·郊特牲》郑注："伊耆氏，古天子号也……先啬，若神农者。"孔颖达疏说："则伊耆氏，神农也。"罗泌《路史·禅通纪》进而说，神农"其初国伊，继国耆，故氏伊耆"。罗苹注说："伊即伊尹之邦，耆即文王之所伐者，犹陶唐然。"所谓"犹陶唐然"，是因为古人认为陶唐的得名也是如此。如《汉书·高帝纪》注："臣瓒曰：尧初居于唐，后居陶，故曰陶唐也。"《路史·国名记》于"炎帝后姜姓国"下云："伊，盖亦上世所国。今洛之伊阳县有伊水，尧之母家伊侯国。耆，侯爵，自伊徙耆，爰曰伊耆，一曰阢，黎也。故《大传》作'西伯戡耆'，《史记》言文王伐阢。"罗氏父子认为伊、耆为二国，并以为与陶、唐本为二国同。《路史·疏仡纪》"陶唐氏"下注说："韦昭书云：陶、唐皆国名，犹殷、商然。"这一说法缺少上古史的根据。窃以为上古人类尚处于童年时期，其语言发音比今人缓慢，就像儿童说话一样，如小孩叫爸为"爸爸"、妈为"妈妈"、豆为"豆豆"、狗为"狗狗"之类，皆音缓而然。记载汉语口语最早的文献当数《诗经》，《诗经》中双声、叠韵词如采采、苍苍、纠纠、夭夭、参差、婆娑、委蛇之类的大量出现，即可以说明这一点。叶舒宪先生把汉语中大量双声叠韵词认作是内化到"成人语"中的"婴儿语"[2]，这未尝没有道理。传说中的原始氏族每以双声或叠韵为称，当就是"婴儿语"的一种形态。如《庄子·胠箧》篇中有栗陆氏、容成氏、大庭氏、赫胥氏、祝融氏、骊蓄氏等，见于其他典籍者有泠沦氏、台骀、陆终、侨极、凤沙、陶唐等，这些名称，不是双声，便是叠韵。孔颖达似乎看到了这一点，所以说："陶唐二字，或共为地

---

① 阮元：《十三经注疏》，中华书局 1980 年版，第 869 页。
② 叶舒宪：《诗经的文化阐释》，湖北人民出版社 1994 年版，第 348 页。

名。"① 早期见于记载的氏族部落，因文字书写艰难，力求省简，故而把口头上的双音词用单词来表示。如陈梦家先生《殷虚卜辞综述》中，共列商代国名近五十个，像土方、邛方、鬼方、亘方，以及周、犬、郭、旨等，全部都是单字，没有一个是用双音词表示的。这绝对不是因为当时国名清一色的全部是单音名。而春秋战国时因书写工具的发达，故对口传中的古代氏族名称能较完整地记述下来。像"伊耆"之名即是如此。"伊耆"二字皆在脂部，为叠韵，急言之可谓"伊"，亦可为"耆"。罗氏父子以为耆即西伯所伐之耆，这一观点是值得肯定的。"西伯戡耆"《尚书》作"西伯戡黎"。耆、黎古皆在脂部，音近相通。《史记·周本纪》"明年败耆国"，正义引邹诞云："本或作黎。"孔传以为黎"在上党东北"。孔颖达曰："黎国，汉之上党郡，壶关所治黎亭是也。"②

在甲骨文中我们也曾见到了关于黎方的记载。其字隶定为勿、召。陈梦家先生认为是农具的象形，与"耒"、"利"等字读为舌边声。如此说来，这个方国的命名，是与其从事农业生产相联系的了。这一点我们还可从黎、利诸字的形义中得到证明。徐中舒先生《耒耜考》云："利所从之彡、纟诸形，即力形之变，像用耒端剌田起土之形。铜器将力旁移于禾旁，故小篆利或从刀，但古文利，及从利之黎、梨、犁诸字，仍是从彡，可证从刀乃是省形。利，来母字，自是从力得声。剌地艺禾，故得利义。"③ 吴楚《释黎》云："黎从秒黍，秒古文利，利者禾既成而以刀刈之，民食所资，其利大矣。黎复加黍，因重禾而省其一，仍从秒为声。夫禾固嘉谷，黍亦禾属而黏者也。禾黍并成而刈获，则其利更大而且众矣。此黎义之所以言众也。经传中称黎民者，固取其众，亦取其上者能重民食以养民之意。"④

诸家之说，虽有出入，但都把利、黎与农业联系起来，这一点则是一致的。特别是吴楚对从禾从黍省之说，最为精确。禾为稷，即小米；黍为黄米，黍稷正是启动华夏文明的食物支撑。"黎"之音、义，并受之于"利"，因禾得利，因名其地曰黎。其族曰黎，音变为伊、为耆。陈梦家先生又考证黎之所在

①　阮元：《十三经注疏》，第 157 页。
②　同上书，第 177 页。
③　徐中舒：《耒耜考》，载《徐中舒历史论文选辑》，中华书局 1998 年版，第 78—79 页。
④　杨家骆主编：《说文解字诂林正补合编》第六册，台北鼎文书局 1983 年版，第 513—514 页。

说："卜辞的勹或名，可能是黎国之黎。《说文》曰：'召，殷诸侯国，在上党东北，从邑称声，称，古利字；《商书》西伯戡名。'《汉书·地理志》上党郡（治长子）壶关注引：'应劭曰黎侯国也，今黎亭是。'《续汉书·郡国志》上党郡壶关'有黎亭，故黎国'，注：'文王戡黎即此也。'"①这一解释大致是对的。光绪《山西通志》卷五十《古迹考一》曰："黎，《史记·殷本纪》作饥，又作阢，《玉篇》作鄰，皆以同形同声相通也。今黎城东北二十里有故城。又《寰宇记》：上党县，本黎侯国，今有黎亭，即西伯勘黎之所。又云在上党东北，盖长治、壶关、黎、潞诸县皆是也。"按，此以长治、壶关、黎、潞诸县为古黎之地，较为合理。今长治市有黎城县，长治郊区有黎岭，壶关有黎岭。这一带正是今天神农氏传说最盛行的地方。今长治县北黎岭，俗称黎侯岭或羊头岭，相传炎帝建国在这里。故罗苹认为神农伊耆氏因此得名，恐非虚言。同时黎名还被用于太行山东侧，河南境内有黎阳、黎山，河北境内有伊祁山（伊黎），这可能都与黎的活动有关。

其次看烈山氏。秦嘉谟辑补《世本·氏姓篇》说："厉氏，国名。神农氏生于厉乡，所谓烈山氏也。春秋时为厉国。"秦氏辑本多有杂糅与综合古史资料之嫌，未必是《世本》原文，但此条信息当有所据。烈山氏又见《国语·鲁语上》、《左传·昭公二十九年》、《礼记·祭法》等。韦昭、郑玄、杜预等注，或以为炎帝，或以为神农世诸侯，又或书作厉山氏、连山氏、列山氏等。其实烈、厉、连、列皆黎之音转。因为或书作厉山氏，所以后人便与湖北随州的厉乡附会在一起，《水经·澕水注》即记载了随县父老关于神农氏的传说。但《左传》说得很清楚："烈山氏之子曰柱为稷"，稷就是今天的小米，是北方旱地作物，不应该出自湖北。钱穆先生认为，烈山、厉山当即山西介休的界山，厉与烈，界与厉，皆以声相转通。②我认为此说是值得关注的。

界山今称绵山，古称绵上，又有羊头山、谒戾山之名。《山海经·北次二经》说："谒戾之山……沁水出焉，南流注于河。"《水经·沁水注》说："沁水出上党涅县谒戾山。"《元和郡县志》卷十七"沁州绵上县"云："羊头山一

① 陈梦家：《殷虚卜辞综述》，中华书局1988年版，第287页。
② 钱穆：《古史地理论丛》，生活·读书·新知三联书店2004年版，第9—10页。

名谒戾山，在县东北五十里，沁水所出。"谒戾，在文献中又书作楬戾或揭戾。顾炎武《天下郡国利病书》第十七册即明确指出：谒戾即今之绵山。谒戾山一名羊头山，而在这一带羊头山有多处，皆与炎帝传说有关。谒戾山一名羊头山，而其所在地，《汉书·地理志》称谷远县。"谷远"二字，也披露了其与神农氏种植五谷传说的联系。

值得注意的是，谒戾山与界山本是一体，而钱穆先生认为界山就是神农烈山氏之烈山，这与我们的考证则是完全相合的。殊途而同归，这也证明了事物的合理性。如果参照前所论及的古人声缓的理论，则不难看出，烈山、连山、厉山，皆谒戾山之急言。谒、戾皆月部，为叠韵字，烈、厉、连、列与戾皆为来母。《小雅·小宛》"翰飞戾天"，《韩诗》"戾"作"厉"；《墨子·非命中》"国为虚戾"，《公孟》、《鲁问》作"虚厉"，此可作为厉为谒戾急言之确证。同时，谒戾也是伊耆之音变。前已言之，伊耆可读作伊黎，音变而为谒戾。伊、谒皆为影母，戾、黎皆为来母。总之黎、烈、厉、连，伊耆、谒戾，皆一音之变。而其正书当作黎山，这一带也正不出上古黎地之范围。

《通鉴外纪》、《通志》等还记载神农又曰大庭氏、魁隗氏。关于大庭氏为神农说，《路史·禅通纪》罗苹注已作否定，姑不再论。关于魁隗氏，又见于王符《潜夫论·五德志》。"魁隗"二字与我们前后所举的大量上古氏族名称一样，也是双声叠韵字，二字皆为牙音，同在微部。在洪适《隶释》卷一所载的汉《帝尧碑》音变作"塊隗"。洪氏跋曰："《帝王世纪》曰：炎帝一曰魁隗氏。此云塊隗者，狄包牺之为伏羲也。"近人王献唐《炎黄民族文化考》说："神农既以魁隗为氏，魁若隗，又为地名，则其地在何许？地以魁隗为名，更为何义？曰：魁与隗，皆即耆也。魁、隗晚出，其初文为鬼，后又加斗为魁，加阜为隗，同音假借用。鬼、耆古音皆隶脂部，相为叠韵，而声组各别，似不相谋。今以故书音义求之，往古鬼字，亦正有耆音，乃以音假为用。《方言》：'虔，假慧也……自关而东，赵、魏之间，或谓之黠，或谓之鬼。'《广雅》：'黠，鬼慧也。'知鬼亦谓之黠，黠亦谓之鬼……黠、耆双声音近，则耆、鬼同部俱转，亦可读黠，而与鬼通。……《礼记·明堂》：'鬼侯'，《史记》作'九侯'，九、阢同音，即《宋微子世家》之阢，即耆也。徐广注：鬼可作九。知二字音通。阢既为耆，则鬼可作耆。神农、伊耆之耆，《集韵》作阢，知鬼实其族。《春秋钩命诀》注谓神农名轨，轨、阢同从九声，轨亦即阢，即九，以族地之名呼以为号，故言名轨。今轨字之音已读与鬼相近，音纽亦同。"①依王氏之说，魁、隗即耆之别写，而耆与黎通。由此看来，魁隗、伊耆，乃即一音之变。

在炎帝神农氏的传说中，有八代炎帝曰榆罔之说。《太平御览》卷七八七引《帝王世纪》说、刘恕《资治通鉴外纪》卷一、《路史·禅通纪》等，皆有类似记载。对他们提出的谱牒，我们是表示怀疑的，但谱牒中的名字，应该在其以前的典籍中出现过。吴卓信《汉书地理志补注》卷六曰："《汲冢周书》曰：昔烈山氏帝榆罔之后，其国为榆州，曲沃灭榆州，其社存焉，谓之榆社，地次相接者为榆次。"这则材料，不知吴卓信见之何书，清儒反复引述，皆是转述吴氏。同治《榆次县志》云："榆次，《禹贡》冀州之域。上古帝榆罔凭太行以居冀州。榆罔之后国为榆州，榆州即榆社等处。榆次与榆社地相次接属，故名。"榆社地处太行山西麓，浊漳北源两岸，与上党盆地为邻。

秦嘉谟辑补的《世本·氏姓篇》中记有一则关于炎帝之后封国的资料，其云："路氏，炎帝之后，黄帝封其支子于路，春秋路子婴儿是也。"春秋时路子婴国在今太行山中的潞城市境内。这里所说的炎帝之后，也正是《路史》所说的参卢榆罔，其所封之路。其字又作潞，《说文》："潞，冀州浸也。上党有潞县，从水，路声。"《周礼·职方氏》曰："河内曰冀州，其山镇曰霍山，其泽薮曰杨纡，其川漳，其浸汾、潞，其利松柏。"这里所谓的冀州浸潞即潞水，王与之《周礼订义》卷五十六曰："潞城县本汉潞县，属上党郡。漳水一名潞水，在县北。阚骃曰：潞水在县北，为冀州浸，即漳水也。盖周以浊漳为潞，清漳为漳。"说明潞之得名甚古。《路史》以为黄帝封炎帝之后于路的路在湖南茶陵，《路史·国名记》又说："露，参卢之封。茶陵露水乡有露水山，予访炎陵，稽其始封，字亦作露，盖商周间衍于河东北尔。"这里所说的"河东北"就是指山西太行山中的潞城，《路史·国名记》认为这是商周时期炎帝之后所迁徙、繁衍的地方。看来它是把问题搞混淆了，这可能是为了建立湖南之路与冀州之路之间的联系，又要将与"黄帝封炎帝支子于路"传说间的矛盾合理消除，而采取的调和手段。其实露水与潞水之间未必有联

① 王献唐：《炎黄氏族文化考》，青岛出版社 2006 年版，第 267—268 页。

系。《世本》是秦汉间物，《路史》是宋代作品，前后时间差一千多年，如果在二者间做出选择，我们自然是相信《世本》的记载了。

从以上的考证中不难看出，太行、太岳之野与神农炎帝确实有非常密切的关系，把这一地区认定为上古神农氏活动的重要区域是有根据的。当然我们必须看到，人是活的，是在不断运动的，随着人口的不断迁徙流动，与上古帝王有关的传说地名流布于各地。因此相同的地名传说，同时又见于山东、河南以及长江流域。这就使得问题的研究复杂化了。不过，我们对这一问题有基本的看法：第一，我们不排除各地有关神农的传说、记载与神农氏发生过关系，但我们更注重的是密集型的"传说群落"。对于那些零散的在历史记载中被不断强化的"据点"，只能认作是这个氏族迁徙的重点区，很难被定为发祥区。第二，我们说神农氏主要活动于太行、太岳之野，并不排除其与周边的联系，这个氏族完全有可能把太行山流出的河道，如清漳水、浊漳水、沾水、淇水、丹水、沁水等诸条通向太行河北平原与河南平原的河道峡谷作为其走向山外的通道，与外界产生联系。这样我们就要放宽视野，如神农种植五谷的淇山之阳，不只是陵川群山或棋子山之南，而应该包括太行东辉县、林州的广大地区；与神农氏相关的伊耆氏即黎，不只是晋东南地区的沁水及长治、壶关、潞城、黎城一带，而应该涉及与黎城、壶关为邻的太行山东的涉县、磁县一带。

三、炎帝神农氏与太岳之野

《左传·庄公二十二年》说："姜，大岳之后也。""大岳"即太岳。众所周知，姜姓出自炎帝，而此言姜为太岳之后，则把太岳山与炎帝联系在了一起。《诗经·崧高》云："崧高维岳，峻极于天。维岳降神，生甫及申。"甫即吕，吕、申都是姜姓国家，这是说吕和申都是岳神之后。《国语·周语下》云："祚四岳国，命以侯伯，赐姓曰姜，氏曰有吕。"岳、太岳、四岳，都离不开一个"岳"字。由此可以看出，岳在姜姓历史上的重要位置了。

但岳、太岳所指为何？这是问题的焦点。顾颉刚先生有一个基本的观点，认为"岳"之原地在西方，即"甘肃六盘山之东南，黄河西道之东"之岍山。

他说："'岳'之名起于汧之岳。《括地志》曰：'汧山……东邻岐岫，西接陇冈'（《史记·夏本纪》正义引），以其绵延之广，被有四岳之名。其后部族移徙，'岳'名遂广被于他山，故泰山为岳，霍山为岳，太室亦为岳。"① 顾先生首先认定姜姓出自西方，然后推定与姜姓密切相联系的岳山也当在西方，遂而又进一步推定"岳之名起于汧之岳"，并且把众多记载岳山的先秦古籍皆认定为战国秦汉间物，这样的论证自然难以服众。胡承珙综合各家关于岳、五岳、四岳之说后，曾指出："周以岍山为岳，经典并无明证。"②

我认为对于"岳"方位的认定，最好还是从文献梳理入手。屈万里先生有一篇题为《岳义稽考》的文章，他梳理了全部的先秦文献与甲骨卜辞，对见于早期文字记载的岳一一做了分析，结论是：先秦文献中单独出现的岳字，只是两座山的名字，即霍山与岍山，而霍山叫岳早于岍山。卜辞中的岳，所指就是太岳山。③ 这一观点我们认为是正确的，因为它有大量的先秦文献作支撑。还有一个小插曲，屈先生在先前注《诗经》的时候，还认为岳指吴山（又叫岍山），但经过认真研究之后，改变了自己原初的观点，得出了"《崧高》之岳，必是太岳"的结论。屈先生的这一转变，也很能说明事实。

这里需要进一步讨论太岳与炎帝族的关系。我们从文献中发现，"岳"字除前所言与姜姓的关系外，还与炎帝发生过关系。《洞神经》说："地皇姓鉴名岳，字子元。"这里的地皇，似乎有点像炎帝。《春秋命历序》说："天皇氏以木王，地皇氏以火纪。"《帝系谱》也说地皇以火德王。"火纪"、"火德"正与炎帝相同。《说文》说："鄅，炎帝太岳之胤，甫侯所封，在颍川。从邑无声。"鄅后多书作许，许慎在这里是自述其姓氏的来源，应该有相当可靠的传说作依据。而直接把"炎帝"与"太岳"联系在一起，似乎比《左传》注、《国语》注之类的文献更值得注意。但岳与炎帝为什么会有联系？岳之本义是什么？为什么同样是山，就要别列为岳？这则是应该思考的问题。

《说文》解"岳"字，举五岳为说。《白虎通·巡狩》曰："岳者何谓也？

---

① 顾颉刚：《史林杂识初编》，中华书局 1963 年版，第 39—41 页。
② 胡承珙：《毛诗后笺》，黄山书社 1999 年版，第 1435 页。
③ 屈万里：《岳义稽考》，载《屈万里先生全集》第十四卷，台北联经出版事业公司 1983 年版，第 297、305 页。

岳之为言桷也，桷，功德也。"《风俗通义·五岳》曰："岳者，埆功考德，黜陟幽明也。"桷、埆当都是"确"的借字，这是从声训上讲的，即考定的意思，把岳山的意义与王者考定功德联系起来，显然是政治文化膨胀后的产物，而非岳的原始意义。从岳字的造型看，它应该是与炎帝族的宗教信仰联系在一起的。这一点我们可以从甲骨文中获得证实。

在甲骨文中，岳字写作或、。关于这个字，古文字学界有不同的观点，我们姑且将其分为两派，一是释岳派，一是非释岳派。非释岳的一派，如于省吾、陈梦家、朱芳圃、闻一多等，把上半部分或释为"羊"，或释为"芈"，但几乎都与羊联系起来。释岳的一派则各有各的解释。据《甲骨文字释林》集各家之说，大略是：孙诒让以为像山上更为丘山，即象高形；叶玉森疑上面的部分象羊角形，盖造字之始，以天、山角峙为之岳；屈万里以为最上部分像山峰叠出的样子，下面是山，正像层峰叠嶂、山上复有山的样子，或像山上有树、树外又有高峰。释岳一派内部的分歧主要在对"岳"上半部分的分析上。孙诒让、屈万里的观点，最大的问题在于：上面的部分显然与"山"字有别，如果上部表现的是山峰叠出的形状，应该是中峰高、旁峰低，而现在正好相反，是中间低、两边高；如果要以重山表示高峻，完全可以写成两"山"相叠形，即隶定如现在的"出"字，不必要做如此种种怪形；在上下两部分连接处有一竖笔，两旁有斜笔向上斜出，如果说是山峰叠出形，这一部分则是无法解释的。屈万里先生解释为山上的树木。但正如李孝定所说："树之于山，不过沧海一粟，文字既非图画，不宜并此象之。"不过，李孝定先生把这一部分解释为文字衍变中出现的"一二点画之增损，不尽有意"，则非通达之论。因为任何字都有一个基本形态，它的衍变是在原来字形的基础上损益的。甲骨文"岳"字有两个基本特点，一是上面羊角状的部分始终不变；二是上下两部分始终连在一起。如果说中间部分是"不尽有意"的增益，那么为什么上下部分一定要连起来，而且更多的情况下要用一竖笔连起来呢？这是主张山峰叠出者无法解释的。叶玉森既认出了这是岳字，也看出了上面部分像羊角，因为甲骨文中的羊字确实有这样写的，而且与卜辞中羌字上面的羊角一样。但他解释为"天、山角峙为之岳"，则是缺少根据的。

我认为，释作岳是完全正确的，因为它与《说文解字》里所著录的岳字

的古文 𢁉 基本一致，在卜辞里也常与河字出现于一词，与文献中"河"、"岳"并举，实属同例。各家的分歧主要出在无法理解"羊"与"山"两部分构成的意义上。唐兰先生不敢相信这是羊、山两部分的组合，故把下半部的山认作了火，释为羔字，认为"象炮羊火上"。可又发现了其与古岳字的联系，于是说："卜辞里所祀的'羔'，即后世的'岳'。"

现在我们来分析一下字形。此字最基本的形体作 𢁉，它的上半部与甲骨文中的羊完全相同，象羊头有角、耳之形，确实是个羊字。变体作 𢁉，在羊角之间增加了"∧"。屈万里等先生之所以释此字为山峰叠出形，就是因为把∧认作了山峰。其实这里表示的是羊两角之间高起的头骨。这种情况只有大的羊头才能表现出来。或变体作 𢁉，上面变成了芈字。《说文》说："芈，羊鸣也。从羊，象声气上出，与牟同意。"仍然不脱与羊的关系。其他形体皆是这三种基本形体的变异。这个字最突出的部分就是代表羊角的"Ɣ"与"山"。

在这里我们发现了一个天大的秘密，所谓"岳"，就是一座羊头山！从史地著作以及民间传说中我们发现，在太行、太岳之野分布着比任何地方都密集的羊头山或以羊命名的山岭。今知者最少有五：一是沁源县羊头山。《清一统志》卷一百二十"沁州"下云："羊头山，在沁源县东北，即古谒戾山。"《汉书·地理志》"谷远县"下云："羊头山世靡谷，沁水所出。"即指此。二是高平羊头山。乾隆《清一统志》卷一百五"潞安府"下云："羊头山，在长子县东南五十里……司马彪《郡国志》：羊头山上有神农城，下有神农泉。"又卷一百七"泽州"下云："羊头山，在高平县北三十五里。《寰宇记》：《山海经》云：神农尝五谷之所，形似羊头。旧志在县东北四十里。详见潞安府。"两处所纪实是一地，因山跨长子、高平县两县，故分别记于二县之下。这是历史上知名度最高的一座羊头山。《路史》卷十二注云："《书断》云：上党羊头山嘉禾八穟，炎帝乃作《穟书》，用放时令。亦见《墨薮》及韦氏《字源》。泽之高平北三十五里羊头山也。"三是长治羊头岭。新编《长治县志》第二十三编《文物名胜》章中有"羊头岭炎帝遗址"一则，云："位于县城西北隅，城关镇黎岭村之西，炎帝庙因山而名，羊头岭在古籍中多称黎侯岭或黎岭。"[1] 四是高

平西羊头山。据董富来、董殿明整理的《炎帝在上党传奇》[1]说：西羊头山又叫神头岭，在高平市釜山乡（今并于寺庄镇），东面即古书频见的羊头山，西面是黑山、金牛山，北面是釜山河。传说中这是炎帝带领他儿子开发的仅次于羊头山的一个重要区域。人们为了纪念炎帝之功，把原来的羊头山称作东羊头山，把神头岭称作西羊头山，并在神头岭建了炎帝庙。五是潞城羊神山。民国《潞城县志》卷二说："苏武山，俗名羊神山，西南距县城十里，七十五丈，迤西曰千佛岭，上有天然佛像多尊。折北曰向阳山。"按，此山在潞城市合室镇，原名进羊山。[2]后人因不知"进羊"之意，只知其与羊神有关，所以称作羊神山。文人雅士从羊神之名中揣摩，得出羊神为保护牲畜繁盛之神的结论，又知苏武曾牧羊于匈奴，以为羊神即苏武，就把山称作了苏武山。今此山虽无关于炎帝的传说，但此地却不乏炎帝故事。如《世本》言：黄帝封炎帝之后于潞。方志言：县西北天冢冈，相传神农时，有凤凰栖止等。

炎帝传说盛地的诸多羊头山与古"岳"字从羊从山的文字造型之间的联系，至此已昭然若揭。我们感到"羊头山"应该是原始羌人宗教信仰符号。

炎帝姜姓，姜与羌同宗，姜姓实羌人的一支。炎帝乃古羌人一支的上帝神，也即代表上帝的首领之号。这一点基本上是学界共识。与炎帝族密切相关的神山古名曰"岳"，而岳字古又书作羊、山合体，至少说明古炎帝族有对羊与山的崇拜。关于这一点，我们可从羌人崇拜习俗中得到证实。甲骨文中羌人的"羌"字，即作羊、人合文，今天的羌族与原始的羌人在生活习俗与信仰崇拜上可能已经发生了很大变化，但从他们所保持的传统信仰中仍可知其最崇拜的动物就是羊！如一般人家门口都挂有羊头，行成年礼时脖子上要系羊毛绳，巫师所戴的帽子呈羊角形，各种装饰纹样多以羊为母题等。同时羌族的祭祀仪式以祭山神最为隆重，表现了对于山的崇拜。这在毕玉玲先生《羌族宗教与释比戏》一文中，有详细记述。[3]我们将羌人的这种信仰与上文所言的"岳"联系起来，便不难看出羊、山合体意义之所在。这可以看作炎帝族与羊头山关系的信仰依据。

---

① 董富来、董殿明：《炎帝在上党传奇》，山西古籍出版社 2003 年版。
② 见《潞城县志》所录元大德元年所立《三皇庙碑记》、元人韩仲元撰《王公迁封墓志》等。
③ 毕玉玲：《羌族宗教与释比戏》，《戏曲艺术》2002 年第 4 期。

在古上党羊头山，最著名的传说就是炎帝神农氏在羊头山发明农业的故事。高平县长畛村有位耄耋老人叫申思恭，曾记得小时念过的炎帝文书中，有"炎帝上了羊头山，井子坪处开荒田"的内容。值得注意的是，在湖北神农架发现的号称汉族诗史的《黑暗传》中，也有"神农上了羊头山，仔细找，仔细看。找到粟粒有一颗，寄在枣树上，忙去开荒田"的内容。神农架与高平市，二地相距数千里。高平在黄河之北，神农架在长江流域，更有重山为阻，为什么会出现相同的传说呢？这恐怕除了故事出于同源，再不会有更合理的解释了。

从羊头山的命名，到羊头山的文献记载与民间传说，都在证实其与炎帝的关系。更有意思的是，羊头山下的高平人，自称不是称"我"，而称"咩"，与羊的叫声相似，而这却是羌人中非常习见的自称。由此更可以看出这个地方与古羌人活动的联系了。作为古羌人一支的炎帝在此地有如此多的传说，便在情理之中了。

这里再补充一点。据王玉哲先生研究，姜姓之族原在山西：无论是属于诸夏的姜姓国，还是属于姜姓的戎狄和羌方，商末周初都活动于山西境内。[1]炎帝后裔在山西的分布情况，应该说是神农氏发祥于太岳、太行之野的一个佐证。

四、太行山地区神农氏传说信仰及相关民俗

从上文文献检索的情况不难看出，关于神农氏的相关记载，都集中在了太行、太岳之野。当我们到太行、太岳之野进行实地考察时，发现在古上党地区遍布着神农氏的传说与祭拜建筑，民俗中也留存着浓郁的炎帝信仰遗迹。

从方志中看，古代太行地区有神农遗迹八处，涉及山西、河南、河北三省，高平、长治、长子、壶关、黎城、潞城、陵川、温县、新乐九县。而最集中的则是高平羊头山及周边村落。《太平寰宇记》卷四十四云："羊头山，在县

---

[1]　王玉哲：《中华上古史·姜姓之族原在山西》，上海人民出版社 2000 年版。

（高平）北三十五里。《山海经》云：神农尝五谷之所。"当地方志也反复重复着这一记载。据方志载此地神农遗迹有五处：（1）神农城。《元和郡县志》卷十五"长子县"下云："神农城，《后魏风土记》曰：神农城在羊头山上，山下有神农泉，即神农得嘉谷之所。"《泽州府志》、《长子县志》亦皆言其为"神农得嘉谷之所"。按，此城遗迹今仍见，时可捡到秦汉时砖瓦。这可能是秦汉时祭拜神农氏的庙宇建筑。（2）神农井。《太平寰宇记》卷四十五"长子县"下云："神农井在县南五十里，出羊头山小谷中。《上党记》云：神农庙西五十步，有石泉二所，一清一白，甘美，呼为神农井。"（3）五谷畦。雍正《泽州府志》卷十二："五谷畦，神农泉下，地名井子坪，有田可种。相传神农得嘉谷于此，始教播种，谓之五谷畦焉。"（4）谷关。其地在羊头山下东南约四公里处。《山西通志》卷十九："《地形志》：羊头山下神农泉北，有谷关，即神农得嘉谷处，山下有谷泉。"（5）炎帝陵。光绪《高平县志》卷三："炎帝陵，在换马镇东南，广六十步，南北衮百步。石栏石柱存焉，金元物也。"其次是长治百谷山。马暾《潞州志》卷一："百谷山，在州城东北一十三里，与太行相连，多产赤白石脂。昔神农尝百谷于此，故建庙祀之，因名山。"乾隆《清一统志》卷一〇三云："百谷山，在长治县北十三里，岩壑绝胜，与太行王屋相接。山多柏树，故名。"《府志》或曰："神农尝百谷于此，亦名百谷山。下有百谷泉。"百谷泉，又名百谷井。《潞州志》云："百谷井，在百谷山神农庙前，深一丈，方广三尺，其味甘美，虽旱不涸。"按，今泉尚存，名曰古寒泉。另外，百谷山还有百谷洞、神农洞，方志失载。除这两地较集中外，其他则是零散的传说。顺治《潞安府志》卷十五在《纪事》一篇的开头即曰："事在上古，不可考矣。练石射日，旧志载之，存其迹可也，终不可以据以为实录。神农尝谷，虽传闻乎，乃民事之始，况秬黍定律，制作大原，经传皆以上党羊头山为准。旧志以为神农尝而得之，而遗迹在境内者又历历可考，此理之可信者。故以神农为始，而历代事胪列于后。"这段序言是很有代表性的，它反映了方志作者在编纂时对于历史传闻的选择。尽管他们有时也有"攀缘圣贤以托重"的倾向，但受文献记载的影响，对一些地方性传闻往往要向古史记载靠拢，甚至以古史正方志。如关于炎帝陵，《郡国志》、《帝王世纪》、《路史》等都说神农葬湖南长沙之茶陵，于是《高平县志》就说：高平的炎帝陵是"虚冢"，真正的炎帝陵寝在湖南。《水经注》据湖北随州地方传说，说炎帝生于随州的厉乡，于是长子等地县志便不敢大胆地记述羊头山关于炎帝的传说，而是仅记其山方位，其余则只引述前人，这样便造成了许多传说的失载。由此而言，方志中仅存的一点记载，应该是非常珍贵的。

关于神农氏的祭拜建筑，太行山地区有不下二百余座，但大多在历史的风雨中逐渐褪色、消失。有些则被改修为其他的神庙，如长子大堡头镇老马沟村的神农庙，到唐代时便被改为仙公庙。还有些庙宇久毁无存，无法考稽，如宋代《上党县潜龙山宝云寺碑记》说："北靠龙山炎帝之庙貌"，说明龙山上有炎帝庙，但现已片瓦无存。又如《壶关县志》载元韩仲元《重修玉皇七佛庙记》说："直壶关县治之南二十五里，有聚落曰沙窟，其西土山曰古圣，面炎帝之祠。"今则不知其祠何在。高平赤祥村炎帝庙有碑记说：炎帝庙"最盛莫如吾邑，计长平百里，所建不止百祠"，但今所知不过二十有余。据《怀庆府志》载，太行山南的修武县也有神农庙。据我在太行山地区的考察，参考《中国文物地图集·山西分册》，今可考知的神农庙宇不到四十处，涉及六个县市。

与方志记载和庙宇建筑反映的情况相一致，太行山地区留下了大量关于炎帝的碑刻。有些碑刻虽非出自炎帝庙宇，但因在炎帝祭拜盛行的地区，因此也留下了深刻的炎帝文化的影响。据不完全统计，这一地区今存与炎帝有关的碑刻约 90 余件，涉及五个县市，堪居全国之首。最早的一通碑刻，是立于北齐天保二年（551）的羊头山五佛碑，碑文言羊头山为"神农圣灵所托"。其次有隋开皇五年（585）的黎城宝泰寺碑记，碑言此一带为"炎帝获嘉禾之地"。唐天授二年（691）的羊头山清化寺碑文则明确说："此山炎帝之所居也。"唐天祐七年（910）的高平魏庄村毕刚墓志，又称此地为"神农乡神农里"。从这些碑刻可知，最迟在北齐时此地神农氏的传说已经盛行，故在羊头山下出现了以"神农"命名的乡村。此外宋元碑刻约有五通，明代碑刻二十余通，其余为清代碑刻。这些碑刻较为详细地记述了各地神农庙的修建经过，以及当地的炎帝传说与祭拜之盛。

就炎帝的传说而言，据我们的了解，其传说区域远不及方志记载所涉及的地域广阔，这显然与历史传说随着时间逐渐淡化、消退有关。尽管清代至今只有短短百余年，但在 20 世纪变革大潮的冲击下，许多古老的传说都消失在了观念大更替之中，今知者只有羊头山周围的密集传说以及相关遗迹。如羊头山上有游履洞，传说是炎帝游履此；山下有艺谷圃，传说是炎帝的实验田；有庄里，据说本叫"装殓"，神农死而装殓于此；有北营村，据说本作"不应"，神农中毒，到此地呼而不应，等等。据不完全统计，高平市此种传说遗迹约 20 余处，百谷山有三处，长治县还有一些，如黎岭，又叫羊头岭，传说是炎帝建都地。在太行山南麓，沁阳市城区西北 23 公里处有神农山，传说是炎帝神农辨五谷、尝百草、登坛祭天的地方，故得名。这里还有神农坛、神农洞、神农庙、五谷台、神农居、神农窟、百草坡，相传皆与神农氏有关。除有遗迹的传说外，还有些风物故事、以事件为中心的故事。侯文宜先生对于炎帝传说有过认真的调查和分析，她将传说分为四种类型，即农耕先祖神传说类型、初创文明之"帝"传说类型、血亲献身创业传说类型、民族英雄传说类型。她的结论是：当地炎帝传说具有史诗性、密集性、物证性的特点，很可能为原发地传说。[①] 这个结论，我觉得基本上是可信的。

如果说关于炎帝的传说，可以由文人编造而传播于民间，也可以由外传入的话，那么一种地方性习俗，则是非几个文人或外来传说所能左右的。在《汉书·地理志》中，班固对"风俗"有一个解释，他说："凡民函五常之性，而其刚柔缓急，音声不同，系水土之风气，故谓之风；好恶取舍，动静亡常，随君上之情欲，故谓之俗。"这个"俗"就是我们要说的习俗，所谓"随君上之情欲"，其实就是指权威力量的影响。没有一个权威性历史人物或特殊的历史过程，很难构成一种特殊的习俗。上党地区与炎帝相关的民俗，正是在炎帝及其传说的影响下，在特殊的历史过程中形成的。可以说，没有炎帝的历史存在，没有深远的历史文化之根，就很难有这些习俗的产生。

在众多与炎帝相关的民俗中，最受我们关注的是对于羊的崇拜。前文我们已经说过，炎帝姜姓，姜、羌同源，羌崇拜羊，因而在关于炎帝的传说中，留下了许多与羊相关的地名。上党地区众多以羊头命名的山岭及这些山岭有关炎帝的传说，即可证明羊与炎帝族的不解之缘。在上党地区，民俗中的羊崇拜特

---

① 侯文宜：《山西上党羊头山周边地区炎帝传说、民俗考释》，载王树新、孟世凯编：《炎帝文化》，中华书局 2005 年版。

别突出。据长治县委宣传部编的《炎帝故里风光美》一书中介绍，在长治地方，羊在当地人心目中是一种神圣的吉祥物，在各种祭祀活动中都被列为最主要的供品。现在在祭祀活动中仍须蒸面羊，而且羊形态各异，有公羊、母羊、群羊、独羊、卧羊、站羊等。公羊身上披满谷穗，和面掺黍米面，用豆做眼，麦粒作唇。一头面羊麻黍稷麦豆五谷俱全，缺一不可。像高平羊头山上的碑座，不是像一般碑座那样雕成所谓"龟驮碑"的形状，而是雕着一只硕大的羊，也反映了对羊的崇拜。

最值得注意的是，人生礼仪中的关于蒸羊的习俗。孩子过满月时，亲友要送各种礼品，姥姥、舅舅家除送被褥之外还必须送一份面羊。面羊数为五，据说是取"伍"的谐音，表示与羊为伍。五羊分大羊、二羊、三羊、四羊、五羊。大羊的头下戴一把锁，用红线把三枚古铜钱套在羊脖子上，另捏拴羊石一块，意思是把羊拴住。羊在这里已经完全变成了孩子的替代物，把羊拴住就等于把孩子拴住，这样就不至于被恶魔拉走。孩子到十五岁时要"圆十五"。"圆十五"一个重要的环节是开锁。开锁时姥姥家也必须蒸十五只面羊，以象征十五岁。但与以往不同，面羊头下取消了锁，也没有了拴羊石。开锁仪式完毕后，孩子拿着一只面羊跑走，表示成人了，可以自由了。孩子用面羊找邻居家换一把盐，表示从此可以闯荡江湖，体味人生咸酸。

据调查，在上党地区，结婚、过年也要蒸面羊。青年人婚嫁时，亲戚们每家都要蒸一斤面二十个的八条腿小羊馒头作赠礼，炸菊花形馓子。姑娘远嫁后，每年都给她及后代蒸牛、羊、猪状馒头送去。在考察中发现，类似的习俗在山西代县也有，而代县竟然有河叫"羊头神河"。[①] 据《山西通志》载，寿阳有羊头寨、羊头崖。在羊头寨周围的村落，也有孩子满月蒸面羊的习俗，虽已演变为以羊为主的各种动物，但仍然叫作"面羊羊"。在太岳山西麓的霍州，把这种馍叫作"羊羔馍"，虽称羊羔馍，其实各种动物都可以。孩子过十二岁生日时要开锁，要在一个锅盖似的大馍上雕十二只面羊。显然这种习俗与原始时代的羊图腾崇拜有关。

---

① 雍正《山西通志》卷二十六："羊头神河二，在州西二十里。"考其水在代县，今名东茂河、西茂河。

在原始时代，人们把图腾看作与自己是一体的东西。在文献记载中说炎帝是人身牛首。如《孝经援神契》说："神农长八尺有七寸，弘身而牛首，龙颜而大唇。"[1]《帝系谱》、《帝王世纪》等亦皆说神农是"牛首"。在陕西民间剪纸中，炎帝像亦作牛首人身。有人认为牛是炎帝族的图腾，但在原始时代图腾是比较繁杂的，有个人图腾，还有氏族图腾、部落图腾、性别图腾等。看来"牛首"只是炎帝族所崇拜的上帝的形象，是首领的个人图腾，而羊才是这个氏族的图腾。

另外，在太行山地区民俗生活的方方面面中，都可以看到神农氏信仰的痕迹。在从前，每年都要对炎帝进行祭祀，有官祭与民间祭祀两种。现在一些民俗活动还存在，如每年春节过大年时，人们都要祭炎帝，有的地方大年三十夜用小米做成捞饭和菜焖起来后摆上桌敬供炎帝，初一蒸年糕再供；有的地方还要到炎帝庙中请炎帝神灵，要求回家与自己家人一起过年。在高平地方，秋收时虽天气已凉，但家家户户糊窗纸时都要留一个小洞，说是神农老爷在地里还没回来，这是供他出入的；到秋收完十月初一时，方可全部糊严。在高平北营、换马村一带，有服用蒲公英的习俗，老人们说这是一种保健法，是从炎帝老爷那儿传下来的。农村有许多节令，在高平，这些节令也变成了祭祀炎帝的日子。如二月初二为动土日；十月初十为谢土日，家家户户都敬供五谷老爷；七月十五中元节，各地有祭祀亡故亲人的习俗，在这里却要到地里供羊馒头，祭祀五谷爷（即神农），或者亲戚邻里互送羊馒头，感念炎帝粒食之恩互致祝福。

侯文宜先生说，在高平民俗活动中，出现频率最高的或者说基本的元素显然有三个，即炎帝、谷和羊馒头。因此我们看到上党高平羊头山周边乡村的民众文化习惯中，在节日娱乐、丰收庆贺时总是先要敬祭炎帝；在农事生产中总是想要祈求五谷老爷（炎帝俗称）保佑；在邻里亲友仪礼交往中总是以羊馒头为重要礼品；在生者盖房和死者安葬时总是用谷作"镇物"驱邪保佑。这就不证自明了，炎帝、谷、羊馒头在当地显然是具有神性之物，而本质上它们又是三位一体的，炎帝即谷即羊，谷即炎帝，羊即炎帝，它们隐喻着人们对带来生

---

① 安居香山、中村璋八：《纬书集成》，上海古籍出版社 1994 年版，第 965 页。

命本源的农耕文明的信义，以至幻化成一种非宗教性的"神"信仰和象征义。换言之，炎帝、谷、羊馒头就是他们心中的"神"，具有禳灾赐福的超然神力，因而也就作为一种精神信仰和寄托意愿的象征物品世代传承于习俗中了。① 这个分析无疑是有道理的。

在关于炎帝的祭祀活动中，有两点特别值得注意。一是上党地区的老百姓对待炎帝不像对待其他神灵那样敬畏，而是感到亲切可爱，感到他就是自己的亲人、恩人，他就在自己身边，因此一点也不见外。用后柏村一位老人的话说："炎帝是个农民，种地出身，没有什么讲究。"像高平釜山、高良、贾村等村，大年初一要到庙里接炎帝回家。就像自己家的老人，过年节要给儿孙们一起吃团圆饭一样，这是其他神灵绝没有的待遇。可以看出，此地的人是把炎帝作为祖先来崇拜的，他们的祭祀行为表明了他们与炎帝之间的血缘联系。

二是晒炎帝神像祈雨的仪式。这以长畛村最典型，同时也见于长治关村、壶关县东长井、长子色头等地。看来这是晋东南地方一种很特殊的祈雨方式。罗琨先生撰有《羊头山与炎帝史影 —— 一则祈雨古俗之剖析》一文②，重点分析了长畛村晒炎帝以祈雨的仪式，认为这是一种非常古老的祈雨方式，与甲骨文中的"交雨"（交是一个人下面架着一堆火的会意字）、《左传》中的"焚巫"、《礼记》中的"曝尪"是一回事。而比此更早的习俗则是以王为祭品的。《吕氏春秋·顺民》记载成汤以身祷于桑林求雨，《淮南子·修务训》记载大禹治水，以身请于阳盱之河，都是以王为祭品以求去灾的例子。晒炎帝以祈雨，正是远古以王为祭品习俗的遗存。我认为罗琨先生的分析是非常有道理的。这也更可以证明此地传说及仪式之古老。

从方志记载，到庙宇、碑刻、传说以及民间习俗，如此浓郁的神农文化印痕，据目前所知，在全国实属罕见。这种情况无疑是神农氏发祥于太行山地区的又一佐证。

---

① 侯文宜：《山西上党羊头山周边地区炎帝传说、民俗考释》，载王树新、孟世凯主编：《炎帝文化》，第 155 页。

② 罗琨：《羊头山与炎帝史影 —— 一则祈雨古俗之剖析》，载王树新、孟世凯主编：《炎帝文化》。

五、太行山地区生态环境与粟作农业考古发现

　　神农氏的传说及其发祥，应当是与粟作农业的起源相联系的。各方面的资料都在昭示着太行山地区与神农氏发祥的密切关系。为了对这一问题做深入探讨，我们需要从生态环境及考古发现的角度做出考察。

　　首先，就农业对于文明发生的意义而言，有一个非常值得重视的问题，即文明的发生、培育，必须在稳定的环境中进行。中国近代地理学与气候学的奠基者竺可桢先生，在20世纪30年代发表了一篇题为《气候与人生及其他生物之关系》的文章，文中指出："在文化酝酿时期，若有邻近野蛮民族侵入，则一线希望即被熄灭。所以世界古代文化的摇篮统在和邻国隔绝的地方。"[①] 这一观点对我们有很大的启发。竺可桢先生举了埃及、巴比伦、印度和中国的例子，认为尼罗河、幼发拉底河、印度河的四周都是沙漠；而周、秦发起的渭河流域西北两方是半沙漠地带，且南面有秦岭，东面有函谷关，所谓四塞之国，在这样的区域里，才能孕育一个灿烂的文化。竺先生是对既有现象给出了一个合理解释，对周、秦两个王朝发迹的地理环境的解释应该也是合理的。但周、秦时代，已进入文明成熟阶段，就远古文明萌芽时期而言，恐怕对地理环境的要求要更为严格一些。人类文明的发生，犹如人之怀孕，鸟之孵雏，是绝对经不起折腾的。比如在没有任何天然屏障作保护的开放型阔野下，一个原始人群刚从野生植物中发现优良品种进行栽植培育，可能等不到收获，就被寻求食物的游牧或狩猎集团赶走了。或者虽驯化出了谷种，也没有稳定的环境条件允许他们守候土地到收获季节。或者等不到积累够文明发生的物质基础，便会被游牧集团或其他相邻狩猎集团所摧毁。因此文明发生对于环境的要求，应该是居于第一位的。

　　从逻辑上说，人类文明的发生不应该只有一个点，而应该是多发性的，然而受环境条件限制，有相当多文明的星火，皆熄灭于人为的或自然的灾难之

[①] 竺可桢：《气候与人生及其他生物之关系》，载《竺可桢全集》，科学出版社1979年版，第218页。

中。我们可以举几个最典型的例子：1973—1978 年，考古工作者在浙江余姚河姆渡两次发掘了距今约 7000 余年的古文化遗址，出土文物多达 6700 件，还发现腐烂的稻谷大约有 10 万公斤。①大多学者认为，这一发现为研究中国文明的起源提供了珍贵的实物资料，证明长江流域和黄河流域一样都是中华民族远古文化的摇篮。1976—1978 年，考古工作者在位于河北武安县的磁山村发掘了比仰韶文化还要早千余年、距今 7300 年左右的磁山文化遗址，出土了陶器、石器、骨角器等近两千件。还发现了大量堆积的粮食，总量达到 13.82 万斤。学术界兴奋地认为，这为寻找中国更早的农业、畜牧业和制陶业文明的起源，提供了可贵的线索。然而更值得思考的是，这两处作为重大发现而存在的遗址，为什么都有大量的粮食被弃？这几十万斤粟米、稻谷，对原始人群来说需要付出多大的劳动？怎么竟然会被弃而不顾？而且一再地任其腐烂？还有大量精美的器物，对原始人而言是多么的珍贵，何以竟被委弃？这里的主人哪里去了？一个合理的解释，恐怕就是突发性灾难！灾难不知道熄灭了多少古老文明的星火，如此，那些处于失去保护屏障环境中的先民，也就很难完成文明发展所必需的物质积累。

因而文明的萌芽只有在稳定的环境中才能生长。而中华文明兴起的黄河流域，最具备这种封闭、长期稳定条件的，就是山西和陕西，且山西无疑是首选。故顾祖禹《读史方舆纪要》卷三十九《山西方舆纪要序》说："山西之形势，最为完固。关中而外，吾必首及夫山西。"可以说，山西地理上就是一个封闭的鸟笼。在历史上无数次改朝换代的重大战争中，关中成了各家必争之地，河北、河南、山东等地大平原皆变了战场，而山西却因重山大河的保护，获得了一片安宁。对上党地方来说，则又是居于山西这个大的封闭区中的一个小区，它比整体的山西又多了几重保护。如果把山西比作山坳的话，那么上党盆地就是这个山坳深处的一个"鸟巢"。上党东边是太行山，其作为中国大陆第二阶梯的东部边缘，南北纵贯于河北与山西间，成为一道割断山地与平原联系的天然屏障，由海拔 1200 米以上的山地，直下落到海拔 50 米以下的河北平原。上党西边是太岳山，太岳山脉北端在榆社、左权一带与太行相连，向南绵

---

① 严文明：《中国稻作农业的起源》，《农业考古》1982 年第 1 期。

延四百里与中条山相接。上党南面是中条山、析城山、王屋山，东西横亘数百里，东与太行主脉相接。在三条山脉交汇之间，形成了一个东西约一百余里、南北约三百余里的封闭型盆地。《读史方舆纪要》卷四十二论上党地理形势云："《志》云：郡地极高，与天为党，故曰上党，为两河要会，自战国以来攻守重地也……东汉初，冯衍遗上党守田邑书曰：上党四塞之固，东带三关……杜佑曰：上党之地，据天下之肩脊，当河、朔之咽喉。杜牧曰：泽、潞肘京、洛而履河津，倚太原而跨河、朔，语其形胜，不特甲于河东一道而已。五代梁围潞州，晋王存勖曰：上党河东藩蔽，无上党，是无河东也……上党诚自古必争之地矣。"可谓是华夏文明最理想的"孵化场"。外围大山像高大无比的城墙，将这里保护得严严实实，一方面使生活在这里的先民免除了游牧民族及其他狩猎集团的侵扰；另一方面丰富的自然资源又为这里的先民准备了必要的生活资料，使他们获得了安定发展的物质条件。关于太行太岳之间"文明之巢"位置的特殊意义，我们可以抗日战争中八路军在此建立根据地为例。在 20 世纪三四十年代日本侵略气焰甚为嚣张之时，北方黄河以东几乎所有的平原地区皆为日军所占领，而八路军却依靠太岳、太行大山的保护，在这里建立起了抗日革命根据地，在这大山之中与强敌周旋，并在这里建立起了兵工厂，为抗日战争的胜利做出了卓越贡献。

其次，人类早期低下的生产力，单一的农业生产方式，很难维持生计，必须依靠多元的经济生产方式才能保证正常的生活。因而"文明之巢"应该出现在利于多种经济方式并存的区域中。而晋东南地区的景观生态格局，无疑成了人类早期最理想的家园。上党盆地北高南低，周围高山最高处达海拔 2500 米以上，盆地边壁是丘陵，一般在 500 米—1000 米间，盆底部分从海拔 300 米—950 米不等。有三条主要河流纵横其间，西部沁水，发源于沁源二郎沟，由北向南流经沁源、安泽、沁水、阳城、沁阳，南入黄河，途中汇集了十几条小的河流。北部有浊漳水，发源于长子县发鸠山东麓，由西曲折向东，中汇绛水、浊水、清漳水，流经长治、襄垣、潞城、黎城、林县、安阳等地，东流入海。中部有丹水①，发源于高平市丹朱岭，由北向南，汇绝水、泫水，流经晋城，南

---

① 丹水，今本《山海经·北次三经》作"丹林之水"，《水经·沁水注》引则作"丹水"。

入黄河。这三条水,皆见于《山海经·北次三经》与《水经注》中。晋城古又名泽州,阳城古又名濩泽,太岳山侧有地名曰安泽,从这许多泽字中,可以测知古代这里应当是有不少湖泽的。《元和郡县志》卷十九"阳城县"下引:"墨子曰:舜渔于濩泽。"我们在考察中,也每每听当地说起那里古代的大湖泽,说明这里在古代水资源比较丰富,利于渔耕。有山陵,有丘阜,有平原,有湖泽,有森林,有草地,有水域,多层次的景观生态格局为原始人提供了可猎、可采、可耕、可牧、可渔的多种经济生活条件。

再次,作为神农尝百草、植百谷、艺百蔬产生的地理生态背景,一定是一个植物物种分布非常丰富的地方,也是一个非常适宜作物生长的地方。而据了解,在华北地区植物物种分布最丰富的竟然就是太行山地区!百谷、百蔬、百草、百药,这"百"的概念自然是由极多的物种存在才能形成的。所谓百谷,其实就是杂粮。只有盛产杂粮的地方,才有可能出现炎帝"植百谷"的历史及传说。而众所周知,在中国大陆,杂粮主要产于北方,在北方以杂粮闻名全国者就是山西,被称作是"小杂粮王国",其产量占全国的百分之十以上。杂粮主要产区在晋北、晋西北和晋东南的山区及丘陵地方,尤以晋东南为盛。据《泽州府志》记载,这里杂粮有二十多种,像黍类就有红、白、青、黑数种,豆类也有黑豆、绿豆、豌豆、豇豆、白豆、小豆、蛮豆等七种。其实品种要远多于此,现在有人统计,仅豆类就有二十多种。这可以说是炎帝植百谷的一个很好的注脚,也说明晋东南有产生"神农植百谷"传说的充足条件。更可注意者,上古三代华北地区先民最主要的食物是黍、稷,传说中神农氏最突出的发明也是黍、稷。黍是黄米,稷是小米。从逻辑上说,只有在黍、稷能够表现出类拔萃的地方,人类才能发现它。而太行山地区小米又大又黄,至今名冠天下,小米的优秀品种"沁州黄"、"泽州香",千百年来一直是贡品。羊头山的黍子,更是载在史册。明朱载堉《乐律全书》卷十说:"旧说上党之黍有异他乡,其色至乌,其形圆重,用之为量,定不徒然。"更有意思的是,太行山地区,古称黎。而黎字,古从禾从黍省,禾指小米,即稷,黍指黄米,正反映了这里生产黍稷的古老历史。更何况这个叫"黎"的地方,传说就是神农氏建都之所呢!

关于"百草"、"百药"的概念,同样只有在盛产草药的地方才能形成。而说到草药，人们自然会想到上党药材。在中国北方，这里无疑是出产药材最为丰富的地方之一。有学者提出生态过渡带是人类文明的"孵化场"①，这是非常有道理的，因为生态过渡带提供了生物的多样性。不同的地貌，形成了不同的生物群落，而过渡带不同生物群落的交错共生，加大了生物种群的密度，有一种边缘效应。晋东南正是这样的一个地方。据山西大学黄土高原研究所茹文明教授调查，仅晋东南山地，就有种子植物125科，512属，1090种。其中油脂植物147种，淀粉植物98种，果类植物136种，蜜源植物136种，药用植物426种，野菜植物68种。据20世纪考古学、地理学家、气象学的研究成果，新石器时代的北方气候要比现在温暖湿润，于此推断，那个时代晋东南的植物种类比现在会更多，自然会产生百草、百蔬的概念。长治古代有"鲍店药材会"，是当时全国最大的药材交易市场之一，也是潞商的支柱性产业。每年的九月十三到腊月二十三，会期100天，四川、云南、西藏、青海、贵州、安徽、广州、福建、北京、天津以及山西本省各地的药商，都会云集此地，多达数万人。显然鲍店药材会的形成，是与太行山区盛产药材直接联系在一起的。因而这里可以说是最具备"神农尝百草"条件的。

由以上情况分析，在这样的生态背景下，产生神农氏的传说是非常自然的。石兴邦先生在《考古与文物》2000年第4期上发表了题为《下川文化的生态特点与粟作农业的起源》的文章，王星光、李秋芳两先生在《中国农史》2002年第1期发表了题为《太行山地区与粟作农业的起源》的文章。这两篇文章使我们把目光转向了考古，结果发现：最早的粟作农业的考古发现，几乎都集中在太行山周围！最早的是位于太行、太岳之间的下川遗址，年代为距今2.4万年至1.6万年前。其中发现了三件残缺的石磨盘残片，还有石锛。磨盘是加工谷物种子的工具，石锛可用于开垦土地时砍伐树木，这是目前发现的最早的与农业有关的用具。②另外，在太行山东麓西距太行山余脉仅15公里的河北省保定市徐水县高林村镇南庄头村，发现了距今一万年左右的新石器时代遗

---

① 宋豫秦等：《中国文明起源的人地关系简论》，科学出版社2002年版，第15页。
② 详见王建等：《下川文化 —— 山西下川遗址调查报告》，《考古学报》1978年第3期；山西省考古研究所编：《山西考古四十年》，山西人民出版社1994年版。

址，遗址中出土有磨盘、磨棒、陶片等。^① 太行山东侧河北省南部武安市磁山村，发现了距今约 7300 年的新石器时代遗址，考古学上定名为磁山文化，是目前在北方发现的最早的农业文化，在这里发现了大批腐烂的谷子，还有磨盘、磨棒、斧、铲、凿、锛、镰等农业用具。^② 磁山遗址在漳河流域，逆漳河而上约一百余公里，深入到太行山中的武乡，在这里也发现了属于磁山文化的磨盘和磨棒。^③ 在太行山东麓淇水之畔的淇县花窝，也发现有距今 7000 多年的新石器遗址，出土有石锛、石棒、石铲等可用于农业的工具。^④ 与沁水下川遗址只有一山之隔的翼城枣园，也发现了原始文化遗址，出土有陶壶、陶罐、陶钵、三足盂等彩陶，还有石刀、石磨棒、陶纺轮、陶错等生产工具。^⑤ 这里虽然未发现粟粒，但陶器及石磨棒的存在，已经证明其农业生产的经济生活方式。

从太行山地区的考古发现中，我们不难看出一个事实：中国北方最早的粟作农业遗址聚集于这一带。其实裴李岗文化也应该放在这个范围内来考虑，因为裴李岗文化分布区域离太行山南麓也只有一百多公里。从现今神农传说最盛的高平羊头山到裴李岗文化区的郑州，乘汽车也只有两个多小时的路程。石兴邦、王星光等先生，把中国粟作农业的起源与太行山地区联系起来，这应该是非常有见地的。因为当今发现的早期粟作农业遗址在太行山东者居多，故有学者把农业的起源认定在太行山东侧。但我们要知道，人类是从山林转向平原的，怎知太行山东侧的粟作农业遗址不是由山中走出的人群所创造的呢？更何况还有太行山内的下川遗址作证呢？就目前来说，在太行山内的考古发掘还不够，但没有发现不证明就不存在。再则，就以我们以上提到的"鸟巢"理论来说，"孵化"需要封闭与安定，而发展则需要开放。文明之鸟破壳而出，一旦羽翼丰满，必然要弃巢远飞，寻求新的发展空间。因此太行山东的广袤之地出

---

① 保定地区文物管理处等：《河北徐水县南庄头遗址试掘报告》，《考古》1992 年第 11 期；王珺：《徐水南庄头遗址又有重要发现》，《中国文物报》1998 年 2 月 11 日。

② 详见邯郸市文物保管所等：《河北磁山新石器遗址试掘》，《考古》1977 年第 6 期；河北省文物管理处：《河北武安磁山遗址》，《考古学报》1981 年第 2 期。并参见佟伟华：《磁山遗址的原始农业遗存及其相关问题》，《农业考古》1984 年第 1 期。

③ 山西省考古研究所编：《山西考古四十年》，第 54 页。

④ 安阳地区文管会等：《河南淇县花窝遗址》，《考古》1981 年第 3 期。

⑤ 山西省考古研究所编：《山西考古四十年》，第 54—56 页。

现多处农业考古遗址，也是情理之中的事情。如果我们结合尧舜禹三代建都情况分析，便会看得更清楚：以上党盆地"文明之巢"为中心，向西不到一百公里，便是尧都平阳——临汾；向西南不到一百公里，便是舜所都之蒲坂与禹所都之安邑，即永济；向南一百公里，便是夏后氏所都之阳城与周之东都洛阳；向东一百公里，便是殷人之都城安阳。如果以上党为中心，以百余公里为半径，由西向南向东画一个半圆，这便是司马迁所谓的"天下之中"了。尧、舜、禹、夏、商、周等古都，皆围绕上党地区而旋转，并相去不过百余公里，这绝对不是偶然的巧合，只能说明上党作为"文明之巢"对于牵系先民情感的意义。

从文献记载，到方志、碑刻、民间口传、民俗信仰、生态环境、考古发现，都在昭示着一个主题：神农发祥于太行山地区！从文献的角度讲，没有任何一个地方像太行太岳之野这样，有如此集中的关于炎帝神农氏的记载。从方志、碑刻情况看，没有任何地方像太行山地区这样，有如此大面积、大批量的关于神农氏的资料。从民俗信仰来看，没有任何一个地方像上党地区这样，有如此普及的炎帝祭拜庙宇与祭拜活动。从生态环境看，没有任何一个地方，比此地更具有"文明之巢"的功能，更适宜黍稷的生长。从考古发现看，没有任何地方比此地有更多、更早的粟作农业遗址。因此我们的结论是：传说中的神农氏，其发祥地应该在太行山地区！

（原载于《山西大学学报》2012 年第 3 期）

黄帝族的起源迁徙及炎黄之战的研究

关于中华远古始祖炎帝与黄帝的关系及战争冲突问题，相当多的学者，据《国语》炎黄为兄弟的记载，推定炎帝与黄帝起源于同一地区。他们认为黄帝既起源于陕西，炎帝理所当然也发祥于陕西，炎黄之战是华夏集团内部的冲突。我则认为：黄帝与炎帝是两个不同的民族，炎黄之战是农业民族与游牧民族的一场大冲突。关于这一问题，我们可通过对上古史料的综合、分析，得出结论。

一、黄帝与少典及北狄

《国语·晋语四》说：

> 昔少典娶于有蟜氏，生黄帝、炎帝。黄帝以姬水成，炎帝以姜水成。成而异德，故黄帝为姬，炎帝为姜。二帝用师，以相济也，异德之故也。异姓则异德，异德则异类，异类虽近，男女相及，以生民也。同姓则同德，同德则同心，同心则同志，同志虽远，男女不相及，畏黩故也。

这是关于炎黄关系最为主要的一段记载，其中披露了三个方面的信息，一是炎帝、黄帝国出于一个原始母体；二是在炎、黄之前，还有个少典氏、有蟜氏，他们是炎、黄二族的前身；三是炎帝与黄帝分别崛起于不同的姜水与姬水之域。这三个方面，几乎任何一个方面都可以成为一个研究的课题。关于炎黄兄弟之说，我们频见于汉以后的记载中，只是在谁为兄谁为弟的问题上，传说各异而已。如《新书·益壤》说："故黄帝者，炎帝之兄也，炎帝无道，黄帝伐之，涿鹿之野，血流漂杵，诛炎帝而兼其地，天下乃治。"《新书·制不定》说："炎帝者，黄帝同父母弟也。各有天下之半，黄帝行道而炎帝不听，故战涿鹿之野，血流漂杵。"而今本《竹书纪年》、《稽古录》、《路史》、《资治通鉴外纪》、《皇王大纪》、《绎史世系图》等，皆列炎帝于黄帝之前。《国语》韦昭注说："贾侍中云：少典，黄帝、炎帝之先。有蟜，诸侯也。炎帝，神农也。虞唐云：少典，黄帝、炎帝之父。昭谓：神农，三皇也，在黄帝前。黄帝灭炎帝，灭其子孙耳，明非神农可知也。言生者，谓二帝本所生出也。《内传》：高阳、高辛氏，各有才子八人，谓其裔子耳。贾君得之。"在这里，韦昭否定了炎黄兄弟说，而认定了他们同出于一个母体的历史。虽有见地，却非定论。问题在于"少典"何指？是国名，还是一原始部落？其地望何在？这应该是解释炎黄起源问题的一个关键。

除《国语》外，少典一名也曾见于其他典籍中。如《大戴礼记·五帝德》曰："黄帝，少典之子也，曰轩辕。"《帝系篇》曰："少典产轩辕，是为黄帝。"《史记·五帝本纪》云："黄帝者，少典之子，姓公孙，名曰轩辕。"《史记·秦本纪》曰："大业取少典之子，曰女华，女华生大费。"关于少典，约有五说。

1. 人名说。《汉书·古今人表》所载有少典之名，而于其下注曰："炎帝妃，生黄帝。"这条记载大异于诸书所言，把炎帝与黄帝说成了父子关系，想来是有其特别的资料来源的。梁玉绳《人表考》引其子梁鏊说云："以少典为炎帝之妃，以黄帝为炎帝之子，孟坚不宜舛误如此。疑元表大字少典有蟜并列，而于有蟜注云：少典妃，生炎帝黄帝。传写讹脱耳。"[①]关于这个问题，暂不讨论，我们所注意的是，在这里班固是把少典作为一上古人物来对待的，这应该是当时一般人的共识。《史记·五帝本纪》集解引谯周《古史考》以为，少典是有熊国君之名。

2. 国号说。《史记索隐》曰："少典者，诸侯国号，非人名也。又按：《国语》云：'少典娶有蟜氏而生黄帝、炎帝。'然则，炎帝亦少典之子。炎、黄二

---

① 二十五史刊行委员会：《二十五史补编》第一册，中华书局 1955 年版，第 245 页。

帝虽则相承，帝王代纪中间凡隔八帝五百余年，若以少典是其父名，岂黄帝经五百余年而始代炎帝后为天子乎？何其年之长也？又按《秦本纪》云：'颛顼氏之裔孙曰女修，吞玄鸟之卵而生大业。大业娶少典氏而生柏翳。'明少典是国号，非人名也。黄帝者少典氏后代之子孙，贾逵亦谓然，故《左传》'高阳氏有才子八人'，亦谓其后代子孙而称为子是也。"《路史·国名记》云："少典，黄帝父大业少典氏，则其后袭封者有典氏。"梁玉绳《人表考》云："少典始见《晋语四》，少又作小（《路史·后纪五》），按《晋语》：少典取于有蟜氏，生黄帝、炎帝。《史五帝纪》：黄帝者，少典之子。《大戴礼·五帝德》少典之子轩辕。《帝系》少典产轩辕。《易系疏》引《世纪》：有蟜氏女为少典妃，生炎帝。《晋语》注：少典，黄帝、炎帝之先。言生者，谓二帝本所生出也。《鲁语》注：黄帝，少典之裔子。《山海经·大荒东经》注：诸言生者，多谓其苗裔，未必是亲所产。又小司马《补三皇纪》注云：皇甫谧以为少典诸侯国号，《五帝纪》索隐云：《秦本纪》颛顼裔孙女修生大业，大业取少典氏，生柏翳。明少典非人名也。然则前之少典氏亦取有蟜，生神农；后之少典氏取有蟜，生黄帝（《御览》七十九引《世纪》言有蟜与少典世婚，故《国语》兼称是也。《路史·后纪三》谓少典氏取有蟜，生二子，一为黄帝之先，袭少典氏；一为神农。恐非）。"[①]

3.日主说。此丁山先生所创。丁山以为，"少典"由"小腆"语根演来。《尚书·大诰》："越兹蠢殷小腆，诞敢纪其叙。"《尚书正义》引郑玄注云："腆，谓小国也。"王肃注云："腆主也，殷小主，谓禄父也。"古文宜作"少典"，典者，主也，与少典名义正相应。腆字古文，《说文》作，当是小腆的本字，之为言日主也。由是言之，黄帝之父"少典"，不是小主，也不是小国，宜即小的日主。少典生黄帝、炎帝的故事，正是说黄炎二帝都是日神的子孙。[②]

4.氏族部落说。河南省考古研究所原所长马世之先生认为，少典与有蟜是中原地区两个著名的氏族部落。少典氏又作小典氏，其上应有大典氏。马世之

---

① 二十五史刊行委员会：《二十五史补编》第一册，中华书局1955年版，第245页。
② 丁山：《中国古代宗教与神话考》，上海文艺出版社1988年版，第390页。

又引何光岳先生说云：从典字看，他与册字形相似，典似乎是似竹册、木牍串在一起的简片，置于祭台上，供祭司、酋长们查看本氏族的人员情况和记载祭神过程。少典有可能是最早发明文字的人。①

5. 少典为氏族说。此是刘起釪先生的卓见。刘先生认为：少典之"典"，是"氏"之音转。有蟜之"蟜"，是"羌"之音转。"少"和"有"只是附加的发音字，和有虞、句吴、于越的"有"、"句"、"于"一样。少典族即氏族，有蟜族即羌族。少典孕育出黄帝族，有蟜孕育出炎帝族。②

在以上数说中，刘起釪先生之说最为雄辩。他还认为"姬"与"氏"之间，也存在着读音上的联系。③ 在《炎黄二帝时代地望考》一文中，刘先生进一步明确地提出了炎黄出自西北大地氏、羌族的观点。④

刘先生的观点有相当的合理性，遗憾的是刘先生虽然找到了典与氏、姬之间的读音联系，却缺少黄帝与氏族历史记述之间联系的证明，尽管他也从地理上找到了大量氏人活动之地即黄帝活动之地的证明，但这毕竟无法证明黄帝族与氏族之间的血缘关系。因此使得这一创见留下了难以弥合的漏洞。不过刘先生的研究却给了我们很大的启发。《路史·禅通纪》云："初，少典氏取于有蟜氏，是曰安登，生子二人，一为黄帝之先，袭少典氏；一为神农，是为炎帝。"从这个传说中可以了解到，继承少典氏系统的是黄帝族，炎帝则分裂为别派。若少典果是氏族，则自当与黄帝关系密切。而《山海经·大荒西经》则说："有氏（原讹作'互'）人之国。炎帝之孙名曰灵恝，灵恝生氏人。"我认为，与其说"典"是"氏"之音转，毋宁说是"狄"之音变。这主要有以下四条理由：

1. 典、狄古音相通。典古为端母字，狄为定母字，皆为舌音，易转。在今方言仍可找到根据，如晋南赵城、汾西等地，狄、典皆读为 die，狄仁杰则曰"die 仁杰"，字典称作"字 die"，可证。

① 马世长：《试析炎黄文化的发祥地》，载《炎黄汇典·文论卷》，吉林文史出版社 2002 年版，第480—481 页。

② 刘起釪：《周姬姜与氏羌的渊源关系》，载《华夏文明》第二集，北京大学出版社 1990 年版，第16 页。

③ 刘起釪：《周姬姜与氏羌的渊源关系》，载《华夏文明》第二集，第 20 页。

④ 刘起釪：《炎黄二帝时代地望考》，载《炎黄汇典·文论卷》，第 514 页。

2. 更主要的是出自少典的黄帝与狄有血缘联系。段注本《说文》云："狄，北狄，本犬种。"所谓"本犬种"，其实就是以犬为图腾，犹如南蛮"蛇种"，以蛇为图腾；羌人"羊种"，以羊为图腾。《山海经·大荒北经》云："有人名犬戎。黄帝生苗龙，苗龙生融吾，融吾生弄明，弄明生白犬，白犬有牝牡，是为犬戎。"《山海经·大荒西经》："西北海之外，赤水之西……有北狄之国。黄帝之孙曰始均，始均生北狄。"这是说黄帝是犬戎、北狄之祖。少典、黄帝与北狄之间的这种血缘联系，似可证明少典与北狄之间的关系。《周礼·职方氏》有"六狄"之称，《礼记·明堂位》有"五狄"之称，《尔雅·释地》有"八狄"之称，五、六、八等，无非言狄种之多、之盛，马长寿先生《北狄与匈奴》一书，以"赤狄、白狄、众狄"括之。窃以为所谓"少典"，犹言少狄，可能是众狄之一，与长狄相对应，犹如赤狄、白狄之对应。

3. 狄族中有与出自少典氏之黄帝同姓者。《潜夫论·志氏姓》曰："隗姓赤狄，姫姓白狄，此皆大吉之姓。"汪继培笺曰："昭十二年《穀梁传》范宁注：鲜虞，姬姓白狄。疏云：《世本》文。此'姫'字疑'姬'之误。秦氏据程本作'嬬'，以为即《晋语》黄帝十二姓之'酉'。"汪又曰："孙侍卿云：'大吉'疑'太古'。"此言姬为太古之姓。① 余太山《古族新考》曰："《国语·郑语》：'当成周者……北有卫、燕、狄、鲜虞、潞、洛、泉、徐、蒲。'韦注：'鲜虞，姬姓在狄者也。潞、洛、泉、徐、蒲，皆赤狄，隗姓也。'……《春秋释例·世族谱下》卷九称'赤狄子姬姓'，知赤狄并非一姓，可以为证。"② 黄帝姬姓，而赤狄、白狄中皆有姬姓。其中血缘联系，更可得证。

4. 黄帝以轩辕名，而狄则以车闻。徐中舒先生有题为《北狄在前殷文化上之贡献》的遗作③，文章认为北狄为车之发明者，其略云：北狄以乘高轮车著名，所谓高轮车，《北史》言其"车轮高大，辐数至多"，此必为牛马曳引之两轮大车。此族之乘两轮大车，据今日所知，当中国西周之世，即已有之。铜器《小盂鼎》记周康王伐鬼方而有俘车两之事，车称两，自是两轮大车。此为狄在周初曾有两轮大车之证。至殷商先世相土、王亥以服牛乘马著称，服牛即为

---

① 王符著，汪继培笺，彭铎校正：《潜夫论笺校正》，中华书局 1995 年版，第 457 页。
② 余太山：《古族新考》，中华书局 2000 年版，第 85 页。
③ 徐中舒：《北狄在前殷文化上之贡献》，《中华文化论坛》2000 年第 1 期。

牛服车役。殷人之有两轮大车或即自北狄输入。《考工记》言胡人而能为弓车，其所谓胡，当泛指中国北境之外族，必兼古之群狄在内。北狄乘高轮车，实具有极悠远之历史。值得注意的是，黄帝别称轩辕，字皆从车。《绎史》卷五引《古史考》："黄帝作车，引重致远。少时略加牛，禹时奚仲加马。"《释名》曰："黄帝造车，故号轩辕氏"（《渊鉴类函》卷三百八十七）。如徐说不误，则此似亦可证明黄帝与狄族的关系。

有此四证，少典之为狄之异译，黄帝之出于狄族之说，似可成立。关于上古狄族其早先活动的地域，王国维认为"在汧、陇之间，或更在其西，盖无疑义"[1]。蒙文通认为狄即鬼戎，自西而来，由天山而东南下，而进入甘、陕、蒙、晋、冀之域的。[2] 马长寿认为，赤狄原分布在草原南部，白狄原分布在草原西部，到春秋时期，赤狄已离开草原南部而发展到太行山内，白狄也离开了草原西部而发展到陕北高原。[3] 各家之说虽略有出入，但大抵指出了狄族原初之活动范围。由此基本上可以得出炎黄二族来自西或北的结论。

二、黄帝与有熊、轩辕及昆仑

关于黄帝族团的活动地域，许顺湛先生在其大著《五帝时代研究》中，有很详细的考证。许先生根据文献记载，结合现在地理情况，具体开列出了其在各省的活动记录地点，结论是，黄帝族活动的领域主要在河南、河北、山东、陕西、甘肃等地。而河南则是黄帝族团的中心。[4] 对于这个结论，我们有不同的看法。

这里有几个问题需要考虑，如黄帝族属的问题，有熊氏的问题，轩辕称号及轩辕之丘的问题，昆仑的问题，黄帝后裔分布的问题，等等，这都是解决黄

① 王国维：《观堂林集》卷十三，中华书局 1995 年版，第 585—586 页。
② 蒙文通：《周秦少数民族研究》，载《蒙文通文集》第二卷《古族甄微》，巴蜀书社 1993 年版，第 101—106 页。
③ 马长寿：《北狄与匈奴》，广西师范大学出版社 2006 年版，第 2—3 页。
④ 许顺湛：《五帝时代研究·论黄帝》，中州古籍出版社 2005 年版，第 55 页。

帝族群早期活动领域的关键性问题。

关于黄帝的族属，我们在前文曾提及他与北狄的关系。郭沫若先生在这方面也曾有过论述，他说："那些以黄帝为想象祖先的北方氏族部落，原来也是戎人和狄人，后来才融为华夏族。因而黄帝才被奉为华夏族的始祖的。"[①] 这是非常有见地的。众所周知，黄帝后裔发展最盛的一支是建立了中国持续时间最长的王朝的姬姓之周，徐中舒先生撰《先秦史论稿》，专辟"周人出于白狄说"一节，认为周人本是白狄的一支，并不像传说中的那样是农业民族。[②] 沈长云先生有《周人北来说》一文[③]，也认为周人出自白狄，并追其源为黄帝。这也可从侧面证明黄帝族与北狄的关系。

关于这个问题，我们还可以从有熊氏、轩辕氏的称号中获得进一步证明。黄帝为有熊氏，这就意味着他的起源当在一个适于熊大量生产与繁殖的地方。熊是冬眠的动物，是比较适宜在气候较寒冷的地方生长的，故而东北多熊，更北的俄罗斯更是以熊闻名。而黄河流域则为少见。《本草》书中虽有"熊生雍州山谷"、"今雍洛河东及怀庆卫山中皆有之"的记载，但毕竟数量不多。甲骨文中记有不少动物，如象、兕、豸等，甚至还有长颈鹿，但不见有"熊"字。这也可以说明熊非黄河流域的动物。如果说黄帝生活的时候相当于龙山文化时期的话，那么当时黄河流域的气温比现在要高，分布有很多热带植物[④]，生存条件于熊而言恐怕还不及今日。由此推论，熊的大量活动应该在比山西、陕西更偏北的地方。在古代氏族部落中，与熊发生关系的还有周和夏。周人称梦见熊，是生男的征兆，故孙作云先生以为周人是以熊为图腾的。[⑤] 而周人乃黄帝之后，沈长云先生文已明确指出其为北来民族。在夏人的传说中，他们的祖先鲧死后变成了黄熊。《左传·昭公七年》言："昔尧殛鲧于羽山，其神化为黄熊，以入于羽渊，实为夏郊。"《天问》说："化为黄熊，巫何活焉？"说的也是鲧的故事。有意思的是，《墨子·尚贤》中说，鲧被杀死的羽山之郊，是一个

① 郭沫若：《中国史稿》第一册，人民出版社 1976 年版，第 120 页。
② 徐中舒：《先秦史论稿》，巴蜀书社 1992 年版，第 115 页。
③ 沈长云：《上古史探研》，中华书局 2002 年版，第 110 页。
④ 竺可桢：《中国近五千年来气候变迁的初步研究》，载《竺可桢文集》，科学出版社 1979 年版，第 477 页。
⑤ 孙作云：《周先祖以熊为图腾考》，载《诗经与周代社会研究》，中华书局 1966 年版，第 1 页。

"热照无有及"的地方，即一个终年见不到太阳的地方。结合《山海经·海内经》注引《开筮》"鲧死三年不腐"的传说，这显然所指的就是北极了。北极是一个天然的大冰库，自然尸体不会腐烂；冬季太阳始终在地平线以下，自然"热照无有及"。诸书皆言夏人是黄帝的后代，如果我们把鲧化为黄熊、"热照无有及"与黄帝族的原始图腾——熊联系起来，问题便迎刃而解了。原始人一种普遍的观念，认为人死后灵魂要回到祖先所在的地方，并且会回归图腾。鲧死后变为黄熊，其实就是回归图腾观念的神话表述，而灵魂处于极北之地，说明大北方是他的老家。当然把这个地点定位在北极，可能是神话推延、嫁接的结果，即由"北方很远的地方"这一概念推延，而后与极北之地北冰洋的传说嫁接而来，并不一定是熊氏族真起源于北极。但熊图腾产生在北方，这似乎是可以肯定的。我们从后来活动于北方的阿尔泰语系的一些民族，如日本阿伊努人，中国东北的鄂伦春族、鄂温克族、赫哲族等对熊的崇拜，也可以得到证明。这些民族几乎都活动在北纬40°以北。再说，由于黄帝、夏、周离开北部的时间已经很久，关于熊的信仰变成了一种遥远的记忆和一种观念，故而在古籍中多记轩辕黄龙体、轩辕之国人面蛇身等，反而不言黄帝与熊的关系。夏和周更是如此，除了化为黄熊、梦熊的记载外，在其他地方几乎看不到熊的痕迹。

黄帝又号轩辕。古以为轩辕本为车辀，后代指车。其实这些意思都是由后人推衍出来的。前已言及，黄帝族以车著名，故轩辕二字从车。但就"轩辕"的读音来考察，其实乃"合汗"的异译。唐善纯有如下的一段论述：

> 轩，上古读"晓寒"切，音值为 xan；辕，上古读"匣寒"切，音值 γan，两个字并在一起，应读为 xanγan。试将这一音值与突厥语 qaγan（皇帝）、蒙古语 qagan（可汗）、xagan（皇帝，合汗，匣罕，哈罕）、通古斯语 kān（国王，汗）相对照，可以发现它们完全对应。故"轩辕"者，合汗也，匣罕也，可汗也，汗也，皇帝也。[1]

---

① 唐善纯：《中国的神秘文化》，河海大学出版社 1992 年版，第 37 页。

我们认为这个观点能够成立，并可进一步证明黄帝与北狄的关系。古籍中多处记到以轩辕命名的地名，应当与黄帝族团的活动有关。商人每迁一处，都要立一叫作"亳"的建筑，故后世留下了许多叫亳的地名（山东、河南、陕西、安徽等地皆有）；周人每迁一处，都要立一叫作"京"的建筑，故而有了豳京、周京、丰京、镐京、洛京之称，也有了代表京都之意。想来黄帝族也相类似，故而留下了诸多叫"轩辕"的地方。如《史记·五帝本纪》说："黄帝居轩辕之丘，而娶于西陵之女，是为嫘祖。"《山海经·西次三经》："又西四百八十里曰轩辕之丘。"《山海经·北山经》："又东北二百里曰轩辕之山。"《山海经·海外西经》："（轩辕之丘）在轩辕国北，其丘方，四蛇相绕。"《山海经·大荒西经》："射者不敢西向射，畏轩辕之台。"《淮南子·地形训》："轩辕丘在西方。"《水经注·渭水》："又西北轩辕谷水注之……黄帝生于天水，在上邽城东七十里轩辕谷。"许顺湛先生根据《史记集解》引皇甫谧说，及《大清一统志》、《新郑县志》等，认定司马迁所言的轩辕丘在河南新郑。但我们从《山海经》与《淮南子》的记载中却看到轩辕之丘在西部和北部，并不在居于中州的河南。特别要强调的是，《山海经》是一部没有经过后人系统化处理的古籍，其中关于地理的资料是最古老，也是非常可信的。凡是认真研究过《山海经》地理的人都会有同样的感觉，绝不会因为书中记载了一些神话传说就否定它的地理学价值。谭其骧先生有《论〈五藏山经〉的地域范围》一文[①]，就充分肯定了它的价值意义。据谭先生研究，《山海经·西次三经》所记诸山多在甘肃、宁夏、青海及新疆境内。《山海经·西次三经》记轩辕之丘"无草木"，这反映的正是宁夏、甘肃一带山的形貌。在该经列于轩辕之丘前后的地名，前有昆仑之丘、流沙、西王母所在的玉山，后有积石之山、长留之山。昆仑，我们下文还要论及，一般认为在甘肃北部；流沙指甘肃、内蒙古、新疆的大沙漠；玉山，《穆天子传》称群玉之山，多认为在新疆和田；积石山，在青海西宁东；长留之山，虽不知指何山，但其山之神主管"反景"，即回光返照，显然是在极西。由此推论，轩辕之丘亦当在甘肃、青海甚至更北，绝不可能是在河南。郭郛认为指大西北包括公格尔山—慕士塔格山在内的山脉，

---

① 谭其骧：《长水粹编》，河北教育出版社 2000 年版，第 299 页。

为帕米尔高原山峰雪岭的东段。[1]郭说虽不一定正确，但也可以说明轩辕之丘在大西北，乃是研究者的一个基本共识。

再看轩辕之山。此山被列在了《北次三经》之中。据谭其骧先生研究，《北山经》所记群山多在山西、河北、内蒙古、宁夏境内，而以山西、河北为多。此一经的次序比较零乱，但可以看出山的大致方位。《北次三经》之首是太行山，在轩辕山的前后记有彭毗之山，卫挺生、徐圣谟《山海经今考》认为，即山西陵川县东的三雍山，其山有"肥水出焉"，肥水就是《诗经·卫风》中所提到的"肥泉"，其源在今山西昔阳县；[2]有泰头之山，山有共水流，注于滹沱河，卫挺生、徐圣谟以为是五台山的北台，谭先生认为山在今繁峙县东。由此推之，轩辕山当在北部而不会在河南。

《海外西经》与《大荒西经》中的轩辕之国、轩辕之丘、轩辕之台，其方位当与《西山经》中的轩辕之丘相近，丘在国之北。《淮南子·地形训》说"轩辕丘在西方"，与《山海经》所言也正相合。由此看来，轩辕之丘、轩辕之台、轩辕之山，皆在西或北，参之中国古代西与北多混言之的情况，我们可以确定，《山海经》与《史记》所言的轩辕之丘当在大西北，或在大北方。至于《水经注》所言的轩辕谷，其方位明确，在甘肃的天水；还有初唐诗人陈子昂所咏的《轩辕台》，地在今北京平谷，当皆为黄帝族活动留下的遗迹。另外在河北、山西、河南等地的方志中，还有不少轩辕台、轩辕岗、轩辕山的地名，这些见于记载稍晚，或为后人附会，或为轩辕族遗迹，须根据情况考虑，不可一概而论。

与黄帝关系至为密切的还有昆仑的问题。昆仑频见于《山海经》中，或作昆仑之丘、昆仑之虚。在《西次三经》、《海内西经》称其为"帝下之都"，其附近有"帝之平圃"。这帝就指黄帝。如《穆天子传》卷二曰："天子升于昆仑之丘，以观黄帝之宫。"《庄子·天地》篇云："黄帝游乎赤水之北，登乎昆仑之丘而南望。"《至乐》篇云："支离叔与滑介叔观于冥伯之丘，昆仑之虚，黄帝之所休。"《列子·周穆王》篇云："别日升于昆仑之丘，以观黄帝之宫。"张

① 郭郛：《山海经注证》，中国社会科学出版社 2004 年版，第 178 页。
② 同上书，第 304 页。

湛注引陆贾《新语》云："黄帝巡游四海，登昆仑山，起宫望于其上。"昆仑为黄帝的下都，昆仑附近又有黄帝的花园，因此这里显然是黄帝活动的一个重要地方。在中国神话中，昆仑山犹如希腊的奥林匹斯神山，是众神汇聚之所，看来与黄帝族早期在这里的活动与传说有关。

关于昆仑的方位，可谓众说纷纭。《晋书·张骏传》言："凉州刺史酒泉太守马岌上言：酒泉南山即昆仑之体也。周穆王见西王母，乐而忘归，即谓此山。此山有石室玉堂，珠玑镂饰，焕若神宫。"据《水经·河水注》云："释氏《西域记》曰：阿耨达太山，其上有大渊水，宫殿楼观甚大焉。山，即昆仑山也。《穆天子传》曰：天子升于昆仑，观黄帝之宫，而封丰隆之葬。丰隆，雷公也；黄帝宫，即阿耨达宫也。"毕沅《山海经新校正》以为山在山西、陕西及甘肃境内。现代学者顾实认为，昆仑指西藏、新疆间的昆仑山脉，即《汉书·西域传》所说的于阗南山。所谓黄帝之宫，当昆仑山脉之北，阿勒腾塔格岭之上。[1] 徐旭生《读山海经札记》以为，书昆仑之丘，明非山也，当指青海高原。又引唐兰说以为即祁连山。[2] 今又有学者认为昆仑即燕山。各家虽有不同认识，但有一点是相同的，都认为昆仑在大西北，而且是远在甘肃、青海甚至新疆，说北者则认为在山西北部与蒙古境内。虽然我们仍不能确指昆仑为今之何山，但方位却可以基本清楚。这与以上我们所推定的北狄、轩辕及熊图腾族群活动的方位基本一致。

由此我们可以得出结论，黄帝族团最早活动于大西北与大北方。青海、甘肃、宁夏、内蒙古及晋与冀的北部，皆有可能是其活动的范围，但绝不在今人所认可的陕西或河南境内。

三、黄帝族的早期活动地望及东迁路线

叶修成、梁葆莉《黄帝族的发祥地及其时代》一文，对有关黄帝起源的观

---

[1]　顾实：《穆天子传西征讲疏》，中国书店 1990 年版，第 63—69 页。

[2]　徐旭生：《中国古史的传说时代》，广西师范大学出版社 2003 年版，第 346 页。

点做了归纳，认为黄帝非本土起源者，有巴比伦说、匈牙利及俄罗斯说等，认为本土起源者，又有东方说（黄河下游说、曲阜说）、南方说（湖南长沙）、西北说、北来说（燕山以东说、蒙古草原说）、古涿鹿说、新郑说等数种。①其实远不止此。据我所知，还有辽河说（认为黄帝族是从牛河梁、从辽河边走向世界的。红山文化即其代表，其源头是查海文化、兴龙洼文化，更近一点的源头是沈阳新乐遗址）②、彭城说（江苏铜县）③、岷山之南说④、印度大夏西域之间说（太炎先生说）等。仅西北说者，也有新疆说、甘肃说、青海甘肃一带说、陕甘交界说、泾渭流域说等多种不同的意见。如果认真统计起来，恐怕不下二十种意见。这诸多分歧虽然使人们不知所从，但也大大开拓了我们的思路，使我们对问题有了全面的了解。

在黄帝起源问题的研究中，最为关键的是《国语·晋语》中关于"黄帝以姬水成，炎帝以姜水成"的那段记载。姜水与姬水何在？这成为学者们苦苦搜寻的两个地方，也成为炎黄研究中的两个难点。关于姬水，前贤争议颇多。今知者有八种意见，即底格里士河说⑤、大夏河说⑥、渭水说⑦、岐水说⑧、大渡河说⑨、熊水说（在河南新郑）⑩、漆水说⑪、甘肃轩辕谷说⑫。考证姬水的所在地，是一件非常艰难的事情。文献失载，古今地名巨变，在缺少坚实证据的前提下，仅凭读音或难以凭信的古史传说来推断，所得出的结论都只是一种假说。再则，黄帝与炎帝不同，炎帝是从事农耕的民族，其久处中国，故姜水地名被载于传说作于夏代的《山海经》中（《北次三经》载，太行山系中有䣊水，又名郯水）。而黄帝则属于游牧民族，"迁徙往来无常处"（《史记·五帝本纪》语），在不断迁

---

① 叶修成、梁葆莉：《黄帝族的发祥地及其时代》，《贵族文史丛刊》2006年第2期。
② 雷广臻：《黄帝从辽河边走向世界》，《理论探讨》2007年第2期。
③ 李永先：《黄帝建都彭城考》，载《炎黄汇典·文论卷》，第424页。
④ 陈寄生：《黄帝族地考》，载《炎黄汇典·文论卷》，第160页。
⑤ 徐元诰：《国语集解》，中华书局2002年版，第337页。
⑥ 李文实：《西陲古地与羌藏文化》，青海人民出版社2001年版，第30页。
⑦ 刘起釪：《周姬羌与氐羌的渊源关系》，载《华夏文明》第二集，第14页。
⑧ 何光岳：《炎黄渊源史》，江西教育出版社1992年版，第510页。
⑨ 陈寄生：《黄帝族地考》，载《炎黄汇典·文论卷》，第162—163页。
⑩ 杨亚长：《炎帝、黄帝传说的初步分析与考古学观察》，载《炎黄汇典·文论卷》，第328页。
⑪ 杨向奎：《宗周社会与礼乐文明》，人民出版社1997年版，第17—18页。
⑫ 赵世超：《炎帝与炎帝传说的变迁》，《陕西师范大学学报（哲学社会科学版）》1998年第4期。

徙中，早已远离了其初发祥的姬水，自然姬水方位难见记载。因此对于黄帝族的早期活动区域，我们只能从种族来源、生活方式、族类分布上来考虑。

《国语·晋语》云：

> 黄帝之子二十五人，其同姓者二人而已，惟青阳与夷鼓皆为己姓。青阳，方雷氏之甥也。夷鼓，彤鱼氏之甥也。其同生而异姓者，四母之子，别为十二姓。凡黄帝之子二十五宗，其得姓者十四人，为十二姓，姬、酉、祁、己、滕、葳、任、荀、僖、姞、儇、依是也。惟青阳与苍林氏同于黄帝，故皆为姬姓。

这一段记载，是研究黄帝族类的重要资料，从中我们可以看出这个群体发展是非常迅猛的。所谓"二十五人"，其实就是滋生出来的二十五个氏族群体。所谓"黄帝之子"，则表明是从黄帝族群中直接生出来的。关于这方面，《史记·三代世表》、《大戴礼记·帝系》、《世本》、《山海经》等书皆有记载，其中记载保存最多、未经后儒系统化整理、可信度最高的是《山海经》。这些书中关于黄帝族类的记载，基本上有两种情况，一种是进入五帝三王系统的，如言颛顼、帝喾、尧、舜、禹，以及他们的后裔，一种是未进入五帝系统的。进入五帝系统之后的繁衍，有相当多是进入中土之后的发展情况。未进入五帝系统者或未进入五帝系统之前的繁衍，则更多的是停滞于黄帝早期活动区域的存在状态。本着这个认识，我们可将黄帝族类的早期分布情况做一考究。

《大荒东经》云：

> 东海之渚中，有神，人面鸟身，珥两黄蛇，践两黄蛇，名曰禺貌。黄帝生禺貌，禺貌生禺京，禺京处北海，禺貌处东海，是为海神。

按，禺京，郭璞注：即禺强也。《海外北经》曰："北方禺强，人面鸟身，珥两青蛇，践两青蛇。"郭璞注："字玄冥，水神也。庄周曰：禺强立于北极。一曰禺京。"吴任臣注："《太公金匮》：北海神名玄冥。《越绝》云：玄冥治北方，白辩佐之。《五岳真形图》云：北海神名帐余里，又名禺强。江淹《遂古篇》：

北极禺强，为常存兮。《图赞》曰：禺强水神，面色鳖黑，乘龙践蛇，凌云附
翼。灵一玄冥，立于北极。"可知黄帝的这位后人仍是处于极北之地的。

又《大荒北经》云：

> 大荒之中……有人名曰大人，有大人之国，釐姓，黍食，有大青蛇，
> 黄头，食麈。

釐古通僖，《左传·庄公八年》"有宠于僖公"，《史记·齐太公世家》"僖公"
作釐公；《左传·僖公二十三年》"僖负羁"，《淮南子·道应训》作"釐负羁"；
《左传·隐公五年》"臧僖伯"，《汉书·古今人表》作"臧釐伯"。《汉书·高帝
纪》"魏安釐王"，颜注："釐读曰僖。"据《国语·晋语》司空季子说黄帝十二
姓，僖为其中之一，知大人之国属黄帝族群。而其被列于《大荒北经》，是
因为被当作了北部荒远之地的氏族。大人之国可能即古书中说到的长狄。《史
记·孔子世家》说，吴国伐越国，在会稽挖出了巨人骨骸。有人问孔子，孔子
回答说这是汪罔氏之君防风氏的，又说"汪罔氏之君守封禺之山，为釐姓。在
虞夏商为汪罔，于周为长翟，今谓之大人"。"长翟"即"长狄"，翟、狄通。
长狄属于北狄的一支，最早活动在草原上，此言黍食，应当是已进入半农耕状
态了。

《大荒北经》云：

> 有大泽方千里，群鸟所解。有毛民之国，依姓，食黍，使四鸟。

郭注云："《穆天子传》曰：北至广原之野，飞鸟所解其羽，乃于此猎鸟兽，绝
群，载羽百车。《竹书》亦曰：穆王北征，行流沙千里，积羽千里。皆谓此泽
也。"《海内西经》言："大泽方百里，群鸟所生及所解在雁门北。雁门北，雁
出其间，在高柳北。"雁门山即今山西之雁门山，此是古代游牧民族与农耕民
族冲突的分界线。今雁门山北有大片盐碱地，显然原来是一个大泽地。大泽当
指这里。毛民当是生活在这里的一个氏族。依姓为黄帝十二姓之一，说明毛民
为黄帝族群中成员。

《大荒北经》又曰：

> 有儋耳之国，任姓。禹号子，食谷。

任也是黄帝十二姓之一。郭注："其人耳大下儋，垂在肩上。朱崖儋耳，镂画其耳，亦以放之也。"知儋耳是以大耳为特征的。考古代有南北两儋耳，此处所指是北儋耳。南儋耳出现较晚。《吕氏春秋·任数》云："西服寿靡，北怀儋耳。"高诱注儋耳曰："北极之国。"《吕氏春秋·恃君》云："雁门之北，鹰隼、所鸷、须窥之国，饕餮、穷奇之地，叔逆之所，儋耳之居，多无君。"高注："北方狄，无君者也。"《淮南子·地形训》言："夸父、耽耳在其北方。"据此知儋耳为雁门山北方的一个氏族，属北狄。与毛民情况略同。

《大荒北经》又曰：

> 又有无肠之国，是任姓。无继子，食鱼。

任姓同前儋耳之国，也当是黄帝族群中成员。"无继子"当是言"无继之子"。《淮南子·地形训》云："自东北至西北方，有跂踵民、句婴民、深目民、无肠民、柔利民、一目民、无继民。"据此知无肠国、无继民皆属北方氏族，而无肠氏族则出自无继氏族。高诱注云："无继民，其人盖无嗣也，北方之国。"据郭璞《山海经注》："继亦当作，谓膊肠也。"《山海北经》云："海外自东北陬至西北陬者，无腎之国，在长股东，为人无腎。"郭注曰："音启，或作綮。腎，肥肠也。其人穴居，食土，无男女，死即埋之，其心不朽，死百廿岁乃复更生。"《说文》无"腎"字，当作綮或启，所谓无嗣、死而复生等，皆是中土人对边远之民不理解而创造出的神话。但无论如何，无肠国、无继民都是黄帝族团的人，都是"北方之国"。

《大荒北经》又云：

> 有人方食鱼，名曰深目民之国。盼姓，食鱼。

郭注："亦胡类，但眼绝深，黄帝时姓也。"郝懿行《山海经笺疏》曰："盼，府文切，见《玉篇》。与滕、荀二字形声俱近。《晋语》说黄帝之子十二姓中有滕、荀，疑郭本'盼'作'滕'或'荀'，故注云黄帝时姓也。"按，郝说可从。《路史·国名纪》高阳氏后有目深国，而高阳相传即颛顼，是黄帝之孙。不管《路史》所据为何书，认其属于黄帝系统这一点则是与郝氏的推断相同的。《淮南子·地形训》所列东北到西北方之国中有深目民。同时深目民又见于《海外北经》中，显然这也是一个北方草原上的氏族。

《海内经》云：

> 流沙之东，黑水之西，有朝云之国、司彘之国。黄帝妻雷祖生昌意，昌意降处若水，生韩流，韩流擢首谨耳，人面豕喙，麟身渠股豚止……生帝颛顼。

《山海经》中多次提到流沙、黑水，这应该是相邻的两个地方。再据《西山经》的记载，昆仑之丘西三百七十里是"乐游之山"，再西水行四百里是"流沙"。而黑水则出昆仑。《禹贡》言："导弱水至于合黎，余波入于流沙；导黑水至于三危，入于南海。"流沙即今甘肃北的巴丹吉林大沙漠，而黑水即今甘肃北部的黑河。黄帝之孙韩流（一作乾荒，当为传写之讹）所在的司彘之国当在这里。

《大荒西经》云：

> 西北之海之外，赤水之东，有长胫之国，有西周之国，姬姓，食谷。

西周之国一般认为即文、武建立的西周，但从方位看，此西周之国在西北海之外、赤水之东，显然不是在岐周或丰、镐之地。赤水在昆仑之丘附近。《淮南子·地形训》："赤水之东，弱出自穷石。"《海外南经》曰："三苗国在赤水东。"《尧典》曰："窜三苗于三危。"弱水、三危皆在甘肃北部，这里所说的西周之国，也当在甘肃北部。其为姬姓，自然是黄帝之后了。在《穆天子传》卷二提到了与周同宗的赤乌氏：

　　　　天子（昆仑）北升于舂山之上，以望四野，曰：舂山是唯天下之高山
也……甲戌，至于赤乌之人……赤乌氏先出自周宗。

赤乌氏与周同宗，自然也是黄帝之后，其他地理位置也在昆仑西附近。舂山有
人说是葱岭，有人说是喀喇昆仑，有人说是祁连山，尽管意见不同，但皆在大
西北。

　　此外，《大荒西经》言黄帝之孙北狄之国，在"西北海之外，赤水之
西"；还有黄帝的另一支后裔犬戎，《海内北经》言"犬封国曰犬戎"，都在
西或北。这样看来，黄帝的后裔分布于北部者居多。我们在前已论证黄帝来
自北狄，"少典"即"小狄"，与"长狄"相应。《国语》言少典取于有蟜生
黄帝。《海内北经》云："蟜，其为人虎文，胫有脣，在穷奇东。一曰状如
人，昆仑虚北所有。"蟜当即《国语·晋语》所说的"有蟜"，其地在昆仑
北，在穷奇东。据《吕氏春秋·恃君》，穷奇在雁门之北。于此言之，有蟜
也是雁门北的氏族，故能与小狄通婚而生黄帝族。由此推论，黄帝原本当属
草原民族，其活动地便在今之青海、甘肃、宁夏、内蒙古、山西及河北北部
广大地区了。

　　现在我们根据掌握的情况，大致可推测出黄帝族迁徙的路线了。在前文
关于黄帝族属及有熊氏、轩辕氏的考证中，就已经明确地谈到，黄帝乃属于
北狄，兴起于极北之地。所谓姬水，当就是其兴起地的一条河。随着这个
族群的发展强大而逐渐南迁，顺河西走廊即丝绸之路向东，至于昆仑，在这
里获得了很大的发展，故而留下了丰富的传说。轩辕之丘、轩辕之国、轩
辕谷、昆仑之丘等诸多与黄帝相关的传说，都集中在那里。而后进一步东
迁。根据地理形势，东迁有两条路，一条是向南进入陕西境内，而后向东出潼
关或函谷关进入山西、河南境内；另一条是沿黄河北上到内蒙古境内，沿阴山
之阳向东而至河北北部。根据黄帝族群主要集中在北部的情况，可知黄帝族东
迁的路线应该是第二条，进入河北北部，越燕山南下，活动于燕山之阳的广阔
平原，然后穿过太行入山西境内，再沿汾河而南，过黄河进入河南境内。我们
发现，在这一条线上有不少以轩辕命名的地名，如今北京平谷有轩辕台，即陈
子昂所咏处。《北次三经》有轩辕山，其他大约在山西北部或河北境内。山西

境内霍州市有轩辕台，见于孔尚任的歌咏中；襄汾县亦有轩辕台、轩辕庙，夏县有轩辕堰，皆见于方志。河南阌乡县有轩辕台，济源有轩辕亭，新郑有轩辕丘。值得注意的是，《穆天子传》所言周穆王西游的路线，其出山西境由东向西进的路线，基本上与我们推测的黄帝东迁的路线相差不多。看来这是古代东西人口流动的一条主线。

四、炎黄之战的性质及战争发生地的考证

炎帝族与黄帝族的战争，是中国历史上第一场大战。关于这战争，《史记·五帝本纪》有记述，其中披露了四个方面的信息：第一，炎黄之战的起因，是因为炎帝欲侵凌诸侯，天下不宁，黄帝为了抚万民，安天下，故而起兵，与炎帝战于阪泉之野。第二，战败炎帝之后，蚩尤又作乱，故而产生了涿鹿之战。第三，战败蚩尤之后，接着是征四方之"不顺者"，最后建都于涿鹿之阿。第四，黄帝的生活方式是"迁徙往来无常处，以师兵为营卫"。看这位轩辕黄帝，活像是成吉思汗的翻版，东征西战，驰骋于辽阔的大陆上，从未遇到过对手。强劲如炎帝、蚩尤，最终还是被击败、被杀。这里涉及蚩尤的问题，为不生枝蔓，我们暂不论及，主要就炎黄问题来做一讨论。

我们需要明白，历史是胜利者撰写的。炎黄之战后，统治中土的所谓五帝、三王，都出自黄帝系统，关于炎黄战争的历史，主要是黄帝族的人传述的，自然要偏向于黄帝。故而把炎帝描写成了一个暴君，把黄帝则说成是一位替天行道者，把战争的原因说成是由炎帝侵凌诸侯引起的。而且把许多光彩的事情加在了黄帝身上，所谓"治五气（金木水火土五行之气，一说指仁义礼智信），艺五种（种植五谷），抚万民，度四方"等，所用皆为后世的概念，未必是事实。如果我们从炎、黄不同的生活方式上考虑，问题便可迎刃而解了。

众所周知，炎帝又名炎帝神农氏，自然是从事农业的群体。而黄帝原属北狄，是来自草原的游牧部族。《史记·五帝本纪》说他"迁徙往来无常处，以师兵为营卫"，即已披露了其游牧的性质。尽管《史记·五帝本纪》在叙述中，特意将此二句放在黄帝四方征战之后，意其之所以"迁徙往来无常处"，是因

为征战四方，然而却无法掩盖草原民族那种特有的气势。我们只要看一下 13
世纪兴起于草原的蒙古帝国，一切就都明白了。被称作一代天骄的成吉思汗及
其继承者，灭金亡宋，占据中原。南征印度、缅甸、越南、爪哇等；北侵俄罗
斯，占其全境；西征马札儿（匈牙利）、奥地利、意大利、德意志等；东征高
丽、日本。那种驰骋欧亚大陆、所向无敌的架势，不正是黄帝"东至于海，西
至于空桐，南至于江，北逐荤粥"的诠释吗？在古代恐怕只有草原民族才会有
如此气势。由此我们可看出，炎黄战争的发生，根本不是什么炎帝侵凌诸侯造
成的，而是一场草原民族与农耕民族的冲突大战，也正是中国历史上无数次同
类战争的最早记述。炎黄战争的结果是草原民族战胜农耕民族，入主中土，由
游牧转入安居的农业生活。《风俗通·皇霸篇》言黄帝始制冠冕，垂衣裳，上
栋下宇，以避风雨；《尸子》言黄帝作合宫；《礼记外传》言黄帝作明堂享百
神，这都有点像对定居生活之始的描述。

　　在关于黄帝的记载中，有三则与气候相关的传说特别要注意。一则是《庄
子·在宥》，说黄帝统治天下时，"云气不待族而雨，草木不待黄而落"。《庄
子》中多寓言，自不可当真，但其中多保存有远古传说，其寓言每在传说的基
础上改制而成。庄子在这里言及黄帝时的气候反常现象，《经典释文》引司马
彪曰："未聚而雨，言泽少；不待黄而落，言杀气。"成玄英以为此数句言"风
雨不调，炎凉失节"。庄子之言可能有所夸张，但不排除这确是一个源自远古
自然灾害的传说。另一则是关于旱魃的，见于《山海经·大荒北经》，言黄帝
女魃，在黄帝蚩尤之战中，"蚩尤请风伯雨师，纵大风雨。黄帝乃下天女曰魃，
雨止，遂杀蚩尤，魃不得复上，所居不雨"。还有一则也见于《大荒北经》，是
关于夸父的，言夸父追日，因口渴喝干了黄河的水。又说："应龙已杀蚩尤，
又杀夸父。"

　　这三则记载，反映着同一段历史，即黄帝时出现过大干旱。"夸父追日"
神话，许多专家都曾谈及过其与远古大干旱的关系，而这里又把他的名字与蚩
尤放在一起，说明他与黄帝处于同一个时代，也说明这个时代确实是"气候反
常"。特别是黄帝的那位宝贝女儿魃，她的出现，便使人想到了赤地千里的景
象。吴任臣注引《玄览》言：旱魃所见之国，赤旱千里。《神异经》亦言魃见
则大旱。魃字又作妭，《玉篇》引《文字指归》曰："女妭，秃无发，所居之

处，天不雨也。"神话说"蚩尤请风伯雨神，纵大风雨"，又说黄帝调旱魃，似乎也披露出了当时南北不同的气候状况。蚩尤所在之地，是大风雨，而旱魃却伴随黄帝族，说明黄帝族当时遇到了赤地千里的草原大干旱。结合《庄子》书所言，看来这是一个风雨不调、炎凉失节的时代，中原地方是"云气不待族而雨"，草原则"天不雨"。

如果此说不谬，那么我们可以判断，黄帝率草原民族南下的一个主要原因，可能与气候变迁有关。根据学者们的研究，往往草原民族大规模南下，都与气候的变迁相联系。由于气候变冷变干，处于干旱地区的游牧民族，面临着草原枯竭、水源干涸、生态恶化的严重威胁。为了寻找新的牧区与生存环境，他们不得不向农耕民族发起进攻。① 可以说，没有草原民族的一次次内迁，就没有今天占世界人口五分之一的汉族。而华夏族奉为祖先的黄帝，正来自草原。

这里我们需要辨明的是炎帝与黄帝战争的发生地问题。现在明显出现了两种不同意见，一种认为发生在涿鹿，如贾谊《新书》、《归藏》佚文等记载。《汉书·刑法志》"自黄帝有涿鹿之战以定火灾"，颜师古注云："郑氏曰：涿鹿在彭城南。与炎帝战。炎帝火行，故云火灾。"一种认为在阪泉，如《史记·五帝本纪》、《大戴礼记·五帝德》等。临沂汉简《孙子兵法》亦云："黄帝南伐赤帝……战于反山之原。"反山当即阪山，亦即所谓的阪泉。同样言黄帝与蚩尤所战之地者，也有阪泉、涿鹿二说。传统多以此二地毗连，故不做细别。如《汉书·刑法志》注引李奇曰："黄帝与炎帝战于阪泉，今言涿鹿，地有二名也。"此处要说明的是，我认为炎黄之战地在涿鹿，不在阪泉。《逸周书·尝麦篇》云：

> 昔天之初，囗作二后，乃设建典。命赤帝分正二卿，命蚩尤于宇少昊，以临四方，司上天末成之庆。蚩尤乃逐帝，争于涿鹿之河（阿），九隅无遗。赤帝大慑，乃说于黄帝，执蚩尤，杀之于中冀，以甲兵释怒。

这段记载是大有名堂的。因出自黄帝后裔周人之口，故而炎帝被说成是

---

① 王会昌：《2000 年来中国北方游牧民族南迁与气候变化》，《地理科学》1996 年第 3 期。

一个落难的古帝，而黄帝出兵战蚩尤，乃是为了勤王。但这里披露，赤帝（炎帝）被蚩尤赶到了涿鹿之阿，无处躲逃，才向黄帝求援的。黄帝最后擒杀蚩尤并不在涿鹿，而是在中冀。后人之所以把涿鹿之战认作是蚩尤黄帝之战，看来与这则传说有关。但仔细分析一下，这里似乎有意隐去了炎黄之争的一段历史。此事发生在黄帝战蚩尤之前，炎帝为什么要跑到涿鹿去呢？分明黄帝此时在涿鹿，炎帝已向黄帝投降了。涿鹿本属炎帝的地盘，炎、黄之战，炎帝失败，黄帝占有了涿鹿，"邑于涿鹿之阿"。蚩尤不服炎帝决策，起而反抗，炎帝故跑到涿鹿，向黄帝求救，于是有了后来的黄帝、蚩尤涿鹿之战。炎帝、黄帝涿鹿之战在先，黄帝、蚩尤涿鹿之战在后，黄帝、蚩尤的最后决战则是在蚩尤氏的老家——阪泉，即《逸周书》所谓的中冀。故《焦氏易林》说："白龙黑虎，起伏暴怒。战于阪泉，蚩尤败走。"也就是说，在涿鹿之野先后进行了两次大战，先是炎帝与黄帝，后是黄帝与蚩尤。后人把阪泉、涿鹿认定为同一地区，便是因为涿鹿之野的两次大战搞混的。

关于涿鹿的地望，今知者有以下七说，即：涿郡（今河北涿州）说（裴骃《史记集解》引服虔说）；河北涿鹿说（裴骃《史记集解》引张晏说）；江苏铜山说（《后汉书·郡国志》注引《世本》）；河北磁县说（严文明说）[1]；河南修武说[2]；山西运城说[3]；河南巩义说[4]。

以上七说，除河北涿鹿说外，其余皆不出黄河、淮河流域，即古所谓中土之地。这主要有一种观念支持着学者做出了这样的选择，传统认为炎帝、黄帝、蚩尤皆相争于黄河流域，而涿鹿远在北鄙边塞，长城脚下，他们怎么有可能跑到那里去决战呢？如钱穆先生说：注家说涿鹿在今察哈尔省之涿鹿县，黄帝岂遽远迹至此？[5]王献唐先生说：《路史》谓涿鹿在幽州怀戎，地有涿鹿山与涿鹿城。怀戎即今怀来，与涿鹿县皆隶察哈尔，远在极北塞外，黄帝决不至

---

① 严文明：《炎黄传说与炎黄文化》，载王俊义、黄爱平编：《炎黄文化与民族精神》，中国人民大学出版社 1993 年版，第 492 页。

② 王献唐：《炎黄氏族文化考》，青岛出版社 2006 年版。

③ 钱穆：《古史地理论丛》，生活·读书·新知三联书店 2004 年版，第 150 页。

④ 杨国勇：《黄炎华夏考》，《山西大学学报（哲学社会科学版）》1982 年第 4 期。

⑤ 钱穆：《史记地名考》，商务印书馆 2001 年版，第 45 页。

此。① 吕思勉先生亦言：战场在或涿鹿或涿县，"以古代征战之迹言之，仍嫌太远"。杨国勇先生也说：炎帝、黄帝、蚩尤皆在黄河中下游一带，毫无理由都带上大军跋涉千里到荒远的涿鹿去决战。

这些质疑并非毫无道理，但却无法消减古籍中上古涿鹿说的绝对优势。因为涿鹿是一个古老的地名，《汉书·地理志》中有明确记载，司马迁也说他曾"北过涿鹿"，考察过此地。如果说涿鹿在黄河或淮河流域，司马迁绝对不会用"北过"二字。汉代学者几乎皆以为涿鹿即上古之涿鹿。服虔虽有涿鹿在涿郡之说，显然那是不明地理，把两个涿字搞混了。《世本》及郑玄虽有涿鹿在彭城之说，但据颜师古说："彭城者，上谷北别有彭城，非宋之彭城也。"（《汉书·刑法志》注）。我也曾亲至河北涿鹿县考察，此地今有黄帝城遗址、黄帝泉、炎帝营，以及桥山、釜山、蚩尤寨、蚩尤泉等诸多传说。毫无疑问，相当多传说皆属后人的附会，但如此密集的传说，说明事出有因。司马迁在过此地时，就听到了此地关于黄帝的诸多传说，说明至晚在汉代，其传说就已很盛了。

再说，炎帝、黄帝之战，实是一场农耕民族抗击游牧民族的反击战。战争之所以在北塞长城脚下发生，就是因为长城一线正是数千年来游牧民族与农耕民族的分界线。燕山山脉是一道天然的屏障，农耕民族借此阻止游牧者入侵。因此历史上无数的民族战争，都在这里发生。而且此地的战争，胜负往往带有决定性，一旦这道防线被突破，农耕者的天下便必失无疑。宋元以来的历史，无不可以为证。正因如此，涿鹿之战进行得非常激烈，史所谓黄帝"三战然后得其志"，正反映了这场战争的决定性意义。战争的结果，是炎帝失败投降，成了临时性的傀儡政权，故而有了蚩尤的反叛，有了《逸周书·尝麦篇》中黄帝帮炎帝擒蚩尤的传说。

黄帝族战胜炎帝族后，即进军南下，占据了河北北部平原。《礼记·乐记》云："武王克殷，反商（郑注：反当为及字之误也。及商，谓至纣都也），未及下车，而封黄帝之后于蓟，封帝尧之后于祝。"孔颖达正义解释"蓟"字说："今涿郡蓟县是也，即燕国之都也。孔安国、司马迁及郑玄皆云燕国郡，邵公

① 吕思勉：《先秦史》，上海古籍出版社2005年版，第57页。

与周同姓。案：黄帝姓，君奭盖其后也。或黄帝之后封蓟者灭绝，而更封燕郡乎？疑不能明也。"蓟即蓟县，汉时蓟县在今北京市的南面，虽然古籍中语焉不详，导致了孔颖达的疑惑，但黄帝之后封蓟，则在古籍中言之凿凿。问题是为什么周武王要封黄帝之后于蓟呢？这说明这个地方本来就是黄帝族活动的主要区域。在苗族蚩尤神话的传说中，也说黄龙公（黄帝）住在离海不远的黄河入口处。在周以前，黄河入海口在天津附近。可见苗族的传说与汉文献的记载是相一致的，河北北部平原是黄帝进攻中原的大后方，故黄帝建都的涿鹿、轩辕台所在的平谷、黄帝之后受封的蓟，皆在这里。

（原载于《山西大学学报》2008年第5期）

炎帝族的播迁与四方岳山的出现

炎帝与黄帝之战，是中国文明史开端的一场意义深刻的战争。战争以炎帝族的失败而告终。但失败并不等于被消灭。炎帝族中的一部接受了现实，与黄帝族和平共处。故传说中，五帝皆为黄帝族系，而炎帝子孙中则有部分成为五帝之臣。如炎帝器生子三人，巨为黄帝师，伯陵为黄帝臣，祝庸为黄帝司徒。还有帝喾之臣垂，尧舜之臣四岳，也都是炎帝族人。炎帝姓氏之国，如怡、纪、淳、甘、州、舟、骀、戏等，都是黄帝所封。[①]

炎黄二族通婚，大大推进了文化的融合。但有一大批则被迫迁徙，流于四方。《周书·文帝纪》说："太祖文皇帝，姓宇文氏……其先出自炎帝神农氏，为黄帝所灭，子孙遁居朔野。有葛乌菟者，雄武多算略，鲜卑慕之，奉以为主，遂总十二部落，世为大人。"《辽史·太祖本纪》说："辽之先，出自炎帝。"这里虽没有说炎帝之后何以漂泊于北漠，但从《辽史》的叙述来看，也当是被迫徙居者。越南人传说自己是炎帝的后裔，在越南的历史著作《大越史记全书》及启蒙读物《四字经》中，都有这个传说。苗族的古歌中说他们是蚩尤的后代，蚩尤原本属于炎帝的一支，故罗泌《路史·后纪·蚩尤传》说："阪泉氏蚩尤，姜姓，炎帝之裔也。"这些传说虽然有失实之处，却都在用不同的方式说明着炎帝族战败后向四方迁徙、逃亡的历史。不过，这里我们重点要讨论的是炎帝与四方岳山的关系。

先秦文献中每言及炎帝姜姓的问题，必提到姜姓与岳的关系。如《国语·晋语四》说："昔少典取于有蟜氏，生黄帝、炎帝。黄帝以姬水成，炎帝

---

① 王献唐：《炎黄氏族文化考》，青岛出版社 2006 年版，第 34—35 页。

以姜水成。成而异德，故黄帝为姬，炎帝为姜。"《世本·氏姓篇》也说："姜氏，炎帝生于姜水，因氏焉。"这一点在学术界基本上已成为共识。《左传·庄公二十二年》说："姜，大岳之后也。""大岳"即太岳。《国语·周语下》云："祚四岳国，命以侯伯，赐姓曰姜，氏曰有吕。"太岳与四岳是什么关系，学术界尚存争议，但起码可以说明炎帝族与"岳"关系之密切。我们从文献中还发现"岳"直接与炎帝发生关系的记载。如《洞神经》说："地皇姓鉴名岳，字子元。"这里的地皇，当即炎帝。《春秋命历序》说："天皇氏以木王，地皇氏以火纪。"《帝系谱》也说地皇以火德王。"火纪"、"火德"正与《左传·昭公十七年》言"炎帝氏以火纪"相同。《说文·邑部》说："鄦，炎帝太岳之胤。""鄦"即"许"字，许慎在这里是自述其姓氏的来源，应该是有相当可靠的传说作依据的。

但岳与炎帝为什么会有联系？"岳"之本义是什么？为什么同样是山，就要别列为岳？这是应该思考的问题。《白虎通·巡狩》曰："岳者何谓也？岳之为言桷也，桷，功德也。"《风俗通义·五岳》曰："岳者，埆功考德，黜陟幽明也。"桷、埆当为"确"的借字，这是从声训上讲的，即考定的意思。把岳山的意义与王者考定功德联系起来，显然是政治文化膨胀后的产物，而非岳的原始意义。从岳字的造形看，它应该是与炎帝族的宗教信仰联系在一起的。这一点我们可以从甲骨文中获得证实。在甲骨文中岳字书作👤、👤、👤。关于这个字，古文字学界有多种观点，我们姑且将其分为两派，一是释岳派，一是非释岳派。非释岳派，如于省吾、陈梦家、朱芳圃、闻一多等，把上半部分或释为"羊"，或释为"芈"，但几乎都与羊联系起来。释岳的一派则各有各的解释。据《甲骨文字释林》集各家之说，大略是：孙诒让以为像山上更为丘山，即象高形；叶玉森疑上面的部分象羊角形，盖造字之始，以天、山角峙为之岳；屈万里以为最上部分像山峰叠出的样子，下面是山，正像层峰叠嶂山上复有山的样子。释岳派内部的分歧主要在对"岳"上半部分的分析上。孙诒让、屈万里的观点，最大的问题在于：上面的部分显然与"山"字有别，如果上部表现的是山峰叠出的形状，应该是中峰高、旁峰低，而现在正好相反是中间低、两边高；如果要以重山表示高峻，完全可以写成两"山"相叠形，即隶定如现在的"出"字，不必要做如此种种怪形；在上下两部分连接处有一竖笔，两旁有斜笔向上斜出，如果说是山峰叠出形，这一部分则是无法解释的。屈万里先生解释为山上的树木，以为是"象山上有树树外又有高峰的样子"。但正如李孝定所说："树之于山，不过沧海一粟，文字既非图画，不宜并此象之。"不过，李孝定先生把这一部分解释为文字衍变中出现的"一二点画之增损，不尽有意"，则非通达之论。因为任何字都有一个基本形态，它的衍变是在原来字形的基础上损益的。甲骨文"岳"字有两个基本特点，无论字形怎样变化都不会改变的。一是上面羊角状的部分始终不变；二是上下两部分始终连在一起。如果说中间部分是"不尽有意"的增益，那么为什么上下部分一定要连起来，而且更多的情况下要用一竖笔连起来呢？这是主张山峰叠出者无法解释的。叶玉森既认出了这是岳字，也看出了上面部分像羊角，因为甲骨文中的羊字确实有这样写的，而且与卜辞中羌字上面的羊角也一样。但他解释为"天、山角崚为之岳"，则是缺少根据的。

　　我认为，释作岳是完全正确的，因为它与《说文解字》里所著录的岳字的古文 𡶀 基本一致，在卜辞里也常与河字出现于一词，与文献中"河"、"岳"并举，实属同例。屈万里先生的《岳义稽古》确实很有说服力。各家的分歧主要出在无法理解"羊"与"山"两部分构成的意义上。唐兰不敢相信这是羊、山两部分的组合，故把下半部的山认作了火，释为羔字，认为"象炮羊火上"。可又发现了其与古岳字的联系，于是说："卜辞里所祀的'羔'，即后世的'岳'。"

　　现在我们来分析一下字形。此字最基本的形体作 𡶀，它的上半部与甲骨文中的羊完全相同，象羊头有角、耳之形，确确实实是个羊字。变体作 𡶀，在羊角之间增加了"∧"。屈万里等先生之所以释此字为山峰叠出形，就是因为把∧认作了山峰。其实这里表示的是羊两角之间高起的头骨。这种情况只有大的羊头才能表现出来。或变体作 𡶀，上面变成了芈字。《说文》说："芈，羊鸣也。从羊，象声气上出，与牟同意。"仍然不脱与羊的关系。其他形体皆是这三种基本形体的变异。这个字最突出的部分就是代表羊角的"ᵼ"与"山"。

　　从甲骨文所提供的资料看，其字从羊从山，其实就是"羊头山"或"羊山"，这应当与炎帝族的原始宗教有一定关系。山西晋东南古今有好几座羊头山，而凡有羊头山的地方都有密集的炎帝传说与炎帝祭拜活动。炎帝姜姓，

"姜"从羊，从这里也披露了炎帝与羊崇拜的关系。这样炎帝与"岳"之间的内在联系，似乎也有迹可寻了。顾颉刚先生在《四岳与五岳》一文中曾认为称岳与姜姓族有关，这确属卓见。只是顾先生未展开细论，我在此则拟作出详考。

《国语·周语》言尧以四岳佐禹有功曰："胙四岳国，命为侯伯，赐姓曰姜，氏曰有吕。"又说："此一王四伯，岂繄多宠，皆亡王之后。"这里披露的一个重要信息是，"四岳"为四伯，系姜姓，属炎帝一脉。所谓"一王四伯"，"一王"指禹，"四伯"指四岳。韦昭注曰："王谓禹，四伯谓四岳也。为四岳伯，故称四伯。"这就是说，四方岳山之主，都是炎帝族一系的人。《左传》言姜为大岳之后，太岳当为四伯之一。其余三岳何指，《书》无明载。古籍中以岳命名的山也不止四座或五座，有些可能是后来出现的。我们相信，最迟在尧舜时代，岳最少有四座，而且这四座岳山，已成为"中央"特别关注的对象。之所以受关注，就是因为它们是炎帝族群聚集之地，是需要安抚、怀柔的重要对象。以下分论各岳。

一、太岳

太岳为炎帝族的大本营。前引《左传》即言："姜，大岳之后也。"这大岳，《禹贡》中单称一个"岳"字。如云："既修大原，至于岳阳。"孔氏传云："岳，太岳。"陆德明云："'岳'字又作'嶽'，太岳，山名。阳，山南曰阳，水北亦曰阳。"孔颖达云："下文导山云'壶口雷首，至于太岳'，知此岳即太岳也，属河东郡，在太原西南也。《地理志》河东彘县东有霍太山，此彘县，周厉王所奔，顺帝改为永安县。《周礼·职方氏》冀州，其山镇曰霍山，即此太岳是也。"《毛诗谱》正义引郑玄注云："岳阳县，太岳之南……太岳在河东故县彘东，名霍太山。"胡渭《禹贡锥指》卷二云："岳阳，就附近山南者言之，则为今岳阳、赵城二县。岳阳，汉陭氏县；赵城，汉彘县，地并属河东郡。霍山在岳阳县西北，赵城县东北。"《禹贡》又云："导岍及岐，至于荆山。逾于河，壶口、雷首，至于太岳。"孔氏传曰："太岳上党西。"孔疏云："以太岳东近上党，故云在上党西也。"苏轼《书传》曰:"太岳者,霍太山也。"毛晃《禹贡指南》卷三:"太岳山,《水经》:太岳山在河东永安县,山即冀州岳阳也。《周礼·职方氏》:冀州山镇曰霍山,即霍太山,也亦曰太岳。"在《禹贡》关于"岳"、"太岳"的注释上,古今几乎不见异说,大家共同认为,这里的岳就是太岳,也就是霍太山,即今山西中部隆起的太岳山。此山周围至今炎帝传说盛行,特别是在太岳之东,今可考的炎帝庙宇达三四十处,关于炎帝的碑刻多达百余。

二、吴岳

在先秦文献中单名之为岳者,除太岳外,只有秦陇间的吴山了。《周官·职方》:"正西曰雍州,其山镇曰岳山。"《尔雅·释山》亦云"河西岳"。此岳即指吴岳。《史记·封禅书》曰:"自华以西名山七,曰华山、薄山、岳山、岐山、吴岳、鸿冢、渎山。"这里出现了两座以岳为名的山,胡渭《禹贡锥指》卷十一曰:

> 吴岳,班、郦皆谓即古之岍山。然《史记·封禅书》言:自华以西名山七,曰华山、薄山、岳山、岐山、吴岳、鸿蒙、渎山。而无岍山。又析吴岳与岳山而为二。《唐六典》关内道名山曰吴山,亦谓之西镇。山有五峰,于诸山中最为秀异。肃宗在凤翔,改吴山为西岳,以祈灵助。《陇州志》则以州西四十里之吴山为岍山,州南八十里之岳山为吴岳。诸说互异,未知孰是。愚窃谓吴山,《汉志》虽云在县西,而冈峦绵亘,延及其南,与岳山只是一山。自周尊岍山曰岳山,俗又谓之吴山,或又合称吴岳。《史记》遂析岳山与吴岳为二山,而岍山之名遂隐。其实此二山者,《周礼》总谓之岳山,《禹贡》总谓之岍山,当以《汉志》为正。

胡渭所说可从。岳与吴岳,实为一山,即今之吴山。《元和郡县志》卷二曰:"吴山,在县(吴山县)西南五十里。秦都咸阳,以为西岳,今为国之西镇山。《国语》谓之西吴。"吴山在今宝鸡市西,其地距宝鸡市区仅四十余公里。而宝鸡正是炎帝陵所在地，也是被《水经注》指认为炎帝出生和兴盛的姜水所在地。与此相邻的岐山、美阳、武功等县，有姜泉、姜氏城、姜水等诸多与姜炎族活动有关的地名，而武功，又是传说中周之女始祖姜嫄的老家。至今宝鸡仍盛传着炎帝故事，是炎帝传说的四大密集区之一。此地无疑是姜炎族一支的居住地，吴山之所以披有岳之名，显然与炎帝族这一支的活动有关。

三、华岳

《尚书·舜典》说舜"西巡守至于西岳"，孔传："西岳，华山。"《尔雅·释山》："华山为西岳。"其地在今陕西东端的华阴市境内，距西安120公里，南接秦岭，其东便是河南省灵宝市境，因此《周礼·职方氏》说："河南曰豫州，其山镇曰华山。"《尔雅》亦言"河南华"。后汉华阴属弘农郡，置所即在河南灵宝。唐玄宗《华山碑》言："西岳太华山者，当少阴用事，万物生华，故曰华山。踞中土西偏，当七宿正位。其行配金，其辰直酉。前对华阳之国，后压华阴之郡，左抱桃林之塞，右产蓝田之玉。"所谓桃林之塞，就是传说中夸父弃杖所化的桃林。灵宝是夸父传说盛传之地，而在这些传说中，夸父是炎帝族的一支，是被黄帝的大将应龙追赶才跑到这里的。又《海内经》曰：

伯夷父生西岳，西岳生先龙，先龙是始生氐羌，氐羌乞姓。

郭璞注曰："伯夷父，颛顼师，今氐羌，其苗裔也。"《舜典》："帝曰：咨四岳，有能典朕三礼，佥曰伯夷。"孔安国传曰："伯夷，臣名，姜姓。"《国语·郑语》："姜，伯夷之后也。"韦注："伯夷，尧秩宗，炎帝之后，四岳之族也。"《史记·齐太公世家》索隐引谯周《古史考》曰："姓姜，名牙。炎帝之裔，伯夷之后，掌四岳有功，封之于吕，子孙从其封姓，吕尚其后也。"由此可知，伯夷是炎帝之裔，其后裔有一支即活动于西岳地区。《海内经》说"先龙是始生氐羌，氐羌乞姓"，并不是说氐羌就是西岳之后，而是说氐羌中的乞姓一支，是他的后裔。显然华山披西岳之名，也与炎帝族有关。

四、南岳

《舜典》又说舜"南巡守至于南岳",孔安国传曰上:"南岳,衡山。"《明一统志》卷六十四曰:"衡山,在衡山县西三十里,五岳之一也。《太平寰宇记》云:宿当翼轸,度应玑衡,故曰衡山。舜南巡狩至于南岳。《周礼·职方氏》荆州之镇曰衡山,即此。其山盘绕八百里,有七十二峰,十洞,十五岩,三十八泉,二十五溪,九池,九潭,九井。而峰之最大者五,曰祝融、紫盖、云密、石廪、天柱。惟祝融为最高。"可见其山之大及绵延之广。其地在今湖南省衡阳市。长沙有岳麓山,即因其在南岳之麓而得名。《后汉书·西羌传》曰:

> 西羌之本,出自三苗,姜姓之别也。其国近南岳,及舜流四凶,徙之三危,河关之西南羌地是也。滨于赐支,至乎河首,绵地千里。赐支者,禹贡所谓析支者也。

曹学佺《蜀中广记》卷三十一引《四夷传》亦云:

> 西羌之本,出自三苗。其先为伯夷甫,炎帝之裔。帝母育于姜水,而以姜为姓,故诸羌亦姓姜。其国始近南岳,及舜徙之三危,今河关之西南羌地是也。滨于赐支,至乎河首,绵地千里。赐支者,析支也。

此两处都明确地记载南岳之下为炎帝之裔的活动地。不过这里有一个小小的误会,即认为舜窜三苗于三危,是把生活在这里的三苗流放到了三危。其实三苗非一,迁于三危者只是其中的一支,活动于南岳之麓者则是另一支。最可注意的是,在南岳东侧的炎陵、茶陵、郴县、耒阳、嘉禾、安仁等县,存在着大面积的炎帝传说,是目前全国炎帝传说最盛的四大区域之一,而犹以炎陵县最为集中。《帝王世纪》、《竹书纪年》等,皆有关于炎帝崩于长沙茶乡的记载,其死后就葬于这里，故此地有规模宏大的炎帝陵。

五、中岳

　　《史记·封禅书》于舜巡狩之后，补言曰："中岳，嵩高也。"索隐曰："独不言'至'者，盖以天子所都也。"正义曰："《括地志》云：嵩山，亦名太室，亦名曰外方也。在洛州阳城县西北二十三里。"《尔雅·释山》："嵩高为中岳。"郭璞注："大室山也。"其地即今河南嵩山，位处登封市北，古称外方、太室、崇高、嵩高诸名。其峰有三：东为太室山，中为峻极山，西为少室山。中岳的名字相对要晚一些。顾颉刚先生说："所以特尊嵩为岳者，盖晋惠公迁陆浑之戎于伊川，阴地之山，此山最高，故戎人以岳名之；特其地为华人尠至，文字记载少，而口头淬无间，至汉武帝亲临，接受传说，乃承认之且表章之耳。"①顾先生的意思是，以嵩为岳，与自称四岳之后的戎人有关。这应该是符合历史的。

　　需要补充的是，在东周时，成周之南有申吕许等国，《诗经·王风·扬之水》中有"戍申"、"戍甫"、"戍许"之咏。此三国皆四岳姜姓之后。王应麟《诗地理考》卷二云："《郑语》：史伯曰：当成周者，南有申吕。四国皆姜姓，四岳之后。《周语》：富辰曰：齐、许、申、吕由大姜。《地理志》：南阳郡宛县，故申伯国。《括地志》：故申城在邓州南阳县北三十里。宋氏曰：申，姜姓之国……""《唐世系表》：宣王世改吕为甫。朱氏曰：甫即吕也，亦姜姓。'吕刑'，《礼记》作'甫刑'……《水经注》：宛西吕城，四岳受封于吕。《括地志》：故吕城在邓州南阳县西四十里。《吕氏春秋》：吕在宛县西。伯夷主四岳之祀，佐禹有功，氏曰有吕，或为甫。《郡国志》：汝南新蔡有大吕亭，故吕侯国。"朱熹《诗经集传·扬之水》"不与我戍许"注曰："许国名亦姜姓，今颍昌府，许昌县是也。"考此三地，皆在嵩山之南，许在嵩山之南不到一百公里，吕、申在嵩山之南约一百公里。由此言之，称嵩山为岳，也与姜

---

①　顾颉刚：《史林杂识初编·四岳与五岳》，中华书局1963年版，第39页。

姓氏族有关了。

六、岱岳

　　《舜典》称泰山为岱宗，而没有冠岳之名。注者以为泰山为四岳所宗，故谓岱宗。《尔雅·释地》："中有岱岳。"注："岱岳，泰山也。"《释山》曰："河东岱。"又曰："泰山为东岳。"泰山在今山东省泰安市北。古人言其周一百六十里，高四十余里，是这一带最高的山，所以古人有"登泰山而小天下"之感。《史记·货殖列传》曰："泰山之阳则鲁，其阴则齐。"齐正是姜姓的一大支。或以为周初始封姜太公于齐，其实姜姓本来就是活动于此地的。《史记·齐太公世家》："太公望吕尚者，东海上人。"《吕氏春秋·首时》曰："太公望东夷之士也。"《孟子·离娄》曰："太公辟纣，居东海之滨。"《战国策·秦策》曰："太公望，齐之逐夫，朝歌之废屠。"此皆可证太公本齐人。周初所谓封太公于齐，其实也只是认可了其统治齐地的合法性而已。顾颉刚先生说：《左传·襄公二十八年》曰"庆封……入伐内宫，弗克，反陈于岳"，《孟子·滕文公》篇曰："引而置之庄、岳之间"，赵、杜诸注皆以"岳"为齐街里之名，盖都城中之大道，若今北京长安街然，是姜姓之族迁岳名于东方之证也。街且如此，何况于山，故泰山便蒙东岳之称。①

七、北岳

　　《舜典》又说舜"南巡守至于北岳"，孔安国传曰："北岳，恒山。"此所言恒山，并非今山西大同浑源的恒山，而指河北阜平北的大茂山。②《清一统志》卷三十四云："恒山，在曲阳县西北，亦曰常山，亦曰北岳。亘正定府西境及山西大同府东境，《舜典》：岁十有一月朔，巡狩至于北岳。《禹贡》：太行恒

---

　　① 顾颉刚：《史林杂识初编·四岳与五岳》，第 37—38 页。
　　② 谭其骧：《长水粹编》，河北教育出版社 2000 年版，第 325 页。

山。《周礼·职方氏》：并州其山镇曰恒山。《尔雅》：恒山为北岳。《史记》：
赵简子告诸子曰：吾藏宝符于常山上。《汉书·地理志》：上曲阳县，恒山北谷
在西北。有祠。并州山。《隋书·地理志》：恒阳县有恒山。李吉甫《元和郡
县志》：恒山在曲阳县地一百四十里。汉以避文帝讳，改曰常山。周武平齐复
名恒山。《唐书·地理志》：元和十五年，更恒岳曰镇岳。《名山记》：恒山高
三千九百丈，上方三十里，周回三千里，有五名：一曰兰台府，二曰列女宫，
三曰华阳台，四曰紫微宫，五曰太乙宫。沈括《梦溪笔谈》：北岳恒山，一名
大茂山。"大茂山实际上也属太行山脉，太行八陉，而有三陉为恒山所隔。[①] 在
五岳中，与炎帝关系最不明朗的就是北岳。大概因为此地处于河北平原边沿，
历代战乱屡可波及，人口流动较他处为甚，所以远古传说很难留存下来。今知
者只有新乐市相传有炎帝出生处，名曰洗儿池，见方志。但这显为附会。不
过，我们要知道，恒山本为太行山支脉，而太行山本是神农氏发祥之地，因而
此地有岳之名，也就可以理解了。《史记·周本纪》索隐即以太行山为岳，诸
书又以太行山西支脉为太岳。如此，太行山脉中之群山，名岳者显非一处了，
而其披岳之名，自当与炎帝族有关。

除以上诸岳外，在文献中还有一座也被称作南岳的霍山。此山在安徽潜山
县境内，又名天柱山。《汉书·武帝纪》"登灊天柱山"，颜师古注："应劭曰：
'灊音若潜，南岳霍山在灊，灊，县名，属庐江。'文颖曰：'天柱山在灊县南，
有祠。'"郦道元《水经注·禹贡山水泽地所在》："霍山为南岳，在庐江灊县西
南，天柱山也。"说者以为汉武帝以衡山辽旷，移岳祠于天柱山，故俗人呼之
为南岳。但问题是，为何武帝单单选中霍山而不选其他山为南岳呢？其间虽然
有些信息今已失传，但我们根据霍山之名可以推断出，安徽的霍山原本就有称
岳，故武帝才有如此选择的。我们的根据是，山西的太岳山，亦有霍山之名。
西周有霍国，《左传·襄公二十九年》："虞、虢、焦、滑、霍、扬、韩、魏，
皆姬姓也，晋是以大。"杜预注："八国皆晋所灭。"《尚书·蔡仲之命》"降霍叔
于庶人"，孔颖达疏："《世家》云：'武王已克商，平天下，封功臣昆弟，封
叔处于霍。'"由此知山西之霍得名甚早。《周礼·夏官·职方氏》："河内曰冀

---

① 参见胡渭著，邹逸麟整理：《禹贡锥指》卷十一，上海古籍出版社 1996 年版，第 351 页。

州，其山镇曰霍山。"《毛诗谱》正义引郑玄注云："岳阳县，太岳之南……太岳在河东故县亀东，名霍太山。"太岳、霍山两名，沿用至今未变。安徽被指称为岳的霍山，当是北人南迁带去的名字。

又，今被称为北岳的山西大同市浑源县的恒山，古称为玄岳。《水经·㶟水注》云："㶟水又东流四十九里，东迳巨魏亭北。又东，崞川水注之。水南出崞县故城南，王莽之崞张也。县南面玄岳，右背崞山，处二山之中，故以崞张为名矣。"《禹贡锥指》卷十一曰："大同府浑源州南二十里亦有恒山，《水经注》云：崞县南面玄岳，即此山也。"此地数千年来，游牧民族与农耕民族频繁更替，故而不见早期传说。

总之，除两北岳外，其余诸岳皆可找到与炎帝族相联系的蛛丝马迹。因此我们说岳之为名乃是随炎帝族群的迁徙而布于四方。从以上的论述中也可以看出来，被称为北岳的有两座，南岳有两座，西岳也有两座。如依清代学者所论，中岳也有两座，即嵩山与被称为太岳的霍太山。历史上绝不是仅有四岳或五岳，可能还有一些称岳的山，如《山海经》中就有些岳，我们无法知道它的确指。舜巡狩四方而至于四岳，存有对征服民族怀柔的意义，《吕氏春秋》等诸子书言：舜以德服有苗，应该是舜施行怀柔政策的另一种版本。华夏集团便是炎黄两族相互摩擦、相互接纳而最终形成的。华夏文化之能布于四方，作为文化载体的语言能由一点而遍及南北，便是由族群的不断分离、迁徙完成的。

（原载于《民族文化研究》2009 年第 3 期）

陶寺遗址对接历史的可能性及其难题

陶寺遗址，无疑是中国考古的一次重大发现，它为探讨中国文明起源的研究提供了新的证据，也为打破长期以来因疑古而导致的对尧舜存在的怀疑，提供了可能。这一遗址因相对来说年代比较接近于《史记·五帝本纪》的记载，故引发了人们将其与历史时代对接的欲望，人们希望通过研究，找到这一遗址的主人，但是寻找中却遇到了考古年代与历史年代错位的难题。本文的目的正是想为解决这一难题，提供一条思路。

一、关于陶寺遗址族属问题的分歧

关于陶寺文化的族属，目前主要有五种意见：

1. 尧城说。持此说者较多，如邹衡《关于探讨夏文化的条件问题》①、田昌五《先夏文化探索》②、俞伟超《考古所四十年成果笔谈》③、王文清《陶寺遗存可能是陶唐文化遗存》④、董琦《有唐考辨》⑤ 等。此一说的主要根据是，陶寺遗址与传说中尧活动的冀方相合，与传说尧建都的平阳也相去甚近；陶寺遗址在时间上可以覆盖尧的时代。

---

① 载《华夏文明》第一集，北京大学出版社 1987 年版。
② 载《文物与考古论集》，文物出版社 1986 年版。
③ 《考古》1991 年第 1 期。
④ 载《华夏文明》第一集。
⑤ 载《虞夏时期的中国》，科学出版社 2000 年版。

2. 有虞氏遗存说。持此说者主要是许宏、安也致两位先生。他们合撰有《陶寺类型为有虞氏遗存论》①，认为陶寺类型龙山文化的分布与文献记载的有虞氏的活动地望及时代基本吻合。此外文章还将《尧典》记载的舜执政后设立刑法与陶寺出土的玉钺、石钺（以为是刑具）联系起来，将出土的龙盘与传说中舜的"龙颜大口"联系起来，将出土的鼍鼓与舜命夔典乐联系起来。

3. 尧舜古都说。如李民《尧舜时代与陶寺遗址》②、王克林《陶寺文化与唐尧虞舜》③。持此论者的主要根据约与上两说基本相同，认为陶寺遗址与传说中尧舜活动的地域与时代基本吻合，只是对尧舜没有做过细的区分。

4. 夏城说。如高炜、张海岱、高天麟《陶寺遗址的发掘与夏文化的探讨》④，张长寿《陶寺遗址的发现与夏文化的探讨》⑤，何建安《从王湾类型、二里头文化与陶寺类型的关系试论夏文化》⑥，黄石林《再论夏文化问题》⑦等。持此论者除认为陶寺遗址与传说中的大夏、夏墟在同一区域，并在时间上也可覆盖夏代外，还考虑到了龙与夏人的联系，以及陶寺居民的生产水平、社会形态与传说中夏的联系。

5. 黄帝城及帝喾城说。持此说者主要是潘健安先生。潘先生撰《陶寺遗址为黄帝及帝喾之都考》⑧一文，认为陶寺遗址是黄帝与帝喾都城的遗存。文章从六个方面做了论证：（1）陶寺一带古为大夏，而在《吕氏春秋·古乐》篇中曾隐约透露出黄帝居于大夏的痕迹。（2）陶寺遗址有早期小城与中期大城，在夏之前帝王中能都于此城者只有两人，即黄帝与帝喾。考黄帝的年代，相当于陶寺文化早期，是黄帝始立城邑之日，即早期小城出现之时。考陶寺文化中期的年代，相当于黄帝颛顼之后、尧舜之前，而这一时期最为显赫的帝王只有帝喾。（3）陶寺文化中有早中期宫殿遗址，此与文献中黄帝始作宫室的记载正相合。（4）陶寺早期遗址中有水井出现，此与文献中黄帝始穿井的记载相合。

① 《考古与文物》1991 年第 6 期。
② 《史前研究》1985 年第 4 期。
③ 《文物世界》2001 年第 1—2 期。
④ 载《中国考古学会第四次年会论文集》，文物出版社 1985 版。
⑤ 载《文物与考古论文》，文物出版社 1986 年版。
⑥ 《考古与文物》1986 年第 6 期。
⑦ 载《华夏文明》第一集。
⑧ 《考古与文物》2007 年第 1 期。

（5）陶寺遗址出土有钺、刀之类玉石器，此与文献中黄帝以玉为兵的记载相合。（6）陶寺遗址出土有鼍鼓、特磬及发现与天文历法有关的建筑设施，这与文献中帝喾命倕作鼓磬等乐器及"序三辰以固民"的记载相合。

在这五说中，最值得注意的是潘健安先生的意见，因为他是看到考古年代与尧、舜历史年代的错位才提出的。尽管这一观点我不赞同，却有很大的启发性。当然我们也可以为潘先生补充证据：在襄汾一带，也有关于黄帝葬于此地的传说，据方志记载，这里从前有多处轩辕庙。

二、陶寺遗址归属上的难题

关于陶寺遗址的年代，目前有几种数据：

1. 高天麟、张岱海、高炜《龙山文化陶寺类型的年代与分期》[①]：上限约当公元前 2500—前 2400 年，下限为公元前 1900 年。

2. 仇士华、蔡莲珍等《有关所谓"夏文化"的碳十四年代测定的初步报告》[②]：上限不晚于公元前 2400 年，下限不早于公元前 1800 年。

3. 刘绪《简论陶寺类型不是夏文化 —— 兼谈二里头文化的性质》[③]：公元前 2600—前 2000 年。

4. 王克林《陶寺文化与唐尧、虞舜 —— 论华夏文明的起源》[④]：公元前 3000—前 2000 年。

陶寺遗址之于尧、舜、夏文化遗址，都认为尧、舜、禹可当于陶寺晚期，而对于陶寺早期的小城遗址，则无法做出合理解释。在这其中，声音最高的是尧都说。关于尧所存在的历史空间，有以下几种数据：

1. 据今本《竹书纪年》推算，帝尧元年丙子，即公元前 2145 年。

2. 据郭沫若主编《中国史稿》所附大事年表，尧舜至禹治水时代，约为公

① 《史前研究》1984 年第 3 期。
② 《考古》1983 年第 10 期。
③ 《史前研究》1990—1991 年辑刊。
④ 《文物世界》2001 年第 1—2 期。

元前 2228—前 2104 年。

3. 翦伯赞《中外历史年表》，推定尧的历史年代约为公元前 2997 年。

4. 蒋南华据《史记·五帝本纪》与皇甫谧《帝王世纪》记载，并参照张汝舟的考证推算，尧生于公元前 2317 年，卒于前 2200 年。舜生于前 2277 年，卒于前 2178 年。[①]

5. 李民《尧舜时代与陶寺遗址》，据文献推定尧舜时期应为公元前 2300—前 2100 年之间。董立章《三皇五帝断代史》，以帝尧的历史年代为公元前 2246—前 2174 年。

6. 邵雍《皇要经世》"以运经世"，尧甲辰元年为公元前 2357 年，尧在位 72 年、舜在位 61 年，禹继位于公元前 2224 年，较"夏商周断代工程"所定早 154 年。清华大学出版社发行《黄金书屋·历史作品》光碟中的《中国历代纪年表》，唐尧即位之年与邵雍所推相同，亦为公元前 2357 年。是表显示尧在位 100 年、舜在位 50 年，禹继位于公元前 2207 年，较"夏商周断代工程"所定早 137 年。但不论哪一种数据，都与陶寺早期的时代有一定距离，故而出现了压低陶寺文化上限的现象。如据何驽先生《陶寺文化谱系研究》[②]，碳十四年代数据出现的公元前 2875 年 ±185 年、2465 年 ±130 年、2460 年 ±140 年、2340 年 ±130 年等几个数据，可以囊括于公元前 2300—前 2100 年之中，与庙底沟二期文化晚期同时。潘健安先生提出了黄帝城址说，并认为尧舜的历时年代约为公元前 2200—前 2100 年，此期陶寺文化已进入晚期，而陶寺最兴盛的时期则是在早期和中期。这确是主尧城说者的一个难题。至于舜、禹则更在尧后，问题就会更大。这也是目前陶寺遗址族属问题无法达成共识的一个主要原因。

同时在社会制度上，人们也无法看到禅让的痕迹，却发现世袭制的存在，看到了随葬品多寡的悬殊，看到了所谓阶级的分化。这自然使人联系到大禹传子的夏代。于是尽管在年代上与夏的时代不合，但也觉得只有放在夏代才较合理。其实这个问题并不重要，因为对这种现象我们可以还原于那个时代去考虑。

[①] 蒋南华：《中华文明七千年探初》，人民出版社 2002 年版。
[②] 载《古代文明》第 3 卷，文物出版社 2004 年版。

从那个时代人的宗教信仰、社会结构、习俗背景上考虑，似乎都是可以理解的。

三、据《尧典》"四仲中星"对尧年代的重新认定

现今各家对于尧的历史年代，都是根据文献记载中的各种数据推算出来的。但文献对于上古年代的记述，多是大略的数字。如《史记·夏本纪》裴骃集解引徐广说："从禹至桀十七君，十四世。"裴骃案曰："《汲冢纪年》有王与无王，用岁四百七十一年。"[①]《汉书·律历志》则说："夏后氏继世十七王，四百三十二年。"[②]这之间就差了三十九年。又《竹书纪年》以为"汤灭夏以至于受，二十九王，用岁四百九十六年也"[③]。而《汉书·律历志》则说："自（汤）伐桀至武王伐纣六百二十九岁。"[④]其间相差一百三十三年。这样大的差数，要想据以求证尧舜的准确年代，自然是非常困难的，这也是现在人们认为可以将陶寺遗址与尧相对应的一个原因。但这里有另外一个计算系统可以为我们所用，即《尧典》中提到的"四仲中星"的天文知识计算系统。《尧典》说，尧即位后，分别命令羲仲住在东方的旸谷，恭敬地迎接日出，辨别测定出日出的时刻，以昼夜平分的那天作为春分，以鸟星见于南方正中之时作为确定仲春时节的依据；命令羲叔住在南交，辨别测定太阳往南运行的情况，以白天最长的那天作为夏至，以火星见于南方正中之时作为确定仲夏时节的依据；命令和仲住在西方叫昧谷的地方，恭敬地送别落日，辨别测定太阳西落的时刻，以昼夜长短相等的那天为秋分，以虚星见于南方正中之时作为仲秋时节的依据；命令和叔住在北方叫幽都的地方，辨别测定太阳向北运行的情况，以白昼最短的那天为冬至，以昴星见于南方正中之时作为确定仲冬的依据。

我们相信，《尧典》是尧舜时代一笔珍贵的档案资料，如果没有确切的证据来否定它，那么原则上我们应该相信它的可靠性。因此《尧典》中提到的"四

---

①　《史记》，中华书局 1982 年版，第 89 页。

②　《汉书》，中华书局 1962 年版，第 1013 页。

③　方诗铭、王修龄：《古本竹书纪年辑证》，上海古籍出版社 1981 年版，第 283 页。

④　《汉书》，第 1014 页。

仲中星"的天文现象，可以作为一个判断尧的年代的一个依据。但对这段话的理解不尽相同，因此在推算上就出现了各种数据。影响最大的是竺可桢先生《论以岁差定〈尚书·尧典〉四仲中星之年代》[1]。文章以尧都平阳为观测星象的地点，以鸟、火、虚、昴为观测对象，结论是《尧典》四仲中星盖殷末周初的现象，只有星昴是尧时的天象。竺先生的这一推算结论，几乎成为定论，彻底打消了现代以四仲中星测定尧时年代的念头。但是竺先生在这里忽略了一点，《尧典》中分明是说在东西南北四个不同的地方来观测星象的，如果要把四种星象认定是在一地观测的结果，这自然要与《尧典》的实际记载发生冲突。因此我们不能因竺先生的这个结论，而把前人的研究全部推翻。

关于"四仲中星"的测算，除疑古者有意拉后其时间外，知者有以下数据[2]：

1. 墨德霍斯脱：以为公元前 2250 年。

2. 比约：以为西纪前 2357 年。

3. 索续尔：以为西纪前 2400 年左右。

4. 歇莱格尔：以为在 18500 年前。

5. 能田烛亮：以为西元前 2000 年左右。

6. 新城新藏：以为公元前 2500 年前后。

7. 龚惠人：以为公元前 2000 年前后。

8. 宋君荣：以为公元前 2476 年。

9. 王红旗：以为在 7400 年前。

以上诸家推算方法不同，故出现了较大出入。其中宋君荣的推算最值得注意。因为他第一是没有受文献关于尧年代定位的制约，第二是以传统的天文学知识为基础进行推算，基本上不带偏见。他按汉代初期星宿位置及范围以赤道为标准的办法，分至点以赤道为准，算出星昴房虚的范围，进而算出二分二至在这个范围内的四星宿的年代，其结果是：春分，昴星：公元前 3042—前 2219 年；夏至，星宿：公元前 2766—前 2153 年；秋分，房星：公元前 2795—前 2394 年；冬至，虚宿：有两组数字，一组为公元前 2586—前 1858 年，另

① 徐旭生：《中国古史的传说时代》附录，广西师范大学出版社 2003 年版。
② 顾颉刚、刘起釪：《尚书校释译论》，中华书局 2005 年版。

一组为公元前 2797—前 2156 年。平均：公元前 2476 年。从这个数字中可以看出，公元前 2586 年至公元前 2385 年的 200 年间，是可以观测到四星的绝对时间。而这个时间，正好是陶寺遗址的早中期，也正是陶寺类型文化的兴盛期。拿宋君荣的研究结果与碳十四测定的陶寺年代相比照，说陶寺是尧城遗址，是完全相合的。

四、考古、历史对接中的错位与“打结理论”

以上论述已经说明，陶寺遗址的测定年代要早于历史纪年中尧的年代。而通过“四星”观测推算，尧的年代又与陶寺遗址的年代完全相合。这里要解决的问题是，为什么在历史纪年中，尧的年代要晚于“四仲中星”测算年数百年呢？为什么陶寺遗址会与帝尧年代发生错位？这里我要尝试着提出一种理论，叫“打结理论”。文字出现之前或文字记录功能还不健全的时代，历史主要靠口传。“古”字从十从口，即取十口代代相传为古之意。但口传就不免会有丢失。对年代久远的历史，在人们心灵留下深深印记的人或事便可以永远流传，而一些不十分重要的人物或事件，过上三五代便会淡忘。但作为历史，人们总喜欢它有连续性，于是就出现了用下一个著名人物或事件，去衔接上一个著名人物或事件的现象。比如《国语·晋语》、《贾子新书》都说黄帝、炎帝是兄弟，可是《帝王世纪》却说：炎帝传八代五百三十年，黄帝代炎帝而有天下。如后说有据的话，也就意味着《国语》与《新书》之说丢失了八代之数。在《楚语》中明确提到过“少昊之衰”的时代，诸家说少昊是黄帝之子或孙，《路史·疏仡纪》说少昊在位八十四年。可是在传说相连续的五帝系统中，却没有了少昊的位置。《山海经·海内经》中说：黄帝生昌意，昌意生韩流，韩流生颛顼。可是在《五帝本纪》中，颛顼却成了昌意之子，丢掉了韩流一代。据《春秋历命序》说，黄帝传十世，少昊传八世，颛顼传二十世，帝喾传十世乃至尧，可是《五帝本纪》说：帝喾是颛顼族子，尧是帝喾之子。如果此说有据，这就意味着，从颛顼到帝喾丢掉了十九代人的名字，从帝喾到尧丢掉了九代人的名字。在记载中，尧、舜、禹等圣王的寿命都那么长，如传说黄帝在位百年，享年 110 岁；颛顼在位 78 年，享年 98 岁；帝喾在位 70 年，享年 105 岁；尧在位 98 年，享年 118 岁；舜在位 79 年，享寿 112 岁。这些记载显然是靠不住的。因为从考古发掘得知，上古人的寿命只能比现在人短，不会比现在人长。可是为什么会有这样的传说呢？显然是因为记载缺失，只好用有限的几个人来填补这缺失的历史空间。但即便是这样，口传的历史还是比历史本身要短。就如同一根一米长的绳子，如果中间断开了再打结连在一起，绳子的长度一定会变短，变得不够一米。打结越多，绳子就会变得越短。对传说时代的历史来说，每一个重大事件或每一个重大人物，就是历史的一个结。像黄帝、颛顼、尧、舜、禹等，可以说都是历史上的结。这些"结"使历史重叠、变短，同时也使历史变得精彩。

　　另外一个原因是，在上古时代，同一血统的人，如祖孙之间，往往出现用同一个名字的现象。李笠《广史记订补》卷一引章太炎先生在《检论·遵史篇》中说："古者王伯显人之号，或仍世循用，不乃摭取先民，与今欧罗巴人无异，是故商帝称汤，其后亳王亦曰汤也（《秦本纪》集解及索隐），嬴氏祖曰秦仲，则二世亦号秦仲（《郊祀志》：南山巫祠南山、秦中。秦中者，二世皇帝也。中、仲同）。"又说："笠谓《吴太伯世家》：'乃封周章弟虞仲于周之北故夏墟，是为虞仲。'索隐云：'仲雍称虞仲，今周章之弟亦称虞仲者，所以祖与孙同号。'此是一例。"[1] 这种情况，在上古时代还比较多。如黄帝之孙少昊名挚，而黄帝之裔孙帝尧之兄也名挚。尧时射官有羿，夏时篡夏政者又有一羿，二羿显然是同出一族。再如共工，《汉书·古今人表》列共工于女娲氏后[2]，《淮南子·天文训》则言"共工与颛顼争为帝"[3]，是颛顼时又有一共工；《淮南子·原道训》又说："昔共工之力触不周之山，使地东南倾。与高辛争为帝。"[4] 则高辛时又有一共工。《逸周书·史记解》说："昔有共工自贤，自以无臣，久空大官。下官交乱，民无所附，唐氏伐之，共工以亡。"[5]《尧典》中也数次提及

---

① 李笠：《广史记订补》，复旦大学出版社 2001 年版。
② 《汉书》，第 864 页。
③ 何宁：《淮南子集释》，中华书局 1998 年版，第 167 页。
④ 何宁：《淮南子集释》，第 44—45 页。
⑤ 黄怀信等：《逸周书汇校集注》（修订本），上海古籍出版社 2007 年版，第 463 页。

共工，又称舜"流共工于幽州"，《荀子·成相》又说："禹有功，抑下鸿，辟除民害逐共工。"① 是尧、舜、禹时皆有共工。这是同一名而数代仍用的典型范例。这种情况发生在"王伯显人"中者居多。先辈中有一个有成就的、名望很高的人，后辈如果敬慕其德行，就有可能循用他的名字，以表示步武其后之意。这似乎也是情理中的事。由此而言，尧可能也不是一个人，也许陶唐氏中有几代都以尧为名，所以才有了尧寿长达百余岁的传说。这似乎在记载中也有所披露。如《尧典》开头一段，歌颂尧"钦明文思安安，允恭克让，光被四表，格于上下"。马融解释说："威仪表备谓之钦，照临四方谓之明，经纬天地谓之文，道德纯备谓之思。"（《经典释文》引）所谓"光被四表，格于上下"，就是说他光辉映照四海，充沛于天地之间。如此高的价评，自然反映了尧的才德及其在时人心中的地位。可是《五帝本纪》又说："昔高阳氏有才子八人，世得其利，谓之'八恺'。高辛氏有才子八人，世谓之'八元'。此十六族者，世济其美，不陨其名。至于尧，尧未能举。舜举'八恺'使主后土，以揆百事，莫不时序。举'八元'使布五教于四方，父义，母慈，兄友，弟恭，子孝，内平外成。昔帝鸿氏有不才子，掩义隐贼，好行凶慝，天下谓之浑沌。少皞氏有不才子，毁信恶忠，崇饰恶言，天下谓之穷奇。颛顼氏有不才子，不可教训，不知话言，天下谓之梼杌。此三族世忧之。至于尧，尧未能去。"② 有大才大德而不能用，有大恶大奸而不能去，这与所谓"光被四表，格于上下"评价实在不符。又，《尧典》中赞美尧舜禅让，而《古本竹书纪年》又说是尧德衰，被舜囚禁。这种传说的矛盾，也是长期困扰人们的一个难题。这中间固然有不同的传说，或许一真一假，但有无可能尧和舜都不是一个人呢？有无可能这些事分别发生在两个尧和两个舜身上呢？似乎这也是值得我们考虑的一个问题。

总之，尧的实际年代，应该早于文献记载的年代。历史丢失、祖孙同名，都有可能造成历史的收缩。如果把这一重要因素考虑在内，那么陶寺遗址的主人为尧及其部落，就不成问题了。

---

① 王先谦：《荀子集解》，中华书局 1988 年版。
② 《史记》，第 35—36 页。

五、陶寺遗址与尧都传说重合所引发的思考

在先秦文献中，我们看到的是尧都冀方在冀州的记载，没有发现关于尧都平阳的明确记载。而临汾一带，民间却长期流传着尧的故事。在《山西通志》、《平阳府志》以及晋南各地的方志中，都曾记载了与尧有关的遗迹。有相当多的学者因尧都平阳的记载始见于东汉而认为这是后起之说，不可信，故对尧都的存在做出了种种推测，或曰在河北，或曰在山东。近些年来，随着研究的深入，人们逐渐感到临汾与尧关系的传说并非无稽。著名考古学家兼历史学家徐旭生先生，原初不相信尧都临汾的传说，认为陶唐氏故里应该在河北唐县、望都一带。但他在临终前所写的《尧舜禹》中修正了自己的观点，认为尧墟在平阳。自从陶寺遗址发现后，人们的这一认识就更加坚实了。尽管有不少学者不同意将陶寺遗址与尧对接，但这却促使他们不得不对尧都平阳的传说做出认真思考。

尧都平阳的传说与陶寺遗址的对接，不仅仅证实了一段曾经发生过的史事，更重要的是启发了我们研究历史的新思路和新方法。以往的历史研究，只注重经典文献记载，对于民间口传历史，认为是乡间鄙语，道听途说，几乎不屑一顾。这实际上是一种偏见。清代学者程瑶田在《释虫小记·蟙蛉蟔蠃异闻记》说过如下一段话：

> 夫简策之陈言，固有存人口中之所亡者也，而其在人口中，云虽经数千百年，有非兵燹所能劫、易姓改物所能变，则其能存简策中之所亡者亦固不少。

这是很有道理的。傅斯年在《周颂说》一文中也提出了类似的观点，认为凡是一种可以流传于民间的文学，每每可以长期保存；不能在民间流传、藏于政府的文学，一经政治巨变，便会丧失。这一观点应该特别引起我们的重视。民间口传中，可能保存有比文字记载更为古老而且宝贵的历史。当然，同样的一种记载，一旦被文字固定下来，就不可能再发生变化，即使有变化，也很容易被发现。口头流传的历史，则有可能在流传中发生变异。但作为一个群体共

同传播的传说，相互间有一种顽强的校错能力，一般情况下是能保持原始的内核不消失的，因此口传历史的价值主要在于对历史内核的传播上。这应该特别引起我们的重视。

20世纪前半叶疑古学派兴起，文献中关于上古史的记载遭到一批学者的否定。这样上古史研究只能是一片空白。20世纪后半期随着考古的不断发现，文献中的部分记载逐渐获得了证实，这虽然改变了人们对于上古记载的认识，但同时也增加了上古史研究对考古的依赖性。于是现在又形成了一种倾向性观念：上古史的重建，只能期盼更新、更多的考古发现来完成。这种观点虽说是严谨的，但却是不负责任的。考古资料固然很重要，但考古所得总是有限的。考古发掘可以获得上古人生活的物质遗迹，却难以获得完整的精神产品。它只能作为古史研究的参考，而不能成为唯一依据。上古史研究应该有其独立性，不能成为考古的附庸，跟在考古学家后面跑。上古史研究如果被"考古"牵着鼻子走，就有可能任何问题都成为"未定案"，因为考古不断在发现，旧的结论很有可能被新的发现推翻。这样的教训并不少。20世纪前半叶，学术界根据考古发现，得出了"文化西来"的结论。随后的考古发现，又提出"文化西传"的观点。每有一处"重大考古发现"，总有人提出一种文化起源的新观点，可是随后的新发现，却有人又改变了原初的主张。虽说否定之否定是学术发展的形式表现，但频繁的否定，恐怕就成了不成熟的标志。如果以经典文献为依据，参考民间口传，来构建上古史的基本构架，而把考古作为一个重要的参考系，这样上古史研究才会有广阔的发展前景。

在此我想提出古史研究的四重证据概念：第一是经典文献，这是一个基础，也是个核心。第二是方志、碑刻等，它们的撰写者是生活于民众之中的文人，介于士大夫与草民之间的一个层次，因而记述时既有对传统的理解，又有对民众口传的采纳，此中虽有附会，但也可以寻找到正史失载的历史和传统的地方性信仰。第三是民俗、民间信仰与口传史，这是一笔活的资料，虽于历史而言，其变异性很大，但能看到其中的真实性的内核。第四是考古发现，这可以作为一个参照系，不可作为唯一可靠的死证。如能消除或疏解开这四重证据之间的矛盾存在，使其相互吻合，应该是一种稳妥的历史求真的方法。

（原载于《晋阳学刊》2009年第4期）

山西长子县尧及丹朱遗迹的发现及其意义

在中国现有的具有人文色彩的县级地名中，最为古老且最具传奇意味的恐怕就要数山西省的长子县了。据唐《十道图》说："长子城，丹朱所筑。丹朱，尧之长子，因名。亦名丹朱城。"《新定元丰九域志》卷四也说："长子城，丹朱所筑。"依此论来，长子之名最少也有四千年的历史了。现在的大多学者，自然不会相信这在先秦文献中不见踪迹的野老传闻的，更多的人会认为这是当地人"攀引圣迹以为重"编造出的动人故事。我原本也如此认为，然而李蹊先生《丹朱封于长子考》的长文与2004年以来的数次长子之行，动摇了我原初的看法。李蹊先生的文章颇多启发，加之在这里发现的密集型的关于尧与丹朱的古迹与传说，钩稽文献，竟发现传说与文献记载每多相合。这不能不引起我们对这一历史陈账的重新思考。

一、方志、碑刻中关于尧及丹朱与长子关系的记载

长子县位于山西省东南部的太行、太岳之间，即上党盆地的西南侧，属于长治市辖区。长治、晋城两市所辖地，习惯称作晋东南地区。长子县东是长治县，也即市治所在地，这里有羊头岭，又叫黎侯岭，父老传说是炎帝建都的地方。其南是晋城市高平市，即炎帝陵所在地；又有羊头山，即传说炎帝发现五谷处。其北是屯留县，传说中后羿射日的三嵏山就在这里。其西是太岳山脉，有发鸠山，即《山海经》所言炎帝少女所化的精卫鸟栖居的地方。可以看出，这是一个被上古传说包围的地方，整个晋东南地区，遍地都有上古三代的传

说，而长子则是上古圣王之一的尧王及其子丹朱传说最为密集的地方。在这里关于尧长子丹朱封地的传说，可以说是家喻户晓。光绪《长子县志》解释长子得名的来历，即说："唐尧之世，封长子丹朱于境，故县名长子。"在先秦文献中"长子"这个名字即频频出现，如《国语》、《左传》、《战国策》等史籍中，都曾多次涉及。《汉书·地理志》说长子是"周史辛甲所封"。根据刘向的《别录》，辛甲是殷商旧臣，后来得到了周文王的赏识，封到了长子。这就是说，早在三千年前，长子就是一个被政治家关注的地方了。这些记载即在证实着长子历史的悠久，同时也在暗示长子得名于尧王时代的可能性。

　　在与长子有关的方志、碑刻中，我们看到了诸多与尧、丹朱有关的记载。其中最为突出的有四件事。第一是丹朱封长子事，如光绪《山西通志》卷五十说："长子城，丹朱之封也。"因为各地都有关于尧、丹朱的传说与记载①，故《通志》的作者特于此条记载下加按语说："旧《通志》：翼城有唐城，亦云丹朱所封都也。恐当以长子为是。《路史》之朱虚丹山，《荆州记》之丹川，《九域志》谓在邓，而又称相州之丹朱陵，皆存疑可耳。《竹书纪年》又称'屯留尚子'，其实即长子，以声相近而讹。"这是确认长子才是尧子丹朱的封地，其他地方不大可靠，只可存疑。顺治《潞安府志》卷十五也曾辨析说："长子大抵以丹朱得名，虽非封国，实畿内之采邑。浮山县，丹朱食邑也，长子接境，今境内有丹岭、丹水，有尧水、尧村，南北朝有尧暄，以为帝尧之后，明徵非一，岂皆附会？"

　　第二是关于丹朱筑熨斗台事。光绪《山西通志》说："丹朱台，俗名熨斗台，在长子县。旧《通志》：熨斗台在县北，世传丹朱所筑，形似熨斗。"（卷五五）相同的记载也见于《明一统志》、《潞安府志》与《长子县志》。根据我们实地考察，熨斗台，现在又叫背高庙，这个台确实是人工筑起的。在台的周围可不时发现商周前遗物。

　　第三是庆云山因尧得名事。顺治《潞安府志》卷一记长子县有庆云山，说："在县东南五十里，尧时有异云见。"《太平寰宇记》卷四十五及光绪《长

---

　　① 如司马迁在《史记·五帝本纪》中说："余尝西至空峒，北过涿鹿，东渐于海，南浮江淮矣。至，长老皆各往往称黄帝、尧、舜之处，风教固殊焉，总之不离古文者近是。"

子县志》卷三引《上党记》说："尧之将兴，有五色云出此山，故曰庆云山。"《明一统志》卷二十一说："庆云山，在长子县东南五十里，相传尧时五色庆云见于此。"雍正《山西通志》卷十九记载与《明一统志略》。虽然各书记载略有差异，但都认为与尧有关系，这一点是相同的。为什么"尧之将兴"，五彩云会在这里出现呢？显然与这里被认作是尧的老家有关。

第四是丹朱岭事。乾隆《潞安府志》卷十说："丹朱岭，南五十五里。明谢榛《同周斯盛饮山楼诗》：'万年不改丹朱岭，圣帝垂名共白云。'"这里没有明说丹朱岭与尧子丹朱有关，可从引谢榛的诗中却表达了这一层意思。《高平县志》则明确地说："丹朱岭，在县北四十五里长子县界，以尧封长子丹朱得名。"关于这一条记载，方志中争议较大。如《清一统志》卷一百七说："丹朱岭，在高平县北四十五里，与潞安府长子县接界，南有鸦儿沟。按《县志》：丹朱岭接长子县界，以尧封长子丹朱得名。此说附会。《汉书》长子县注：长读长短之长，今俗为长幼之长，非也。足证其妄矣。盖丹朱岭即《山海经》所云丹林，既讹林为岭，又讹加以朱，转晦其本，从而为之说，不可信也。"或书作"丹朱陵"，顺治《潞安府志》卷十五说："此必尧暄父子之墓，而误以为丹朱陵也。"而光绪《山西通志》卷五十则认为："丹是国名，以水与山为称，是则人以地名，非地以人名也。"就是说，尧子本名朱，因封于丹（丹水、丹陵都是因丹得名的），所以才叫作丹朱的。这实际上是认为丹朱岭与丹朱是有关系的。

此外，在长子县陶唐村残存的《移修土地庙碑记》中写道："兹闻陶唐者帝尧之国号，而长子又称舜封，俗传丹朱受封之地。本村西土地庙，即帝尧避暑乡。"在长子发鸠山顶灵应侯庙残碑上，则残留有"尧封之胜地"数字。在潜山脚下发现《重修尧庙碑记》残碑，上云："昔尧有十子，九男事舜于畎亩，封丹朱于我漳源。因名其邑曰长子。"据父老传言，还见有其他与尧有关的碑刻，因现已十不存一，无法证实。

方志、碑刻，多出自地方文人之手。地方文人出于对家乡的热爱，一方面对保护地方文化起着积极的作用，另一方面也在不断用附会的手段，丰富着地方文化与历史传说。因而对于方志有关历史的记述，我们应该持慎重态度的。但方志记载有两种不同情况应该分别对待，一种是密集型的，一种是飘零型

的。如果是孤零零的前不着村后不着店的传说记载，便有可能是从别处飘来的
"种子"，附会的可能性就很大；如果是密集型的，就有可能是原产地，可能有
历史根据。像长子县如此密集的尧王父子的记载，确实值得我们注意。

二、长子关于尧及丹朱的遗迹与传说

当我们到长子做实地调研时发现，其实方志所载，只是其中很少的一部
分，存活于民间的传说更为丰富。

在县城东 6 公里处有一个陶唐村，村口牌楼上大书着"尧栖地"几个字。
父老传说：早先尧王率领先民在陶唐村烧制陶器。当时的人用黏土拌水调泥，
制出一种口小肚大的用具，叫"缶坛"，只能盛五谷，不能盛水。是尧最先把
缶坛烧成陶缶的。村西有个土地庙，传说尧曾在这里避过暑，避过雨。旧时这
里是尧庙，庙进深三院，五间前殿内供奉着三元圣君 —— 尧、舜、禹。庙里
也有土地等神，所以俗称土地庙。又传说陶唐这个村名就是尧王御赐的。现在
这里流传着一句民谣，说："天下孤陶唐"。问当地人这是什么意思，他们也说
不清楚，只是祖祖辈辈就这样传说着。同时，在陶唐村周围的几个村落，如连
家庄、高家洼、前小郭等，不时发现有灰陶、红陶陶片，据有关专家辨认，认
为是仰韶文化与龙山文化遗物，这就更坚定了当地人对尧传说的信念。

在县城的西面有座山叫方山，也就是著名的"精卫填海"神话中的发鸠
山。传说发鸠山上住着老神仙彭祖，他是一位名医。一次尧王从平阳到长子巡
视，因长途跋涉患了大病，丹朱亲自请他下山，彭祖亲手做雉鸡汤，为尧调
养，终于治好了尧的病。后人为了感谢彭祖，便在山顶为他修了庙，叫医祖
庙，也叫灵应侯庙。

关于熨斗台，这更是当地人坚信不疑的一个传说。据说尧封丹朱到长子
后，丹朱就于此地修筑了城池与熨斗台，并受到了当地民众的爱戴。尧王到
后，就到这里来视察。看到熨斗台周围的景观，于是便封这里为"天下第一
景"。这个传说，在方志中也不止一次出现。根据当地文物部分的人说，熨斗
台确是人工筑起的，只是没有鉴定过其时代，但在台的周围，不时地发现有商

周时期的文物出土。

在县城南约 7 公里有潜山，此山又叫尧山。当地人在山下的观音庙里发现了一块残碑，碑上称这座山叫帝潜山。山上原先有座尧庙，父老传言，庙最初是丹朱建的。尧王死后，丹朱思念父亲，就建了这座庙来纪念父亲的功德。现在庙已毁，只有残迹。山的下面有一座潜龙庵，在中国古代是只有皇帝才称龙的，尧山的"潜龙"是指谁呢？他与帝潜山的这个"帝"是否有联系呢？如果把潜龙、潜山、帝潜山这些名字与尧山之名以及尧的传说联系起来，这里面便有大文章可作了。李蹊先生研究认为，这里是尧葬身的地方，看来这未必没有可能。需要注意的是，这座尧庙，旧时每年阴历四月二十八都要举行盛大的祭祀与庙会。父老传言，尧王的生日就在这一天，因此要在这里搭台唱戏，热烈庆贺。庙会活动有尧庙周围的 13 个村负责，赴会的主要有临汾、安泽、高平、沁水、长治等周围县的人，也有河北、河南等外地的商人。当地有"赶个尧庙会，死了不后悔"的民谣，可见当日聚会的兴盛。

长子关于尧王父子的传说，没有完整系统的故事，都是只言片语。除上所举者外，如王郭村，传说丹朱曾到这里视察，称赞此地风景宜人，于是就命名为王郭；潜山上尧庙北侧有演教寺，传说丹朱在这里操演过马，故名；有岳阳村，又叫乐阳，传说丹朱就是在这里开创基业的；有紫云山，上有后羿庙，山坡上有白皮松林，俗称白松坡。传说后羿射日时，尧留下了他的一箭插在了这里，就长出了一片白皮松。

在长子县我们发现了一批地名，虽无传说存在，但名字中却透露出与尧关系的信息来，如尧水、陶清河（以前叫陶水）、尧山、西尧村、南尧村、尧神沟、老尧沟、尧长沟、尧南陈，等等。我们考察中也有人指给我们说：老尧沟，尧到这里视察过；尧长沟，尧小时候曾到这里游玩过，等等，但当地大多数人不知道这些传说。

以上的这些传说，大多无疑是民间的附会与编撰。但值得注意的是，在全国各地有丹朱传说的地方不止一处，大多与儒家文献中记载的差不多，丹朱的形象都不怎么好，像安阳地方还传有丹朱夜游台。但在长子县的传说中，丹朱非但不是贪图戏乐之辈，而且还是一位勤劳的好领袖。这非常值得思考。同时令人感到奇怪的是，最有可能产生附会的地方——丹朱岭，反而没有故事。

当地人只是说，因丹朱封到这里，所以叫丹朱岭，并没有旧志中所说的丹朱陵墓的传说。这与其他地方频频出现丹朱墓的情况大不相同。我们认为，密集型的民间传说，当有其历史的内核。这些传说，应该是有其历史原因的。

三、关于长子特殊民俗的民间诠释

从《长子县志》及《潞安府志》中，我们可以发现古人对此地有"陶唐氏之遗风"的感慨，同时方志《艺文志》中也可以看到不少歌咏长子的诗文，其中部分也咏及了长子与尧的关系及风俗。如清代长子知县王巨源《熨斗台留别诗》云："寄语后来凭眺者，此邦自古是尧民。"知县王衍相《尧庙诗》云："乡邦多厚俗，于此见唐风。"当地名士冯士翘《尧庙诗》云："城西一带近平阳，祠庙多追古帝王。草笠布衫群拜手，遗风犹见旧陶唐。"

古人所谓的"陶唐遗风"、"尧民"等，是一个抽象的概念，我们无法获得其详。但我们在长子的考察中，却听到了当地一种独特的民俗，即"长子不出门"习俗：当一家有几个男孩时，孩子们长大要娶妻生子，与父母分居，但有一条不成文的规矩：长子一定要住正房或老屋，其他的几个儿子则住东、西房或偏房。如本院中房子不够，需要搬出院子、另辟新居时，老大也一定要守住老宅，其他的儿子搬出。因家庭困难养活不了孩子们，需要送出去让别人收养，老二、老三都可以送，但老大一定要留下。如果孩子们长大娶不起媳妇，需要入赘他姓，也只能是老二、老三以下的兄弟去，老大决不能离开家门。如果家里需要外出经商，那么外出的也只能是老二、老三以下的兄弟，老大要守住家门。在长子以及周围的县市，名字中凡有叫守业、守家、继祖的，肯定是老大。

这种独特的民俗，当地乡土文人有很妙的诠释。他们说：这是代代相传的尧王家风。尧王本是长子人，定都平阳以后，又将大儿子派回了老家，这便形成了长子不出门的习俗。还有人说：尧为了巩固舜的权力，避免长子丹朱与女婿舜之间发生冲突，就把丹朱打发回了老家。这样实际上也保护了丹朱。对于这种诠释，我们虽然不相信它有多少根据，但也感到确是天衣无缝的。

　　同时，在长子及晋东南地区的考察中，还发现在其他地方比较少见的一种姓氏——尧，在南北朝时期，这里就出了两个尧姓的名人：尧暄、尧雄父子。现在这里姓尧的还是比较集中的。据当地研究者说，姓尧的就是尧王的后裔。这一点我们在文献中也找到了根据。《通志·氏族略四》说："尧氏，帝尧之后也，支孙以为氏，望出河间上党。"

四、尧与炎帝关系的民间传本与文献的重合

　　在晋东南一带，上古传说最盛的是炎帝。在长子县境内也有不少炎帝的传说。长子县南约20公里处有羊头山，是炎帝传说的一个中心点，传说中炎帝在这里发现了五谷，炎帝陵也在这里。长子县内也有炎帝庙，就在熨斗台上。而长子县的经典传说是"精卫填海"神话。这在《山海经》的《北山经》中就有记载，而且明确地指出精卫是炎帝的少女女娃的精魂所化，它栖息的地方就在长子西面的发鸠山上。至今这个神话还在长子盛传。这样炎帝与尧两位古代圣王，便占据了长子县上古传说的中心位置。

　　民间传说把炎帝与尧都说成是与长子发生过关系的人，我们可以认为这与各地秀才编撰方志时"攀引圣王以自重"的伎俩没有两样。但我们发现，这种传说竟然在文献中得到了支持！在文献中，神农另外一个称号叫"伊耆氏"。郑玄在《周礼·秋官》注与《礼记·郊特牲》注中都说伊耆氏是古王者之号，孔颖达在疏解郑玄注时则明确地指出，伊耆氏就是神农。罗泌在《路史》中说，神农"其初国伊，继国耆，故氏伊耆"，并进一步指出："耆"就是"西伯戡耆"的"耆"，这个地方就在古上党。罗泌把伊耆分为两个地方，看来是想当然之辞，其实伊耆为叠韵字，所指就是一个地方。传说中的原始氏族每每以双声或叠韵为称，如栗陆氏、容成氏、大庭氏、赫胥氏、骊连氏、陶唐氏等皆是。伊耆二字急读之可谓伊，亦可谓耆。在上党地区，古有伊、耆之类地名，当皆为伊耆氏活动留下的遗迹。罗氏父子以为耆即西伯所伐之耆，这一观点是值得肯定的。"西伯戡耆"《尚书》作"西伯戡黎"，像长治、长子、高平、潞城、黎城等，都属古黎侯国。这也正是今炎帝故事盛传地。

而陆德明《尚书音义》说："唐，帝尧也，姓伊耆氏。"这样看来，民间传说并非无因了。

有意思的是，在民间传说中，炎帝与尧两位在文献记载中相距数百年的圣王，他们之间竟然出现了继承关系。长子有传说，尧的王位是炎帝传的。这显然是一种民间的合理性推衍。但值得注意的是，在文献记载中，我们也发现了炎帝与尧关系的文字。王符《潜夫论·五德志》说："有神龙首出常羊，感任姒，生赤帝魁隗。身号炎帝，世号神农，代伏羲氏……后嗣庆都，与龙合婚，生伊尧，代高辛氏。其眉八彩，世号唐。"同样的记载，还见于洪适《隶释》所收录的汉代《帝尧碑》中，这等于是说：尧的母亲出自炎帝一系。如果我们把这条记载与长子炎帝少女的传说结合起来，就会感到此中实在有太多值得思考的问题了。

五、文献对于"朱封丹陵"民间传说的支持

丹朱陵、长子这两个地名，把尧、朱与上党古地捆绑在一起。核心地点是丹朱陵，长子则是一个宽泛的概念；核心故事是"朱封丹陵"，尧王故地则是陪衬。尽管旧志中有驳"丹朱陵"为"丹朱陵墓"之妄的文字，认为是世俗之讹传，但正如我们前面所说，在民间我们并没有听到丹朱陵寝的传说。这可能是编撰方志者由"丹朱陵"三字衍义而出的意思，随而又加以否定，以示严谨。民间一般称"丹朱岭"，而不说"丹朱陵"。

《山海经》曾有一则记载涉及丹朱岭。《北次三经》说："沁水之东有林焉，名曰丹林，丹水出焉。"丹水又见于《汉书·地理志》、《水经注》、《元和郡县志》、《新唐书》等文献中，古今学者几乎异口同声地认为，丹水就是今天发源于高平东北包括丹朱岭、发鸠山、伞盖山在内的群山中的丹河。这是完全正确的。但对于丹林，则不好理解了。朱载堉《羊头山新记》说："盖本丹林，年久伐尽，不复有林矣。遂讹为丹岭，朱乃后人妄加耳。"其实丹朱岭是一座红土山，并不易于林木生长，丹林实是丹陵之讹。林、陵二字音近易讹。如《庄子·齐物论》"山林之崔嵬"，奚侗即认为林即陵之

误。《六韬·绝粮》"依山林险阻",《通典》引即作"山陵险阻"。在长子、高平一带的读音中,林与陵是没有什么区别的。至于陵与岭,在晋东南地方是常互用的,如炎帝陵,又时也写作炎帝岭。之所以叫丹陵,就是因为它是一座呈红色的山丘的缘故,陵就是大土山,即《毛诗·小雅·天保传》所云:"大阜曰陵",并非指陵墓。之所以叫丹朱陵,是因为尧王之子朱封到了这里,丹是地名,朱是人名,故有此称。从这个角度看,民间关于"丹朱陵因丹朱封此而得名"的传说,合情合理,并没有什么"妄"处。相反《清一统志》所谓"既讹林为岭,又讹加以朱,转晦其本"之说,则是把问题搞颠倒了。

为了验证民间"朱封丹陵"传说的正确与否,我们翻阅了有关文献。结果却有了惊人的发现。文献中大量关于尧、丹朱的记载,竟然都指向了这里。其中最主要的有三项记载:第一项是以今本《竹书纪年》为代表的关于尧生于丹陵的记载。《竹书纪年》卷上云:"帝尧陶唐氏,母曰庆都……赤龙感之,孕十四月而生尧于丹陵。"《宋书·符瑞志》、《皇王大纪》、《通鉴外纪》、《通志》、《史纂通要》、《绎史》等书皆采取此说。第二是以《汉书·律历志》为代表的朱处丹渊的记载。《律历志》引《帝系》说尧"使子朱处于丹渊,为诸侯"。《尚书》逸文又言:"舜使丹朱居丹渊,为诸侯。"《通鉴外纪》、《通志》等,略同此说。光绪《山西通志》以为丹渊在长子县。第三是以《古本竹书纪年》为代表的"后稷放帝朱于丹水"的记载。《今本竹书纪年》作"帝使后稷放帝子朱于丹水"。

尧生于丹陵,子封于丹渊,朱被放于丹水,这些地方都围绕着一个"丹",其间显然有一种内在的联系,很难把它们割裂开。《御批历代通鉴辑览》又变言曰:"封尧子朱于丹。"又于"丹渊"下注曰"即丹水"。这就更可以看出,在古人的眼里,丹渊、丹水、丹陵、丹,实是一个地方的不同名称。而且尧生之地、丹朱受封之地、朱被放逐之地三者的统一,非常符合中国人的传统思维。所谓"尧生于丹陵",就是说尧的老家在丹陵;所谓"使子朱处于丹渊,为诸侯",也就是让长子守家;所谓"放帝朱于丹水",也就是不让他参与朝政,打发回老家。那么这个有丹陵、丹渊、丹水的地方所指为何处呢?这一点在古籍中异说甚多,从方志中即可以看到,山东、陕西、湖北、河北、河南、广西、贵州等地皆有丹水，而且各地几乎都能找到一些与丹朱相联系的传说来。但见于记载最早且有明确的方位记载的，则不得不数长子、高平交界的丹陵（林）、丹水了。而且古籍中的记载与长子地方的民间传说，几乎是完全重合的。

更有意思的是，《路史·后纪》注引《相图经》，提到《孟子注》有"舜封丹朱于白水"的记载。这一条非常珍贵的信息，不见于今本《孟子注》中，相信一定是有根据的。这条材料可能使得史学家感到头疼，故很少有人提及。然而却忽略了在离丹朱陵不远的地方，古代就有一条叫白水的河流！雍正《泽州府志》卷六说："白水，（高平）县南一里许，源出五龙之龙池，东入丹水。《水经注》：丹水又南，白水注之。水出高都县故城西，所谓长平白水也。"由此看来，封于丹水和封于白水，所指的实在就是一个地方，都是指丹朱岭周围的长子、高平一带。古代地广人稀，地理概念没有今天这么准确。如《汉书·地理志》说辛甲封于长子，而在今的民间传说中，辛甲封地则在今高平市的米山镇。故易丹水为白水，也就不足为怪了。

总之，古典文献中与尧、朱发生关系的丹陵、丹水、丹渊、白水，都可以落实于长子、高平一带的地理中，这无疑是对长子一带尧、朱传说的有力支持。

六、文献对长子陶唐村尧栖地传说的支持

上文我们提到长子县陶唐村尧栖地及尧避暑、避雨、视察的传说，同时提及在长子县地名中，大量以尧、陶命名的山、水、村落的存在。众所周知，古地名中收藏着历史，虽然年深日久，附于地名上的鲜活传说可能已消失在历史的风雨中，然而它像历史化石，默默地诉说着曾经发生过的故事。长子县的陶唐、陶、尧之类地名（在相邻的高平内也有唐庄、唐安、唐东、唐西之类的地名），也正是以沉默的方式，保持其历史内涵的。

帝尧古称陶唐氏，而且史学界公认，此是以地为氏的。《汉书·高帝纪》注云："韦昭曰：陶、唐皆国名，犹汤称殷、商矣。臣瓒曰：尧初居于唐，后

居陶，故曰陶唐也。"其实这只是一种推测，并拿不出证据来。前已言之，陶唐与伊耆，都是双声、叠韵字，人类童年语言犹如今儿童语言，名词、形容词多用叠字表示，如爸爸、花花、狗狗之类。陶唐犹言陶陶或唐唐，音转则为陶唐，急读之可曰陶，也可曰唐。早期见诸文字记载的氏族方国名，因书写工具笨拙、书写艰难，故多用单字表示，如陈梦家《殷墟卜辞综述》，共列五十多个商代方国名，没有一个用双音表示的。而见于记载较晚的古氏族方国，因书写工具的发达，则可以记录下它们的全名。这样便造成了同一事物两种或数种不同的文字表述。像陶唐、陶、唐、尧，就是这样，陶、唐、尧古皆为双声字，完全有可能就是一个音的分化，所以表达的事物是相同的。

《竹书纪年》卷上言："（尧）八十九年作游宫于陶，九十年帝游居于陶……一百年帝陟于陶。"李蹊先生说："足见尧对陶这个地方深厚的情感。"那么陶在何地呢？古书中有种种不同的归属，但最使我们关注的是古籍中关于上党古地陶水、陶乡的记载。《水经注》卷十说："陶水，南出陶乡，北流迳长子城东，西转迳其城北，东注于漳水。"《魏书·地形志》："长子县羊头山下谷关，有泉北流至陶乡，名陶水，合羊头山水，北流入浊漳。"《清一统志》卷一百三载："陶水，源出长治县南六十里雄山，西北流至长子县界，入漳水，一谓之尧水。"雍正《山西通志》卷十九于"陶水"下注云："当即尧水。"这就提供了一个非常重要的信息：流经长子城东的陶水也就是尧水，而这里又叫陶乡，说明这里的陶乡、陶水，与尧是有关系的。但遗憾的是因古今地名变迁、河流变化，陶水旧迹已难确指。而且古代因地广人稀、地理记述的不精确性，也为我们今天的研究带来了麻烦。李蹊先生因在长子生活了十年，对这一带的地理比较了解，他参照地形，比考文献，认为陶乡有可能就是现在的陶唐村一带。这种可能是完全存在的。但无论如何，古籍中关于长子陶水、陶乡，以及尧宫于陶、居于陶的记载，对长子陶唐村尧栖地的传说，都是一个很大的支持。

另外，在长子尧山附近有一个小村子叫成阳，也叫城阳。至于这个村名的来历，如今谁也说不清。只知道这个村子附近有尧山、尧水，还有以尧命名的沟名、村名。而这尧山，从残碑上得知又叫帝潜山。有意思的是，在《史记·货殖列传》中我们发现了"昔尧作游成阳"的记载，同时《路史》等书又有尧葬成阳的记载。名字的重合只是巧合，还是事出有因？这也是我们应思考的问题。

七、尧、朱传说与文献的重合所引发的思考

民间传说与文献记载的重合，存在着三种可能，第一种是民间传说根据文献记载附会而成；第二种是文献根据早期民间口传笔录而成；第三种是民间口传与文献记载同源异出。长子尧、朱传说与文献的重合，我认为属于后两种的可能性比较大。因为：第一，在先秦文献中，有相对明确方位记载的丹陵、丹水，就是见于《山海经》的太行山中的丹林（陵）、丹水。《山海经》相传为夏禹时代之物，这种说法虽不可靠，但其中的《五藏山经》是中国最早的地理学著作，则是可以肯定的。尧生丹陵、朱放丹水，也必定是在夏之前就存在着的丹陵、丹水，因而将其指实在上党古地，应该是比较合理的。第二，长子县尧、朱传说，与文献记载有多重重合，如炎帝少女传说与尧母为炎帝之嗣记载的重合，炎帝与尧继承关系的传说与尧出于神农伊耆氏记载的重合，陶唐尧栖地与尧宫于陶、居于陶记载的重合，朱封长子（丹朱岭）的传说与朱放丹水、封于丹渊、封白水等记载的重合。如此大面积的重合，在其他地方是很难见到的。第三，文献关于尧、丹朱的记载中所涉及的地名，如丹陵、丹水、陶、唐、白水等，都可以在这里找到踪迹。第四，这里独特的"长子不出门"的习俗，也在支持着丹朱封于长子的传说。第五，如此大面积的关于尧、朱的传说以及地名，也在默认着尧、朱传说的可信性。

长子尧、朱传说与文献的重合，不仅仅证实了一段曾经发生过的历史，更重要的是启发了我们研究历史的新思路和新方法。以往的历史研究，只注重文献记载，对于民间口传历史，认为是乡间鄙语，道听途说，几乎不屑一顾。这实际上是一种偏见。清代学者程瑶田在《释虫小记·螟蛉蜾蠃异闻记》说过如下一段话："夫简策之陈言，固有存人口中之所亡者也，而其在人口中，云虽经数千百年，有非兵燹所能劫、易姓改物所能变，则其能存简策中之所亡者亦固不少。"这是很有道理的。傅斯年在《周颂说》一文中也提出了类似的观点，

认为凡是一种可以流传于民间的文学，每每可以长期保存；不能在民间流传、藏于政府的文学，一经政治巨变，便会丧失。这一观点应该特别引起我们的重视。民间口传中，可能保存有比文字记载更为古老而且宝贵的历史。当然，同样的一种记载，一旦被文字固定下来，就不可能再发生变化。即使有变化，也很容易被发现。而口头流传的历史，则有可能在流传中发生变异。但作为一个群体共同传播的传说，相互间有一种顽强的校错能力，一般情况下是能保持原始的内核不予消失的。因此口传历史的价值主要在于其对历史内核的传播上。这应该特别引起我们的重视。

（原载于《华夏文明之根探源：晋东南神话、历史、传说与民俗综合考察》一书，
学苑出版社 2008 年版）

周族起源与迁徙考

一、对旧说的检讨

关于周族的起源，今史学界有二说：一云在陕西武功，一云在山西晋南或晋中。前说起之汉儒，主要根据是《诗经·生民》"即有邰家室"句。《毛传》云："邰，姜嫄之国也，尧见天因邰而生后稷，故国于邰，命使事天以显神，顺天命耳。"《史记·周本纪》用鲁诗说云："封弃于邰，号曰后稷，别姓姬氏。"《白虎通·京师篇》用韩诗说云："后稷封于邰，公刘去邰之邠。《诗》云'即有邰家室'。"邰即陕西武功。学者遵之，清以前无异说。

今按，汉儒之说，有四不通。（1）《生民》篇第五章共十句，前九句全是记述后稷稼禾生长之美，而末一句却一下子撇开了前九句的意思，在文章脉络上不相关联。（2）古无以家室称封国者。《小雅·十月之交》："皇父孔圣，作都于向。"《大雅·崧高》："于邑于谢，南国是式"；又云："王命申国，式是南邦。"俱曰"都"、曰"国"、曰"邦"，而后稷之封，却曰"家室"，可谓不伦不类。（3）邰既是姜嫄之国，国中自当有君，后稷不得再封于此。（4）据考古发掘所得，宝鸡、武功、西安及渭水流域，为客省庄二期文化，即陕西龙山文化集中地带。豆为客省庄二期文化中比较常见的陶器之一，可是在最早的两处早周文化遗址中却没有发现豆，特别是在贺家村清理的五十四座周墓中，竟没有发现一件！而在西周墓葬中豆则屡见不鲜了。说明早周文化不是直接从客省庄二期文化发展来的，客省庄文化的集中地带 —— 邰，自然也非周之起源地了。

考汉儒之误，主要源自误解《诗经》。《十驾斋养新录》云："《生民》'即有邰家室',据《说文》宋刊本邑部邰家下引《诗》曰'有邰家室',《吕氏春秋·辨士》注引《诗》'实颖实栗,有邰家室'皆无'即'字。"《水经·渭水注》、《史记·周本纪》索隐等引《诗》亦无"即"字。于省吾先生曾云:"'即'字乃衍文,说《诗》者以邰为国名,不得不增'即'字以释之耳。"①此说甚是。"邰"本作"台",陈乔枞《鲁诗遗说考》云:"今本《白虎通》'有台'仍同《毛传》作'邰',据王氏《诗考》引作'台'。知宋时本尚未讹也。《吴越春秋》云:'后稷母有台氏之女。'则鲁韩《诗》本作'台'字,诸所引作'邰'者,皆后人传写为加邑旁耳。""有台家室",句式与"有践家室"同,"台"训为"养",《方言》卷一云:"台,养也。"《生民》第五章上云庄稼长势之茂,下云有养家室,文义正相贯,而且与第六章末句"以归(馈)肇祀"相对成文,诗义畅达,毫无碍滞,惜此解为汉儒所昧,遂成千古错案。

考汉儒致误之由有二。一是在周人早期活动的区域内,有以邰为地名者。夏人被商人战败后,一部分即窜入陕西境内。"邰"与"姒"古音相通,邰正是夏人的所在地。周人入居关中后,即与夏人活动在同一地区。故周人也常自称夏人,如《康诰》"用肇造我区夏",《君奭》"惟文王尚克修和我有夏",《周颂·思文》"陈常于时夏"。二是《左传》有关于骀的记载。《左传·昭公九年》云:"王使詹桓伯辞于晋曰:我自夏以后稷,魏、骀、芮、岐、毕,吾西土也。"由于这两个原因,再加上周人有与姒姓的夏人通婚的历史,此三者牵合到一起,于是便造出邰为后稷母家的假说来。但《左传》中的"骀"是否能指周的起源地,这是很成问题的。因《左传》于"骀"之前尚记有"魏",那么魏和周又是什么关系呢?说《诗》者于此茫然无解,故或避而不谈,如孔颖达《毛诗正义》征引宏博,却没有引及《左传》的这段话。宋罗苹注《路史》引《左传》竟删去了"骀"前的"魏"字!也有强做解释者,如《郑笺》谓邰是后稷之改封,《介菴经说》则谓"魏乃后稷之采地"。然而《左传》举西土五国,为何无豳?雷学淇力辨"芮"即豳,但苦无实证。虽然魏骀五国与周之关系,非一二言能说明,但邰非周之发祥地则是显而易见的,

---

① 于省吾:《双剑誃诗经新证》,载《双剑誃尚书新证·双剑誃诗经新证·双剑誃易经新证》,中华书局 2009 年版。按,于先生《泽螺居诗经新证》将此条删掉,甚为可惜。

考古学家邹衡先生曾从考古学的角度肯定地说：周族起源于古邰国的传说，"完全出于后人的附会"[①]。

现代学者又有周族源于山西之说。此说首倡于钱穆《周初地理考》，陈梦家、王玉哲等先生从之。其主要根据是晋西南古地名与周初地名的联系。他们认为公刘所迁之豳（邠），即汉之临汾，临汾附近的古水，即古公亶父得名之由；周之得名即因绛州闻喜县东三十九里之周阳；公刘所到的百泉，即万泉（今万荣）；太王所越之梁山，即吕梁山。值得怀疑的是，第一，此说没有文献及传说根据，这些古地名说是周人东进传入山西的，也未尝不可。第二，《大雅·公刘》篇言公刘迁于豳后，即"涉渭为乱，取厉取锻"。渭水在陕西，公刘不可能从山西临汾西渡黄河跑到渭水流域去采石料。第三，更主要的是近年考古发掘，在属于古豳地的马莲河将入泾水的两岸，发现了较为集中的先周文化，这无疑有力地证明了公刘所迁之豳在大河之西，而非河东的临汾了。

邹衡先生在《夏商周考古学论文集》中，根据先周文化的陶器特征，认为先周文化中的一部分来自山西的光社文化，而另一部分则来自甘肃、青海的辛庄、寺洼文化。当然也有来自以殷墟为代表的商文化者。就周族的起源言，邹先生倾向于山西，他认为光社文化的一部分就是姬周文化。但这个推测，一是没有坚强有力、令人信而不疑的实物证据，二是在古史传说中找不到一点线索，因此是不足以服人的。而在邹先生提到的先周文化另一来源的甘青地区，我们却发现了许多与周族起源有关的传说，因此我认为周族的起源在甘青，而非陕西或山西。

二、周族源于甘肃北部

首先我要以《山海经》、《穆天子传》的材料为主，对此进行证明。《山海经》多被认为是荒唐无稽之论，殊不知正如徐旭生先生所说，其中保存的没有

---

①　邹衡：《夏商周考古学论文集》，文物出版社 1980 年版，第 342 页。

系统化的古史资料"至为宝贵"，《山海经》中所记山川"并非子虚"①，有些记载已与古史、甲骨文相印证。因此这部奇书越来越引起人们的重视，1983 年 12 月在成都还召开了全国性的《山海经》学术讨论会。可以这样说，凡是对《山海经》进行过深入研究的人，没有不肯定它的史料价值的。根据《山海经》的记载，周人早期大约活动在敦煌、安西一带。

（一）"稷泽"在安西

"稷泽"据郭玙说，就是周之始祖"后稷神所冯"的大泽。《山海经》关于稷泽的记载有三条，全见于《西次三经》：

> 峚山……丹水出焉，西流注于稷泽。其中多白玉，是有玉膏，其原沸沸汤汤，黄帝是食是飨……玉膏所出，以灌丹木，丹木五岁，五色乃清，五味乃馨。
>
> 槐江之山……实惟帝之平圃……南望昆仑……西望大泽，后稷所潜也……北望诸毗……东望恒山……
>
> 乐游之山，桃水出焉，西流注于稷泽。

《西次三经》所记山川，大都在甘、青境内，少数涉入新疆，学术界已有定论。槐江之山即今之祁连山，徐旭生先生已先发其微。② 祁连山西安西一带，古为一大泽地。其西顺今疏勒河流向，接罗布泊沼泽，东连巴尔丹吉林沙漠。《汉书·地理志·敦煌郡》云："南籍端水出南羌中，西北入其泽。""氐置水出南羌中，东北入泽"。二水所入之泽，即指此地。③《山海经》记夸父追日，口渴，饮干了黄河和渭河，"北饮大泽"，未至而死。所说"大泽"，也当指此泽。《元和郡县志》就直称此泽为"大泽"（为行文方便，下凡称大泽者皆指此）。

---

① 徐旭生：《中国古史的传说时代》附录三《读山海经札记》，广西师范大学出版社 2003 年版。
② 同上。
③ 以上可参见《中国历史地图集》第二册《凉州刺史部》。不过《地图集》将氐置水和籍端水所入的大泽分为两处，这是不大考实的。因《汉书·地理志》记此二水及鱳得千金渠所入时，只言"泽"而不言何泽，其所入当为一处。就今地形考察，从玉门镇到玉门关，为疏勒河流域，有支流从嘉峪关大沙漠流出，过花海附近，入疏勒河。从玉门关到嘉峪关接大沙漠的这条水道，当是古大泽被流沙填没留下的遗迹。

因此地长期为流沙所袭，浸渐泯没。唐时东西尚有二百六十里①，今几无存。其方位与登槐江山（祁连山）望见的"稷泽"完全相合。《西次三经》中所言的"乐游之山"当在汉之觻得。"觻"从角，乐声，《汉书·地理志·张掖郡·觻得》注云："千金渠西至乐涫，入泽中。"与桃水西入稷泽，基本相合。当然《山海经》所载也有差错，如"崟山"一条则涉入了新疆罗布泊盐沼泽。因盐状如玉，故称"玉膏"。盐为五味之主，故云"五味乃馨"。在原始时代，人们发现如玉状的咸盐可调五味，这恐怕是一件了不起的大事，故云"是食是飧"。不过大泽旧与盐沼泽相连，其方位大致是对的。于此可以得出结论：《山海经》所说的稷泽即大泽，其方位在今酒泉地区敦煌安西一带。

（二）后稷死于敦煌

《海内经》说："黑水之间，有都广之野，后稷葬焉。"《史记》集解引作"青水、黑水之间"。《鲁语》云："稷勤百谷而山死。"注："死于黑水之山。"这里需要厘清黑水的方位。《禹贡》云：

> 导弱水至于合黎，余波入于流沙。导黑水至于三危，入于南海。

因这里出现了"南海"二字，遂使学者们歧说纷纭。孔安国说：黑水至北而南，经三危，过梁州，入南海。可是却找不出一条经三危由北而南的水道来。戴震《水地记》便断然地说：三危绝不是现在的敦煌三危。其实只要参看《地形训》关于弱水的一段文字，问题便释然了：

> 赤水之东，弱水出自穷石，至于合黎，余波入于流沙，绝流沙南至南海。

第一个"南"字当因"南海"而衍。②"弱水"即今甘肃之弱水，"合黎"即今

---

① 见《元和郡县志》卷四十。

② 甘肃北部弱水的流向是由南而北，至合黎山，潜沙漠北入居延海，因此"南入"的"南"字是衍文。此种情况古籍中并不少见。如《汉书·地理志》"南籍端水出南羌中"，第一个"南"字即因下文"南"而衍，王念孙曾有辩解，见《汉书·地理志》补注引。

甘肃之合黎，"流沙"即今弱水所经之巴尔丹吉林沙漠，三地都在甘肃北部。
因而弱水过流沙所至之南海，自然绝非东沙群岛所在的南海。"南海"当指大
泽。《元和郡县志》卷四十云："方俗之间，河北得水便名河，塞外有水便名
海。"因此大泽亦可称作"海"，弱水本来是潜流沙入居延海的，盖古人不明
其所至，而大泽东接流沙，稍近于居延，故误以弱水入大泽了。大泽何以名
为"南海"？古书无载。窃疑因居延海在其北而得名，犹如休屠泽之名为东海、
西海一样。①

南海既明，则过三危入南海的黑水自可昭然了。黑水无疑是指汉之冥水。②
《海内西经》说黑水出昆仑西北隅。昆仑即今青海高原，有时则指青海木里山
地。③昆仑西北隅当指木里山地与祁连山形成的西北夹角。冥水自此流出，中
经三危山麓，北入大泽，与《禹贡》、《山海经》所记完全相合，由字意求之，
冥，《说文》云"幽也"，《小雅·隰桑》"其叶有幽"，《毛传》"幽黑色也"。
《海内十洲记》云："圆海，水正黑，而谓之冥海。"是冥水即黑水之证，也即
今之疏勒河上游。后稷死于黑水之间，当在今疏勒河流域。

这里比较棘手的是后稷所葬的"都广之野"的问题。《地形训》云："南方
曰都广，曰反户。"高注云："都广，南方山名。"因此有些学者认为，都广即
西南的成都。可是《地形训》又说："建木在都广"，"若木在建木西"。《大荒
北经》云："若木生昆仑西，附西极，日之所入处。"④若木在太阳西落之地，建
木与若木为邻，自然也在昆仑西极。盖建木、都广，古有二说，一在南，一在
西。郝懿行《山海经笺疏》说后稷所葬的都广在甘肃，这是很对的。《太平御
览》引《地形训》云："弱水在东，建木在西。"建木既在弱水西，自然应在甘
肃北部了。《海内西经》云："后稷之葬，山水环之，在氐国西。"《海内南经》
云："氐人国在建木西。"《汉书·地理志·敦煌郡》云："氐置水出南羌中。"
水以氐名，谷以羌称，此当是古氐羌活动之地，古氐人国当在这里，而与氐人

---

① 《汉书·地理志·武威郡》补注："谷水……此水两分，一北入休屠泽，俗谓之西海；一水又东
迳五十里入潴野，世谓之东海。"
② 参见《中国历史地图集》第二册。
③ 参见徐旭生：《读〈山海经〉札记》与江侠庵译《先秦经籍考》所收的小川琢治《穆天子传考》。
④ 郝懿行据《文选·月赋》注《水经·若水注》引文补，今本《山海经》无。

国为邻的后稷所葬的"都广之野"，都广、敦煌一声之转，当即今之敦煌，而且方位完全相合，料此非偶然。

（三）西周之国在甘肃北部

《大荒西经》云：

> 西北海之外，赤水之东，有长胫之国，有西周之国。姬姓，食谷。有人方耕，名曰叔均。帝俊生后稷。稷降以百谷。稷之弟曰台玺，生叔均。叔均是代其父及稷播百谷，始作耕。有赤国妻氏，有双山氏。

这段记载太重要了！遗憾的是"赤水"不知何指。不过还是可得其大概的。首先，西周之国是在大荒中，西北海之外，不是在陕西的邠、豳、岐之地。《地形训》云："赤水之东，弱水出自穷石。"《海外南经》云："三苗在赤水东。"《尧典》云："窜三苗于三危。"则赤水之东，当系指甘肃北部之三危、弱水一带了。稷泽与后稷葬地皆在这里，则西周之国亦必在此地了。

（四）周太王亶父之婿封于甘肃北部

《穆天子传》有一段与周人的渊源颇有关系的文字。穆王为何西巡，本来就引起过不少研究民族史的学者的浓厚兴趣，而《穆天子传》关于赤乌氏的一段记载，更为学者们所不舍。《穆天子传》云：

> 季夏丁卯，天子（由昆仑）北升舂山之上，以望四野；曰：舂山，是惟天下之高山也……舂山之泽，清水出泉，温和无风，飞鸟百兽之所饮食。先王所谓县圃……甲戌至于赤乌……赤氏先出于之周宗。太王亶父始作西土，封其元子吴太伯于东吴，诏以金刃之刑，贿用周室之璧。封其璧（嬖）臣长季绰子于舂山之虱，妻以元女，诏以玉石之刑，以为周室主。

春山，顾实以为是葱岭，岑仲勉以为是喀喇昆仑，小川琢治以为即祁连山。[①]
管见小川说较确。春山"清水出泉，温和无风"，与《元和郡县志》所云祁
连山有美水茂草，山中冬暖夏凉合。春山由昆仑北升，与祁连山"南望昆仑"
合。春山"先王所谓县圃"，与祁连山"实谓帝之平圃"合。因此春山指祁连，
实无可疑。

　　太王亶父封其女婿于"春山之虿"，"虿"当为"西"字误。"西"篆文作
𠃑，与虿形近易讹。春山之西，仍不出甘肃北部。太王亶父是周先祖中的一位
非常显赫的人物。他将周族由豳迁至岐山之下，筑起城池，开拓疆土，使周族
迅速强大起来，成为西方一霸。因此周人将他的壮举，认作是周族的再生，故
《诗·大雅·緜》诗颂之曰"民之初生"。太王作西土，主要是做灭商的准备，
《鲁颂·閟宫》曾言之："后稷之孙，实维太王，居岐之阳，实始翦商。"不难
想象，在这种情况下，太王之所以要把女婿封于祁连山西，是因周人曾在这里
活动过，而且这里还有周人的同宗。他企图用血缘关系联合西北的部落，把守
西北，以保证有一个安定的后方。《穆天子传》还特别提到，封长季于肃北，
是要以为"周室主"。更可说明此地与先周族之关系了。

（五）与周同宗的赤乌国在甘肃北部

　　赤乌氏先出之周宗，已见前引《穆天子传》。《海内经》云："稷之孙曰叔
均，是始作牛耕，大比赤阴，是始为国。"《大荒西经》云："叔均是代其父及
稷播百谷，始作耕。有赤国妻氏，有双山氏。"赤乌当即赤国、赤阴。乌、阴
具为影母字，乃一声之转。《山海经》义，赤乌当为叔均之后。《元和郡县志》
卷十四说，凉州有赤乌镇，其地在今甘肃武威城西。汉张掖郡有焉耆山，《括
地志》作焉支，汉乌氏县，后汉曰乌枝，《史记索隐》作焉氏，是焉支、乌氏
古音相近，音无定字，故焉耆山实即乌氏山。此当是赤乌氏活动留下的地名。
赤乌国在甘肃北部，与赤乌同宗的西周之国，距此当不会太远。此可作肃北为
周人故地之佐证。

　　我们在考古材料中，也可以找到许多证明。

---

1. 在先周文化最早的一处遗址（长武下孟村）中，发现最多的是分裆鬲陶片。分裆鬲最早的一型，据邹衡先生说在宝鸡以东尚未发现，而宝鸡以西则越来越多[①]，在周人早期活动过的平凉一带也曾有发现。这说明先周文化中的主要因素之一来自西方的甘肃。

2. 在先周文化第一期中，此前已言之，不曾见有陶豆，说明豆非周人的固有用器。而在龙山文化、陕西龙山文化、甘肃齐家文化中，豆都比较常见，尤以东方为多。唯在甘肃北部的四坝文化、沙井文化中不曾见到有豆，特别是在甘肃北部永昌鸳鸯池清理的 151 座新石器墓葬中（现一般归于马厂型），也不曾报道有豆[②]，从这里也可以窥见先周文化与甘肃北部新石器文化的关系。

3. 在先周墓葬中，比较常见一种骨刀，与商代的骨匕形制不同，而与甘肃永昌鸳鸯池墓葬出土石刃骨刀却相似。这也是一个值得考虑的问题。

4. 在玉门火烧沟发现的四坝文化中，有纹作蛙纹图案，类似的纹饰在甘肃、青海的其他文化中也有发现。严文明认为这与传说中的月中蟾蜍有关。[③]如果此说不误，那么蛙纹当是崇拜月亮的反映。而先周是崇拜月亮的，岐山先周遗址中就曾出土巨大的石蟾蜍，此即先周崇拜月亮之一证（关于周族崇拜月，我有专文考之，此处不赘）。于此则更可见周与甘肃新石器文化之关系了。不过这只是一种臆测。值得注意的是这种蛙形纹与"天鼋"的联系。《周语》云："我姬氏出自天鼋。"天鼋即大鼋，鼋、蛙为同类物。蛙纹既可是蛙，也可是鼋，此或即周人曾经崇拜过的图腾。郭沫若认为天鼋即轩辕，此说虽不敢尽信，但轩辕与周同姓则见于记载。而"轩辕之丘"据《西山经》所记正在

岐山先周遗址出土的石蟾蜍

---

① 参见邹衡：《夏商周考古学论文集》，第 345 页。

② 参见徐锡台：《早周文化的特点及其渊源的探索》，《文物》1979 年第 10 期；甘肃博物馆：《甘肃古文化遗存》，《考古学报》1960 年第 2 期；《永昌鸳鸯池新石器时代墓地的发掘》，《考古》1974 年第 5 期。

③ 参见严文明：《甘肃彩陶的源流》，《文物》1978 年第 10 期。但严文认为半山期的旋涡纹和马厂期的大圆圈纹是拟日纹，则恐未必，因为其除圆如日形外，圈内外纹饰都与日形相差殊远。

甘肃北部，此则是周人源于肃北的又一佳证。

5. 在考古发掘中，发现了许多"奇字"，最初是在西周初的铜器铭刻中发现了此种符号，而不见于殷墟铜器，在丰镐遗址出土的卜辞中也有发现，唐兰先生推测此是西北方一个民族的徽号，并以为此与周族也许有一些关系。[1] 后来张政烺先生做了认真研究，认定这是由几个数字组合成的，应该是数字卦，或与易卦有关。[2] 此说得到了学术界的承认。易卦乃周人所有，相传为文王所演。而在青海柳湾的马厂类型彩陶上，我们发现了类似的符号。[3] 其形作，与张政烺先生认定为数字卦的、、等，显然为同类物。每行由六个数字组成，分别为一六六五五六、一五六五五六，中间短行二字为六六，犹如变卦。此似乎也可以证明周人与古代青、甘民族的关系。《易传》言伏羲画八卦，文王演周易，而伏羲之生，相传是因其母履大迹而孕，与周之始姐后稷之孕相同。《诗含神雾》云："大迹出雷泽，华胥履之，生伏牺。"雷泽，又名雷渊。《楚辞·招魂》云："西方之害，流沙千里些。旋入雷渊，麇散而不可止些。"洪氏补注以为即《山海经》之雷泽。其与西方的流沙为邻，自当在甘青地区。《海内东经》言雷泽在吴西，学者们多以为吴西即浙江会稽西，或以为济阴。其实吴西即陇西，《汉书·地理志·右扶风》云："汧：吴山在西，古文以为汧山，雍州山。"《水经·渭水注》云："汧水又东会一水，发南山西侧，俗以此为吴山……《国语》所谓虞矣。"《汉书·郊祀志》注云："吴山在今陇州吴山县。"按吴山即今之陇山，吴西即陇山西，亦即甘肃境内之陇西、天水一带。《补三皇本纪》等书言伏羲生于陇西成纪，正与此相合。青海柳湾所见的八卦数字，很可能与伏羲族有些关系。而周人始祖与伏羲出生之相似，所演八卦之相同，也可证明其与西方民族文化之承传关系。

此外，据考古所得，甘肃北部四坝文化是从事农业部落的文化。它的年代据碳十四测定在公元前 1950—前 1500 年间，而且它分布在河西走廊山丹以西玉门关内，此与传说中周族在西北活动的年代、地带都基本相合。这是一个十分

---

[1] 参见李孝定等：《金文诂林附录》引，香港中文大学出版 1977 年版，第 795 页。

[2] 张政烺：《论释周初青铜器铭文中的易卦》，《考古学报》1980 年第 4 期。

[3] 青海文物管理处考古队、中国社会科学院考古研究所：《青海柳湾》，文物出版社 1984 年版，第 154 页。

值得注意的问题。相信考古工作者一定能对此做出分析，得出科学的结论来。

三、周族迁豳的路线

关于周族源于甘肃北部的问题，我们还能从《大雅·公刘》篇所记载的周人迁徙的路线中得到证明。《公刘》言周人在到豳之前，明确地可以看出有三次大迁徙。其诗云：

> 笃公刘，于胥斯原。既庶既繁，既顺乃宣，而无永叹。陟则在巘，复降在原。何以舟之？维玉及瑶，鞞琫容刀。

这是第一次迁徙，由故居出发，迁到"胥"。"于胥斯原"，旧解为"于是相察这片平原（指豳）"，这显然是错的。下文有"于京斯依"、"于豳斯馆"，句式与此相同，京、豳是地名，胥亦当为地名；原、依、馆则皆为动词。郭沫若、顾颉刚、谭戒甫等先生虽以胥为地名①，却没有说"原"为何意。《管子·戒篇》云："春出原农事之不本者"，注云："原，察也"。《墨子》言"原察百姓耳目之实"，《太史公自序》言"原始察终"，原皆为察之意。"于胥斯原"，意为视察胥地。

胥当即《穆天子传》所谓的"留胥之邦"。《穆天子传》云："天子乃封长肱于黑水之西沙，是曰留胥之邦。"长肱，论者多以为即张掖，因为掖与腋通，其意与肱相近，张、长古通，而且黑水去张掖亦不远，皆在甘肃北部。留胥之邦当在张掖附近。《说文》云："武威有揟次县。"揟、胥古通，揟次在汉张掖县东北约七八十里处，当是留胥故地。留胥有留待之意，而《说文》云："次，不前不精也。"段注："不前不精，皆居次之意。"是揟次亦有留待之意。以地理方位考之，揟次在武威东南，是河西走廊的交通要道，周人从甘肃北部向内

---

① 郭说见《中国古代社会研究》，科学出版社1960年版，第116页；顾说见其所点校之姚际恒《诗经通论》；谭说见《先周族与周族的迁徙及其社会发展》，《文史》第6辑。

地迁徙，此为必经之地，故有可能是公刘所迁之胥。

周人第二次迁徙是由胥到京。《公刘》篇云：

> 笃公刘，逝彼百泉，瞻彼溥原。乃陟南冈，乃觏于京。京师之野，于
> 时处处，于时庐旅，于时言言，于时语语。
> 笃公刘，于京斯依。跄跄济济，俾筵俾几。既登乃依，乃造其曹。执
> 豕于牢，酌之用匏。食之饮之，君之宗之。

百泉、溥原，都是周人到京地之前路过的地方。《诗地理考》云：

> 曹氏曰：汉朝那县，属安定郡，隋改为百泉县，属平凉郡。魏于其地
> 置原州，唐因之。百泉、溥原即其处。

按，汉朝那县在今宁夏固原市东南。《读史方舆纪要》卷五十八云：

> 百泉，州（泾州）西三十五里。泉眼极多，四时不涸。州人引以溉
> 田，其下流于泾河。

以上二说，大致不谬，公刘所经的百泉当即这里。《诗经世本古义》卷二云：

> 公刘往迁于豳，盖道庆阳经平凉而后达于今西安府之邠州。邠乃泾流
> 所经，而百泉则入泾水自平凉而来者也，故诗人咏及之。

何氏此说，较有见地。但他据《广舆记》将公刘起迁地定为庆阳不窋城则不
然。不窋城之说，起于何时，今不可知，先秦两汉古籍无道及者。盖因庆阳属
于古豳州之地，先周族曾活动于豳州，故有种种附会传说，但治史者则不可以
此为根据。再则庆阳至豳，顺泥水（今马莲河）便可直达（古民族迁徙一般是
沿水道走的），而公刘竟离开水道，越山绕岭走平凉，这也是不合情理的。

公刘到百泉后，即看到了溥原的广大。《大克鼎》有："赐汝田于溥原。"

王国维以为即《诗》之溥原①，其或近之。《说文》："溥，大也。"溥原即大原。《小雅·六月》云："薄伐狁，至于大原。"朱熹《诗集传》注大原为今山西太原，实误。《六月》上言"至于泾阳"，泾阳即泾水之北岸，在今平凉境内；下言"大原"，大原当去泾阳不远。顾炎武、胡渭认为大原在平凉，朱右曾认为即安定郡。② 三家之说大致不误，而朱说更确切。考之古籍，大原实指今宁夏南部与甘肃东部即固原、平凉、庆阳中间的广大平原。③《诗》之溥原，当指固原，与百泉相邻。

由百泉、溥原而南至京，"京"古与"凉"音同，当即平凉。《史记正义》引《括地志》云：

> 乌氏故城在泾州安定县东三十里。周之古地，后入戎。秦惠王取之，置乌氏县。

按，乌氏县在今固原南，平凉北。《括地志》说乌氏故城为"周之古地"，当有所本。周人由北而南，先经固原、百泉，而后南至于京，乌氏方位与《诗》中所言之京全合。于此公刘所居之京，当即汉之乌氏县了。乌氏旧属平凉府所辖。古今地名多有沿袭，凉之名当由古京地而来。由于周人在京地有较大发展，故《诗》中又称作京师。后来周人每迁一地，则将京之名带往新居，故有周京、丰京、镐京、洛京诸名出现，后世沿之便以京称王朝建都之地了。

周人第三次迁徙是由京到豳。诗云：

> 笃公刘，于豳斯馆。涉渭为乱，取厉取锻，止基乃理。爰众爰有，夹其皇涧，溯其过涧。止旅乃密，芮鞫之即。

《汉书·地理志》云："栒邑有豳乡，《诗》豳国，公刘所都。"地在今陕西旬邑西南。周人在豳之发展比较快，故《公刘》云至豳之后，"夹其皇涧，

---

① 王说见《观堂集林》第三册《克钟克鼎跋》。
② 顾说见《日知录》，胡说见《禹贡锥指》，朱说见《诗地理徵》。
③ 参见《中国历史地图集》第一册。

遡其过涧，止旅乃密，芮鞫之即"。皇涧、过涧、芮鞫皆言居地。尹继美《诗地理考略》云：

> 或云在邠州。《省志》：南河在州东，或以为即诗之皇涧；洪龙河在州城西，或以为即诗之过涧。或云在邠之三水县。《县志》：支唐川在县北十三里，即诗之皇涧，梁渠川在县西北十八里，即诗之过涧。

杨公骥先生谓"陕西邠县东北三十里有过涧河"[①]。皇涧、过涧具体所指虽不易确定，但大致亦可了解到周人在豳地的发展情况。芮鞫即芮水入泾水处，在今泾川。近年又在马莲河将入泾水处发现了较为集中的先周文化遗物，可见周人在豳时的活动范围是比较广的。

现在我们可以拟出周人迁徙的路线了：从疏勒河流域出发，顺河西走廊至武威的揩次；再由揩次出发沿黄河至中宁，然后过黄河溯清水河而上，经固原至京。再由京顺泾水至于豳，与周同宗的赤乌氏，似乎也是顺着这种路线向内地迁徙的。如乌氏（焉支）山、赤乌镇、乌水（清水河）、乌氏县，辙迹昭然，正可作为周族迁徙路线的旁证。

　　（此文完稿于 1985 年，是在《〈大雅·公刘〉新考》的基础上修改而成的。某刊物本已允诺刊布，后又搁置。故一直未曾发表）

---

① 参见杨公骥主编：《中国文学》，中央广播电视大学出版社 2003 年版，第 77 页。

文王之死献疑

周王业奠基者文王，在周人的传说中，既是使周邦"维新"的圣王，又是德高望重的老寿星。《礼记·文王世子》说："文王九十七而终。"孟子也曾道："文王之德，百年而后崩。"《逸周书》中还载有文王的临终遗嘱（《文传解》）。文王是否在高年"寿终正寝"，这个问题很少有人怀疑过。然而这对于研究商周之际的历史关系颇大，有必要提出来加以探讨。

首先从文王的享年谈起，《礼记》谓文王享年九十七岁，有三不通。其一，《尚书·无逸》谓文王"享国五十年"，以其总年龄九十七岁计算，其即位之年当为四十七岁。而《大雅·大明》篇说："文王初载（立），灭作之合，此谓文王即位之初，与太姒结婚。"《大明》又说："文王嘉止（嘉：婚礼，此言其将婚之年），大邦（莘国）有子（美女）。"此谓文王将婚之年，而遇有莘氏美女，可证明文王即位在青年将婚之期，并非在四十七岁的将老之时。因此"享国五十年，必不会享到九十七岁"。其二，《文王世子》谓武王九十三而终。武王死于文王死后的第七年，计其年龄，仅小文王十一年，《大戴礼》则云："文王十五而生武王。"如依旧说文王四十七岁即位娶太姒，则武王至少也应小文王四十七岁，此与十五生武之说大相径庭。由文武年龄差数之小也可证明，文王即位结婚在青年期，其享国五十年，至多也不过七十来岁，绝不会有九十七岁。其三，《管蔡世家》说："武王克殷，封功臣昆弟，同母弟，康叔封、冉季载皆少，未得封。"武王克殷在文王死后五年，二叔谓之年少，必在十五岁以下。如果说文王九十七岁而终，那么康叔、冉季非在八十五岁后生不可了。太姒生子也必在七八十岁。这远远超过了妇女的正常生育年龄，也是违背科学常识的。

由上可以断论，文王卒年绝非九十七岁。参照《无逸》、《大明》、《大戴礼》的记载，"文王初载"，即其将婚之年。虽不会早至十五而生武王，但也不会晚至四十七岁，当为十七八岁的妙龄。太姒所谓"俔（好比）天之妹"。也当在十四五岁。如果文王"享国五十年"，其年龄最多也不过六十七八岁。

其次，再来看文王是否寿终正寝。这个问题极为复杂，我们先来看古籍中有关记载是多么令人疑惑不解：

1.《无逸》篇说："文王受命，惟中身，厥享国五十年"，占释"惟中身"为中年四十七岁受天命。① 以上已证明文王受命在少壮之时，非在中年，那么这里的"惟中身"三字应做何解？

2.《周本纪》说：崇侯虎谮西伯于殷纣，帝纣乃囚西伯于羑里。古时诸侯，各有其国，不像秦汉以降的大臣常在君王左右。天子有德，诸侯归之，天子无德，诸侯去之。纣何得随意执文王而囚之？

3.《左传·襄公十一年》说：纣囚文王七年，诸侯皆从之囚，纣于是乎惧而归之。其时文王已"三分天下有其二"，而且一再出兵征伐商之与国，先后灭掉了密、邘、崇等国。周灭商之心，路人皆知。纣既囚之，为何不当即处死，竟在七年之后又纵虎归山？

4.《伯夷传》记伯夷叔齐叩马谏，武王说："父死不葬，爰及干戈，可谓孝乎？"屈子《天问》也说：武发（武王）杀殷，何所悒（悒悒而不能久忍）？载尸集战，何所急？文王倘若寿终正寝，武王为何不埋葬父尸就急急忙忙地去伐商呢？

5.《周本纪》记武王伐纣，"为文王木主，载以车，中军，武王自称太子

---

① 关于文王受命，过去有两种说法：一是四十七岁受命，九十七而崩；一是受命七年（或九年）而崩。前说乃附会《礼记》"文王九十七而终"和《无逸》"文王受命惟中身，厥享国五十年"之文而成说，显然是不可靠的。周原出土的甲骨文中有一些称王之辞，据学者们考证，王有些指周文王。这些甲骨不会全属文王临终七年之物，受命称王当在早年。王国维曾博考金文，认为诸侯在其国也称王，王非专为天子之称是很对的。文王受命称王也如此。《太平寰宇记》卷三〇引《河图括地象》言岐山在昆仑山东南，为地乳，上多白金，周之兴也，鸑鷟鸣于山上，时人亦谓此山为凤凰堆。《墨子》、《吕氏春秋》都有"赤鸟衔珪降周之岐社，周所以兴"的传说。据此文王受命当在岐周之时。受命七年而崩当另有所因。《逸周书·程寤》："文王去商在程，正月既生魄，太姒梦见商之庭产棘，太子发取周庭之梓，树于阙间，化为松柏棫柞。寤惊以告文王。文王乃召太子发占之于明堂。王及太子发并拜吉梦，受商之大命于皇天上帝。"据此，疑文王受命有两次，前者为受命称王，后者为受命灭商。而《无逸》所谓文王受命"享国五十年"当指第一次受命称王。

发，言奉文王以伐，不敢自专"。父传位于子理所应当，武王为何不即王位却要自称太子？ 文王"帅殷之叛国以事纣"（《左传·襄公四年》），武王伐纣为何却说是奉文王之命？ 而且为何还要将文王木主载到战车上？

6.《礼记·坊记》引《太誓》云："予克纣，非予武，惟朕文考无罪。纣克予，非朕文考有罪，惟予小子无良。"《太誓》是武王伐纣的誓师词，为何武王要反复辩说文王无罪？

7.《逸周书·克殷》记武王灭商，纣奔至鹿台之上，自焚而死。武王还不甘休，"射之三发，而后下车，而击之以轻吕（剑名），斩之以黄钺，折（斩纣之首）县（悬）诸太白（旗名）"。汤克夏，仅放逐夏桀而已，而一位"泽及枯骨"的慈善者的儿子，为何对君主痛恨到要戮其尸身？

要使这些问题彻底解决，还必须从文王被囚一事入手来考察。

文王被纣所囚一事，古籍言之甚多。但为何被囚，则诸说不一。《周本纪》谓纣听信崇侯虎的谗言而囚文王，郑注《尚书》引《大传》则说：文王三伐皆胜，纣始畏而恶之，拘于羑里。《赵策》又云"纣醢鬼侯、脯鄂侯"，由于文王对此不满，"喟然而叹"，故遭到株连。唯独《尚书大传》雅雨堂刊本说："西伯既戡耆（黎），纣囚之牖里。"我以为《尚书大传》的说法是比较有道理的。"西伯戡耆"，即指周文王伐黎之役，这是商周史上的一桩大事。周从太王始，就有灭商之心。文王即位后，便开始了战略进攻。"戡黎"则是他灭商战略计划中的最后一举（关于文王伐商的步骤，容待另详）。[①]

戡耆，今本《尚书》作戡黎。《说文》："耆，殷诸侯国，在上党东北，从邑，初声。初，古文利。"其地在今山西长治市南。殷卜辞有"王田于利"（甲3014）的记载。专家们认为利即黎。黎商连壤，商王又常到这里来打猎。文王

[①] 文王戡黎的时间，《周本纪》和《尚书大传》都说在伐崇之前，而且认为文王伐邘、伐密须、伐犬夷、伐黎、伐崇俱为文王终前七年中的事。这是不妥的。一，据古籍所载：文王三分天下有其二，尝率殷之叛国以事纣，为何至其晚年，连邻近的密须（在今甘肃灵台县西），邘、崇（俱在陕西户县）都不能臣服于他呢？二，文王为一代"明君"，为何政事无为于少壮，而征伐又濒于垂暮之年？三，崇为西方大国，当周东出之要道，文王尚不能服之，却为何悬师千里之外伐商之邻邦黎国呢？崔述《丰镐考信录》说："伐密伐崇，当在文王中年，三分有二之前。其时不过西方诸侯归之而已。自灭崇后，周始盛强，通于河洛淮汉之间，然后关东诸侯被其化而归之耳。故《诗》于灭崇之后曰：'四方勿拂'，于作丰之后曰：'四方攸同'。……《易纬》以伐崇为文王二十七年事。其书虽不经，而此事于理为近。"崔说有理。伐崇为文王东出的第一步，戡黎断在此后。

伐黎，实际上是向商的中心区进攻，这使商贵族大为惊恐，商王的臣子祖伊曾急急忙忙地跑到纣那里告急（见《尚书·西伯戡黎》）。可是纣却慢条斯理地回答："不有天命乎？是何能为。"（《周本纪》）。殷纣"资辨捷疾，闻见甚敏"（《殷本纪》），他的回答显然是胸有成竹，早有所料。然而他对文王这次试探性的进军有何对付措施，古书不曾谈到，唯《左传·昭公四年》说："纣为黎之蒐，东夷叛之。"

所谓蒐，就是通过田猎检阅军队，是将要用兵的表现（《左传》"周武有孟津之誓，成为岐阳之蒐"也即此意）。我认为，"纣为黎之蒐"，正是为了去擒文王。《尚书大传》"西伯既钱耆（黎），纣囚之牖里"的记载，正反映了这样的史实。所谓"东夷叛之"，可能与周人在东方的活动有关。文王经营南国，势力及于东海、江淮一带，如在武王灭商战争中起很大作用的姜太公，就是东夷一个部落的酋长。《吕览·首时》说："太公望，东夷之士也。"《孟子·离娄》说："太公辟纣，居东海之滨。"江淮则是太王之子太伯、雍仲所奔之地，理当有周之势力存在。殷商之末，帝乙、帝辛父子长期用兵东南，当与周人的活动不无关系。故"纣为黎之搜，东夷叛之"当是东方部落对纣擒文王一事的反应。《左传·昭公十一年》："纣克东夷，而陨其身"，说明纣囚文王之后又恃其"百克"之勇（《左传·宣公十二年》），兴兵东南，结果让周人复仇的军队抄了后路，落了个身死国亡。

文王被囚，对周人来说，实为大不幸。在《诗经·文王之什》中，对文王之功，歌颂备详，唯独不言"戡黎"之事，因为这不是值得称扬的光彩事，故避而不谈。后儒又认为文王为一代圣王，当有一个好的下场，因此为他设计了多种"出狱"方案。《左传·襄公十一年》："纣囚文王七年，诸侯从之囚，纣于是乎惧而归之。"《尚书大传》："纣乃囚之。四友献宝，乃得免于虎口。"《殷本纪》："西伯之臣闳夭之徒，求美女奇物善马以献纣。纣乃赦西伯。"但以《左传》囚七年而释与《尚书大传》、《史记》受命七年而崩推之，所谓文王被释之年，恰是其死之年。而且根据当时商周对立的形势推测，文王三分天下有其二，灭商之心路人皆知，纣既擒之，是不会轻易放走的。因此文王很可能是被纣直接害死的。如果做出这样的结论，则以上提出的几个问题便迎刃而解了。现在让我们试答前面的问题吧。

"文王受命，惟中身"，乃周公对成王的私语，"惟中身"者，谓文王未能尽其天年也。

武王之所以父死不葬，匆匆伐商，是因急于为父报仇，而文王之尸未曾归国，武王也无法埋葬。

武王伐纣时自称"太子发"，是因为文王死得突然，没有来得及交班。武王急于替父报仇，服丧伐纣，未及即位。直到伐商胜利，他方才正式改元称王。武王之所以要将文王木主载到战车上，是为了表示要完成父王没有完成的事业，也表示复仇的决心，以鼓励士气。

武王伐纣誓师，之所以一再说文王无罪，是因为文王为纣所杀，他的目的是表明文王伐黎与商无关，纣因此杀无罪的文王，是无道的行为。

武王之所以要把已死的纣王碎尸枭首，是因为非此无以泄杀父之仇。周是带有浓厚氏族意识的社会，而血族复仇则是氏族社会一个非常显著的特点。《大戴礼·曾子制言》说："父母之仇，不与同生，兄弟之仇，不与聚国，朋友之仇，不与聚乡，族人之仇，不与聚邻。"武王对纣采取的残忍手段，正是氏族意识的反映。

另外孟子曾说："文王生于岐周，卒于毕郢"，《尚书大传》也说："毕者，文王之墓地也"。这两说将毕当作地名，是错误的。《周本纪》据《太誓》云："武王上祭于毕，东观兵至于盟津"，马融云："毕，文王墓地名也"，意谓毕就是孟子所言毕郢，但实际上毕郢并没有文王之墓（即使有，也是假墓）。武伯出师，伯夷谏阻说："父死不葬，谏及干戈，可谓孝乎！"可证文王并没有立即被安葬。所谓"上祭于毕"，应是祭天上的毕星，《史记索隐》说："文云：上祭于毕，则毕，天星之名。毕星主兵，故师出而祭毕星也"，《史记·天官书》："毕曰罕车，为边兵，主弋猎"，《后汉书·苏竟传》："毕为天网，主网罗无道之君。故武王将伐纣，上祭于毕，求助天也"。此可正孟子之误。另据《山海经·海外南经》记载，文王葬于汤山，并非毕郢。《经》说："狄山，帝尧葬于阳，帝喾葬于阴。……呼咽、文王皆葬其所。一曰汤山。"汤、狄古俱属舌尖音，为一声之转。据《史记·五帝本纪》索隐引《皇览》曰："帝喾冢在东郡濮阳顿丘南台阴野中"，集解引《括地志》曰："尧陵在濮州雷泽县西三里"，又云："雷泽县本汉城阳县也"。顿丘在今河南濮阳北，雷泽在今山东郓城南，二地相距约一百余里。《山海经》谓文王与尧、喾葬于一地，其说虽不甚确，但也必有所因，不会是凭空伪造。由其意推之，文王葬地距尧、喾冢当不会甚远。由音求之，汤当为荡之假，古字常通。《汉书·地理志·河内郡》：西山，羑水所出，亦至内黄入荡。有羑里城，西伯所拘也。疑汤山即荡阴县之西山，荡、羑二水并出于此。《地理志补注》曰："《荡水篇》：荡水出荡阴县西山东。注云：荡水出县西石尚山。"是西山亦名石尚山。石尚即荡缓言之稍讹。此地虽不甚合于《山海经》尧葬于阳、喾葬于阴之说，但其距喾葬之顿丘仅百余里，大范围仍不甚错，而且此与文王所囚之地也暗暗相合。不言而喻，文王确是被纣害死在羑里了。

（原载于《晋阳学刊》1982 年第 3 期）

宏观历史研究

中国历史上的三次疑古思潮

关于 20 世纪初期"疑古思潮"的兴起，研究者多以为其原因在于五四思想文化运动。五四革命使得"孔子思想学说起了根本动摇；思想的偶像既经破坏，思想的庙宇也因之崩溃；经传的尊严，古史的威信，一一的都揭去了假的面具，失掉了固有的威严；这就是疑古思想产生的原因"[①]。这个结论今为多数学者所接受。但是，当我们回首数千年的民族文化进程时发现，早在战国和宋代，就曾经先后出现过两次疑古思潮。显然"五四"说并没有抓住问题的本质。五四运动只能决定"疑古"高潮的内容，而不能成为疑古思潮产生的原因。我认为，疑古思潮的产生乃是历史运作到一定阶段必然出现的结果。它不是单纯的学术思潮，而是文化思想领域革命的一种表现形态。中国历史上共出现过三次疑古高潮，而且皆出现在社会大变革时期，这不能不引起我们的深思。

一、第一次疑古思潮

第一次疑古思潮出现在中国社会第一次大变革时期的战国。

无论史学界对中国社会分期有多大的分歧，也不管在中国文明史的起源、发展问题上有多少种新见，有一个事实则是大家所公认的：春秋末及战国是中国历史的大变革时期。这场大变革其实是中国历史的第一次大洗牌，是抹

---

① 郭湛波：《近五十年中国思想史》，山东人民出版社 1997 年版，第 211 页。

掉贵族与庶民的界线、社会重新制定"平等"的游戏规则的开端。故而此后的历史变成了平民皇帝登场，以君主为核心的中央集权制度代替了传统的封建食邑制度。大变革就意味着大动荡，意味着除旧布新，故而伴随大变革的是传统价值体系与社会制度的解体。"礼崩乐坏"即是对这个时代的说明。为适应社会变革，意识形态领域必然要做的工作是：彻底清除失去维持社会秩序功能的意识形态体系，建构新的意识形态话语系统。这个任务便自然而然地落在了新型知识形体——士阶层的身上。而要从根本上颠覆旧的思想体系，就必然对传统的观念、传说、历史记述等做出理性判断和清算，第一次疑古思潮便由此兴起。

在春秋之前，人们的思维基本上是肯定式的，将历史传说作为一种古典知识从肯定的角度接受下来。而从春秋末之大动荡开始，社会重大变动的出现和现实中信义的丧失，已使人们对一切都失去了基本的信任，故而怀疑便成为这个时代知识群体基本的思维倾向。权威性、神圣性在此期遇到了挑战。如关于神话，它对春秋前的人来说，既是一般知识，也是一个信仰背景，但此期，思考者却开始了对它的解构。《国语·楚语下》：

> 昭王问于观射父，曰："《周书》所谓重、黎寔使天地不通者，何也？若无然，民将能登天乎？"对曰："……及少皞之衰也，九黎乱德，民神杂糅，不可方物。夫人作享，家为巫史，无有要质。民匮于祀，而不知其福。烝享无度，民神同位。民渎齐盟，无有严威。神狎民则，不蠲其为。嘉生不降，无物以享。祸灾荐臻，莫尽其气。颛顼受之，乃命南正重司天以属神，命火正黎司地以属民，使复旧常，无相侵渎，是谓绝地天通。"[①]

《尸子》云：

> 子贡问曰："古者黄帝四面，信乎？"孔子曰："黄帝取合己者四人，

---

① 《国语》，上海古籍出版社 1978 年版，第 562 页。

使治四方，不计而耦，不约而成。此之谓四面也。"①

《韩非子·外储说左下》：

　　一日，哀公问于孔子曰："吾闻夔一足，信乎？"曰："夔，人也，何故一足？彼其无他异，而独通于声。尧曰：'夔一而足矣'，使为乐正。故君子曰：'夔有一足。'非一足也。"②

观射父、孔子都是春秋战国之际的人物。他们对从前深信不疑的诸神话的解构，可看作是"疑古思潮"兴起的先兆。他们是在用理性的铁锤，来粉碎神秘的信仰之网。

　　这种情况同样出现在《诗经》的诠释中。《诗经》中的神话，同样是周人的一般知识与信仰背景，在神圣的祭坛上，他们会虔诚地歌唱讲述神与人之间关系的史诗，以表示族属的神圣性。但成书于战国之末的《毛诗故训传》，对于《诗经》中凡是带有神话意味的地方，几乎都要用理性剔除其神秘色彩。《诗经》中反复出现的许多"天"字，究其初意，本指超自然的存在，而《毛传》则统统抹去神性，使其变为人间王者的比喻或象征。《大雅·生民》是讲述周人开辟故事的，据《史记·三代世表》记褚少孙引《诗传》说，这"帝"指的是"上帝"。

　　《史记·周本纪》以及刘向《列女传》，所记与此略异，但皆认为后稷是"感生"的。《春秋繁露·三代改制质文》亦言"后稷母姜嫄，履天之迹而生后稷"③。这显然是符合原始人类思维的古老传说。而《毛传》则将其中最关键的一句"履帝武敏"中的"帝"字，解释成上古帝王"高辛氏之帝"，即传说中姜嫄的丈夫。认为《生民》说的是禋祀高禖之时，高辛氏帝率嫔妃俱往，姜嫄跟在高辛氏帝之后，踩着高辛的脚印，行事敏捷，神爱而祐之，即得怀孕。④

---

① 《太平御览》卷七十九，中华书局1985年版，第369页。
② 韩非著，陈奇猷校注：《韩非子新校注》，上海古籍出版社2000年版，第731页。
③ 董仲舒著，苏舆撰：《春秋繁露义证》，中华书局1992年版，第212页。
④ 孔颖达：《毛诗正义》，载《十三经注疏》，中华书局1980年版，第528页。

《商颂·玄鸟》讲述的是商的开辟神话，据《史记·三代世表》记褚少孙引《诗传》曰：

> 汤之先为契，无父而生。契母与姊妹浴于玄丘水，有燕衔卵堕之，契母得，故含之，误吞之，即生契。契生而贤，尧立为司徒，姓之曰子氏。子者兹；兹，益大也。诗人美而颂之曰："殷社芒芒，天命玄鸟，降而生商。"商者质，殷号也。①

《史记·殷本纪》所述略同，显然这也是一个古老的传说。而《毛传》则把最关键性的"天命玄鸟，降而生商"一句，解释为："春分，玄鸟降。汤之先祖有娀氏女简狄，配高辛氏帝。帝率与之祈于郊禖而生契。故本其为天所命，以玄鸟至而生焉。"②这表面上是对经典的重新诠释，实际上是对历史传说的颠覆。

如果说解构神话是人类意识的自觉使然的话，那么当时在历史领域出现的对旧有传说的颠覆，则无疑是"疑古思潮"高涨的明证。如古籍中有关于殷纣王种种恶行的记载，孔子弟子子贡就非常冷静地说："纣之不善，不如是之甚也。是以君子恶居下流，天下之恶皆归焉。"③

《周书》中有《武成》一篇，谈武王伐纣，杀人之多以至于"血流漂杵"。孟子就怀疑这种记载是不可靠的，并且提出了"尽信书，则不如无书"的著名论断。④荀子则说："五帝之外无传人，非无贤人也，久故也。五帝之中无传政，非无善政也，久故也。禹、汤有传政而不若周之察也，非无善政也，久故也。传者久则论略，近则论详。略则举大，详则举小……是以文久而灭，节族久而绝。"⑤也表示了对古史传说的怀疑。尧、舜、禹、汤、文武，在主流传说中都是圣王，《尚书》中记载：尧禅位于舜，舜禅位于禹，这已成千古美谈。故而孟子言必称尧舜。《史记·五帝本纪》也说："舜年二十以孝闻，年三十尧

---

① 《史记》，第 505 页。
② 孔颖达：《毛诗正义》，载《十三经注疏》，第 622 页。
③ 何晏注，邢昺疏：《论语注疏》，载《十三经注疏》，中华书局 1980 年版，第 760 页。
④ 杨伯峻：《孟子译注》，中华书局 1962 年版，第 325 页。
⑤ 王先谦：《荀子集解》，载《诸子集成》，上海书局 1986 年版，第 52 页。

举之，年五十摄行天子事，年五十八尧崩，年六十一代尧践帝位……舜子商均亦不肖，舜乃豫荐禹于天。十七年而崩。三年丧毕，禹亦乃让舜子，如舜让尧子。诸侯归之，然后禹践天子位。"①但战国却有人怀疑这都是假的。《庄子·盗跖》篇说："尧不慈，舜不孝。"②《韩非子·说疑》篇说："舜偪尧，禹偪舜，汤放桀，武王伐纣，此四王者，人臣弑其君者也，而天下誉之。"③《汲冢琐语》亦云："舜放尧于平阳。"④《孟子·万章上》说："禹荐益于天，七年禹崩，三年之丧毕，益避禹之子于箕山之阴，朝觐讼狱者不之益而之启，曰：'吾君之子也。'讴歌者不讴歌益而讴歌启，曰：'吾君之子也。'"⑤孟子的这个传说，应当是当时正统的说法。故《史记·夏本纪》亦云："十年，帝禹东巡狩，至于会稽而崩。以天下授益。三年之丧毕，益让帝禹之子启，而辟居箕山之阳。禹子启贤，天下属意焉。及禹崩，虽授益，益之佐禹日浅，天下未洽。故诸侯皆去益而朝启，曰'吾君帝禹之子也'。于是启遂即天子之位，是为夏后帝启。"⑥而战国策士却说："禹授益，而以启人为吏，及老，而以启为不足任天下，传之益也。启与友党攻益，而夺之天下。"⑦伊尹为商之贤臣，《诗经·商颂》中就称颂他"实维阿衡（即伊尹），实左右商王"，言伊尹佐成汤而得天下。《尚书·君奭》篇也说："我闻在昔成汤，既受命，时则有若伊尹，格于皇天。"在甲骨文中则屡屡见到致祭伊尹的卜辞。⑧《孟子·万章上》依据正统的传说说："伊尹相汤以王于天下。汤崩，太丁未立，外丙二年，仲壬四年。太甲颠覆汤之典刑，伊尹放之于桐。三年，太甲悔过，自怨自艾，于桐处仁迁义，三年以听伊尹之训己也，复归于亳。"《史记·殷本纪》也说："帝太甲既立三年，不明，暴虐，不遵汤法，乱德，于是伊尹放之于桐宫。三年，伊尹摄行政当国，以朝诸侯。帝太甲居桐宫三年，悔过自责反善，于是伊尹乃迎帝太甲而授之政。帝太甲修德，诸侯咸归，殷百姓以宁。伊尹嘉之，乃作《太甲训》三篇。"

---

① 《史记》，第 44 页。
② 曹础基：《庄子浅注》，中华书局 1982 年版，第 449 页。
③ 韩非著，陈奇猷校注：《韩非子新校注》，第 978 页。
④ 刘知几著，刘占召评注：《史通评注》，中央编译出版社 2010 年版，第 321 页。
⑤ 杨伯峻：《孟子译注》，第 221 页。
⑥ 《史记》，第 83 页。
⑦ 刘向集录，范祥雍笺证：《战国策笺证》，上海古籍出版社 2006 年版，第 1675 页。
⑧ 陈梦家：《殷墟卜辞综述》，中华书局 1988 年版，第 363 页。

出土的战国著作却把伊尹说成是一位篡臣，而终被太甲所杀。如《太平御览》卷八十三引杜预《春秋后序》曰："《纪年》称：殷仲壬即位，居亳，其卿士伊尹，放太甲于桐，乃自立。伊尹即位于太甲七年。太甲潜出自桐，杀伊尹。"在《尚书》中有《汤誓》一篇，是成汤伐夏桀的誓师辞。《史记·殷本纪》也说："汤自把钺以伐昆吾，遂伐桀……桀败于有娀之虚，桀奔于鸣条，夏师败绩。"可是战国却有人根据尧舜禅让的传说，否定汤伐桀的记载，认为桀是把天下让给成汤的。① 在《尚书》记载中，鲧是因治水失败被尧处刑的，而战国诸子则怀疑鲧是因反对尧的决策而死的。如《吕氏春秋·行论》云："尧以天下让舜。鲧为诸侯，怒于尧曰：'得天之道者为帝，得地之道者为三公。今我得地之道，而不以我为三公。'以尧为失论，欲得三公。怒甚猛兽，欲以为乱。比兽之角，能以为城；举其尾，能以为旌。召之不来，仿佯于野以患帝。舜于是殛之于羽山，副之以吴刀。"在传说中，"历山之农者侵畔，舜往耕焉，期年，甽亩正。河滨之渔者争坻，舜往渔焉，期年，而让长。东夷之陶者器苦窳，舜往陶焉，期年而器牢"。于是孔子叹曰："耕、渔与陶，非舜官也，而舜往为之者，所以救败也。舜其信仁乎！乃躬藉处苦而民从之，故曰：圣人之德化乎！"韩非子则认为这个传说本身就是自相矛盾的。"圣人明察在上位，将使天下无奸也。今耕渔不争，陶器不窳，舜又何德而化？舜之救败也，则是尧有失也。贤舜则去尧之明察，圣尧则去舜之德化，不可两得也。"② 最典型的是屈原《天问》，他提出了理性思考中无法解答的 170 多个疑问，而其中许多都是对古史与神话的怀疑。这充分反映了这个时代疑古之风盛行。

战国的疑古思潮，彻底颠覆了周代的意识形态体系，完成了意识形态领域的思想大革命，使诸子能够在思想彻底解放的状态下，建构自己的理论体系。最终是儒家的荀子，以"五经"思想为基础，兼采百家学说，建构起了以"礼"为核心的话语系统，并使得自孔子以来的儒家学说，向制度化迈进了一大步。到汉代，荀子所传授的《五经》思想逐渐成为国家意识形态，影响了中国社会两千多年。故梁启超说："二千年政治，既皆出于荀子矣，而所谓学术

---

① 详见《逸周书·殷祝解》，载黄怀信等：《逸周书汇校集注》，上海古籍出版社 2007 年版，第 1039—1046 页。

② 韩非著，陈奇猷校注：《韩非子新校注》，第 847 页。

者，不外汉学、宋学两大派，而实皆出于荀子。"①

二、第二次疑古思潮

在中国历史的长链上，宋代所发生的巨变早期由严复、王国维发其覆，其后日本学者内藤湖南撰《概括的唐宋时代观》，明确指出："唐代是中世纪的结束，而宋代则是近世的开始。"②钱穆亦云："论中国古今社会之变，最主要在宋代。宋以前，大体可称为古代中国，宋以后，乃为后代中国。"③今天史学界关于唐宋变革的性质、定位问题，虽然还存在分歧，但作为中国历史发展中的一次巨变，却是公认的事实。可以说，这是中国历史的第二次大洗牌，这次洗牌洗掉了中古的士、庶、良、贱等级秩序，使社会出现了再度相对平等的竞争规则——科举制度。在科举制度下，社会开始了新的运作。值得注意的是，与战国的大变革相似，此期也出现了一个新型知识群体——理学家，这个群体的一个文化使命，是改造或颠覆汉唐以来的经学诠释体系，重新构建适应新时代需要的意识形态话语系统。由此出现了中国历史上的第二次疑古思潮。

关于宋代的疑古思潮，已为当今部分学者所关注。四川大学古籍所杨世文先生主持的国家社会科学基金青年项目赫然以"宋代疑古思潮研究"为题，已足以说明问题。这个时代对于以往的传统与传说，表现出了冷静的思考。如苏辙撰《古史》，对前人之说每每予以怀疑。如云："学者言尧舜之事，有三妄焉。太史公得其一，不得其二。《庄子》称尧以天下让许由，许由不受，耻之，逃隐。《庄子》盖寓言焉，而后世信之。太史公曰：舜禹之间，岳牧咸荐，试之于位，典职数十年，功用既兴，然后授政。示天下重器，王者大统，传天下若斯之难，而许由何以称焉？孟子曰：尧将举舜，妻以二女。瞽叟不顺，不告而娶。既而犹欲杀舜而分其室。然舜终不以为怨。余考之于书，孟子盖失之

---

① 梁启超：《论支那宗教改革》，《饮冰室文集之三》，中华书局1989年版，第54页。
② 刘俊文主编：《日本学者研究中国史论著选译》，中华书局1992年版，第10页。
③ 钱穆：《理学与艺术》，载《宋史研究集》第7辑，台湾书局1974年版，第2页。

矣。世岂有不能顺其父母，而能治天下者哉！"①司马光作《疑孟》十篇，认为"瞽叟杀人"为"特委巷之言也，殆非孟子之言也"。②苏轼作《庄子祠堂记》，以为《庄子》中《让王》、《说剑》、《渔父》、《盗跖》四篇，"皆出于世俗，非庄子本意"③。这表面上看只是学术观点的不同，实则是对古史记载的怀疑。再如女娲补天、共工头触不周山的神话，在汉代人那里似乎是曾经发生过的事实，而宋罗泌则说："盖言共工之乱，俶扰天纪。地维为绝，天柱为折，此大乱之甚也。女娲氏作，奋其一怒，灭共工而平天下，四土复正，万民更生。此所谓补天立极之功也。而昧者乃有炼石成煅、地势北高南下之说。何其缪邪！"④这与战国人解释"黄帝四面"之类的神话如出一辙。

"疑古"的根本目的并不在于对古史传说的怀疑，而在于颠覆经典的旧诠释体系。因而今有学者称宋之"疑古"为"疑经"。这种思潮可从唐中叶算起。汉代经师对来自先秦的传说，采取的是肯定的态度。魏晋南北朝至唐代初期，对汉儒经解又做了进一步肯定。在经典诠释中，他们解释的不是"经"，而是解经的"传注"。唐人撰经典注疏，"疏不破注"成了他们的一项基本原则，基本上没有什么自己的思考。而到中唐，人们的思考开始了。《新唐书·啖助传》云："大历时，助、匡、质以《春秋》，施士匄以《诗》，仲子陵、袁彝、韦彤、韦茝以《礼》，蔡广成以《易》，强蒙以《论语》，皆自名其学。"所谓"皆自名其学"，说明开始走出旧的藩篱，自创新说。当时的《春秋》学家啖助曾很有感叹地说："惜乎！微言久绝，通儒不作，遗文所存，三传而已。传已互失经指，注又不尽传意。《春秋》之义，几乎泯灭……先儒各守一传，不肯相通，互相弹射，仇雠不若。诡辞迂说，附会本学。鳞杂米聚，难见易滞，益令后人不识宗本。因注迷经，因疏迷注，党于所习，其俗若此。"⑤在这里即可清楚地看到他对经典传注的怀疑。王谠《唐语林》中也曾有施士匄否定《诗经》权威性解释的记载。而韩愈则提出了对"子夏《诗序》说"的怀疑。⑥韩愈与李翱

---

①　苏辙：《古史》卷二，文渊阁《四库全书》本。
②　司马光：《疑孟·瞽叟杀人》，载《说郛三种》第三册，上海古籍出版社1988年版，第158页。
③　苏轼：《苏东坡全集·前集》卷三十二，中国书店1986年版，第392页。
④　罗泌：《路史》卷三十二，文渊阁《四库全书》本。
⑤　陆淳：《春秋集传纂例》卷一，文渊阁《四库全书》本。
⑥　李樗、黄櫄：《毛诗集解》卷一，文渊阁《四库全书》本。

合著的《论语笔解》，也每驳旧注"粗矣"、"非也"，"非其精蕴"、"妄就其义"。成伯玛作《毛诗指说》，只裁《诗序》初句，以为后者皆为毛公续貂。

入宋之后，疑古细流，蔚成洪涛。被称作"理学先驱"的"宋初三先生"胡瑗、孙复、石介，他们的经典诠释表现出了不盲从古人的趋向。如孙复《寄范天章书》云："孔子既殁，七十子之徒继往，《六经》之旨郁而不章也久矣。加以秦火之后，破碎残缺，多所亡散。汉魏而下，诸儒纷然四出，争为注解，俾我《六经》之旨益乱，而学者莫得其门而入。"① 一种全面否定传统经学的架势已经拉开。而孙氏在书中又提到范仲淹"病注说之乱《六经》"事，说明范仲淹也有同样认识。其后欧阳修更以大儒风范，大倡疑古辨经之风，认为晋宋以下经说皆不可靠，而唐人之所谓《九经正义》，实杂怪奇诡僻之说。② 他有一首《读书》诗写道："正经首唐虞，伪说起秦汉。篇章异句读，解诂及笺传。是非自相攻，去取在勇断。初如两军交，乘胜方酣战。当其旗鼓催，不觉人马汗。至哉天下乐，终日在几案。"③ 从这里即可以看出他对传统经学诠释的全面怀疑。其后大批古籍，如《易》类之《连山》、《归藏》、《周易》之"十翼"、《关朗易传》、《周易乾凿度》；《书》类之《三坟》、《古文尚书》及《尚书孔氏传》、《书序》等；《诗》类之《毛诗序》等；《礼》类之《仪礼》、《周礼》、《大戴礼》等；《春秋》类之《春秋》、《春秋左氏传》、《春秋繁露》，等等，一时皆处于怀疑之列。④ 略小于欧阳修的刘敞，更是大胆改经，即表现出了其疑古的奋勇精神。《四库全书总目》云：

　　今观其书，如谓《尚书》"原而恭"当作"愿而荼"，"此厥不听"当作"此厥不德"，谓《毛诗》"烝也无戎"当作"烝也无戍"，谓《周礼》"诛以驭其过"当作"诛以驭其祸"，"士田贾田"当作"工田贾田"，九筮五曰"巫易"当作"巫阳"，谓《礼记》诸侯"以《狸首》为节"当作"以《鹊巢》为节"。皆改易经字，以就己说。至《礼记》"若夫坐如尸"一节，则

① 孙复：《孙明复小集》，文渊阁《四库全书》本。
② 欧阳修：《文忠集》卷一百十二，文渊阁《四库全书》本。
③ 欧阳修：《文忠集》卷九，文渊阁《四库全书》本。
④ 参见邓瑞全、王冠英主编：《中国伪书综考》，黄山书社1998年版。

疑有脱简；"人喜则斯陶"九句，则疑有遗文。"礼不王不禘"及"庶子王亦如之"，则疑有倒句。而《尚书·武成》一篇，考定先后，移其次序，实在蔡沈之前。盖好以己意改经，变先儒淳实之风者，实自敞始。①

像吴棫《书埤传》疑《古文尚书》之伪，郑樵斥《毛诗》之妄，王柏删削《诗经》等，无一不是怀疑精神的体现。

怀疑传注而兼及于经，这表面上是在追求"经典复原"，而实是要彻底颠覆旧的经学诠释体系，在对经典的重新诠释中构建新的意识形态话语体系。"理论创新"便成为"疑古"的目的所在，因而这个时代有一批学者在经典系统整理与诠释上用了很大的努力。唐有"十二经"，宋有"十三经"，经书确定得越多，能够读的人就越少，如何从浩瀚的经书中择其精粹，使之便于学、利于世，从韩愈、李翱开始便有了思考。韩愈在他认定的道统系统中确认了《孟子》，同时又从庞杂的《礼记》中标举出了《大学》、《中庸》。李翱则在他的理论中又特别标举了《中庸》与《易传》。石介标举《周礼》、《春秋》，云："《周礼》明王制，《春秋》明王道，可谓尽矣。执二大典以兴尧舜三代之治，如运诸掌。"②王安石则特别推重《诗》、《书》、《周礼》，认为："学者求经，当自近者始，学得《诗》然后学《书》，学得《书》然后学《礼》，三者备，《春秋》其通矣。"③故撰《三经新义》。司马光从《礼记》中特别选出了《大学》、《中庸》，作《大学广义》、《中庸广义》。而影响最大的则是程颐对《大学》、《中庸》、《论语》、《孟子》的标举。二程同时还撰有《中庸解》、《大学定本》。到朱熹则明确地将《大学》、《论语》、《孟子》、《中庸》定为"四书"，作《四书章句集注》，并认为："先读《大学》以定其规模，次读《论语》以立其根本，次读《孟子》以观其发越，次读《中庸》以求古人之微妙处。"④由此"四书"与"五经"相辅而行，最终从教育的角度确立了一个新的经典文化体系。这个体系得到了越来越多的学者的认可，终于由官方确定，设立为士子必读的

① 永瑢等：《四库全书总目》，中华书局 1965 年版，第 270 页。
② 石介：《徂徕集》卷七，文渊阁《四库全书》本。
③ 陆佃：《答崔子方秀才书》，载《陶山集》卷十二，文渊阁《四库全书》本。
④ 黎靖德编：《朱子语类》卷十四，中华书局 1981 年版，第 249 页。

教科书。

　　总之，宋之疑古思潮，打破了汉唐经学的旧有格局，使经学研究由对典章制度的关注，转向了对于道德性命哲学问题的讨论；由外在饰行之"礼"，进入了对事物内在之"理"的研究，从而在经典当下意义的寻绎中，建构起了以理学为核心的理论体系。这个理论体系，元明以降成为一种国家意识形态，影响中国历史长达七八百年之久，直到第三次疑古思潮兴起，才宣告结束。

三、第三次疑古思潮

　　中国社会变化之剧烈，没有过于近现代者。无论战国的转型，还是宋代的巨变，都不过是传统中国社会自身发展中的"生物性"变化。而近现代转型，则是在外部力量的强大冲击下发生的翻天覆地的大革命。因而这个时代最醒目的关键词就是"革命"，最响亮的声音就是"与传统彻底决裂"。从这声音中，我们就可以意识到这个时代的性质。要革命，要与传统彻底决裂，就必然要在文化思想领域颠覆旧经学的思想体系，建立新文化的大厦。担当此一任务者，便是在西学东渐思潮下形成的新型知识群体。第三次疑古思潮便是肩负这样的使命，由这个新型知识群体发动的。

　　今之研究疑古思潮的学者，多把疑古思潮固定在以顾颉刚为代表的"古史辨派"身上，把疑古的根脉推原到了清代的考据学上。其实古史辨派与清代的考据学，虽然同样具有考据的性质，但从本质上看，是完全不同的。考据重在取证，目的在释古，而古史辨派则带有鲜明的思想革命性质。古史辨派的领袖顾颉刚就曾明确地说："我辈生于今日，其所担之任务，乃经学之结束者而古史学之开创者。"[1] 所谓"经学之结束"，就是要从意识形态上彻底清除旧经学的影响，解放思想，创建新的研究方法与思想体系。古史辨派也曾视清儒崔述为先驱，但崔述疑"传"不疑"经"，古史辨派则是连经典一并推倒。如果从思想上寻其本源，第三次疑古思潮的兴起应该从廖平、康有为算起。廖平作《知

―――――――――

　　① 顾潮编著：《顾颉刚年谱》，中华书局 1993 年版，第 337 页。

圣篇》、《辟刘篇》，直疑《周礼》等古文经多系汉之刘歆伪造，又以西汉今文经传是孔子改制的创作。其后康有为著《新学伪经考》、《孔子改制考》，更是变本加厉地怀疑经传。《新学伪经考》开首即言：

> 吾为《伪经考》凡十四篇，叙其目而系之词曰：始作伪，乱圣制者，自刘歆；布行伪经篡孔统者，成于郑玄。阅二千年岁月日时之绵暧，聚百千万亿衿缨之问学，统二十朝王者礼乐制度之崇严，咸奉伪经为圣法，诵读尊信，奉持施行。违者以非圣无法论，亦无一人敢违者，亦无一人敢疑者，于是夺孔子之经以与周公，而抑孔子为传。于是扫孔子改制之圣法，而目为断烂朝报。六经颠倒，乱于非种；圣制埋瘗，沦于雾雾；天地反常，日月变色。①

其疑古之勇气，实前所罕见。请看他的那一串书目：《毛诗伪证》、《古文尚书伪证》、《古文礼伪证》、《周官伪证》、《明堂月令伪证》、《费氏易伪证》、《左氏传伪证》、《国语伪证》、《古文论语伪证》、《古文孝经伪证》、《尔雅伪证》、《小尔雅伪证》、《说文伪证》。在他的眼里似乎只要与古文沾边的书都有了伪的嫌疑。据梁启超说，他与陈千秋也参与了《新学伪经考》的写作。说明此种疑古代表的不是一个人的观点，而反映的是一批人的认识，是一种思潮的兴起。于是此后有了钱玄同对于《说文》集伪古字的指斥，有了以顾颉刚为代表的古史辨派的出现。

　　但值得注意的是，廖平、康有为等是要在不动摇孔子圣人地位的原则下，通过对经典的重新认识和诠释，创造适应时代的意识形态话语系统。而顾颉刚等经过五四洗礼的青年学人，则是要进行文化思想的大革命。故而顾颉刚自称是"经学之结束者"，胡适高呼要"重新估定一切价值"②，傅斯年认为中国家庭是中国社会"万恶之源"③，吴虞怒斥"孔二先生的礼教""吃人"④，陈序经明确

---

① 康有为：《新学伪经考》，生活·读书·新知三联书店1998年版，第2页。
② 胡适：《新思潮的意义》，载《胡适文集》第3册，人民文学出版社1998年版，第344页。
③ 傅斯年：《万恶之源》，《新潮》1919年第1卷第1号。
④ 吴虞：《吃人与礼教》，《新青年》1919年第6卷第6号。

提出"全盘西化"的理论①，闻一多则声称："我们现在要翻案！"②显然疑古思潮到五四之后已非常突出地体现了其颠覆传统的性质。

正是在颠覆传统的理念指导下，顾颉刚从康有为的书中受到启发，树立起了推翻古史——颠覆宋明以来倡导的古史道统体系的雄心。他在给钱玄同的信中说：

> 我很想做一篇《层累地造成的中国古史》，把传说中的古史的经历详细一说。这有三个意思。第一，可以说明"时代愈后，传说的古史期愈长"。如这封信里说的，周代人心目中最古的人是禹，到孔子时有尧舜，到战国时有黄帝、神农，到秦有三皇，到汉以后有盘古。第二，可以说明"时代愈后，传说中的中心人物愈放愈大"。如舜，在孔子时只是一个"无为而治"的圣君，到《尧典》就成了一个"家齐而后国治"的圣人，到孟子时就成了一个孝子的模范了。第三，我们在这上，即不能知道某一件事的真确的状况，但可以知道某一件事在传说中的最早的状况。我们即不能知道东周时的东周史，也至少知道战国时的东周史；我们即不能知道夏商时的夏商史，也至少能知道东周时的夏商史。③

他在信中说禹是一条虫，尧舜的事迹是《论语》之后的人编造的，神农、黄帝等上古帝王都是战国人伪造的古史。这像一篇宣言，标志着他要对上古史进行彻底颠覆。钱玄同在回信中说：

> 先生所说"层累地造成的中国古史"这个意见，真是精当绝伦。举尧、舜、禹、稷及三皇、五帝、三代相承的传说为证，我看了之后，惟有欢喜赞叹。希望先生用这方法，常常考查，多多发明，廓清云雾，斩尽葛藤，使后来学子不致再被一切伪史所蒙。我从前以为尧舜二人一定是"无是公"、"乌有先生"。尧，高也；舜，借为"俊"，大也……"尧""舜"

---

① 邱志华：《陈序经学术论著》，浙江人民出版社 1998 年版，第 71 页。
② 刘晶雯整理：《闻一多诗经讲义·文踪忆语》，天津古籍出版社 2005 年版，第 5 页。
③ 顾颉刚：《古史辨》第一册，上海古籍出版社 1982 年版，第 60 页。

底意义，就和"圣人""贤人""英雄""豪杰"一样，只是理想的人格之名称而已。[1]

当时已大名鼎鼎的胡适称赞说："颉刚的'层累地造成的中国古史'一个中心学说已替中国史学界开了一个新纪元了。"[2] 郭沫若也认为："顾颉刚的'层累地造成的古史'，的确是个卓识……旧史料中凡作伪之点大体是被他道破了的。"[3] 这种赞许，反映出疑古思潮的高涨。在顾颉刚的积极努力下，以《古史辨》为名的论集连续出版了七大册，形成了一个庞大的阵营。像胡适、钱玄同、童书业、罗根泽、郑振铎、吕思勉、杨宽等，在今天一批如雷贯耳的名字，当时都卷入了疑古的思潮之中，使得中国学术发生了根本的巨变。直至今日，刘起釪先生还出版了《古史续辨》，意味着这一思潮余波未竭，而李学勤先生的《走出疑古时代》，反映的是摆脱疑古思维所做的努力。但无论是"疑古"还是"走出疑古"，对我们的论题来说，意义不在是非，而在于认识这个时代。

疑古思潮打破了中国学术原有的僵局，知识群体在失去思想束缚的状态下，开始积极建构新的意识形态话语系统。经过一个世纪的努力，现代中国学术已呈现出了全新的局面，意识形态领域也发生了根本性的变化。中国社会也随之而完成了第三次大洗牌。

不难看出，疑古思潮的形态虽表现为学术的，但本质实具有思想革命的性质。它的意义并不在于学术上的是是非非，而在于通过"疑古"，打破旧有的思想格局，完成新的思想体系与话语系统的建构。

（原载于《山西大学学报》2013 年第 5 期）

---

[1] 顾颉刚：《古史辨》第一册，上海古籍出版社 1982 年版，第 67 页。
[2] 同上书，第 338 页。
[3] 郭沫若：《中国古代社会研究》，群益出版社 1947 年版，第 348 页。

中国历史上的三次商业革命浪潮及其启示

历史学家侯外庐先生曾经说：中国历史上曾经产生过三次有名的"变法运动"，第一次是战国时代的变法，它是彻头彻尾的古代变法运动；第二次是宋代的王安石新政，它是中古社会非身份性的庶族地主阶级的改革运动；第三次是清末康梁宫廷维新的戊戌政变，它是近代自由主义的改良运动。① 侯先生所关注的这三次变法运动所产生的时代，恰恰是中国历史发生巨变的时代。春秋末及战国、晚唐到宋代、19世纪末及20世纪，这是中国历史变化最大的三个时代。战国时代的社会大变革，使历史由封建邦国制走向了中央集权制；宋代的大变革使历史由中央集权制走向了君主专断制；19世纪末及20世纪的大变革，则使皇权废止，共和推行，开启了现代历史的进程。而也正是在这三个历史巨变的时代，出现了商业经济的大浪潮。本文拟对中国历史上的三次商业经济革命浪潮做一探讨，并根据历史规律性的变化，帮助人们把握未来的商业经济走向。

一、战国商业浪潮与黄金、铜币

商业是在生产产品的互通有无中形成的行业，因此与经济发展直接相关。其起源当在人类社会形成之初，故《尚书·洪范》"八政"其一"曰食"，其二便"曰货"。"食"指的是农业生产的粮食菜果之类物，而"货"便指的是商业

---

① 侯外庐：《中国古代社会史论》，河北教育出版社2000年版，第361页。

贸易。"货"字从"贝"从"化",贝表示与财物有关,所以《说文》说:"货,财也。"化表示财物交易、变化,故《广韵》引蔡氏《化清经》说:"货者,化也,变化反易之物,故字有化也。"① 开始的贸易属实物交换,而后随着生活的复杂化,才出现以等价物为媒介的贸易。春秋之前,"工商食官",手工业与商业皆在官府的管理之下进行运作,其服务对象主要是天子、诸侯、领主及各级贵族,贸易也主要在贵族集团间进行。工商业者具有世袭的特征,祖祖辈辈从事着同样的职业,但却不能自主经营,也不能改从他业。即如《礼记·王制》所说:"凡执技以事上者,不贰事,不移官。"② 当然也有一部分民间工商业者,他们属于公社农民,是在自给自足而有余的前提下,拿剩余产品上市交换的。这就形成了早期以"公营"为主、"民营"为辅的工商业结构。到春秋时代,随着"礼崩乐坏"局面的出现,原有的经济结构,即今人所谓的"庄园经济"的解体,工商业者开始摆脱旧的羁绊,而演变为自由的工商业者。战国的商业经济革命,便由此时开始上演。

商业发展必然导致城市规模急剧扩大。在春秋前期,"城虽大无过三百丈者,人虽众无过三千家者"。而到战国,则出现了"千丈之城,万家之邑相望也"③ 的状态。如苏秦描写当时的临淄:

> 临淄之中七万户。……临淄之途,车毂击,人肩摩,连衽成帷,举袂成幕,挥汗成雨,家敦而富,志高而扬。④

不难看出当日战国城市的繁荣气象。"这时市区内店铺林立,有'鬻金者之所'(《吕氏春秋·去宥篇》);也有'县(悬)帜甚高'的'酤酒者'(《韩非子·外储说右上篇》);有出卖履的(《韩非子·外储说左上篇》);有'卖骏马者'(《战国策·燕策二》苏代语);有出卖兔的,所谓'积兔满市'(《吕氏春秋·慎势篇》);有贩卖茅草的,即所谓'贩茅者'(《韩非子·内储说下篇》);

---

① 陈彭年:《钜宋广韵》,上海古籍出版社 1983 年版,第 331 页。
② 孙希旦:《礼记集解》,中华书局 1989 年版,第 368 页。
③ 刘向:《战国策》,上海古籍出版社 1985 年版,第 678 页。
④ 刘向:《战国策》,第 337 页。

还有卖卜的，据说齐国公孙闬曾'使人操十金而往卜于市'（《战国策·齐策一》）。当时市上已什么都有出卖了，而且市区已有相当的规模，四周有'市门'，设有'市吏'来管理（见《韩非子·内储说上篇》'宋太宰使少庶子之市'的故事）。在繁荣的商业都市里，清早就有许多买客等候市门的开放。等到市门开放，就'侧肩争门而入'，为的是争取'所期物'（《史记·孟尝君列传》冯谖语）。"①商业经济之盛自不待言。而之所以说是"商业浪潮"，并不仅仅在于城市规模之大上，最主要的有以下四端：

一是国际性商业都会出现。所谓"国际性"，是因为它跨越了诸侯国界，而成为诸侯国之间商品交易的商业都会。据桓宽《盐铁论》说："燕之涿（今河北涿州市）、蓟（今北京西南）、赵之邯郸（今河北邯郸）、魏之温（今河南温县）、轵（今河南济源）、韩之荥阳（今河南荥阳）、齐之临淄（今山东临淄）、楚之宛（今河南南阳）、陈（今河南淮阳）、郑之阳翟（今河南禹县）、三川（河、洛、伊）之二周（洛阳、巩二城），富冠海内，皆为天下名都。"②这些所谓"天下名都"都是战国时形成的商业都会。据《史记·货殖列传》，在"膏壤沃野千里"的关中地区，有雍、栎阳、咸阳等都会。雍在今陕西凤翔县南，西连陇西，南通巴蜀，"隙（通）陇、蜀之货物而多贾"；栎阳在今陕西临潼区北，是通向西北与三晋的要道，故"北郤（通）戎翟，东通三晋，亦多大贾"；咸阳为秦国的都城，"四方辐凑并至而会"。处于"天下之中"的三河（河东、河内、河南）地区，是"都国诸侯所聚会"。河东即今山西南部，有杨、平阳二都会。杨在今山西洪洞县南，平阳在今山西临汾市南，二地都在汾水流域，是一条通向魏、秦、赵的南北通道的枢纽所在，故可"西贾秦、翟，北贾种（山西北部）、代（河北北部）"。河内指黄河以北地区，这里有温、轵两大都会。温在今河南温县西，轵在今河南济源市南，这是由河南通向河北的要道，也是穿越太行入上党的要道，故可"西贾上党，北贾赵、中山"。他如邯郸是"漳、河之间一都会"，"北通燕、涿，南有郑、卫"；燕之都城蓟，是"勃（渤海）、碣（碣石）之间一都会"，可以"南通

① 杨宽：《战国史》，上海人民出版社1980年版，第103—104页。
② 王利器：《盐铁论校注》，中华书局1992年版，第41页。

齐、赵，东北边胡”；洛阳本是周人的雒邑，交通发达更逾他邑，可"东贾齐、鲁，南贾梁、楚"；齐国都城临淄，"海岱之间一都会"；江陵原为楚都，"西通巫、巴，东有云梦之饶"；陈之故地（陈县），"在楚夏之交，通鱼盐之货，其民多贾"；彭城以东，有"海盐之饶，章山之铜，三江、五湖之利"，是"江东一都会"；楚国后来建都的寿春，"亦一都会"；南海的番禺（今广州市），"亦其一都会"；楚国的宛，即今河南南阳，"西通武关、郧关，东南受汉、江、淮"，"亦一都会"。而最大的商业都会则是宋之陶邑，即今山东定陶。这里因地处中原，有连接济、汝、淮、泗水流的水上交通网和四通八达的陆路交通网，"为天下之中，诸侯四通，货物所交易也"。故春秋第一富商范蠡选择此地，"治产积居"。

　　二是巨商大贾产生。巨商大贾是商业经济发达的标志性产物。春秋中期虽曾出现过像郑国弦高那样挽国家于危难的大商人，但他出现于历史是因其政治功绩而不是因财富。春秋末期之后情况就不同了，一大批富可敌国的大富豪活跃在历史舞台。如越国功臣范蠡，在帮助越王勾践完成灭吴大业后，即弃政从商，在"天下之中"的陶地，治产积居，号称陶朱公。十九年中三次累聚千金，两度将财产分送给亲友。他的子孙继续经营，"遂至巨万"（《史记·货殖列传》）。孔子的弟子子贡，"与时转货赀"，"家累千金"（《史记·仲尼弟子列传》），出行时"结驷连骑"。巨大的财力，使得"国君无不与之分庭抗礼"（《史记·货殖列传》）。魏惠王的官僚白圭，用"人弃我取，人取我与"手段，大发其财，使得当时"天下言治生祖白圭"（《史记·货殖列传》）。鲁国的穷士猗顿，因"大畜牛羊"而发大财，"赀拟王公，驰名天下"（《史记·货殖列传》）。猗顿还搞多项经营，司马迁说他"用鹽盐起"，而《淮南子·氾论训》又说"玉工眩玉之似碧卢者，唯猗顿不失其情"，说明他还经营盐和玉。[①] 邯郸郭纵，"以铁冶成业，与王者埒富"（《史记·货殖列传》）。因为巨商大贾的产生，出现了市场垄断现象。即孟子所云："人亦孰不欲富贵？而独于富贵之中有私龙断焉……有贱丈夫焉，必求龙断而登之，以左右望，而罔市利。"（《孟子·公孙丑下篇》）"龙断"即"垄断"，指商人登高望远，了解市场全局，把

---

① 何宁：《淮南子集释》，中华书局 1998 年版，第 970 页。

据商机，囤积居奇，网罗市利。

三是商业理论产生。最早的一位商业经济理论家是被后人认作是范蠡之师的计然。计然是春秋末期人，据《史记集解》引徐广说他名研，又引《范子》说他姓辛，字文子。《吴越春秋》、《越绝书》又分别称作计砚、计倪。然、研、倪古音相近，故泷川资言认定为一人。[1]据说计然有七策，越国用了五策，而成就了富国灭吴之功，范蠡又用它成就了天下第一富豪的事业。计然的商业理论，是建立在农作物收获循环规律基础上的。他看到天时丰歉呈现出有规律的变化形态，"太阴三岁处金则穰，三岁处水则毁，三岁处木则康，三岁处火则旱"[2]。根据三年一变的规律，谷物的价格也会出现三年一周期的变化。谷物价格又会影响其他商品的价格，引起社会上的物价变动。根据"贵上极则反贱，贱下极则反贵"的市场经济规律，他提出经营原则。[3]比计然稍晚的白圭，因他有一套经商之道，富甲天下，故"天下言治生祖白圭"。他的经商理论，包括了经营主体的自身素质、商机把握、市场变化、商品分类、经营管理诸等方面。[4]被后人称作"稷下丛书"的《管子》，其中有相当多的地方论到商品货币关系，而《轻重》甲、乙、丙、丁、戊、己、庚七篇，则是一组专论商品经济的论文。巫宝三先生曾对《管子》关于商品货币的学说做过系统的论述，将其归纳为市场论、货币学说、价格学说、货币与价格政策思想四大块。[5]从中可以看出，战国时期的商品经济理论，已经相当成熟，而且可以看出当时一批思想家对于商品经济的重视状态，这无疑是当时商业发展处于高峰状态的反映。

四是高利贷横行。"横行"这一概念是杨宽先生提出的[6]，它反映了战国时代高利贷的猖獗。高利贷是索取高额利息的借贷。春秋末以降，随着商业经济的繁荣，高利贷开始盛行，到战国愈演愈烈。如《史记·货殖列传》说：鲁人曹邴氏"以铁冶起，富至巨万。然家自父兄子孙约，俯有拾，仰有取，贳贷行贾遍郡国"。《孟子·滕文公上》云："为民父母，使民盻盻然，将终岁勤

---

① 泷川资言：《史记汇注考证》，上海古籍出版社 1986 年版，第 2042 页。

② 《越绝书·越绝计倪内经》，《二十五别史》本，齐鲁书社 2000 年版，第 22 页。

③ 《史记·货殖列传》，中华书局 1959 年版，第 3256 页。

④ 《史记·货殖列传》，第 3258 页。

⑤ 巫宝三主编：《先秦经济思想史》，中国社会科学出版社 1996 年版，第 576—587 页。

⑥ 杨宽：《战国史》，第 116 页。

劳，不得以养其父母，又称贷而益之，使老稚转乎沟壑，恶其为民父母也。"
《史记·苏秦列传》云："初，苏秦之燕，贷人百钱为资，及得富贵，以百金偿
之。"《史记·孟尝君列传》说：孟尝君在他的封地薛放高利贷，一次就获"息
钱十万"。这还只是"能与息者"所付的利息，不包括"不能与息者"应该给
的部分，可见当时高利贷所获利之高。这里反映的不仅仅是一种盈利行为，更
反映了当时人强烈的商业观念。以前人们在论述高利贷问题时，总会说这种方
式剥削残酷，导致农民流亡，生产破坏，却忽略了这种商业借贷对于促进商品
经济发展的意义。商人以此能获得充足的资金垄断货物，牟取利润，刺激市场
繁荣。

　　以上数端，不仅是此前未有，此后的数百年间也不曾出现，呈现出了商
业发展的巅峰状态。之所以说是一场"革命"，是因为货币经济出现，摧毁了
旧的经济结构。而这场革命的推动者，则是当时迅速兴起的青铜货币和黄金货
币。傅筑夫先生曾对这场革命做过如下论述：

　　　　从春秋年间开始，到战国年间已经迅速发展起来的货币经济和与相辅
　　而行的以同等程度发展起来的商品经济，就当时整个社会经济的发展水平
　　来看，这个发展是非常突出的，并且由于这一发展所经历的具体时间并不
　　很长，而来势异常迅猛，有如排山倒海，一举而冲垮了一切封建堤防，使
　　旧的经济结构像摧枯拉朽一样，陷于彻底瓦解……[1]

　　人类的商业活动最早是实物交换，但实物交换交易面毕竟有限，进而发展
出了具有等价物意义的通货。吕思勉说："知古之用贝，如后世之用钱也。皮
则田猎之民用之，国家相沿以为币，民间亦用焉。逮农耕之世，则通用粟。"[2]
但皮与粟皆不如贝之携带方便，故贝便成了最通行的通货。贝币的计量单位用
朋，周金文中有周王赏赐臣下贝十朋、三十朋、五十朋等的记载，《诗经》也
曾言及"锡我百朋"。贝之弊，一是体积大，二是易破损，这就决定了它无法

---

　　① 傅筑夫：《中国封建社会经济史》第一卷，人民出版社 1989 年版，第 316 页。
　　② 吕思勉：《先秦史》，上海古籍出版社 2005 年版，第 298 页。

适应高速发展的商业需求。因此春秋时便出现了金属货币，与贝币并行。到战国时期，大宗的商品交易急剧增多，贝币便被彻底淘汰，退出市场，价格昂贵的黄金与小巧灵便的铜币，占据了主导地位。最初金属作为货币，是以其本身的价值来交换其他商品的，后来逐渐变成一种价值符号，本身的价值逐渐消退。战国因属分裂时期，故各国的铜币形制、重量都不相同，有布币、刀币、圆钱、铜贝，等等。这些铜币主要用于区域性的民间贸易活动，其形小巧、面额小的特点，为促进遍地开花的民间农贸市场与小商品交易，起到了积极作用，但不利于国际贸易。而黄金则因其本身的价值，从贵重商品市场进入金融领域，迅速打破了因封建割据带来的国际贸易中的货币障碍，成为大家公认的通货，从而促进了各国间的商品交流与大宗的商业交易。傅筑夫先生《中国古代经济史概论》的第四章，以"由战国到西汉社会经济中资本主义因素的增长"为题，来论述黄金货币的革命性意义。他说：

> 由于黄金是贵金属，不论在什么地方，它也能够以其商品的自然形式来作为货币形式，即作为抽象人类劳动的直接的社会实现形式，正因为如此，所以早在春秋年间，当黄金一进入流通领域而具有了货币的各种职能之后，就立刻打破了任何限制，在任何地方都是畅通无阻……
>
> 在这样早的时代，有这样高度发展起来的货币经济，这在同时期所有文明国家的历史上是罕见的。这种现象本身就是资本主义因素已经产生和已经有了一定程度发展的一个重要标志……①

把黄金货币与资本主义因素联系起来，确是一个大胆的认识，其意义之大也由此可见。货币经济的发展，促使商业经济发生了革命性的变化，出现了商业革命浪潮。

---

① 傅筑夫：《中国古代经济史概论》，中国社会科学出版社 1981 年版，第 167—170 页。

二、宋代商业革命与白银、纸币

秦汉以降，经济大潮渐渐退去，中国货币经济与商品经济经过长达八百多年的衰落之后，直到晚唐、五代，才开始在动荡不安的社会政治环境中复苏。"入宋以后，随着农业生产的发展，粮食剩余率的提高，煤铁革命的出现，手工业生产的扩大，以及运输工具（如漕运、海船）的进步和交通条件（如汴河和沿海海运）的改善，商品经济继战国秦汉之后迎来了它的第二个浪潮时期。"[①] 直可称为中国历史上的"第二次商业革命"。

关于宋代的商业浪潮，美国最负盛名的中国史研究专家费正清教授在其大著《中国：传统与变迁》中，赫然以"商业革命"为标题，来标榜宋代的商业经济，并说："该时期内制度和文化也有了重大的发展。这一发展的背后，是中国经济尤其是商业的飞跃，我们不妨称之为中国的'商业革命'。这一迅速发展使中国的经济发展水平比诸前代有了极大的提高，当时产生的经济和社会制度在很多方面一直完整地袭用到了19世纪。"[②] 以著《全球通史》而享誉世界的美国当代历史学家斯塔夫里阿诺斯也曾道："宋朝时期值得注意的是，发生了一场名副其实的商业革命，对整个欧亚大陆有重大的意义。"[③] 著名经济史专家傅筑夫先生在《中国封建社会经济史》第五卷第六章第一节中，曾以"宋代商业是中国古代商业的一次革命性变化"作为标目[④]，他在《中国古代经济史概论》中则说："宋代——特别是南宋的国内外商业，比起唐代来都大大地前进了一步，在漫长的变态封建社会中，这是商业乃至整个商品经济发达的一个时期。"[⑤] 宋代商业经济的大发展，今已受到越来越多学者的关注。[⑥] 尽管各家对于

---

① 葛金芳：《宋代经济：从传统向近代转变的首次启动》，《中国经济史研究》2005年第1期。
② 费正清：《中国：传统与变迁》，张沛译，世界知识出版社2002年版，第149页。
③ 斯塔夫里阿诺斯：《全球通史》，上海社会科学院出版社1988年版，第438页。
④ 傅筑夫：《中国封建社会经济史》第五卷，第396页。
⑤ 傅筑夫：《中国古代经济史概论》，第238页。
⑥ 像德国经济史学家贡德·弗兰克，美国耶鲁大学中国现代史教授史景迁，日本学者西岛定生、沟口雄三、斯波义信等，国内学者如赵俪生、漆侠、葛金芳等，都对宋代商业的发展做出过高度评价。

发展的认识有所不同，但白银与纸币进入流通领域对于商品经济的刺激，则是不可忽视的一个问题。

与战国时代商业革命时期出现的货币复杂状态几乎相同，宋代货币也出现了极度混乱的局面。彭信威先生说：两宋的钱币，是中国钱币史上最复杂的。这种复杂性，表现在许多方面，如币材种类多，有铜铁钱还有纸币；货币流通地方性强，各地方钱币不统一；货币之大小不定，面额多少不一；钱名之种类繁多，差不多每改一年号就铸一种钱，而年号改得又特别多，仅嘉定铁钱就有一二十种；钱文书法之多样性，真草行隶篆等皆有。[①] 应该说，货币是为适应商品市场而变化的，其复杂性正反映了商业的繁荣程度与交易的多样性。犹如当今中国市场有人民币、信用卡，同时在部分地方和商店又用美钞、新台币、港元之类一样。而白银与纸币进入流通领域，对于商品贸易影响之巨大，无疑是带有革命性的。即如傅筑夫先生所说：唐末五代时期白银作为货币在市场上的出现，给当时的实物货币以致命的一击。尽管白银当时只是事实上的货币，还没有在法律上取得货币资格，但它"是仅次于黄金的贵金属，单位价值高，作为货币又具有黄金所具有的职能，是黄金以外的最好的币材，所以一进入流通领域，马上就压倒一切而上升到主币地位，遇到大宗的价值支付，实非白银不可"。[②] 对于傅筑夫先生所说的"主币地位"，我虽有不同意见，但白银在宋代货币经济中的重要地位则不容怀疑。[③] 孟元老《东京梦华录》卷四《会仙酒楼》说："大抵都人风俗奢侈，度量稍宽，凡酒店中，不问何人，止两人对坐饮酒，亦须用注碗一副，盘盏两副，果菜楪各五片，水菜碗三五只，即银近百两矣。"[④] 用银计算价格，即反映了当时白银货币化的情况。据耐得翁《都城纪胜》、吴自牧《梦粱录》等书所记，当时在汴京、临安城内有金银交引铺、

---

① 彭信威：《中国货币史》，上海人民出版社 1958 年版，第 257—258 页。

② 傅筑夫：《中国经济史论丛》，生活·读书·新知三联书店 1980 年版，第 604 页。

③ 关于宋代白银货币的问题，论者甚多，除加藤繁《唐宋时代金银之研究》，彭信威《中国货币史》，千家驹、郭岗彦《中国货币史纲》，萧清《中国古代货币史》，叶世昌、潘连贵《中国古近代金融史》等著作论及外，尚有不少论文发表，如黄成《从考古发现谈南宋白银流通的几个问题》（《中国钱币》1989 年 2 期）、李兆超《宋代货币经济中的白银》（《中国钱币》1989 年 2 期）、高聪明《论白银在宋代货币经济中的地位》（《河北大学学报》1994 年第 3 期）、马力《论宋代白银货币化问题》（《宋辽金史论丛》第 1 辑）等。

④ 孟元老撰，伊永文笺注：《东京梦华录笺注》，中华书局 2006 年版，第 421 页。

金银盐钞交易铺、金银茶盐钞交引铺等不同名目的货币兑换处，仅临安城内就100多家这样的货币兑换处。宋代还先后出现了被称作"交子"、"关子"、"会子"、"川引"、"淮交"、"湖会"的纸币，这被认作是世界上最早的纸币。在此之前，唐中期曾出现过一种叫"飞钱"的纸币。这种纸币，只是在指定地点取钱的凭证，可说是宋代纸币的先河。宋代的交子、会子等，虽也有取钱凭证的性质，但是可以在市场流通。纸币便于携带，便于交易，便于长途贩运，便于大批量交易，如《文献通考》言：熙宁二年，"以河东公私共苦运铁钱劳费，诏置潞州交子务"。"高宗绍兴元年，因婺州之屯驻，有司请椿办合用钱，而舟楫不通，钱重难致。乃诏户部造见钱关子付婺州。""以尺楮而代数斤之铜，赍轻用重，千里之远、数万之缗，一夫之力克日可到。"① 其便利不待细言，故很快风行于市场，在全国流通。到南宋由于铜钱大量外流而出现严重"钱荒"时，纸币对调剂与稳定市场起到了极大作用。尽管这种纸币与现代的钞票相比，还不够完善，但它在货币史上的革命性意义以及对推动当时商业发展的意义，是不言而喻的。

　　货币革命与商业革命相伴而行。商业经济主要有商业经济经营主体、商业经济客体、商业经济行为三大块构成。在宋代，商业主体的最大变化，首先是由经营主体组成的行会的出现。经营主体有两种不同的类型，一是行商，一是坐贾。坐贾发展为"富商巨贾"，"萃于廛市"，必然要产生垄断市场的欲望，于是以方便管理和保护行业利益为目的的商业行会的出现便成为必然。② 在宋人的记述中，我们可以见到有所谓"行"、"市"、"作"、"团"等不同名目的称号，这便是当时工商业行会的不同名称。吴自牧《梦粱录》卷十三有《团行》一则记之颇详。漆侠先生将这些行会的重要职能总结为三点，第一，统一商品价格；第二，为限制竞争，不许他人进入市场贸易；第三，应付官府的科索。③ 这种利益保障管理措施，对于商业经济主体经营力量的强化，起到了十分有效的作用，故而延续数百年而不衰。

　　其次是商业经济客体 —— 市场的革命性变化。这种变化主要表现在数量

---

① 马端临：《文献通考》，中华书局 1986 年版，第 98、99、101 页。
② 参见魏天安：《宋代行会制度史》，东方出版社 1997 年版。
③ 漆侠：《中国经济通史·宋代经济卷》，经济日报出版社 1999 年版，第 1107—1108 页。

的增多与规模的扩大上。根据市场性质规模，有草市、镇市、城市之分。草市
是乡村间的定期集市，设在交通要道上，各地有不同名称，如岭南称墟市，蜀
称亥市。草市是为调剂农民的剩余农产品而产生的，宋朝以前，多属定期赶
集，或一二日一集，或三五日一会。到宋代，随着经济与人口的发展，许多草
市成为民居点，商业也随之发展起来。即如苏轼《乞罢宿州修城状》云："宿
州自唐以来，罗城狭小，居民多居城外。本朝承平百余年，人户安堵，不以城
小为病，兼诸处似此城小人多，散在城外，谓之草市者甚众……"①草市上有
了固定的商户店铺，政府便于此设立税务机构，有个别地方后来则上升为镇、
县。镇市是由镇而形成的集市。镇原本是军事据点，处于关塞要冲，因军队需
要消费，久而便成繁华市井，改变了原初的军事性质。设镇的标准是人口和税
收，因此一些草市当人口和税收达到一定量时便上升为镇。因为镇是带有商业
性的，所以设有税务机构。宋朝由于商品经济的发达，仅北宋熙宁一朝，草市
升为镇的就多达 106 个。许多镇因经济发达而驰名，如景德镇因盛产瓷器发展
成镇而驰名远近，江陵的沙市镇因大商辐辏而驰名。②据日本学者波斯义信研
究，宋朝 1102 年时控制的 1265 个县，每县最少平均拥有近 20 个商业点。与
唐初将所有的贸易仅仅集中于县治的一两个市场相比，实不可同日而语。③

　　最值得注意的是作为商业经济客体的城市格局的变化。从先秦开始，中国
城市就实行坊市分离制度。城中呈棋盘状，纵横交错的街道把城分成了若干方
块，这就是居民区 —— 坊。唐苏鹗《苏氏演义》卷上说："坊者方也，言人所
在里为方，方者正也。"④坊外由围墙组成封闭性的单元。像唐代的长安，就划
分成一百多个坊。全城像围棋盘上的格子，街道把一个个的坊隔开。如白居易
《登观音台望城》诗所说："百千家似围棋局，十二街如种菜畦。"坊内不能开
店铺，也不许随意临街开门，夜晚坊门紧闭，不许出入。商业活动只能在与坊
相隔离的市中进行，入市交易只能在白天，夜间则禁绝一切商业活动。如《唐
六典·太府寺·两京诸市署》所云："凡市，以日中击鼓三百声而众以会，日

---

① 苏轼：《苏东坡全集·奏议集》卷十二，中国书店 1986 年版，第 554 页。
② 漆侠：《中国经济通史·宋代经济卷》，第 1069—1073 页。
③ 波斯义信：《商业在唐宋变革中的作用》，张天虹译，《文史哲》2009 年第 3 期。
④ 苏鹗：《苏氏演义》，文渊阁《四库全书》本，第 850 册，第 190 页。

入前七刻，击钲三百声而众以散。"因此到深夜则悄无人影。故钱易《南部新书》卷一载长安中秋夜鬼吟诗说："六街鼓歇行人绝，九衢茫茫空有月。"到晚唐五代，随着商业的发展，这种城市格局显然已不能满足市民生活的要求，于是开始出现坊内开店、临街开铺的现象。到北宋后期，坊墙被拆除，夜禁被废止，原有的市坊分离制度彻底崩溃。

坊市制度的崩溃，大大拓展了城市的市场规模。城市原初的政治、军事意义变得黯然，而呈现出一派商业气息。正如傅筑夫先生所说："这样的变化表面上看来虽然只是市场体制上的一点变化，但实质上乃是中国古代商业一次重大的革命性变化，简单地说，这是一次革命，是商业和城市由古代型向近代型转化。"① 像吴自牧《梦粱录》卷十三对杭州城内店铺林立状况的描写，完全是一个近代城市的气象。

草市、镇市与城市相互连接，形成了大小不同的交易场所，加之全民经商的潮流，使宋代社会的商业行为变得异常活跃。在白居易诗中，我们看到的唐代农村是："有财不行商，有丁不入军。家家守村业，头白不出门。"（《朱陈村》）而在陆游的笔下则是："硙轮激水无时息，酒旆迎风尽日摇。半掩店门灯煜煜，横穿村市马萧萧。"（《过绿杨桥》）到处可以嗅到商业的气息。而此间最具有标志性的是海外贸易市场的开拓。大陆对海外的贸易自古有之，但兴盛当始于中唐以后。李肇《唐国史补》："南海舶，外国船也。每岁至安南、广州。师子国舶最大，梯而上下数丈，皆积宝货。至则本道奏报，郡邑为之喧阗。"② 到两宋时，由于高额的利润与税收，激励了政府对外贸易的热情。《宋史·张逊传》言，太平兴国初，"海商人遂浮舶贩易外国物，阇婆、三佛齐、渤泥、占城诸国亦岁至朝贡，由是犀象、香药、珍异充溢府库。逊请于京置榷易署，稍增其价，听商入金帛市之，恣其贩鬻，岁可获钱五十万缗，以济经费。太宗允之，一岁中果得三十万缗。自是岁有增羡，至五十万"③。南宋高宗屡次云："市舶之利最厚，若措置合宜，所得动以百万计，岂不用取之于民？""市舶之

---

① 傅筑夫：《中国封建社会经济史》第五卷，第 400 页。
② 李肇：《唐国史补》，文渊阁《四库全书》本，第 1035 册，第 449 页。
③ 《宋史》，中华书局 1977 年版，第 9222—9223 页。

利，颇助国用，宿循旧法，以招徕远人，阜通货贿。"① 因此宋政府采取市舶开放政策，并予舶商很多优惠。如舶商来华或华商出海经商，成绩显著者授以官职；给舶商以食宿方便，以法律上的照顾；保护舶商利益，对假公济私、鱼肉舶商的赃官，予以治罪；开办学校，给舶商子弟上学、考官的方便；等等。② 仅宋赵汝适《诸蕃志》所记载，当时与中国通商的多达五十八个国家。"东自日本、菲律宾；南止印度尼西亚各群岛；西达非洲，及意大利之西西里岛；北至中亚及小亚细亚。"③ 由此而使中国古代的海外贸易达到了高峰。黄纯艳先生在《宋代海外贸易》中说："宋代与元代是中国古代海外贸易发展的高峰时期，不惟如此，宋代的贸易制度、航海技术、贸易范围等诸多方面还具有创新和转折意义，对后代产生了深刻影响。"④

　　总之，宋代商业革命，对于中国的商业史具有划时代的意义。无论秦汉还是隋唐，都是以农业经济为立国基础的大陆性帝国，不仅经济重心位于司马迁所说的"三河"，即黄河中下游地区，而且汉唐间历时千年的丝绸之路更是向着亚洲内陆延伸。然自中唐以降，我国开始由内陆型国家向海陆型国家转变：广州、泉州等大型海港相继兴起，东南沿海地区以发达的农业、手工业和商品经济为后盾，开始表现出向海洋发展的倾向。特别是宋室南渡之后，为形势所迫更加依赖外贸，刺桐港（即泉州）因此成为当时世界上的第一大港。于是原先"头枕三河、面向西北"的立国态势，一变而为"头枕东南、面向海洋"。这个转折的实质性内涵是：从自然经济转向商品经济，从单一种植经济过渡到多种经营，从基本上自给自足转向专业分工有所发展，从主要生产使用价值转为生产交换价值，从习俗取向变为市场取向，从封闭经济走向开放经济。⑤

①　徐松：《宋会要辑稿》，中华书局 1957 年版，第 3373 页。
②　王玉群：《谈谈两宋的市舶开放政策》，《渤海学刊》1989 年第 2 期。
③　赵汝适著，杨博文校释：《诸蕃志校释》，中华书局 1996 年版，第 6 页。
④　黄纯艳：《宋代海外贸易》，社会科学文献出版社 2003 年版，第 10 页。
⑤　葛金芳：《"农商社会"的过去、现在和未来》，《安徽师范大学学报》2009 年第 5 期。

三、现代商业革命与纸钞、电子卡

发生在近现代上的是中国历史上的第三次商业浪潮，可以说是一场运动。这场运动兆始于 19 世纪后半叶，兴盛于 20 世纪后期，现在还是"正在进行式"。

这次商业浪潮的表现形态，首先是金融与货币领域的革命。晚唐五代兴起的白银货币，在宋代因北方少数民族政权的搜刮而穷尽、衰落。到明清再度兴起而成为主币。在宋代商业革命高峰时期盛行的纸币，到明代则衰落，而被钱庄、票号中发行的钱票所代替。有人认为明清票号的出现是一次商业革命，其实票号既没有改变货币的形式，也没有使商业经济发生实质性改变，它只是宋元纸币的变异与退化形态，谈不上革命。真正具有革命性意义、促进商业革命发生的金融领域的巨变主要有三：

其一，商业银行的出现并取代钱庄。商业银行与古代钱庄的最大不同在于，钱庄以金银为主流货币，功能主要在方便货币流通，所发行的钱票主要功能在汇兑，并不能代替货币。尽管有时也可直接购买实物，但只是在有限的范围内使用。商业银行的主要功能则在汇集民间闲散货币，通过投资获利。因而在钱庄存钱，要交纳保管费、远程运输费（虽然钱庄也搞信贷，但只是生活信贷，大规模地用于工商业活动的信贷则是从银行开始的），而银行不仅不收保管费，还给予存款者一定的利息。因此现代商业银行是对传统钱庄性质的根本性改变，更有利于商业经济的发展。1840 年代鸦片战争后，外国列强开始在中国设立银行，如英国的丽如银行、麦加利银行、汇丰银行，日本的正金银行，法国的东方汇理银行，美国的东方汇理银行，等等，先后在中国设立分行，不同程度地控制中国的金融与贸易市场，以赚取高额利润，从而刺激并启发了中国人自办银行的思路。到 1897 年，中国第一家新式银行 —— 中国通商银行成立。1905 年，中国最早的中央银行 —— 户部银行成立。1908 年，户部银行改称大清银行，这是后来中国银行的前身，是有商股参加的国家中央银行。1908 年，清政府邮传部在北京设立交通银行。大清银行和交通银行是清末两家最重要的国家银行，影响也最大。此后，由富商或地方政府创办的如信成商业储蓄银行、信义银行、兴业银行、四明商业储蓄银行等相继成立。银行的出现，使得中国传统埋金银于地下的存宝方式开始发生变化，大批沉淀资金开始汇集，投入到了生产与流通领域，由此开启了中国商业史与金融史的新纪元。也正是由于银行的出现，保证了商业资本主义的正常发展。美国学者郝延平说："在近代中国商业革命中，信贷扩展是一个关键的因素，其重要性与货币制度的改进相同。"[①]19世纪中期，中国对外贸易日益频繁，大宗的交易对货币支付的方便性和安全性提出了更高的要求，而信贷则是当时最理想的方式。因此"到1860年，沿海不凭借某种信贷，就简直不可能做大生意"[②]。西方银行进入中国与中国人自办银行的出现，则满足了当时商业发展的这种需求。

其二，纸币取代银圆而成为主币。中国纸币初行于宋元，明朝在货币领域出现退化，白银成为主币，越清代而至民国初。清朝后期由银锭开始转化为银圆，出现机制钱币，虽说银圆比银锭便于计算，但货币的性质并没有改变，其价值仍与其本身的重量相联系。尽管明清也曾一度发行纸币，但属于代用货币，要求能百分之百兑换成金属货币，故国家与私人皆印制，只要有库银作保证即可。1935年11月，民国政府出于大量白银流向国外的考虑，颁布了《财政部币制改革布告》，将中央银行、中国银行、交通银行三家银行所发行的钞票定为法币，禁止现银使用。由于政府的强行干预，使得明清以来的银本位制宣告废止，纸币作为主币登上历史舞台。纸币取代银圆，这是货币史上的一次大革命，同时也极大地促进了商业的发展，因为金银等贵金属作为货币虽然有价值稳定、易于储存、便于交易等诸多优点，但同时也受着储藏量与开采量的先天制约。资本主义的生产方式，要求货币供给规模随时适应社会生产与商品流通的需求，做自动调节，但是贵金属货币受数量限制，不能迅速调节以适应经济发展，因而直接影响到了商品市场规模的扩大。而纸币则可以根据市场需求发生变化，也比金属货币更便于携带，能有效地刺激商品经济的繁荣，使之

---

① 郝延平：《中国近代商业革命》，陈潮、陈任译，上海人民出版社1991年版，第80页。
② 同上书，第81页。

发生革命性变化。故而 1936 年，中国大陆在纸币通行不久，便出现了资本主义发展的新高峰。

其三，电子货币取代存款货币。存款货币可说是一种特殊货币，它虽不能直接流通，但可以在商业经济活动中代替大宗货币进行交易。其形式是由银行为工商业者开立活期存款账户，工商业者可依据存款向银行签发支票，以此来办理转账结算，代替货币充当流通手段和支付手段。在 1990 年代前的中国，这种支付方式在大宗交易中占据着主要位置。有时也以汇款方式，来解决大宗现金支付不便的困难。这两种方式都受着空间距离和工作时间的制约，从付款到收款，少则一两天，多则三五周甚至更长，这对于商品流通显然是一种制约。而电子货币则打破了这种制约，几乎可以不受时间与空间的限制。电子货币指电子信用卡，是以计算机技术和现代通信技术作支撑的新型货币形态，用户可以用电子数据形式将现金存储在银行的计算机系统，然后通过计算机网络以信息传递形式实现流通和结算。也可以用电子卡随时在取款机上提取现金。中国第一张电子卡是 1985 年 6 月中国银行珠海分行发行的"中银卡"。到 2002 年初，各银行联网通用的"银联卡"出现，到 2006 年上半年，全国银行卡量已经达到 9.6 亿张，跨行交易笔数 13.4 亿笔，到 2009 年后，电子货币已经普及，而且种类繁多，单位、商店、超市等都有自己不同用途的电子卡，使得现在人的钱包变成了卡包。电子货币在各种交易活动中所占比重越来越大，由此引发了交易手段的革命性改变，开辟了与街市完全不同的网上交易市场。随着电子技术的发展，电子货币正为适应商业发展的需求，调整着新的形态。以后还会有更多具有更先进功能的电子货币产生。货币不断革新，必将推动商业的飞跃性发展。

一般谈到中国近代的社会转型，人们首先关注的是中国近代工业。而美国学者郝延平则说："如果一个事件的历史意义在于这一事件影响人数多寡，那么在 19 世纪中国，具有头等重要意义的是商业，而不是工业……从投资的份额、雇佣的人数，价值的增加以及收入的分配来看，商业活动支配着工业企业，这是显而易见的。近代的经济部门中，最大份额的利润不是来自制造业，而是来自贸易和金融业。""中国晚清贸易稳步扩展，部分由于人口不断增加和财富不断积累，而且还由于专门化进程持续进行，导致更多的人口流入商业系统。这些趋势在沿海地区表现最为强烈，由于若干原因，19 世纪商业资本主义萌芽时期开始在这些地区露出曙光。"[①] 虽然 19 世纪后半叶，沿海商业资本主义的兴起，已经标志着现代商业的启动，但商业的根本性革命恐怕还在 20 世纪。其革命性标志在于出现了前所未有的商品与市场形态。就其要者言之，约有四端：

一是商品结构的革命性变化。在 19 世纪之前，无论是国内市场还是海外贸易，农业产品无疑起着主导性作用。但随着资本主义的兴起，大工业生产的开展，工业产品日益增多。到 1990 年代后，工业产品如电冰箱、洗衣机、电视机以及化妆品、电子、日化用品等，在 19 世纪前闻所未闻的商品，以压倒性优势，取代农业产品，主导了市场，而且占据了大都市的中心位置，而农业产品被挤压在城市偏僻的角落或大超市的一隅。手工业产品几乎退出日用品行列，进入工艺美术领域，而一部分产品的手工技术，走进了非物质文化遗产的保护行列。

二是新型形态的商品兴起，并控制国民经济。如股票、期货等远离人们日用的特殊商品，走进了寻常百姓家，并成了全民实现发财梦的经营物品。股票本是一种有价证券，股份公司发给股东，用以证明其出资人的股本身份和权利，并根据股份数享有权益和承担义务。因其价值与出资数额联系在一起，因而可以作为买卖对象和抵押品出现在市场，这便成了投资和投机的对象。1870 年代轮船招商局第一家发行股票，号称"中华第一股"。1920 年，上海证券交易所正式成立。1990 年代后，"炒股票"成了中国人最热门的商业活动。随着电子信息的发展，股票形式也发生了根本性的变化，由原来的纸质股票，发展为网上开户。期货与股票相类，也是"纸上谈兵"的生意。期货市场与股票市场的兴盛程度，标志着商业经济发达的程度。

三是房地产取代工业生产成为中国经济的支柱性产业。房地产本属不动产，在农业社会是因生活需要而购置。而 1990 年代后，房地产成为一种有很大升值空间的特种商品，大批量地出现在了市场上，并迅速发展起来。全国各大中城市，出现了各种不同规模不同类型的"房展会"。大街小巷的传单、广

---

① 郝延平：《中国近代商业革命》，陈潮、陈任译，第 4、5 页。

告以及高楼上的巨标、手机短信等，最为火爆的便是售房信息。

四是流通业态与流通方式的创新。1990 年代前，中国零售业主要以百货公司为主体。改革开放后，连锁店与超市有机结合起来，迅速兴起，取代传统的百货业，成为流通领域的主力军。"这种业态带来的不仅是商业革命，它颇具特色的销售方式引发了生产领域与流通领域关系的新变革，引起了营销渠道的革命。"①

与此同时，流通方式随着电子信息的发展，也出现了重大革命——电子商务兴起，如淘宝、支付宝之类，风靡一时。这种交易活动打破了传统交易时间、空间、气候等的局限，可以通过网络银行用非常便捷的方式完成，故而其发展态势迅猛，导致不少实体店倒闭。这无疑是当代流通领域最具革命性的变化。

总之，中国历史上的第三次商业革命，彻底改变了传统的经营方式，改变了中国人的生活。

四、历史的启示

中国历史上的三次商业革命浪潮，它们的出现有着共同的背景和动力，同时也有着共同的表现形态和发展趋向，受着共同的规律制约。这一规律，对于我们有诸多的启示和警示。自觉地掌握这一规律，对把握和调整未来的发展方向，应该是有积极意义的。

其一，每一次商业浪潮，都是以价值观念革命为背景的。吕世荣先生说：中国历史上曾出现过三次义利之辨的高潮，三次高潮都发生在中国社会发展的重大转折变革时期，即中国奴隶社会向封建社会的过渡变革时期（春秋战国）；中国封建社会前期向后期的过渡变革时期（两宋）以及中国由封建社会进入半殖民地半封建社会（鸦片战争—五四运动）时期。② 虽然这种社会分期尚须讨

---

① 柳思维：《流通革命：新世纪商业发展的主旋律》，《经济参考报》2003 年 3 月 21 日。
② 吕世荣：《义利之辨的哲学思考》，《哲学研究》1998 年第 5 期。

论，但将义利之辨的高潮与社会变革联系起来，确是有道理的。这三次重大变革时期，也正好是三次商业革命时期，而三次义利之辨的高潮，也正好是商业革命发生的观念背景与基础。义利之辨，其实是传统与反传统两种观念斗争的产物。商业革命只有在利益原则压倒道义原则——即物质利益追求被社会合法化时才能发生。第一次商业革命出现的战国，正是周代礼乐制度彻底崩溃、功利主义思潮高涨的时代。春秋时人们评判是非的标准是"礼"，孔子时还大讲"仁"和"礼"。到了战国，则"礼"全不要，只讲一个"利"字。梁惠王一见到孟子，开口便说："有以利吾国乎？"苏秦、张仪每到一国，必大讲其利而启其欲；战国时代的战争，没有一场不是因利益争夺而兴的。在这里根本看到道义的存在，君臣之间，也是赤裸裸的利益关系。故侯家驹先生说："战国时期的战争，有很多是商业行为，战争双方在作战之初，都希望能取得战利品，但俟胜负既决，则成'零和'游戏：一方所获即另一方所失。甚至君臣之间的关系，亦是一种商业性交易，亦即一种利益的交换，此即韩非子所说的，'人臣之情，非必能忧其君，为重利之故也'，'臣尽死力以与君市，君重爵禄以与臣市'（《难一》）。"①

　　第二次商业浪潮出现的宋代，则是一个传统"轻商蔑商"的价值观念被颠覆的时代。在唐代诗人的笔下，我们看到的是"悔作商人妇，青春长别离"（李白《江夏行》）、"贾客无定游，所游唯利并"（刘禹锡《贾客词》）等贬抑商人的歌咏。而在宋代诗人的笔下，却出现了对于商人的同情。如范仲淹《四民诗》云："尝闻商者云，转货赖斯民。远近日中合，有无天下均。上以利吾国，下以藩吾身。"王安石《予求守江阴未得酬昌叔忆江阴见及之作》云："黄田港北水如天，万里风樯看贾船。海外珠犀常入市，人间鱼蟹不论钱。"苏轼《金山梦中作》云："江东贾客木棉裘，会散金山月满楼。"陆游《估客乐》云："牛车辚辚载宝货，磊落照市人争传。"显然这里带着几分对商贾盛行的欣赏。在这样的大背景下，统治者也看到了"商贾不通，财用自困"的道理②，

① 侯家驹：《中国经济史》，新星出版社2008年版，第114页。
② 范仲淹：《答手诏五事》，《范文正公集·政府奏议上》，《范仲淹全集》，凤凰出版社2004年版，第496页。

与"富室连我阡陌，为国守财耳"的意义[1]，因而开始从制度上改变对商人的待遇。如唐高宗时规定"禁工商不得乘马"[2]，而宋则有了"富商大贾乘马，漆素鞍者勿禁"的政策[3]；隋唐规定"五品已上，通着紫袍，六品已下，兼用绯绿。胥吏以青，庶人以白，屠商以皂，士卒以黄"[4]；而宋时则"许士庶工商服紫"[5]。唐代考试，不得"刑家之子，工贾殊类"参加[6]；而宋英宗时则有了"工商杂类有奇才异行者亦听取解"的法令[7]。

第三次商业革命浪潮出现的近现代，则是一个中国传统价值观受到西方文化毁灭性冲击的时代。中国传统以道德精神为核心的价值体系，根本无法抵御以追求利益最大化为目标的西方列强的进攻。以往信奉"君子喻于义，小人喻于利"圣训的天朝大国，在携带奇器妖术夷人的进攻中，第一次感受到了物质文明的强大力量。亡国亡种的危机，彻底动摇了中国传统坚持精神修养与道德原则的信仰，开始把目光聚焦于物质利益的开发上。因而从19世纪中叶魏源提出"师夷之长技"起，观念形态中义利之辨就开始了。尽管有一批士大夫坚持传统的义利观，但这个时代的强音却是"功利主义"的喧嚣。受西方影响极深的改良派代表人物严复，曾毫不掩饰地说："民智既开之后，则知非明道则无以计功，非正谊则无以谋利。功利何足病，问所以致之道何如耳。故西人谓此为开明自营。"[8]中国共产党的创始人陈独秀也声称："自广义言之，人世间去功利主义无善行。"[9]"余彻头彻尾颂扬功利主义者，原无广狭之见存。"[10]这种声音代表的并不只是他们自己，更是这个时代一切希望民族振兴、富强的力量。因而整个20世纪，我们看到的是全民族对于科学技术、对于经济建设、对于物质利益的追求。中华民国的缔造者孙中山先生，民国

---

[1]　陈傅良：《历代兵制》卷八，文渊阁《四库全书》本，第663册，第478页。

[2]　王溥：《唐会要》卷三十一，文渊阁《四库全书》本，第606册，第426页。

[3]　《宋史·舆服志》，第3573页。

[4]　《旧唐书·舆服志》，中华书局1975年版，第1952页。

[5]　《宋史·太宗本纪》，第98页。

[6]　杜佑：《通典》卷十五《选举三》，文渊阁《四库全书》本，第603册，第165页。

[7]　李焘：《续资治通鉴长编》卷二百二，文渊阁《四库全书》本，第317册，第355页。

[8]　严复：《天演论·群治》，商务印书馆1981年版，第92页。

[9]　陈独秀：《质问东方杂志记者》，《新青年》1918年第5卷3号。

[10]　陈独秀：《再质问东方杂志记者》，《新青年》1919年第6卷2号。

建立不久，即兴致勃勃地发表了实业救国计划——《建国方略》。在这个计划中，他明确宣称："在我计划，以获利为第一原则，故凡所规划皆当严守之。"并大谈钱之功用，说："夫人生用钱一事，非先天之良能，乃后天之习尚；凡文明之人，自少行之以至终身，而无日或间者也。饮食也，非用钱不可；衣服也，非用钱不可；居家也，非用钱不可；行路也，非用钱不可。吾人日日行之，视为自然，惟知有钱用，则事事如意，左右逢源；无钱用则万般棘手，进退维谷。"①中华人民共和国的缔造者毛泽东主席，坚信马克思"经济是基础"、"经济基础决定上层建筑"的理论，因此对于经济从不放松。改革开放以来，中国更是进入了一个"一切以经济建设为中心"的时代。

　　正是观念上的革命性变化，为商业革命浪潮的到来扫除了思想上的障碍。但在此间引起我们思考的是，利益原则的高扬，尽管促成了商业的高度发展，给人们的物质享受准备了充足的条件，却同时导致人心不古，道德沦丧，直接影响着人群的幸福感受，甚至使社会陷入焦虑与痛苦之中。故从先秦时代以儒家为代表的思想家到宋代的理学家，以至近现代的新儒学和当下的国学运动，皆把修复世道人心认作第一要义。以物质利益为第一追求目标的时代，最终也会成为历史，道义原则终将会在人们对于幸福的选择中回归。

　　其二，每次商业浪潮，必然导致商业经营主体成分的变化，出现亦官亦商、官商一体的现象。春秋之末的大商人范蠡，便是越国的退休官员；战国被奉为"治生之祖"的白圭，是魏国的大官僚；大富商子贡，既是孔门高徒，又是鲁、卫的高官；大放高利贷的孟尝君，是齐国之相。宋代则是出现了官商混一的现象，一部分商人子弟通过考试进入了官僚队伍，而又以在官场的特权保护其商业利益；一部分则是以钱买官，改换门庭，以致时人有"比年以来，为奉使者，不问贤否，唯金多者备员而往，多是市豪富巨之子"②的批评。更多的商人则因为有财富作后盾，结交权贵③，而官僚中的一批人则在商业利益的刺激下，也开始了经商的营生，或开设店铺，或贩运木材、放高利贷，等等。④宋

---

①　孙中山：《建国方略》，中华书局 2011 年版，第 15 页。
②　李心传：《建炎以来系年要录》卷一，文渊阁《四库全书》本，第 327 册，第 407 页。
③　参见林文勋：《宋代商人对国家政治的干预及其影响》，《中州学刊》1996 年第 6 期。
④　参见全汉昇：《中国经济史研究·宋代官吏之私营商业》，中华书局 2011 年版。

初蔡襄《废贪赃》曾言及当时风气变化云：

> 臣自少入仕，于今三十年矣。当时仕宦之人粗有节行者，皆以营利为
> 耻。虽有逐锥刀之资者，莫不避人而为之，犹以耻也。今乃不然。纤朱怀
> 金，专为商旅之业者有之。兴贩禁物茶、盐、香草之类，动以舟车，椮迁
> 往来，日取富足。①

李邦直《议官策上》述当时情景亦云：

> 进则为王官，退则为市人。进则冕笏而治事，号为民师；退则妄觊苟
> 获，不顾行义。故仕路污辱，而廉耻之风大坠。②

而且出现了全民经商的现象。人无论士庶男女，连以脱离凡尘自居的僧侣道
士，也投入到了经商的行列中。③商业经济的繁荣，不仅不能给社会稳定带来
保证，相反会破坏社会正常的秩序，以致出现不同程度的混乱。

其三，每次商业浪潮，必然导致官场腐败加剧，奢靡风行。凡政权腐败
过度者，不亡于民，则亡于夷。战国时六国灭亡的真正原因，并不在军事，而
是秦国的糖衣炮弹。因为秦国采取的是"赂其豪臣，以乱其谋"的策略（《史
记·秦始皇本纪》），派人带万金"东游韩魏，入其将相"，"北游于燕赵"
（《战国策·秦策四》），从内部攻破堡垒。长平之战，秦国派人暗携千金，贿
赂赵王左右，设计把身经百战的廉颇调离战场，致使赵军惨败。在秦魏战争
中，秦国"乃行金万斤于魏"（《史记·魏公子列传》），卒使有国际声望深通兵
法的信陵君失去指挥权，导致魏之大败。燕、赵、吴、楚"四国为一，将以攻
秦"，秦国的对策是派人带着"车百乘，金千斤"，"出使四国"（《战国策·秦
策五》），结果瓦解了四国的联盟。六国豪臣贪官只顾一时一私之利，却不知

---

① 蔡襄：《端明集》卷二十二，文渊阁《四库全书》本，第1090册，第510页。
② 《宋文选》卷二十一，文渊阁《四库全书》本，第1346册，第307页。
③ 孟元老撰，伊水文笺注：《东京梦华录笺注》卷三《相国寺内万姓交易》，全汉昇：《中国经济史
研究·宋代寺院所经营的工商业》。

"皮之不存，毛将焉附"的道理，最后落得国破家亡。

宋朝则是腐败而亡于夷的又一例。有人称宋朝是历史上最腐败的王朝，这个"最"字虽尚缺少统计学上的证明，但宋朝官吏整体贪腐程度比之历朝确有过之而无不及。有人认为宋朝的监察制度很严，故腐败未必烈于明清。但要知道，法律越密，证明违法行为越多，越到后来贪腐越烈，以致出现了"廉吏十一，贪吏十九"的局面。[①] 而官员们的高薪待遇和社会地位，又诱使浩浩荡荡的读书人、商人一心进入这个群体，于是"货赂公行，莫之能禁"[②]，卖官鬻爵，至有定价，时有"三千索（'索'意与贯同），直秘阁；五百贯，擢通判"[③] 之谣，官僚机构急剧膨胀。宋太宗时只有三百人的三班院，到仁宗时竟达到了一万一千多人，是原来的三十六倍还多，朝廷则是牟利之徒当政，全不顾国计民生。以北宋亡国之君宋徽宗为例，其周围是一班被时人称作"六贼"（蔡京、梁师成、李彦、王黼、童贯、朱勔）的巨奸，而这六贼无一不是巨贪者。如蔡京"所侵私，以千万计"（《宋史·食货下》）；王黼"凡四方水土珍异之物，悉苛于民，进帝所者不能什一，余皆入其家"（《宋史·王黼传》）；童贯"交通馈遗，鬻卖官爵，超躐除授，紊乱典常"（《三朝北盟会编》卷二）；朱勔被抄家时，仅良田就多达三十万亩（《宋史·朱勔传》），等等。在这样的一个官僚集团统治下，民心怎能不相背！军队怎能有斗志！因此外敌一侵，悲剧便发生。贪官不是想举家南逃，就是要屈辱求和。金军七万兵马，竟然能把五十万宋军堵在汴梁城中，动弹不得，最终只有灭亡。

在商业浪潮兴起之初的晚清与发展之中的民国，历史再次重演。贪赃枉法，营私舞弊，卖官鬻爵，官商勾结，官盗合谋，侵害百姓，皆为寻常。有人统计，民国仅仅四大家族名下的财产就达到 60 亿美元，而同期中国国内生产总值只有 30 亿美元。这个数字是否可靠不敢说，但起码说明贪腐之烈。蒋经国虽下大力气打老虎，但在腐败政权面前最终也不得不草草收手。《二十年目睹之怪现状》、《官场现形记》，以及李伟《溃败的王朝：民国高层腐败实录》、孔繁杰、王书芹《民国的一种致命伤》等，对当时官场全盘腐烂的状态多有形

---

① 参见黄淮、杨士奇编：《历代名臣奏议》，上海古籍出版社 1989 年版，第 593 页。
② 刘琳等校点：《宋会要辑稿》，上海古籍出版社 2014 年版，第 8332 页。
③ 朱弁：《曲洧旧闻》，中华书局 2002 年版，第 225 页。

象描写。晚清民国官员的腐败，已被今人普遍认作贪腐典型，此自不必细论，但腐败的结果，是必归于灭亡。特别是民国的灭亡，八百万用大炮飞机武装起来的军队，竟敌不过小米加步枪的"土八路"，这说明了什么？说明了腐败腐烂了人心，腐垮了政权。当下，三十多年的商业大潮，使多少官员卷入了浑浊之流！习近平总书记知道这意味着什么，故而拉开了反腐之战的序幕。很显然，六国及宋之前车可鉴，腐败问题如不解决，必将有亡党亡国之忧。

这一历史告诉我们，经济发达与国家强大是两个概念，国"富"不一定就"强"，与腐败孪生的经济繁荣之下，由于人心遵循的是利益原则，丧失了道义与正气，故而会使大小官僚为了保护自己既得利益和财富而抛弃国家与民众利益，最终威胁到政权的存在。

其四，每一次商业浪潮中产生的新型货币，犹如大航母，在经济大战中发挥巨大作用，当大潮退落时便会搁浅，退出市场。第一次商业浪潮兴起的战国，市场发挥重大作用的黄金货币，虽然大大刺激了市场的繁荣，但并未能长期保持其对商业经济的推动作用，而是随着战国时代的过去，持续了不长的一段时间后，到西汉中期便走向衰落，逐渐退出流通领域。商业衰落，连铜币也难有大作用，实物货币开始复活，其间长则百余年，短则数十年，全不用铜钱。商品经济和货币经济衰落到若有若无的地步。[1] 如此状态长达八百余年。在第二次商业浪潮中，白银成为主币支持了市场经济的发展，而作为副币的纸币，则大大推动了市场的繁荣。这场商业革命浪潮持续到元代，其后大潮回落[2]，作为新型货币的纸币却搁浅了，退出市场长达六百年。后来兴起的钱庄，虽然具有信用货币的职能，但毕竟需要兑换，不能直接进入流通领域。第三次商业浪潮兴起的近现代，先是作为信用货币的纸币代替了白银货币，接着是电子货币上场，而且其来势之汹涌远过于前之黄金、纸币投入市场之时。这次商业革命浪潮还是"正在进行式"，结果如何虽难预料，但恐怕也无法摆脱周期

---

[1]　傅筑夫：《中国经济史论丛》，第 602 页。

[2]　或有人以为明代商业很繁荣，不亚于宋。实不然。正如傅筑夫先生所云："明代的对外贸易无论在贸易的内容上，在贸易的数量上以及在通商的范围上，都远逊于宋元两代的市舶贸易。中国商人虽然不断'通蕃下海'，远贩于南海诸国，但外国商人来华者较少，而过去长期与中国通商的波斯、大食等国的商人来者更少，进口商品的种类永远不及过去。所以总的来说，明代的商业是发展不大的，对外贸易更是相对落后了。"见氏著：《中国古代经济史概论》，中国社会科学出版社 1981 年版，第 245 页。

性规律的支配。当商业大潮退落后，电子货币存在的市场基础也将随之消失，完全被电力所支配而且存在严重安全隐患的电子货币，其命运是否会像战国之黄金货币、宋之纸币一样呢？我们当下就应该考虑到大潮退却后的出路，做到有备无患。

值得注意的是，目前还在进行的商业浪潮是在经济全球化的大形势下发生的，其发展也必然随着全球商业经济的兴衰而变化。全球的商业经济是与工业生产相联系的，此即所谓的现代化。但要知道，工业生产所需的资源，80%是不可再生的；工业产品80%以上是不可回归自然的。不可再生，便会枯竭；不能回归自然，便会成为地球垃圾。如此商业经济越发达，积存的地球垃圾就越多，能源危机就会越严重，这显然不是一条健康发展之路。中国如何摆脱全球经济一体化的制约而表现出独立品格，这是需要冷静思考的问题。

民族文化的三次大交汇

文化的冲突、融合，是民族乃至人类文明发展的动力。如果一个民族拒绝与自身之外的文化接触，这个民族必然的结局便是萎缩、死亡。中国民族的历史，可以说是一部在与外在不断进行能量交换中发展的历史，是与异质文化不断接触、冲突、融合的历史。在中国历史上，有过三次文化大冲突、大融合的运动。每一次文化大冲突、大融合，都是建立在两种乃至多种文化长期积累（接触）的基础之上的，并且都给中国社会的发展造成极大的影响。

第一次文化大冲突、大融合，是在先秦时代，其性质是中国各地方文化的冲突与融合。虽然中国本土民族文化的冲突与融合贯穿整个上古史，但奠定中国文化基础与性质的两大文化系统，即以商为代表的太阳文化与以周为代表的太阴文化的接触，则是在神话时代末期即商代晚期才开始的。经过千年的接触、积累，终于爆发了战国的文化运动。此次文化冲突、融合的意义在于：

第一，产生了大批思想家和思想流派，他们以才智写下了中国文化史上最灿烂的一页，并使之成为中国文化思想的一大渊薮。汉魏以降诸多哲人，只能择其一说发扬之，阐述之，却不能出其樊篱。许多研究者认为魏晋是继先秦之后的又一次思想解放运动，可是那些思想家除多少受点佛教影响外，他们的理论几乎全是先秦人的牙慧。即使是风行一时的玄学，也是出于《老庄》、《周易》，而没有多少创造。宋明理学虽多发明，其骨子里却无不以先秦儒家为正宗。

第二，文化运动也是一次语言革命。在春秋之前，书诰金铭典礼仪式都是用的毫无生气的"文言"，但很少见到之乎者也之类的语气词。尽管当时白话在口语中盛行，却不能登大雅之堂。像春秋时齐桓公使管仲平戎于周王，周王使用公式的文言发令说："王曰：'舅氏，余嘉乃勋！应乃懿德，谓督不忘。往践乃职，无逆朕命！'"（《左传·僖公十二年》）但到春秋之末，随着文化运动的开展，白话文迅速兴起，代替了文言的地位。像《论语》、《孟子》、《庄子》等，都是战国白话写就。这种白话文的广泛使用，促进了当时的思想解放运动，也奠定了两千年书面语言的基础。

第三，文化的融合带来了科学技术的春天。岷江分水堤都江堰、郑国渠等大型水利工程的完成，生铁铸造、渗碳制钢技术的发明，司南（指南针）的研制，数学、几何、光学、力学等理论的产生，防疫知识、医学论著的出现，相马法、古相学、阴阳五行学的流行等，无不表现了这个时代的巨大创造力。

第四，也是最主要的一点，这场文化运动对积累千年的中土异质文化，进行了综合、批判和选择，并且在科学技术飞速发展、新的经济体制出现的基础上，产生了新的意识形态，开始了中国大一统的历史。但也正因此，给我们留下深深的遗憾。这个时代产生了许多巨人和伟大的思想，而对历史做最后综合、批判、选择的巨人则是荀子。他以儒家文化为核心，兼采道法各家，创立了君主专制理论，把"君"的地位提到了从来没有的高度。他认为人之所以"力不若牛，走不若马，而马牛用"，就是因为人能"群"（《王制》），人之所以能"群"，是因为能"分"（确定贵贱尊卑），而君主就是"管分之枢要"（《富国》），最"善群"的人（《王制》）。人之性就是恶的，之所以能变好，要靠"师法"，而君主即人师（《正论》、《儒效》等）。人不能"分"、不能"群"必争斗，不能"师"，必弃善从恶，这样天下必然要发生动乱。因此只有"圣君"才能使天下太平，只有把权力集中在君主一人手里，国家才能长治久安。他主张礼法并举、以礼为人的行为规则，以法为行为限制，使社会秩序化，所以说，"隆礼至法则国有常"（《君道》）。他还倡导"术"（驾驭臣下的手段）、"势"（君主的权威），为专制服务。他的两个高足李斯、韩非便是以他的这一思想为基础，从理论和实践上予以发展的。同时他主张尊君爱民，历代开明的统治者时常重复一句话："君主者舟也，庶人者水也，水则载舟，水则覆舟"，便出自《荀子·王制》。荀子是战国末期最大的学者，因此他的学生遍天下，秦汉间活动于朝野的文人许多都是他的学生或学生的学生。又由于他所讲的"帝王之术"非常合于统治者的胃口，如李斯以其学仕秦即得宰相之位，因此他的学说取得了统治地位。有人认为中国文化思想的统治者是孔子，其实是荀子，孔子只是招牌。林庚先生曾说：中国文化曾受三个力量的支配，其一就是儒家而近于法家的荀子。[①]这无疑是很对的。

荀子思想的统治，是中国历史的一次大失误。因为这个选择抛弃了墨家的平等思想与"民主选举政府"的主张，造成了专制文化的恶性膨胀；放弃了墨家重视科学技术与理论的思想，造成了视科技为小道的历史偏见；舍弃了道家无为而治、兼存百家的宽容精神，造成了中国文化思想领域的萧条与宗教的贫弱；更丧失了先秦士子奋斗进取、奋发向上的尚武精神，文质彬彬的儒生成了民族仰慕的对象，使民族渐失昔日的潇洒而走向了"斯文"。这一失误影响了中国历史两千年。

第二次文化大冲突、大融合是在宋代，这一次面临的则是东方文化的冲突、融合。自秦汉佛教传入中国之后，即开始与中土的儒道文化发生关系，经过近千年的冲突积累，到宋代又爆发一场文化运动。这次文化运动的成效远逊于先秦，但亦有与先秦类同的作用：

第一，此期所产生的哲学家之多、哲学著作之丰富，为前后数百年所未有，所讨论的问题比之先秦也有了很大的转折。先秦诸子将目光凝聚于政治制度、治世方案，兼及哲学诸问题，宋代理学家们所讨论的则纯属哲学问题，虽没有先秦之广泛，深度却过之。他们注意的不是表层世界的杂乱无章，而是宇宙的本源、是人的心性，是世界内部功能、是超越物质的"理"。他们的哲学思想直接影响了此后六七百年哲学的发展。

第二，与先秦语言界革命相类，传统的书面语在此时又一次发生了巨大的变化。在唐代，韩、柳还是用标准的文言写作，而宋代理学家程氏、朱子等却开始用白话了。像《程颐语录》等，就是使用类似于《论语》的白话著作。周敦颐的《通书》，张载的《经学理窟》也是近于白话的著作。如云："宗法若立，则人人各知来处，朝廷大有所益。"（张载）"盖这个事物，知得恁地便行将去，岂可更帖着一个意思在那上。"（朱熹）此等白话在此前的儒生文章中是不曾有过的。此外还出现了大量的白话小说——话本，这是文学史家所乐道

---

①　林庚：《诗人屈原及其作品研究》，上海古籍出版社 1981 年版，第 3 页。

的话题。不过宋代此种文字记述的变化，并没有产生像先秦那样巨大的作用，它只是对小说、戏剧及道家的部分文章产生了影响，并未能代替古文的地位。

第三，与先秦一样，两宋的文化运动也带来了科技的飞跃。中国四大发明，就有火药、印刷术这两大发明产生于宋代。宋代在前人研究的基础上，建立了专门生产火药和火器的工厂，把火药用于战争，制造了霹雳炮、震天雷、管形火器等。又在萌芽于五代的原始印刷术的基础上，发明了活字印刷术，这对世界文明的传播起了巨大作用。指南针、造纸业虽非发明于宋，可到宋时才体现出了它的真正价值：罗盘仪被广泛地用于航海，造纸技术突进，纸张大量用于印刷。此外像煤矿的大量开采，冶炼技术的突飞猛进，车船（置人于前后踏车，进退皆可，船行如飞）、风箱（李约瑟认为水排＋风箱＝蒸汽机）的发明，磁偏角、石油等的发现，在中国和世界科技史上都是有重大意义的。

第四，特别值得注意的是，这次文化运动对相互接触已久的佛教文化与儒道文化进行了综合、批判和选择，使儒、道、佛东方三大文化有机地结合在一起，产生了新儒学——理学。但由于中国的官僚主义集团统治的周期性崩溃和复兴，王朝覆灭战争的周期性破坏和平息，新的经济关系的周期性萌芽和覆灭导致中国经济的循环和停滞，竟使得从秦到宋千年之间，经济形态未曾变化。所谓理学，只是维护封建专制永世长存的哲学，故而导致了中国七百年多余的历史，这实在是中国的不幸。

这七百年多余历史的选择者和统治者是朱熹。像荀子一样，朱熹是第二次文化大冲突、大融合时代的最后一位儒学大师，他继承了传统儒家的正宗思想，得"程氏正传"，并对宋代各家思想进行了综合，集其大成，形成了自己的哲学体系。他认为物质世界之外有一个永恒的先天地存在的理，理是"生物之本"（《答黄道夫》），是先验的、永恒的，也是绝对的，"理一分殊"，故万物各有其理。纲常名教、伦理道德、封建秩序都是"天理"，而这一切又俱于人心中。集前人之成，分心为"人心"与"道心"。"道心"是发于义理的，合于天理的，人心是徇私欲的，有善恶两种可能，因此他主张以天理即封建道德等来挽救人心。"人之一心，天理存则人欲亡"（《朱子语类》卷十三），于是他提出了"存天理，灭人欲"（《朱子语类》卷十二）的口号。

毫无疑问，朱熹的哲学是与荀子相辅相成的，荀子理论重在建立专制制度，给人以外部的统治，朱熹哲学重在从内部改造人性，加强人的心理承受能力，以毁灭人的欲望、追求，创造天才，来保证封建社会秩序的稳定。他抛弃了李觏"人非利不生"的主张，也失去了王安石的创新精神，摒绝了其同时学者陈亮"各务其实"和推崇英豪的思想，只是强调修身养性，加强"内功"的修炼，以醇儒为理想的人生模式。故陈亮痛斥之曰："自以为正心诚意之学者，皆风痹不知痛痒之人也！"（《陈亮集·上孝宗皇帝第一书》）由于南宋以后朱熹哲学被钦定为官方哲学，朱熹所编的"四书"被钦定为学生教材，遂使朱熹思想统治了六七百年，造就了一批批"不知痛痒"之人，造就了一个"不知痛痒"的民族！

现在我们面临的是第三次文化的大冲突、大融合。这个运动可从 19 世纪末康梁变法算起，现在仍在继续。这个时代将会决定我们民族今后数百年的发展方向和命运。因而充分估计这个时代的意义并做出科学的预测，自觉地把握自己的命运，对我们的未来尽可能做出最佳选择，是非常必要的。

从文化、经济、政治、民族觉悟等方面考察，我们所面临的条件与前相比，已有了根本性的发展。现存的文化冲突，不同于往昔的东方本土文化的冲突，而是东西方两个世界、两种人生的冲突。从 13 世纪开始，西方文化即开始东渐。到 19 世纪中叶，经过约六个世纪的接触、积累，终于爆发了文化的大冲突、大融合。西方文化以强大的物质力量，粉碎了中国皇帝的天朝梦，使朝野震惊，志士担忧。此后中华民族开始经历耻辱史，一次次地遭受侵略，一次次地签订丧权辱国条约，这惊醒了中华民族的一代热血青年。他们对民族传统文化产生了怀疑，怀着振兴民族的壮志把目光投向了西方世界，他们在那里发现了科学、民主的曙光，于是开始了对传统文化的批判，掀起了新文化运动。先秦与宋两次文化运动只是对自身文化的调整、融合和对异质文化的吸收，中土文化并没有感受到危机，而此次文化运动则是在民族文化遇到前所未有的困境时产生的，因而其自身的价值也远高于以往。前两次文化运动，每次都要持续二三百年之久，此次也可能要持续二百年左右，直到下个世纪末期才可能结束。这个漫长的过程，实际上就是冲突、融合、物我相化的过程。

文化的大冲突与大融合运动，第一次出现在铁器广泛使用、原始农村公社经济与奴隶制经济解体的时代，铁器打破了原始的封建割据，使民族统一。故而在此基础上产生了新的意识形态，专制文化统治了中国。第二次出现在印刷术发明的时代，印刷术虽使得中土文化短距离、大面积地传播、交流，却不能引起生产关系的革命，也不能在短时间内与地球的另一边对话。因此中土文化只是在旧的基础上自我完善，而不能易心革面。但其创造出的有别于传统儒学的意识形态，照例统治了中国数百年，创造了中国七百年多余的历史。第三次则与前大不相同，它出现在轮船、飞机、大炮、电报及工业高度发展的时代。这些现代工业的巨大发明从外传入，携带着西方物质文明，使中国固有经济发生了剧烈的变化，现代印刷业把西方文化系统地输入中国，巨轮、飞机打破了大洋高山的阻隔，将大机器、大设备及现代化工业的最新产品源源不断地运入中国。电报、电话彻底动摇了国人传统的时间和空间概念，现代工业打破了国人的固有信仰，发明农耕的牛神被人们冷落，四个现代化成了民族奋斗的目标。民族经济与观念、心态的这种变化，决定了此次文化运动的成效，将大大高于以往的两个时代。

第一次文化运动是要求政治上的统一，第二次文化运动是要求政治上的稳定，第三次文化运动则是要求政治上的革命。否定专制统治，要求科学、民主、自由，是这个时代最强烈的呼声。同时在这场运动中，无论朝野都逐渐将民主、自由认作是最光彩的口号。这场运动的政治方向与现存的政治条件，都决定了它将取得比前两次运动更辉煌的成果。

前两次文化运动，只是对历史略做了浅层次的思考，并未能在宇宙间找到一个参照系统，对自身做出反省。而这一次，有一个迥异的世界文化展示在我们眼前，它的强大冲击唤起了整个民族的深刻反思，因此这场文化运动已唤起了全民族的觉醒，成为由知识分子领导、全民投入的文化运动。虽然其间由于拯救民族实体的抗战斗争和保卫新生共和国的思想政治斗争的冲击，拯救民族灵魂的文化运动出现了数十年的断裂，然而随着思想领域的解冻，一场浩浩荡荡的文化运动以前所未有的声势展开了，它以冲决一切障碍的气势，唤起了每一个血肉之躯。这昭示着一个彻底扭转民族命运的光辉前景。

根据现存的条件与文化运动的气势、方向，结合前两次文化运动的发展规律，我们可以做出这样的预测：

第一，每次文化运动中最终出现的权威性的意识形态，都是其时代最早出现的意识形态。开启战国百家争鸣时代的，是儒家"克己复礼"的第一声呐喊，而最终形成的权威意识形态也是儒家思想。开启两宋文化运动的是理学，而最终形成的权威意识形态也是理学。这次文化运动，是对中西方两个世界的文化的综合批判、选择和改造，是文化史上的第一次远缘杂交，其目的不在于维护某一种文化的尊严或优势地位，而是要创造一个新的世界，每一个思想家的心底，都翻腾着创造意识。不管政治力量如何干涉，如何倡导某种主义、某种思想的权威性，在寻找民族和民族文化出路的志士仁人心中，特别是思想家的心中，是不存在权威或一成不变的权威的。这场运动将会出现更激烈的争鸣，到 21 世纪的中期和末期，一种新的文化形态将会基本形成，不管这种文化思想以哪家哪派为主体，这次文化运动初期提出的"科学、民主、自由"，都会成为主要内涵。

第二，每一次文化运动的末期，都会出现一位总结时代思想的巨人，荀子、朱子就是这样的巨人。在 21 世纪中叶前后，中国将会产生与荀子、朱子相当的第三个思想巨人。但这个巨人不会像荀卿、朱熹那样，只是一个大儒，一个思想家或理论家，而可能是像孙中山、毛泽东一样，是一个政治家、思想家、革命家集于一身的巨人。他的自身素质堪与孙中山、毛泽东相比。他是在全开放的思想文化氛围中，熏陶出来的大批思想家中的一个。《历代名画记》中有个"画龙点睛"的故事。这个故事携带着民族过去与未来的信息。"龙"就是中华民族，"睛"就是圣明，就是有远见卓识的巨人，或一个思想文化群体。民族腾飞需要慧眼，需要巨人，21 世纪初期人们将对巨人发出最热烈的呼唤。

第三，在这场文化运动中，最有生命力的哲学，是研究人的主体性的哲学。一切不利于人的主体开发和人类精神提升的理论，最终都会被抛弃。即使马克思主义哲学，也会得到重新解释。可能将会由分析客观结构（政治、经济结构）转向分析主观结构，由对国家、制度、法律的强调，转向对社会心理、性格结构、物化意识的探讨。由于西方物质文明的诱惑，彻底否定中国传统的思想可能会延续一段时间，而且会起到积极的作用，但随着对物化意识的认识和"人"的研究的发展，原始儒家的人道主义理论会逐渐为人所注意。

第四，这个时代纯文学艺术的探讨会被人冷落，与吴承恩、曹雪芹等齐名的小说家不可能产生，即使有，其灵魂的一半也必然是属于哲学的。文学的出路是与哲学结合。20世纪30年代，鲁迅能成为文坛巨擘，并非他艺术超群，而在于他把深邃的思想融进了文学，对旧世界产生了异常的冲击力。

中国自强不息的民族精神与新文化思想结合，将会使中国在21世纪走在世界前列。在21世纪，人们注意的还是竞争，然而会逐渐感到竞争的疲怠和厌倦。到整个世界都在为疲惫中的灵魂寻找出路的时候，中国固有的和平、统一精神，与"大而全，齐而整"的审美追求，就会对世界产生巨大影响，使中国重新成为世界注目的中心（当然并非真正意义上的中心）。

（本文是提交1998年"面向二十一世纪：中外文化的冲突与融合学术研讨
　会"的论文，后收入彭庆生先生主编的《中华文化论丛》第2辑中）

山西地方文化研究

山西的历史定位与文化的内在结构

（根据录音整理）

　　山西省在全国有别的省份无法与之相比的两大资源，一是煤炭，二是古文化。煤炭资源是可以看得见的，因为它对中国近三十年来的改革开放与经济腾飞，起到了不可替代的作用，世人有目共睹。但文化是看不见的，它的遗址分布在全省各地，没有人认识它，它便不说话，不发光。有人说：山西的煤有多厚，山西的古文化就有多厚。这话一点也不过分。就文化而言，其历史地位可用八个字概括：文明之巢，文化之湖。

　　首先说第一种功能。"鸟巢"是鸟避风雨、孵雏鸟的地方，对幼小的生命来说，它是一个安全的成长与休栖之所。所谓"文明之巢"，就是指文明之鸟诞生之所、新生的政治力量孵化之所。山西就是这样的一个地方。山西封闭型的地理环境，使山西具备了鸟巢的功能。这主要表现在两个方面：一是在文明初始期，此地是华夏文明最佳的孵化场；二是在中国历史的分裂时期，此地是新政权孕育的最佳场所。

　　关于第一方面，我们谈到华夏文明和山西的关系时，有"五千年文明在山西"的说法。但实际上全国各地都在谈这个问题。比如浙江有河姆渡文化、有良渚文化，浙江人根据这便说华夏文明起源于浙江。东北有红山文化，有人又认为华夏文明起源于东北。每发现一处前所未知的更为古老的文化遗址，就有人有对华夏文明的起源地做出新的推测，于是就有人得出了一个结论：华夏文明的起源是多元的。这一观点获得了大多人的认可，这也减少了很多笔墨冲突。我认为，这个结论有待商讨。文化起源应该不是单一的，但是作为一种文明，作为一种主导型的文明，则绝对是由一个点扩展开来的。比如说语言，东北三省和西南两广两地同时产生的语言绝对不可能是一样的。文明一定是由一个点开始，向外扩散。

那么这个点在哪里？这就牵涉到文明起源问题。文明起源有一个条件，它必须是在一个封闭的环境下才有可能产生，就像鸟巢。鸟在孵蛋的时候，绝对不能受到干扰，一被干扰，鸟就飞走了，蛋就孵不成了。只有在一个封闭的安静的地方，它才能孵蛋。竺可桢先生曾说："在文化酝酿时期，若有邻近野蛮民族侵入，则一线希望即被熄灭。所以世界古代文化的摇篮统在和邻国隔绝的地方。"那么哪里具备"文明之巢"的条件呢？这就是山西，山西应该说最具备这样的条件。

山西，北边是雁门关，再北就是沙漠，西边是吕梁山和黄河，东边是太行山，南边则是中条山。此外，在山西这个大的封闭区域中，又有一个小的封闭区域，就是位于太行山与太岳山之间的太行太岳之野。这一块地方非常值得注意，因为它最具有鸟巢的功能，文明最初就在这一地区发生。

我是在晋东南考察的时候，发现这个地方与文明起源的联系的。农业是文明之母，因此农业起源与文明的发生直接相联系。而传说中的农业发明者神农炎帝，就成了人们关注的文明之父。长期以来，人们都说炎帝的起源在陕西宝鸡，这基本上成了学术界的共识。但在晋东南，我们发现了大面积的关于炎帝发明五谷的民间传说。我回过头来寻找典籍，才发现，在先秦典籍之中，竟然找不到一处炎帝与陕西联系的记载，而所有涉及炎帝族活动地域的记载，都集中在太行、太岳地区。从考古上也发现，最早的与农业相关的遗址，就在太行山地区的下川，而大量的早期农业考古遗址，分布在太行山的东麓。这说明作为文明之父的炎帝，他的起源地应该在太行太岳之野。

应该说，与华夏文明同时甚至更早兴起的不是一种文明，而是多种，只是没有延续下来，大多都在灾难中毁灭了。很重要的原因就是生存环境不安全，没有天然的保护屏障。比如河北磁山文化遗址，从中竟然发现十几万斤腐烂的谷子。我们可以想象，在七千多年前，积累十几万斤谷子需要付出多大的劳动！但是这些谷子竟然没有被吃掉，而是全部腐烂了。还有浙江河姆渡，也曾发现大量腐烂的稻谷，还有很多的玉器等遗物。拥有这些财富的主人哪里去了呢？显然是灭亡了，是在灾难中被毁灭了。这灾难在很大程度上有可能是战争。比如四川的三星堆，那些被粉碎的神像，以及遗址中水浇火燎的痕迹，说明它是一种被异类毁灭的文明。

山西这个地方，由于特殊的地理环境，像个鸟巢一样，偏僻安静，大山大河遮挡了外来的干扰，使文明之鸟在这里破壳而出。"孵化"需要封闭与安定，而发展则需要开放。当文明之鸟羽翼丰满之后，便由这里出巢飞向四方。所以我们看到了华夏文明确立时期在这里发生的很有意思的一幕：以上党盆地"文明之巢"为中心，向西不到一百公里，便是尧都平阳；向西南不到一百公里，便是舜所都之蒲坂与禹所都之安邑，即永济；向南一百公里，便是夏后氏所都之阳城与周之东都洛阳；向东一百公里，便是殷人之都城安阳。如果以上党为中心，以百余公里为半径，由西向南向东画一个半圆，这便是司马迁所谓的"天下之中"了。尧、舜、禹、夏、商、周等古都，皆围绕上党地区旋转，并相去不过百余公里，这绝对不是偶然的巧合，只能说明上党作为"文明之巢"对于先民情感牵系的意义。

像炎帝发明百谷的传说，也和太行山区的丰富植物物种有关系。在华北地区，物种最丰富的就是太行山地区。炎帝在这个地方发明农业，就是因为有更多的物种供他选择。华夏文明最早的食物支撑是黍和稷，稷是小米，晋东南的小米最出名，现在还有沁州黄驰名全国。因为这个地方最适合小米生长，所以华夏民族的祖先能在这里发现谷子，培养出优质农作物来。文明因此在这里萌芽、生根、开花、结果。

另一方面，山西这个地方，具有孕育新政权的功能。在历史的大分裂时期，一个新的政权，新的政治力量，在平原地区成长比较困难，因为没有屏障保护，处于更为强大的政治力量的监督之下，一旦消息走漏，很快就会被摧毁。在山西就不同了。封闭的地理环境，将消息封闭，有利于积蓄力量，等羽毛丰满，别人已难控制。因此改朝换代的新政权，每每在这里诞生。先后有六个王朝在这里孕育、诞生。

第一个是在山西离石由匈奴人刘渊建立的汉国。"五胡乱华"，就是从刘渊开始的。西晋永兴元年（304）刘渊反晋自立，称汉王，改年号为元熙，建立汉国。永嘉二年（308），正式称帝，迁都平阳，国号为汉。310年刘渊病死，刘聪继承刘渊灭晋的遗业，于永嘉五年（311）六月攻陷洛阳。

　　第二个是由鲜卑族的拓跋珪（道武帝）建立的魏国，史称北魏。"五胡乱华"就是由这一股政治力量结束的。398 年，拓跋氏把首都从盛乐迁到平城（今山西大同），这就是历史上所谓北朝的第一个朝代。北魏以山西为根据地，发展自己的势力。拓跋珪之孙拓跋焘，重用一批汉人，进行统一北方的事业。425 年击败柔然，使之退向草原，431 年灭夏国，436 年灭北燕，439 年灭北凉。439 年北魏统一了黄河流域，结束了北方一百多年来的分裂局面。到了495 年，北魏孝文帝才把首都从平城搬到河南洛阳。

　　第三个是建立唐王朝的李渊领导的政治力量。李渊袭封唐国公，为太原留守。617 年五月，在隋末大乱之中，他以太原为根据地，起兵反隋。十月攻入隋都大兴城。618 年建立唐朝，成为中国历史上最强盛的王朝。

　　第四个是五代时期的后唐。五代时期的五个朝代中，有三个朝代都是以山西为根据地的沙陀人建立的。后唐李存勖，是唐末河东节度使、晋王李克用的长子，沙陀人，908 年继晋国王位，923 年四月在魏州（河北大名府）称帝，国号"唐"，史称后唐，是为后唐庄宗。同年十二月灭后梁，统一了中国北方。存 13 年。

　　第五个是后晋。其首领石敬瑭，沙陀人，后唐明宗的女婿。长兴三年（932）任北京（太原）留守、河东节度使。清泰三年（936）夏，石敬瑭勾结契丹人，并认契丹主耶律德光为父，将幽云十六州献给了契丹。在契丹的支持下，建立晋，史称后晋。存 11 年。

　　第六个是后汉。首领是刘知远，沙陀部人，后晋天福六年（941）七月，任太原留守、河东节度使。947 年，契丹攻陷开封，后晋灭亡，契丹建辽。二月，刘知远在太原称帝。五月，兵占领洛阳、开封，收复后晋末失陷的河南、河北诸州。六月，改国号大汉，史称后汉。仅存 5 年。

　　后唐、后晋、后汉这三个王朝虽然很短暂，但都一度统一了北方。抗日战争时期，太行山革命根据地的建立，以及抗日战争和解放战争中，山西的特殊地理位置和环境所发挥的作用，都充分体现了山西作为"鸟巢"的功能和意义。

　　其次谈山西的第二个功能，即文明之湖的功能。

　　所谓"文化之湖"，指其在中国文化史上的地位，其封闭状态的地理结构，形成了绝少毁灭性大水灾、大兵火的宁静之域。犹如湖泊，当中原洪水泛滥时，湖泊里注满了水；当中原洪水消退后，湖泊里仍然积存着水，水部分溢出，带着文化融合后的产物流向全国各地，也把这里的文明传向四方。这样一次次地反复，就形成了历史。文化之湖的地位和功能，主要表现在民族融合、迁徙与文化传播上。北方少数民族，先像水一样，流到山西这个文化之湖中，在这里接受汉化后，再流向中原各地和南方各省。

我们山西有个山叫太岳，就是现在的霍山。我们注意一下这名字。这"岳"就是三山五岳的"岳"。"太"是大的意思，"太岳"就是"大岳"。之所以称"大"，是因为它在称"岳"的山中最为古老。《左传》说："姜，太岳之后也。"炎帝就姓姜。这里说姜姓是太岳神的后裔，说明炎帝和太岳山是有密切关系的。为什么会出现五岳呢？这与炎帝族的迁徙有关。炎帝族崇拜岳山，他们迁到哪里，就把"岳"的名字带到哪里。所以陕西、河南、山东、湖南都有叫"岳"的山。安徽有座山叫霍山，和山西的霍山是一个名字，同时它被称作"南岳"，这正和霍山另一个名字叫"太岳"是一致的。显然这是从山西迁出去的先民把霍、岳的名字带到那里的。这反映的是早期华夏人口的迁徙。正是这种迁徙，把华夏的语言带到了四方。

再下来就是秦汉魏晋这一段时间，大批的匈奴人进入山西，在这里汉化。比如刘渊，他的汉文化水平就很高，他的几个老师都是当时的大儒。他建立政权以后还是主张汉人的许多习俗。他称自己是刘汉的后代，所以政权名也叫"汉"。刘渊建汉国时，匈奴人口大概已多达100万，而此期间因各种原因迁出的人口少说也在50万以上。匈奴人在山西，他要不断地外出作战。在和南方作战时，把一大批南方人带到山西来，过上若干年，这些人又和当地人同化，然后再陆续移出。

南北朝时期主要是鲜卑族拓跋氏。拓跋氏的北魏，在山西这个地方待了将近一百年，在这近一百年中，汉化程度已达到了很高的水平。然后南迁洛阳。一次性从山西迁去的人口就达一百多万人。到唐朝，山西这个地方的少数民族主要是突厥的一支——沙陀人。宋元时有契丹人、金人、蒙古人。他们都在这里接受汉文化，然后再向中原移动。同时这些民族到山西后，又迫使许多山西人外流。三十多年前一次我到南京出差，住在一家旅馆，旅馆看门的老人说着一口山西霍州地方的话。我问他是哪里人，他说他老家就是南京人。我感到很奇怪。第二天我到商店买东西，售货员对我说：你说话很像南京人。记得唐代诗人张籍有首《永嘉行》说："北人避胡多在南，南人至今能晋语。"看来五胡乱华时迁往南京的山西人很多，所以能够把山西方言保存到现在。

在这个往来迁徙的过程中，很多东西在山西这个地方融合。比如"旱船"，旱船不像是北方的东西。山西在黄土高原上，缺水，自然也少用船。船是南方人非常普通的交通工具，旱船可能是南方人带到山西的。南方人每年有龙舟赛，他们被匈奴、鲜卑人俘虏到北方后，没有条件玩龙舟，于是便发明了旱船。这只是个逻辑推测，但也不无道理。

还有，汉语中很多语言，明显不是汉语，而是少数民族语言。比如我们现在叫"哥哥"、"姐姐"，这显然不是汉人的称呼，而是少数民族的。汉人原来都叫"兄"、叫"姊"，为什么现在叫"哥哥"、"姐姐"呢？这也是民族融合的结果。哥哥、姐姐是少数民族的称呼。我们可以试着还原一下历史：汉人娶了少数民族的女子做妻子，少数民族的妻子生下孩子后，就会用少数民族的称呼如哥哥、姐姐之类教孩子，这样就在汉人中逐渐叫开了。再比如"痴心女子负心汉"，为什么会把男人称作"汉"呢？这显然也与民族通婚有关。汉人在和少数民族作战时，把少数民族的女人俘虏来做妻妾。这些少数民女人在一起聊天，在说到他们的男人（汉人）时，就会说：那是你的"汉家"，这是我的"汉家"。于是"汉家"就这么来了。

所以从历史上来说，山西是一个文明之巢、文化之湖。

再从山西文化的结构上来说，山西可以分成六个文化区域。现在人们爱用文化一词，把好多与文化不相干的东西都称作文化了。这不对。文化是有一定内涵的，要影响到人的生活、人的行为、人的观念、人的信仰等方面。

这六个文化区域，第一个是太行山文化区域，即神话文化区域。中国有两个神话系统，一个是黄帝族的昆仑神话系统，一个就是炎帝族的太行山神话系统。如精卫填海、后羿射日、愚公移山等上古的一些英雄神话，都在这个地方，并且一直到现在都在影响着百姓的生活。

第二个是耕读文化区域，即山西南部临汾、运城一带。这一带相传是稷播百谷、仓颉造字的地方，不仅存有大量上古三代的古迹与传说，如尧、舜、禹的古都，同时像子夏墓、裴氏、文中子、司马光、薛文清等故里，西厢故事发生处，大槐移民处等分布在各地。这些传说与遗迹突出了中国耕读文化的特色。在晋南各地随处都可看到"耕读传家"的门匾，也是这一文化主导这里民众生活的一个说明。

第三个是边塞文化区，即雁北一带。这一带古代是草原民族与农耕民族冲突的地带，因而留下了一道道的古长城与关塞，一处处的古战场，同时还有成群的戍边将士的墓葬。在这里的民俗及人种特点上，也带有明显的民族交融的痕迹。中国民族是在血与火的沐浴中走向团结、走向统一的，这里的山川草木都是见证。

第四个是佛教文化区，以五台山为中心。五台山是中国四大佛教圣地之一，唐代佛教盛行时，庙宇多达 360 处。现存完整的寺庙虽只有 49 处，但它所构成的建筑群体在世界上已是十分罕见的了。佛教是一种外来宗教，它在中国土地上的生根，以及使中国成为世界上拥有佛教信徒最多国家的事实，都在证实着中国人对于外来文化的接受能力与态度。与别处的寺庙不同，五台山影响了方圆数百里地人群的生活状态。

第五个是道教文化区域，即山西西部一带。在今吕梁山区，分布着众多大大小小的道观，最著名的是北武山道观建筑群与柏窊山道观建筑群，还有汾阳太符观、云梦三清观及鬼谷洞、离石白马仙洞、风山道院等，还有《庄子》书中所说的仙人所在的姑射山。其延而南则有永乐宫与传说神仙登天的巫咸山。

第六个是商贾文化区，即晋中一带。在晋中一带，一个又一个的大院令中外游客叹为观止。它们一个比一个大，后来者居上，王家大院是乔家大院的三四倍，而常家大院又是王家的三四倍，简直令人不可思议。我们从这些大院主人的发家史中，看到了他们是如何在贫穷中走出传统、背弃圣训而走出自己生活之路的辉煌历史；而从大院一座座傲然独立的样子中，又看到了它们的主人发财之后不得做官的不平，随后又一头栽在传统的泥坑中走向衰亡的悲惨历史。

六大文化区域，共同勾勒出了一条中国历史发展的曲线：神话文化、耕读文化两大区域，主要勾勒出的是上古三代及先秦的历史脉络，以及由历史铸造而成的以儒家文化为主流精神的文化传统与生活方式。边塞文化、佛教文化、道教文化三大区域，主要呈现出的是从汉唐到宋元的中古历史。不同血统的民族、不同质的文化由冲突走向融合是这个时代的主调，而宗教的盛行、佛寺道观的林立，则是在这个时代文化冲突与融合中，背负着生活苦难的人们对建构精神家园的呼吁。商贾文化区域展示出的则是明清近世的历史，联系着中国资本主义的萌芽与发展，是传统的中国人挣扎于传统的生活变奏曲。

（此文为在山右文化研究院召开的"山右文化学术研讨会"上的发言）

陵川万年岩画考察记

对陵川这个地方，我是近几年才特别关注的。主要是因为从古籍中隐约发现了此地与华夏文明源头的联系。约成书于战国时代的《管子》书中，有如下的一段记述："神农作，树五谷淇山之阳，九州之民，乃知谷食，而天下化之。"（《轻重戊》）这是一条从来不被人当回事的记载。因为在现代人的观念中，神农乃是一种神话传说，而农业的发明，是群体智慧的结晶，根本不可能由一个所谓的圣人来完成。这样，《管子》的记载自然是无稽之谈了。但是近几年来，在太行、太岳之间发现的越来越多的炎帝传说，引起我对这片土地的高度重视。由此而检索传世文献，才惊奇地发现，在先秦典籍中关于神农炎帝的记载就集中在这里。《管子》的记载只是其中之一。所谓淇山，就是淇水发源的那座山。淇水发源于陵川东北的群山中，淇山之阳自然就是指陵川一带了。不过古代地广人稀，地理概念往往不够精确，在今天看来，只是一个方圆几十里地的小地方名，在古代就可能包括了方圆几百里。因此，所谓淇山之阳，就有可能包括了陵川县及其以南甚至河南境内方圆几百里的大片土地。而陵川，自然是淇山之阳的中心了。由于这个原因，我便对陵川境内的新石器时代的遗址特别留意。

今年"五一"长假，我带着半休息、半考察的目的来到了陵川。在老同学李保龙的帮助下，联系上了陵川县文物局郑林有局长。郑局长是一位少见的对工作充满热情的人，对陵川的情况十分熟悉，说起此地文物、古建筑来，真是如数家珍。如说：陵川县国家级重点保护文物14处，古碑2000多通，古庙宇1300多座，等等，听得我目瞪口呆。因为这样丰富的文物遗存，在全国恐怕也十分少见。当我问起此地新石器遗址的时候，郑局长非常干脆地回答："有，就在丈河。"而且激动地说："这里还有旧石器时代的遗址。新石器遗址大约距今有 8000 年—5000 年。省考古所的一位老专家就曾特别提到，他想在这里进行一次发掘，可惜没有经费。他还告诉我，要特别注意这个地方。"听到这里，我有点激动，就问："这里是否发现有岩画？""有！就在丈河！二十多年前我去看过。"

一听说有岩画，我马上兴奋起来。这些年来，我除研究古代文学之外，也在研究上古史和原始文化，因而对岩画特别有兴趣。手头也曾收集了不少岩画资料，知道在中原地区岩画是极少见的。今所知者，唯有山西发现过一处，是在山西西南部的吉县大山里。那是一幅史前人的杰作。根据它附近的柿子滩中石器时代遗址判断，距今大约在万年以上。而今在太行山中新旧石器遗址并存的丈河水畔，也披露出了岩画的消息，这意味着，在中原腹地，我们有可能发现华夏族最早的精神文化产品。虽然近些年，在西北、东北、东南等地都曾发现有新石器早期的神像与刻镂有各种纹饰、可以反映原始人信仰的器物，但那毕竟不在传说中华夏族发祥的区域之内，而且时代上似乎也不是最早的源头。至于石刀、石斧及陶器等，只能部分地说明原始人的物质生产与物质生活状态，却无法有效地反映先民的精神世界，而中原地区的岩画，则是目前最早、最能反映原始人精神生活的艺术品，自然也应该引起我们的特别关注。因此我决定去一趟丈河。郑局长说，他是二十年前去过那里，早已忘记了具体地方。在我的一再请求之下，郑局长同意陪我到丈河一趟。

5月6日，天气晴朗，似乎预示着考察的成功。10 点略过，我们从陵川出发，由司机张师傅开车，直向丈河方向驶去。丈河在陵川西南约三四十公里的地方。一路上，郑局长给我讲了当地的很多历史掌故。路过附城则说附城的来历，路过盖城则说盖城的历史。当汽车快到丈河的时候，风光渐渐秀丽起来，好像驶进了一个风景区。车由丘陵驶下山谷的平川，一座孤峰拔地而起，四边峭壁陡立，周围青山环抱，上面有红色的建筑，闪烁于绿树丛中。峰下是一片平阔的地带，一条小河环绕其北，风景十分秀美，一点儿也不亚于桂林的独秀峰。这样美的风光，如果放在北京，可能颐和园也会为之失色的。可惜时间不允许，我未能登上山巅，心里始终留着一丝缺憾。

过了"孤峰拔地"约一两公里，便到了东瑶泉。村口有棵老树，像一位久经风霜的老人，用它苍老的枝杈诉说着村庄的历史。村庄中石头砌起的院墙显示着质朴的民风，在青山环抱中呈现出一片幽静祥和的气象。郑局长下了车，向村民们打听支部书记住所。几经周折，到了西瑶泉。这时，我关心的已不是找人，而是这里的风光。在西瑶泉村子西边的半山腰中，有两个硕大的岩洞，据说这是原始人居住过的地方，在这里曾进行过发掘，发现有旧石器与新石器时代的不少器物。村庄就在岩洞下面，全是传统建筑，灰瓦土壁，石墙木户，一切都显得那样自然，那样安详。我们进了村支书的家，他家的侧旁就是一座郁郁葱葱的山包，这家人与这座山包一样，显得那样实在。支书招待我们用过午餐，马不停蹄就到东瑶泉，找到了一位叫李贵生的农民，据说他对这一带很熟悉，也有过发掘遗迹的经历，曾把发掘出的珍贵文物送往北京，最后被人骗了，自己很伤心。郑局长与支书还有老李，他们见面后说了些什么，我不太听得懂，大约是说那地方很难找，路也难走。接着通过老李，又找到了一位来这里看戏的参园村人，他叫吴天孩，岩画就在参园。老吴说他知道岩画的所在，于是郑局长拖着老李、老吴都一同上了车，直奔参园村。

　　约一点过十分，我们从东瑶泉出发，二十分钟后到了参园。参园是一个小山环抱的古村落，它的自然舒适使人感到它不是人工建造，而是自己从地下长起来的，它与这里的山山水水完全融为一体了。村口前后错落的两座宅院，就十分得体。村子里是一片旧房，全是砖瓦结构，古式建筑，在绿树青山的温存下，显得十分幽静。半山上的宅院建筑，更使村落显得自然古朴。山上山下人遥相对话的声音，回荡在村中，犹如牧樵唱和，别是一番情趣。老吴向山上喊话，山上人也用高昂的声音作答，说的什么，我一句也听不懂。我问郑局长，才知道，这里到岩画的地方，还有六七里的山路，汽车进不去。他们决定雇辆三轮车。三轮车开到了，司机是一位三十来岁的年轻人，瘦黑而带着几分英俊。我们一行五个人坐上他的车，在狭窄的山谷小路上穿行。路的两边全是丛生的灌木，路的中间是三轮车长期行走留下的三道辙痕，辙迹之外则是两道没有尽头的草垅。车来回颠簸，开始我还真有点怕。半个多小时后，终于到了目的地。

　　岩画在悬崖下，离地面约六七米高。我们五个人一起爬了上去。老李和老吴还有司机张师傅，他们一直在照顾我，只怕我掉下来。其实我心里有底，因为我也是从山里长大的，小时候像这样的地方并没有少爬。只是现在腿有点不听使唤了，特别是膝盖，几乎一触硬物就感到疼。郑局长捷足先登，可是刚攀上悬崖，他便吃惊地叫起来了，因为他发现照相机没有电池，备用电池还在小车上，只好又让司机张师傅坐上三轮车返回去拿。我则在他们的帮助下，艰难地攀上去，全神贯注地开始了对岩画的细读。

岩石分裂，使岩画分为上下两层。因年深日久，笔迹大多已经比较模糊，加之山上植物油脂的浸透，人为磨损，辨识起来很困难。但大致可以看出，岩画主体部分有三个内容。一是"狩猎"，这是上面一层的主要内容。中间是一硕大的公牛，双角突起，短腿长躯，嘴下有一撮飘然的胡须。牛的前方与后方都比较模糊，后方像是几个人在驱赶牛，前面也像是几个成排的人，手举长棍，指着牛。牛的上方隐隐约约像是有四肢的动物，但动物上方还有物。二是"舞蹈"，在下层的左边，可以明显地看出双人联手起舞的样子。双舞图下还有物，不可辨识。中间一大片磨损。三是"男女交媾"，在下层的右面。一人双膝跪地，双手撑地，长发委地。另一人呈站立形，头俯视，头发垂在下面人的背上，手抱着下面人的腰，显男女交媾状。在爬着的人前有一物，呈鱼状。如果把这三幅图内容结合起来分析，这似乎是在表示先民猎获野牛后的兴奋情绪。他们是在用舞蹈、男女疯狂交媾的方式，来庆贺自己的胜利。看到这里，我不由地产生了许多联想，看到那主体岩画的周围用颜料涂红的地方，或似躺着的人，或似倒下的兽，或似流淌的血，仿佛看到了当日狩猎时那残酷的一幕。在那躺倒的人的腹部，留着一片空白，仿佛是被野牛的角穿透。他们的舞蹈，也许是为死者招魂。在此似乎也隐隐透露出了先民对于死亡的认识。

尽管这些岩画所表现的内容，我们在其他地方也曾发现过，但要知道这是在中原地区、在古华夏族生活的中心区域发现的，它反映了华夏族远古时期的生活与信仰。这时我考虑最多的是岩画的时代问题。据专家们研究，野牛在我国早在200万年前就出现了。旧石器时代晚期曾广泛分布于我国东北、内蒙古和河北、山西等地。在汉字中，以牛为偏旁的字有330多个，而且表示畜牧生活的牧、牢等字与表示祭神用品的牲、牺等字都从牛，这反映了牛是人类最早猎获的对象和驯化的动物之一。岩画上的牛最值得注意的是那一束飘然的长须，这是在现代生活中没有见到。我曾看到过野牛的图片，没有发现有须，黄牛、水牛、牦牛等都不曾见到有胡须。有生物学家说，雄性的黄牛原先有胡须，只是后来退化了。那么，这有无可能是黄土高原上几千年来被视为农业支柱的黄牛的祖先呢？在岩画的狩猎场面中，还有一点值得注意：所用狩猎工具都是长棍，而没有弓箭。这是否意味着创作这幅岩画的先民还没有发明弓箭？如果是这样，那么这方岩画最少也在万年以上了。它可算是中原地区发现的人类最早的艺术作品了。

岩画给我们留下了很多思索，它使我们看到了一个曾经空白的世界。它将那个洪荒的时代，打包收藏在一米挂零的空间中，期待着人们去打开，好向人们诉说那神话般的历史。不知不觉，时间已过了两个小时，快到 5 点了，我们还要赶回城里，不能再停留。这时张师傅也回来了，电池没有找到，却带来了一反卷尺。郑局长认真地量了一下各幅岩画的尺寸，我们便不情愿地"打道回府"了。

（原载于《山西日报》2007 年刊）

吉县女娲岩画考

《考古学报》1989 年第 3 期《山西吉县柿子滩中石器文化遗址》披露，在山西吉县清水河畔柿子滩中石器文化遗址处的岩棚下，发现两幅原始时代的岩画，其中一幅是一位女性造像。靳之林先生的大著《抓髻娃娃》中，也曾提及此岩画。关于这幅女性画像，发掘报告与靳之林先生的《抓髻娃娃》中皆有摹本。

发掘报告介绍此岩画说："头圆形，顶扎双髻（？），两耳突出，双臂平举屈肘向上，右手似举一物。躯干丰满，袋状乳房向两侧下垂，下腹部与两腿连接处留一圆孔未涂色，象征女性生殖器，各处皆用赤铁矿粉涂抹，唯两腿肥胖作分立状用红色线条绘出。头部上方有七个呈弧形分布的红色圆点，两腿周围分布有六个圆点，意义不详，或为某种记事符号。"这个描写大致不错，唯在判辨上稍有失误，我们从以下的分析中将会看到。

此岩画因"袋状乳房"下垂，其为女性无疑。女性头顶有七个呈弧状分布

发掘报告摹本

靳之林摹本

的圆点，靳之林先生认为，它代表的是"七星横列"。^①原始人类很早就发现了天上恒星位置与自然变化的联系，因生活节律之需，故要积极认识星象以求在自然界获得更多的自由。据《尧典》记载，尧时就有了专门观察天象的官。神话中有言，女娲命圣氏为班管以合日月星辰，黄帝为北斗神，颛顼感瑶光星而生，少昊感大星而生……这些自然未必是事实，但可说明一点，在遥远的上古时代，先民就开始注意天象的变化了。因而在原始艺术中出现天文图像也是很自然的。此岩画上部的七点，当是北斗七星。北斗靠近北极，一昼夜旋转一周，高挂北部天宇，如一天然的大时钟。而日没后观察斗柄方向，还会发现其与寒暑变化的关系。露处于岩棚之下的原始人类，在漫漫长夜长期面对蓝天，注视星空，自然会发现这一规律，故而会重视它。《史记·天官书》曾云："斗为帝车，运于中央，临制四乡。分阴阳，建四时，均五行，移节度，定诸纪，皆系乎斗"。记录着公元前2000年前天象的《夏小正》^②，也在证实着北斗星对原始人类的意义。岩画当是以七星象征天宇，以示日月无光之时。

女像两臂向上，右手上似有一物。靳氏摹本于右手上摹一不规则的圈，中有一点，手与物相离。发掘报告摹本右手执一长条状物。二摹本有明显的出入。我们在实地考察中发现，女性右手之上确有一物，大略如靳氏所摹，但与手相连，因风雨侵蚀，已模糊不清。

画像胸部是两个硕大而下垂的乳房，这与发现的大量原始时代的女性造像非常相似。乳房硕大是生殖力的说明，这也正是画像要突出的主题。腹部有一圆孔，发掘报告以为是女性生殖器，我认为是肚脐。肚脐对先民来说是有神秘意义的。英国学者卡纳说："《出埃及记》说摩西派到迦南侦查的间谍之中，有一个名叫拿八。据语言学家因曼说：'维纳斯的拿八'，义即指肚脐，意思是指子宫的口。在上古时代，其所受的崇拜与阴户同。这是埃及人所用的性学象征，在周比特亚扣的庙里，供有用石制的肚脐，盛其文饰，在巡神赛马会时，由80个人扛着在街巡游。所谓'爱西斯舟'，殆即指此。"^③在印度神话肖像中，毗湿奴脐生莲花的造型，也在证实着肚脐蕴有的生命力。

① 靳之林：《抓髻娃娃》，中国社会科学出版社1989年版，第57页。
② 参见陈遵妫：《中国天文学史》，上海人民出版社1984年版，第689页。
③ 卡纳：《人类的性崇拜》，方智弘译，海南人民出版社1988年版，第45页。

　　画像下部腿所在的部位，是两片花瓣状物，发掘报告与靳之林先生都认为这是两条腿。我认为腿不应如此肥大且无关节，在今发现的原始岩画中，对女性腿部的表现，基本上有两种情况，一是用与臂相同或略粗于臂的线条表现；一是腿特别肥胖，但分两节，以示有大腿小腿之别。但没有做花瓣状或叶状者。此应是被夸大的女阴。在反映生殖崇拜的岩画中，我们经常发现生殖器被夸大的人物画像。如宁夏贺兰山贺兰口发现的岩画上的女性像，两片阴唇下垂委地，与脚在同一个水平线上；云南元江它克崖画的女性，除不太显眼的四肢与头外，整个躯体被描绘成了一个女阴；智利复活节岛上岩画中的女性，女阴占去了全部身体的一大半——上半部是单线条表示的头身双臂，下半部没有腿，只是一呈树叶状的硕大无比的女阴；福建华安仙字潭岩刻女像，下部腿被缩小，而以与头大小相当的几个圆点表示硕大的乳房与女阴，另一幅则下部仅有阴器与阴毛。两河流域德·沛·萨拉阜出土的8000千年前的地母神像，头部与四腿被略去，只乳房与阴器被变形夸大。印度岩画中的交媾图，女阴大大超过了头的面积。类似的表现手法，在中国民间的剪纸艺术中，也屡屡见到。如山西、陕西、甘肃的洞房喜花中，常见有喜女娃坐牡丹、坐莲花、坐石榴等图案，以花、石榴象征女阴。有的则径直将女阴剪为花朵或花瓣形。吉县岩画中的女像则是以两瓣梭形花瓣表示硕大的女阴的，它反映的是先民的生殖崇拜观念。在女阴的下面及两旁的六个小圆点，象征着人类的繁衍。与它旁边另一幅岩画上群交动物的下面用小圆象征动物的繁衍，立意是相同的。这显然是一生育女神的形象。我认为这是一幅中华之母——女娲的画像。靳之林先生说：抓髻娃娃的原型是女娲，此画是抓髻娃娃的原型。这个结论应该是对的。在神话中女娲有两大功绩，一是造人，一是补天。而此像下为"造人"形，上为"补天"形，右手所举当为石。它与后世所绘补天图不同之处，只在于一为双手举石，一为单手举石。"造人"，"补天"之状，正与传说中女娲的形象相合。

　　从画像硕大的乳房与女阴不难看出，这里主要突出的是生殖，是人类的繁衍，而画像尤其突出的部位则是女阴。在越南发现女娲泥像，其特点也是阴门宏大，传说女娲的阴门有3亩地大。苏联学者李福清及中国的一些学者认为女娲是女阴的象征，这是可以成立的。我也曾撰文论证女娲一名的本义就是女阴，女娲为女阴之生命化，巨大的女阴象征着巨大的繁殖力。《说文》："娲古之神圣女，化万物者。"王逸《楚辞·天问注》云："传言女娲人头蛇身，一日十七化。"《风俗通义·佚文》云："俗说开天辟地，未有人民，女娲抟黄土作人。"化生万物，创造人类，这些传说都在证实着女娲的巨大生殖力。

但此画像与传说有两点相出入。一是关女娲人首蛇身的问题。王逸《天问注》、王延寿《鲁灵光殿赋》以及发现的大量汉朝画像，皆以女娲为蛇。今不少研究者根据民间传说、古陶图案及娲与蛙语音上的联系，又认为娲就是蛙。而吉县岩画中的女娲像既不是蛇身，也不是蛙形。我认为关于女娲蛇身的传说，当出现在图腾兴起之后。杨堃先生在《女娲考》一文中说："图腾乃是女生殖器的象征物。"[1] 先民开始是直接对生命之门——女阴的崇拜，继而出现了对其象征物的崇拜。到父系时代，又出现了对男性阳具象征物的崇拜。从今汉族中保存的神话资料来看，像华胥履迹生伏羲、安登感神龙首生神农、庆都感龙生尧、女嬉吞薏苡生禹、简狄吞卵生契等大量图腾感生神话，多为父系社会产物。这也可从另一个角度说明图腾崇拜是从母系时代走向父系时代的产物，它的兴盛应在父系时代，也就是说，母体或女阴崇拜先于作为其象征物而出现的图腾崇拜。在旧石器时代，尚未发现确凿的图腾文化遗迹，而在新石器时代的遗物中，倒有不少可认作是图腾崇拜的东西。吉县岩画发现于中石器文化遗址处，据碳十四测定，此遗址距今万年左右，图腾崇拜尚未兴起，因而不可能出现以图腾为标志的人首蛇躯形象。先民先由对女娲——女阴的崇拜，继而转为对作为女娲象征物蛇身人首（《小雅·斯干》云："惟虺惟蛇，女子之祥"，可证蛇为女性之象征）怪物的崇拜，这是情理之中的事情。

第二点是关于抟土造人的问题。神话中女娲是用黄土造人，似乎与女娲宏大之女阴无关。其实不然。泥土造人神话当产生于陶器大量出现以后。先民由泥巴在手中的随意变化，联想到人生产的艰难，遂而将艰难、缓慢的女阴生人置换为泥土造人。但这一想象在泥土作为主要的生活用具制作原料以前，是很难产生的。吉县柿子滩先民尚未发明陶器，自然也不会有泥土造人的观念，只有夸大祖先的生殖器以表现其造人的功能了。吉县女娲岩画当是柿子滩先民崇

---

① 《民间文学论坛》1986 年第 6 期。

拜的女始祖神画像，是远古的女娲氏族留下的遗迹。我们在考察中，多次听到吉县人的一句名言："人根之祖，出之吉州（吉县古为州府）。"但不知出自何典。在吉县还有女娲伏羲的庙宇和单独的女娲庙以及有关传说。在吉县的周围，晋南、晋东南及黄河西岸的陕西省境内，关于女娲的传说、古迹非常密集。有些影响还很大。像距吉县约 150 公里的山西赵城女娲陵，宋明以降的历朝皇帝还遣官致祭。庙会之日，蒙古、河北等地之民不远千里而至。这些遗迹与传说，有无可能是女娲氏族活动留下的痕迹呢？ 虽然这在早期的文献中没有见到明确的记载，但民间习俗与传说有相当的顽固性，我们也不可不注意。学者们一般认为，女娲神话可能产生在公元前五六千年左右。吉县女娲岩画的发现，将时间提前了四五千年。同时也引起了我们对一系列问题的思考。从前我们在神话与古史传说时代的推测上，都倾向于保守，近些年新的考古资料的发现，不断地打破我们往昔的成见，将中国的文明史提前。据《春秋命历序》说，从炎帝到高辛约 4000 多年，《易稽览图》说，从伏羲到秦是 63612 年。古人的这些数字计算虽缺少根据，但说明在他们的观念中，中国文明的起源要比我们想象的早得多。

（原载于《民间文学论坛》1997 年第 1 期）

后　记

我喜欢神话，也喜欢历史，而从事的专业则是古典文学。

上五年级时，我离开自己出生的小山村，到外村上完小。完小所在村有位有学问的老先生，成份不好，人们不敢跟他来往。14 岁时，求知的渴望冲破了政治的防线，我悄悄地拜访了老先生。他当时约 80 来岁，行动不便，只能躺坐在炕上，在昏暗的小房间读书、写字、抄字典。受他的影响，后来我也抄字典。在那里我看到了杨公骥先生撰写的《中国文学》，精装本，前后都有残缺。墨子散文以后的部分残失，幸好前面的神话部分保存完好。老先生慷慨地把这本书送给了我。是这本书让我产生了对神话的兴趣，也产生了对中国上古史的兴趣。后来从曾祖父的书箱中，找到了一套《袁了凡纲鉴》，硬着头皮看了第一册。似懂非懂，只好作罢。但这两本书，在文学与历史两个不同系统中神话与历史的重叠，给我留下了谜，也埋下了以后我研究神话与历史的种子。

大学上了中文系。在文学史教材及中文系的课堂上，强化着一种观念：神话是人类童年的产物，反映的是原始人的意识；文献中记载的上古历史，是神话的历史化。对于前者，我无条件地接受了，因为有马克思主义经典作家的论述。对于后者，我始终有疑问。1978 年上了古代文学研究生，毕业论文研究的是《诗经》雅、颂，而论文的性质却是"史"的，对周族的起源、迁徙、发展、东征等问题做了系统研究，以致在论文答辩时，有老师提出"到底是中文系还是历史系"的问题。好在论文写了 17 万字，其中有专谈文学的内容，没有因此影响到学位。

研究生毕业后，登上大学讲台。因对神话的兴趣和教学的需要，一直没有放弃对这方面资料的收集和问题研究，并一直是沿着"神话是在人民幻想中经过不自觉艺术方式所加工过的自然界和社会形态"这一思路来思考的。但思考得越深，问题就越多，越来越觉得这一理论有问题了。如果说神话是一种文化形态，只能产生在人类的童年时代，可是为什么中国早期文献中却记之甚少？而文学史教材中的"经典神话"，如后羿射日、女娲补天、共工触不周山、盘古开世等，却晚至汉代才记述下来？魏晋以降出现的《搜神记》、《拾遗记》、《封神演义》、《西游记》，以及当代的穿越剧等，明明与神话无别，为什么却要别名之曰"志怪"、"神魔"、"科幻"？究竟用何标志来证明前者就是原始意识，后者就是封建迷信或科学幻想？而见于《尚书》、《史记》等文献的大禹治水、黄帝蚩尤之战，明明是作为历史记载的，又何以证明它是神话的历史化？类似的学术疑团还有很多，不只是在神话研究中，在对其他课题的研究中也出现了。2007年5月我到锡崖沟度假，看到了太行山驼峰岭，情不自禁地写了四句诗："谁家驼失铃？莽撞入峻嶒。云烟迷旧路，仰首辨归程。"过后一想，这不就是我当时学术道路辨识状态的写照吗？在思考中自己发现，这方面最大的错误出在用西方概念规范中国学术上。我们一直拿西方的价值标准要求自己，从而出现了削足适履的愚蠢举动。于是我放弃了西来理论，仅以其做参考，从中国文献文本出发，进行思考研究。最后的结论是：神话是一种叙事形态与思维形态，而不是文化形态，任何时代都会有神话，而不只限于人类童年。上古神话是上古历史的神话化，而非历史是神话的历史化。

关于历史，我关注的是被长期认作"神话历史化"的那一段历史。因为本科读的汉语言文学，思路上自然与科班的历史系出身者有别。那个时代倡导文学的人民性，因此对民间文学史、俗文学史较为重视。故而在思考历史问题时，不由地把视野放宽到了文学领域。在王国维二重证据理论的启示下，除了对考古资料的重视外，又特别关注到了民俗与民间传说资料和地方志资料。这在我的硕士论文《雅颂新考》（山西高校联合出版社1996年版）中已有体现，在撰写《上党神农氏传说与华夏文明起源》（人民出版社2008年版）中，则有了成熟的表现。尽管也曾遭到过非议，但也得到过安慰。如安徽社会科学院历史所的陈立柱先生在一篇题为《炎帝研究三论》的文章中，其第三论便以"刘毓庆及炎帝研究小议"为题，把我的研究视作"民俗文化学的方式"，认为从我的文章中"看到一线希望"。发表于《晋阳学刊》2009年第4期的《陶寺遗

址对接历史的可能性及其难题》一文，被北京大学赵世瑜先生摘录在他的博客
上，并说"要向历史学和民俗学的同行隆重推荐一篇好文章"。因为研究路子
与科班的历史研究者不大相同，加之当代学科划分的"封建割据"状态，自然
也容易引起一些科班的历史研究者的怀疑或冷漠。但对我来说，主要是站在解
决问题的立场上来考虑问题的，而不是站在学科立场上考虑学科规则的。

神话与上古史每有纠绕，今将神话与历史的文章作为一组，选编为册，以
飨读者，恳望得到同行朋友的指正。

2016 年 12 月 6 日